U0660435

「元晖学者教育研究丛书」

RESEARCH ON FRONTIER ISSUES IN THE HISTORY OF CHINESE EDUCATION

中国教育史前沿问题研究

王凌皓 等 / 著

东北师范大学出版社
长春

丛书序言

在实践领域，教育在全球化、信息化、现代化的背景下，不再呈现为简单有序、线性透明的样态，而是出现了各种各样的复杂样态。因此，这就需要我们更为审慎地思考和更为敏感地把握。在现实生活中，从教育与社会的发展来看，教育越来越多地成为实现国家目的的重要工具，成为实现理想的重要手段；从教育与人的发展来看，教育在满足人的发展需要、培养理想人格方面还有很大提升空间。综观教育的发展，教育的改革不再仅仅是地方性质的，而是成了世界各国政府为实现国家利益和国际诉求的重要手段。教育在应对人的发展的不确定性、人的发展需要的变化性等方面面临着各种各样的挑战。另外，教育的复杂性吸引着思考者不断地进行探索，试图去发现教育世界的"秘密"，找到变革教育世界的"钥匙"，从而使我们更好地认识和改造这个丰富多彩而又纷繁复杂的领域。

东北师范大学教育学部召集十余位教授，整理了近二十年的研究成果，系统诊断教育实践问题，不断追问教育的真理，并创新教育理论。这些研究既有理论模型的构建，又有实践领域的深刻探究；既诊断问题、分析原因，又提出对策、措施；既追本溯源有历史大视野，又关心现实展望未来；既关心国家宏观政策制度，又在微观层面提出具体可操作的方法；既扎根本土研究注重原创，又注重以国际视野进行深度学习。

本套丛书是东北师范大学教育学部教育研究的总结，是十余位教授多年教育研究的记录，是他们对中国教育改革的独特认识。我们希望以这套丛书为支点，与读者展开对话，共同探寻教育的真理，在对教育的凝视中不断地思辨、判断、检视。

吕立杰

2019 年 11 月

于东北师范大学田家炳教育书院

目　　录

第一章

先秦诸子原创性教育贡献的生成因素

先秦原创性教育思想研究

德国哲学家雅斯贝尔斯（Karl Jaspers）曾经将人类创造了辉煌历史与文化的公元前 800 年到公元前 200 年称为人类历史上的“轴心时代”。在这个时代，以色列、希腊、印度和中国几乎同时进入了空前伟大的哲人时代，苏格拉底、老子、孔子、释迦牟尼、犹太教的先知和兴都教的僧侣这样一些轴心文化的开创者相继出现。经过两三千年的发展，轴心时代的文化已经成为人类社会的主要精神传统，对现代人的精神文明产生着十分重要的影响。中国先秦时期的文化属于多元轴心文化中十分重要的组成部分，他与其他的轴心文化一样具有“历久弥新的生命力”。这种“历久弥新的生命力”主要表现在其前所未有的创造性，即原创性上。

在中国，先秦之际所创造的辉煌灿烂的原创性思想中，蕴含着丰富的原创性教育思想。研究这些丰富的原创性教育思想及其产生发展的历史动因，分析其作用机理，将对在新的历史条件下焕发中华民族的创造精神，激发民族的创造激情，对建立中国的教育创新机制有着十分重要的影响。“原”的本义在汉语里为：水流源起的地方；根本，因由；开始发生，来源（于）；最初的，没有经过加工的。“创，始也。”（《广雅·释诂》）“原创”为事物最初的起点。英文中用 originate 表示原创，其词根的词源演变顺序为：origin—origine（中世纪英语）—origo（拉丁语）—oriri，词源意义为 to rise，有出现、起点的意义。Originate 指最初产生的过程，特别指原创事物能最终引发其他事物的产生，即原创是一系列后生事物的起点。我们把“原”与“创”连用，无外乎是为了强调创新和创造的原初性，强调最初的、首发式的发明发现或见解等。

关于原创和创新的关系，有人认为原创是创新的题中应有之义，二者是一而二，二而一的问题。但又不能以原创代替创新，因为原创是创新的价值尺度和价值导向，是创新追求的一种崇高目标①。原创较创新来说，

① 王亚仑．试论原创：兼谈提高原创力问题［J］．山东大学学报（人文社科版），2002（2）．

强调的是一个“原”字，也就是前面说的，原创突出体现创新的原发性或原点性，因为“凡是原创都是创新，而创新就不一定是原创”①。创新是创造上的突破、革新，它可以是在已有的“原点”上的继续，并不体现“原点性”。原创性是学术的生命，也是学术研究的内在价值所在。

原创性教育思想是由某人或某个学派提出的具有首发性、原点性的，对某一或某些教育问题的原初观念或主张。教育理论研究的生长点在于原创性理论的生成。长期以来，由于原创性的缺失，我国的教育理论研究者一度处于迷茫与困惑的境地，于是寻找突破教育理论研究困境的理路成了学者们的共同心声。有人深刻反思我国现当代教育思想原创性缺失的原因；有人积极探索原创性思想或理论生成的途径；有人着力介绍国外原创性教育理论成果及生成的经验，希冀通过这些持续不断的努力开发中国教育理论研究和教育实践研究的创造力。本文则从历史研究的视角，用历史研究的方法、发生学的方法探讨我国先秦之际原创性教育思想及其产生的历史动因。

自 2001 年江泽民提出“要鼓励原创性创新”以来，学术界对原创问题更为关注，大体厘定了原创的标准：一是强调独特性，强调原创的独一无二性，在国内国际都是首创，必须是“人无我有”的②；二是强调导引性，原创性的理论应是作为一种原点理论出现，它能引发进一步的研究和相继的理论成果，即为某一领域的研究提供了新的研究基础；三为突破性，原创性理论可能对先前理论成果有继承，但它能超越原来的理论，并提出解决现实问题的更有效的思想；四为确定性，原创性理论由于它本身的科学性、朴实性、价值性，使其成为或确立了一种确定性的观点或观念体系。原创性的教育理论应该符合上述四条标准。

当然，有关是否适宜用现代的原创性理论标准来衡量古代原创性教育思想的问题，学者们颇有歧异，而且对思想的原始点的质疑等皆有待深入考察。但是古代原创性教育思想毕竟历史地存在着，而且它们是系统的理论生成的真正原点。所以考察古代原创性教育思想需要一种时代的关怀，对其价值要进行历史性的审查。回顾先秦原创性教育思想时我们不得不承认，即使用现代的标准衡量，它们仍然经得起时代的考验。

至于在国际范围考察先秦原创性教育思想是否是首创的问题，我们可

① 王亚仑．试论原创：兼谈提高原创力问题［J］．山东大学学报（人文社会科学版），2002（2）．

② 吴文俊．因为“原创”才辉煌［N］．解放日报，2001-02-28．

以从中外教育交流史中得到清晰的印证。中外教育交流史记载中国与异邦的交流始于西汉。先秦时期，中华民族除了与“四夷”（仍是中国大地上的民族）的交流外，并未与印度及西方国家进行过交流。可见中国先秦时期的原创性教育思想是生于本土，长于本土的，没有移植和嫁接的嫌疑。史实已证明，世界上也公认“古代东方是世界文化教育的发源地，光明来自东方”[①]，世界上最早的文字、学校、书籍、大教育家都产生于东方。世界上最早的教育学专著是公元前4世纪到公元前3世纪诞生的中国的《学记》。本文的宗旨不在于具体探讨这些已成定论的教育命题的真实性，而要探讨先秦原创性教育思想形成的背后始终在发挥作用的某些规律性的东西，研究在复杂的看似偶然的现象之后隐藏着的某些必然的因素，从而为学者们大胆进行“重建”教育学学科的伟大工程提供借鉴。

中国的教育具有悠久的创新传统。《尚书》中明确提出“苟日新，日日新，又日新”的命题，孔子强调“温故而知新”。可以说一部中国教育发展史，就是一部不断进行教育创新的历史。先秦和两宋时期是中国古代原创性教育思想创新的两大历史高峰期，此时诞生的富有原创性的思想理念，在中国古代教育传统的塑造过程中发挥了作为理论原型的关键作用。

一、先秦原创性教育思想举证

先秦时期是中国古代原创性教育思想生成、发展的第一个高峰期。当时“学术为天下裂”，百家争鸣，儒、墨、道、法、名、阴阳、纵横、杂家、农家、小说家、兵家“各引一端，崇其所善，辟犹水火，相灭亦相生也”。人们在代表不同阶级、阶层的利益，从不同的角度分析解释人生问题、社会问题的过程中创生了极为丰富的原创性教育思想。

（一）“性相近也，习相远也”

春秋末期，孔子顺应时代发展趋势，首开私人讲学之先河，提出“性相近也，习相远也”的重要命题，成为其私学实践的理论根据。春秋之前，教育垄断在奴隶主贵族手中，“唯官有学，而民无学”，“学在官府，官师合一”。春秋以降，“天子失官，学在四夷”，打破了“学在官府”“礼不下庶人”的国家垄断教育的局面。作为私学的首创者，孔子关心平民教育，提出“性相近也，习相远也”的教育命题，该命题是世界教育史上最

---

① 张瑞璠，王承绪. 中外教育比较史纲：古代卷［M］. 济南：山东教育出版社，1997：1.

有影响和最有价值的命题之一，这一命题“指出人的天赋素质的相近，打破了奴隶主贵族天赋比平民天赋高贵、优越的思想。提出这一理论，是人类认识史上一个重大突破，成为人人有可能受教育，人人都应当受教育的理论依据”①。孔子明智地从对人性问题的研究入手，找到了平民可以接受教育和应该接受教育的切入点，开后世教育理论研究之先河。其后的中国教育理论研究，比如古人关于人的遗传素质与教育、环境的关系问题的研究皆受该命题的启发引导。子墨子见染丝者之叹；孟子关于“富岁，子弟多赖；凶岁，子弟多暴”的感发；荀子“蓬生麻中，不扶而直；白沙在涅，与之俱黑”的经典之论皆是对孔子“性相近也，习相远也”的继承与发展。

（二）“有教无类”

在“性相近也，习相远也”的基础上，孔子提出“有教无类”的教育主张，将平民受教育的可能性、必要性的理论论证发展为一种实实在在的平民教育实践，不仅对春秋战国之际私学的发展意义深远，其同时代的学者及其后学以孔子为榜样纷相授徒讲学。主张兼爱的墨家将教育对象扩大到“农与工肆之人”。即便主张“以法为教，以吏为师”的法家的商鞅与韩非也充分地认识到平民教育的必要性与可能性，积极进行法制教育，使“商君之法，妇孺皆知”，在一定程度上改变了奴隶社会“不教而杀”的虐民、残民暴政。这些主张为中国古代的文化教育发展、学术文化的下移做出了重大贡献，而且对中国封建社会的官学，尤其是太学的平民化产生了重要的影响，开后世提倡平民教育、普及教育的先声。

（三）“仕而优则学，学而优则仕”

孔子在世界教育史上第一次提出终身教育的思想。他强调“仕而优则学，学而优则仕”。孔子在《论语》中向学生讲述：“吾十有五而志于学，三十而立，四十而不惑，五十而知天命，六十而耳顺，七十而从心所欲，不逾矩。”（《论语·为政》）“默而识之，学而不厌，诲人不倦。”（《论语·述而》）“其为人也，发愤忘食，乐以忘忧，不知老之将至云尔！”（《论语·述而》）“学如不及，犹恐失之。”（《论语·泰伯》）这些论述与“仕而优则学，学而优则仕”共同构成了孔子的终身教育思想。孔子所强调的

---

① 孙培青. 中国教育史［M］. 上海：华东师范大学出版社，1992：56.

“仕而优则学，学而优则仕”，不仅指出了学习或教育的目的：以德治国，贤人为政；提出了为官的标准：不断学习，游刃有余；而且阐发了“学”与“仕”的关系，成为科举制的直接的思想源泉，成为终身教育思想的活水源头。对此，《终身教育导论》的作者、法国的成人教育家、联合国教科文组织教育局局长保罗·朗格朗曾经给予高度的评价，他说：终身教育不是现代人的独创，早在两千多年前，东方伟大的智者孔子早就有过极为精彩的论述，他认为“仕而优则学，学而优则仕”就是世界上最早的终身教育思想，因为它非常准确地表达了终身教育的最基本的原则与含义：学习与工作交替进行。

西方的终身教育思想发端于中世纪的成人教育，形成于20世纪60年代，如今成为影响全球教育决策与发展的教育思潮。

（四）“各因其材”“教亦多术”

“因材施教”是由朱熹总结的。朱熹在注释《论语·先进》时指出：“目其所长分为四科，孔子教人各因其材，于此可见。”（《四书章句集注》）孔子因材施教的观点与主张体现在他的一系列论述中，比如，孔子首先承认学生在智力与性格上的差异。他说：“唯上智与下愚不移。”（《论语·阳货》）“柴也愚，参也鲁，师也辟，由也喭。”（《论语·先进》）其次，扬长避短，长善救失。“求也退，故进之；由也兼人，故退之。”（《论语·先进》）“中人以上，可以语上也；中人以下，不可以语上也。”（《论语·雍也》）孔子在因材施教上取得了巨大的成功，在他的教诲下孔门弟子各有其才，“德行：颜渊，闵子骞，冉伯牛，仲弓；言语：宰我，子贡；政事：冉有，季路；文学：子游，子夏”（《论语·先进》）。后来学者继承了孔子这一思想，孟子认为，“君子之所以教者五：有如时雨化之者，有成德者，有达财者，有答问者，有私淑艾者。此五者，君子之所以教也”（《孟子·尽心上》）；荀子关于“良医之门多病人，隐栝之侧多枉木”（《荀子·法行》）的比喻，皆是对孔子因材施教的继承与发展。

（五）“不愤不启，不悱不发”

子曰：“不愤不启，不悱不发；举一隅不以三隅反，则不复也。”（《论语·述而》）这是世界教育史上公认的关于启发教学的最早论述，比苏格拉底的“产婆术”早近百年。孔子关于启发教学的论述引发人们对教学过程中教与学的关系、教学时机、教学目的、教学艺术的思考。颜渊对孔子启发教学的艺术喟然叹曰："仰之弥高，钻之弥坚，瞻之在前，忽焉在后！夫子循循然善诱人，博我以文，约我以礼，欲罢不能。"（《论语·子罕》）后世孟子讲"自求自得"；《学记》强调善喻："道而弗牵，强而弗抑，开而弗达"；董仲舒强调"得一端而多连之，见一空而博贯之，则天下尽矣"[①]，这些都是对孔子启发式教学思想的继承和发展。稷下学宫、太学、国子学、书院在教学过程中所强调的启发诱导、质疑、辩难亦源于此。

（六）"终身之计，莫如树人"

《管子·权修》讲："一年之计，莫如树谷；十年之际，莫如树木；终身之计，莫如树人。一树一获者，谷也；一树十获者，木也；一树百获者，人也。"《管子》秉承稷下学宫思想自由、兼容并包的教风与学风，有力地吸收各家之长，提出的"百年树人"的教育价值观具有首创性。王炳照先生称誉这一思想是前所未有的可贵的创见，是应当载入中外教育史册的教育价值观。中国素有重视教育的优良传统，从有文献记载的商代的教育论述中我们可以得出这一结论。在中国教育史上，从傅说开始就十分重视教育，他的"念终始典于学"是要求统治者"学于古训""监于先王成宪"，强调教育的政治作用；主张"敬德保民"、德政礼教的周公有明显的政治伦理化倾向，强调教育对政治的辅助功能；提倡以社会为本位"修己安人""修己以安百姓"的孔子强调的仍然是教育的强大政治功能；主张"兴利除害"的墨子提出了教育的政治经济功能。以上思想家关于教育与政治、经济关系的论述较多地涉及教育作用的阐述，而未上升到价值层面。《管子·权修》中关于教育价值的论述的首创性在于第一次全面揭示教育的价值，揭示了教育的本质，反映了教育活动的特点：周期性、长期性和超前性，为《学记》在世界教育史上最早提出"古之王者建国君民，教学为先"的教育先行观点做了重要的理论铺垫。

当然，我国先秦之际的原创性教育思想远不止我们所涉及的命题，其他如"学而不思则罔，思而不学则殆""克己内省""改过迁善""仁者爱人""后生可畏""当仁，不让于师"等皆为后世的教育思想、教育实践提供了重要的思想源泉，可以说是后世教育思想与教育实践衍生、发展的活水源头。

---

① 董仲舒．春秋繁露义证［M］．北京：中华书局，1992：96-97.

二、先秦原创性教育思想生成因素分析

究竟是什么因素促生了先秦丰富灿烂的原创性教育思想？这是我们梳理先秦原创性教育思想过程中挥之不去的问题。从发生学的视角看，探讨事物产生、发展及作用机理的意义与对事物本身的研究同等重要，而且在某种意义上说，可能比对事物本身的研究更重要，因为它昭示着新事物的诞生，预示着新的发明和创造。

纵观先秦原创性教育思想生成的历史过程，本文认为下列因素是促生先秦原创性教育思想的主要因素：

（一）匡世除弊、康济时艰的时代呼唤

思想的创新源于时代的呼唤。社会政治、经济、文化发展的需要激发、呼唤着新思想的萌发涌动。

春秋时期，周王室统治衰微，诸侯蜂起，争霸战争频仍，打破了“溥天之下，莫非王土；率土之滨，莫非王臣”的统一政治格局，促使政治重心下移，旧的政治统治的瓦解，“礼崩乐坏”局面的形成，扫清了新思想形成的制度性障碍，为思想的解放创造了宽松的政治环境。为旧政权的辩护，为新政权的呼唤、呐喊的激烈辩争，不仅催生了新的政治思想、哲学思想，也催生了新的教育思想。

春秋之际由于井田制的瓦解，工商食官制度的消隐，私有经济迅速发展，“私门富于公室”局面的出现使社会财富的占有主体、占有方式发生了重大变化，经济下移为新思想的萌生提供了丰富的土壤。到了战国时期，商人作为“士农工商”四民之一出现，而且摆脱官府自主经营。随着交换物品的增多，商业城市经济繁荣，城市规模扩大。启良先生对战国商业繁荣背后反映的时代精神进行了深刻分析，他说商业表面上是经济领域的事，但商业最为内在的精神则是平等的精神、批评的精神。商业中的这种平等、批判的精神会对社会产生影响。因为商人是流动的社会群体，伴随着他们的贸易活动，他们的精神和理念会传播给其他社会阶层的人民，士阶层也不可避免地会受到平等、批判精神的影响。经济变革是一切社会变革的决定因素。伴随政治下移的“经济下移”形势，既呼唤能够论证新经济形态合理性的经济理论的诞生，又为士阶层的崛起、私学的骤兴、思想的创新提供了雄厚的物质基础，为思想的自由驰骋准备了条件。

政治上的无能、自由经济的出现必然导致文化垄断的破产。

春秋之前，“学在官府”，“官守学业，皆出于一，而天下以同文为治，故私门无著述文字”[①]。教育是被官方垄断的。庶人无权接触官方文化，也无法接受教育。严格的等级制度维系着“学在官府，以吏为师”的局面。但是随着周天子至上地位及等级制度的动摇，这种局面必然被打破，这种制度恰恰是在春秋之际被打破了。《左传·昭公十七年》（公元前525年）记载：“天子失官，学在四夷。”由“学在官府”转为“学在四夷”，原有的思想形态得到“士”的新的阐发，思想与文化领域呈现多元化的发展。学术下移为新教育理论的出现提供了思想渊源，原本被贵族、统治者垄断的神秘文化已经被“士”所掌握，文化神秘性的丢失为新文化的创生扫清了精神上或心理上的障碍，无论是“性相近，习相远”，还是“学而优则仕”的大胆假设，都是在平等、批判精神中使人们更多地关注教育问题，关注教育与社会、自然、人类自身的关系，促生着具有平等、批判和创造意识的新思想、新精神。这是春秋战国之际学术思想，尤其是教育思想得以繁荣的前提[②]。

现实对教育的强烈需要促生了原创性教育思想的问世，而且这些思想是用来解决前所未有的问题的，是用来解释新的教育实践的。

我们将我国先秦之际的教育思想放在国际视野中去审视，在春秋战国思想繁荣的同时，世界文明的其他发源地，也出现了思想纷呈、学术活跃的景象。德国学者卡尔·雅斯贝斯在《历史的起源与目标》中为我们做了论证，他把公元前800年到公元前200年称为人类的“轴心时代”，他指出，在“轴心时代”，在中国、印度、希腊首次出现了哲学家。而且在这三个地区没有交流的情况下，分别出现了学术繁荣景象，形成了三个文化中心。对这种近乎奇怪的现象的解释便是雅斯贝斯指出的三个地区表现出的类似的社会学情景。三个地区面临类似的社会情形，“人类体验到世界的恐怖和自身的软弱。他探询根本性的问题。面对空无，他力求解放和拯救”[③]。“这一切皆由反思产生，意识再次意识到自身，思想成为自己的对象。人们试图通过交流思想、理智和感受而说服别人，与此同时就产生了

---

① 章学诚. 校雠通义通解［M］. 上海：古籍出版社，1987：1.

② 启良. 中国文明史：上［M］. 广州：花城出版社，2001.

③ 卡尔·雅斯贝斯. 历史的起源与目标［M］. 魏楚雄，俞新天，译. 北京：华夏出版社，1989：8.

精神冲突"[①]。人开始思考自身的作用和价值。中国的哲学家就是在这样的背景下产生的。他们响应时代的呼唤，力图革除时弊，探索革新，教育成了他们除旧布新的手段之一。因此他们对思想进行了思考，结果是得出了富有哲理性的结论。这些结论在解释实践、指导实践上发挥了效用。于是"精神传播运动"开始了。而那些富于哲理的思考中蕴含着丰富的原创性教育思想。这些思想在"孔子、墨子和其他哲学家们游历中原"的"精神传播运动"中得以流传和发展[②]。

（二）"学术生态圈"生存竞争的需要

私学大师授徒讲学，他们的观点、风格与他们的教学活动是相伴相依的，他们在教学中展示、传播学术主张，在教学过程中体现自己的学术风格，因此古代的学派也可称为教育流派。依据《现代汉语词典》的解释："学派是同一学科中由于学说、观点不同而形成的派别。"学派的形成及相互之间的竞争既是推动学科发展的动力，又是完善学科体系的条件。中国古代的教育之所以给后世留下丰富的思想遗产，主要原因应该归功于学术生存的需要或源于学派的相互争鸣。

学派发展总的态势为"分化与融合"。学派的分化导致各学派之间的争鸣。在春秋战国时期，中华大地上形成了壮观的学术争鸣景象。梁启超先生这样描述这种景象："孔北老南，对垒互峙，九流十家，继轨并作……非特我中华学界之大观，亦世界学史之伟迹也。"学派相互争鸣的结果是使原有学派的思想更为成熟，并衍生出新的学派。例如名家的形成是因为儒、墨、道、法四家都关注名、实关系。孔子强调"名不正则言不顺，言不顺则事不行……必也正名乎"；墨子强调考核名实；公孙龙自称"我欲以辩正已散乱之名实而已"，创立名家。但名家立说过程也遭到别派的讥讪。荀子批评名家："坚白无厚之辞章，而宪令之法息。""好治怪说，玩奇辞。"我们在阅读《庄子》《墨经》《公孙龙子》《荀子》《韩非子》这些著作时，会深深体会各派学者的争辩气息。可以说先秦的学术成果是当时学术争鸣的产物，而学术争鸣中思想的播扬范围，被不同阶级、阶层接受、认同的程度又直接影响着学者或学派的生存。比如接受百家争鸣，并

① 卡尔·雅斯贝斯. 历史的起源与目标［M］. 魏楚雄，俞新天，译. 北京：华夏出版社，1989：9.

② 卡尔·雅斯贝斯. 历史的起源与目标［M］. 魏楚雄，俞新天，译. 北京：华夏出版社，1989.

成为百家争鸣场所的稷下学宫即是以学派影响的大小、学者的知名度、带徒弟的多少来决定学者在稷下的地位与俸禄的，“适者生存”依然是学术创新必须遵循的基本法则。

学派争鸣的结果是对立的或是补充性的学术思想的产生。墨家批评儒家形式主义繁文缛节的礼仪教育，提倡节用的学风和社会风俗；墨学克服儒家伦理道德教育的片面性，主张和实行科技教育；墨子克服孔子教学的被动态度，采取“强说人”“上说下教”的主动态度。同一学派内部也会出现分化，“儒分为八”，“墨离为三”。学派传人从不同角度和侧面对创始人的原典学说进行改造和发挥，从而衍生出新的子学派，虽然新的学派并不叛离原始学派，但其在阐说各自观点时的争论不仅对该派的思想会起到深化与丰富的作用，而且激发出新思想、新观念，促成了原创性教育思想的萌生、丰富与发展。

（三）个体躬行实践的奋斗与积累

梁启超先生对学术做过这样的分析：“学也者，观察事物而发明其真理者也，术也者，取所发明之真理而致诸用者也。”说的是学术是从实践到实践的过程，基于实践又止于实践。“学而不足以应用于术者，无益之学也；术而不以科学上之真理为基础者，欺世误人之术也。”说的是学要指向实践，术要有科学性。科学的教育思想的提出同样要基于实践的基础。通过对先秦教育思想的考察，我们发现先秦原创性教育思想的缔造者无不对教育实践充满了激情，无不以自己的热情与关切推动着中国古代教育的发展。

孔子自三十而立之年创立私学，自此终身不悔，四十余年的教育实践和整理六经的科研实践是其教育思想的丰富源泉，正是在教育实践和科学研究的实践中，在与弟子的探讨争鸣中，从丰富的古籍文献的整理中激发了他创造的灵感与热情。墨子同样是一位伟大的躬行实践家。墨子曾明确说明学问的根本在于“行”。墨子讲：“战虽有陈，而勇为本焉；丧虽有礼，而哀为本焉；士虽有学，而行为本焉。”墨子主张“兼爱、非攻”，为此他游走于各诸侯国，劝君王罢战，“上说下教”。墨家“徒属弥众，弟子弥丰，充满天下”（《吕氏春秋》），形成庞大的传播墨家学术、道艺、思想的教育集团。由于墨子坚守“劳心苦志而以振世之急”的用世原则，对弟子要求严格，墨家传人都能为墨家大义之实施“坚韧不拔，公而忘私，赴汤蹈火，死不旋踵”。

伟大的实践成就了伟大的人物，伟大的人物缔造了伟大的思想。先秦原创性教育思想就是对先秦伟大教育实践的概括与总结。

在对先秦原创性教育思想梳理的过程中，我们受到的是思想的洗礼，智慧的启迪。探寻先秦原创性教育思想的生成足迹，我们感受到的是惊心动魄。历史在继续，让我们踏着历史的足迹勉力前行，去开拓属于我们自己时代的新历程。相信中国的原创性教育理论会在历史的启迪下、在现实的激励下、在未来的期盼中萌生、成长。

[原文刊载于《河北师范大学学报》(教育科学版) 2006 年 03 期 (王凌皓　李术红)]

春秋战国之际的学术原创精神

春秋战国之际是中华民族文化大发展、大繁荣期，也是中国学术充满活力、奔突跃动的最为显赫的原创期。中华文明起源虽非最早，却是至今从未中断、不断有所创新的文明。其独有的民族文化特征，诸如对立统一的阴阳观念、彰显文明化育的人文精神、崇德贵群的人格意识、中和境界的美好追求，以及富有战略思考的总体思维，促使我国古代先哲创造了辉煌灿烂、足以启迪后世的原创性的文明文化成果，体现了极强的创新精神和超凡的创新智慧。中华文明无论是物质文明、政治文明，还是精神文明、生态文明在此期都是独一无二的。恩格斯在评价古希腊的哲学思想时曾说："在希腊哲学的多种多样的形式中，差不多可以找到以后各种观点的胚胎、萌芽。"[①] 处于大体相同时代的我国春秋战国之际的各种学术也体现出同样的意蕴与价值，具有历久弥坚的影响力。

我国春秋战国之际创造的辉煌灿烂的原创性学说，蕴含着十分丰富的原创性教育学说。所谓原创性教育学说应该是指"由某人或某个学派提出的具有首发性、原典性的，对某一或某些教育问题的原初观念或主张"[②]。研究春秋战国之际原创性教育学说，特别是儒道两大文化系统的教育学说产生的历史动因，揭示其原创精神的特质，纠正千百年来僵化的偏颇认识，发掘其固有的学术精华、闪光的精神境界，将对在新的历史条件下教育理论创新和教育实践的革命性变革具有重要的启发与借鉴意义。

一、学术原创精神的生成动力——"轴心时代"的急切呼唤

在人类文明发展的历史进程中，中华文明与希腊罗马文明各有独特的历史贡献，都居于人类文明发展的轴心地位。从历史文化绵延不绝的角度来说，中华文化的持续发展和不断创新是独一无二的。德国哲学家雅斯贝

① 马克思，恩格斯. 马克思恩格斯选集：第3卷［M］. 北京：人民出版社，1972：468.

② 王凌皓，李术红. 先秦原创性教育思想研究［J］. 河北师范大学学报（教育科学版），2006（3）：5.

斯在其名著《历史的起源与目标》中曾将人类历史中的公元前 800 年至公元前 200 年，尤其是公元前 600 年至公元前 300 年这段创造了辉煌历史与文化的时期称为人类文明的“轴心时代”。在此历史时段，古希腊、古印度、中国和以色列等国家几乎同时进入了空前伟大的哲人时代，构建了人类最初的精神结构，这一历史时段是人类文明精神的重大突破时期。举世公认的文明发展观认为，在轴心时代里，其标志性成果是中国的春秋战国之际社会大变革大跃动促成的诸子百家智慧，古印度的佛教智慧以及古希腊哲学和古罗马法学等。世界四大古典文明——古埃及文明、巴比伦文明、古印度文明、古代中国文明，各个文明都出现了伟大的精神导师和轴心文化的开创者：在中国，诞生了孔子、孟子、老子、庄子、墨子、韩非子等各派思想家；在古印度有释迦牟尼；古希腊有苏格拉底、柏拉图、亚里士多德；在以色列有犹太教的先知们……他们提出的思想原则塑造了不同的文化传统，也一直或显或隐地影响着人类的生活。经过两三千年的发展，轴心时代的文化已经成为人类社会的主要精神传统，对现代人的精神文明产生着十分重要的影响。如雅斯贝斯所说：“直到今日，人类仍然靠轴心期所产生、思考和创造的一切而生存。每次新的飞跃都回顾这一时期，并重新被它激发思想才智。自那以后，情况就是这样，轴心期潜力的苏醒和对轴心期潜力的回忆，或曰复兴，总是提供精神动力。复归到这一开端是中国、印度和西方不断发生的事。”① 可以说，当代中华文明的伟大复兴，在一定意义上，正是通过文化创新与发展带来的以精神文化为内涵的创新精神的复兴和再创辉煌。

春秋战国之际以各种学术创新性发展为核心内容的中华文化属于多元轴心文化中十分重要的组成部分，它与其他的轴心文化一样具有旺盛的“历久弥新的生命力”。这种“历久弥新的生命力”主要表现在其前所未有的原创性及原创精神上。因为是原创，所以具有重要的引导性和巨大的启发性。可以说正是由于其所表现出极强的原创性、引导性、持续发展和启发性等特征，这些特征引发后世的广泛探讨、关注和追根溯源，并和后继的思想或者研究形成“源”和“流”的互动、互相激发的历史辩证关系，才形成独特的“我注六经，六经注我”式螺旋上升的发展轨迹。

先秦文化在世界古典文化园林中闪烁着耀眼的光辉，体现着中华民族先哲们的杰出智慧。作为独特的“轴心文化”，先秦文化是在夏、商、周

① 卡尔·雅斯贝斯. 历史的起源和目标［M］. 魏楚雄，俞新天，译. 北京：华夏出版社，1989：14.

三代反映、表现祀戎国家大事的礼乐文化的人文语境中萌生和创发出来的。按照《汉书·艺文志》的追溯，先秦学术至春秋战国之际都是从由"学在官府"转变为在私学兴起中蓬勃发展的西周礼乐文化中衍生出来的，其各种学说主要是在力行哲学导引下通过社会实践对"古之道术"的继承、发明和创造。春秋之际，由于铁制工具和牛耕犁的出现，井田制、分封制和宗法等级制度受到巨大的冲击，打破了被讥讽为"溥天之下，莫非王土；率土之滨，莫非王臣"（《诗经·小雅·北山》）的统一政治经济格局，周王室统治衰微，诸侯争霸烽烟四起。由于井田制的瓦解，私有经济逐渐发展，原有的赋税制度动摇了，私有工商业开始兴起。政治经济上的巨大变革，必然导致官府文化教育垄断的破产。在"士"作为新兴的政治、文化力量登上社会历史舞台之际，他们以挽救时弊、扶危定倾的壮志，以探索革新、敢为天下先的气概和豪迈，以临危受命、舍我其谁的超凡智慧、胆略和入世情怀，担当起继往开来的时代重任，推动中国古代的文化形态由"学在官府"向"学在四夷"的深刻变革。在这一划时代的历史变革中，正如启良先生在《中国文明史》中所阐释的那样："原有的思想形态得到'士'这一阶层的新的阐述和新的发挥，思想与文化领域呈现多元化的发展。"可以说，春秋战国之际，政治、经济、文化和教育的深刻变革，为文化教育上的立意创新创造了十分有利的外部环境和主客观条件，为诸多学派的形成和"百家争鸣"局面的出现开创了新道路。

春秋战国之际，学术文化下移、士阶层的崛起和私学的骤兴是三位一体、互动互振、交错共生的，它们在当时特殊的政治经济格局和社会历史条件下，在诸侯激烈的军事争斗中掀起并推动了百家争鸣学术大潮的来临。按照通行的说法，所谓"百家"，一般指的是"九流十家"，即儒、墨、道、法、阴阳、名六家，加上杂家、农家、纵横家合称为"九流"，再加上小说家就是"十家"。实际上，不止十家，此外还有在教育发展、军事发展、学术昌盛上做出重大历史性贡献的兵家、术数家等。就教育而言，先秦诸子冲破了"学在官府"的封闭式传统教育垄断格局，学校从官府移到民间，向民间开放，教师以私人身份自由讲学，学生亦可以自由择师，教学内容与现实生活发生了较广泛的联系。百家争鸣促进了教育的发展和教育经验的丰富，造就了一大批闪烁着智慧光芒的大师级思想家、教育家，他们在教育思想上颇有建树，这既是百家争鸣的需要，又是私学蓬勃发展的必然成果。先秦之际，思想家、教育家们不仅论证了极为丰富的原创性的教育命题，还著述了像《大学》《学记》《劝学》《弟子职》等内

涵丰富原创性教育理念和实践的教育专著。

春秋战国之际堪称“中国学术的原创期”[①]，是中国学术史上百家争鸣、激动人心和原创辈出的时代；“是一个属于思想家的时代，亦是一个属于教育家的时代，是一个需要巨人而又产生了巨人的时代”[②]；“是一个波涛汹涌的求真时代，又是一个清醒而严酷的时代”。在这样的时代，“人们从蒙昧的传说中一旦醒觉过来，不再迷信过去的任何传说而只相信自己的认识”[③] 的时候，思想上的、精神上的巨大的创造力便喷薄而出，诸子百家的学者们不囿于旧说，而是秉承日新又新、刚健有为的开拓精神，敢发前人所未发，提出了具有石破天惊意义的重要思想和命题，反映了学者、思想家、政治家、教育家所应该具有的独立精神和高尚情怀，表现出他们的情理世界的丰富灿烂。可以说，原创精神就是春秋战国诸子百家争鸣的具有中华民族特色的时代精神，是中国古代学者具有的求真、求实的真精神。这种时代精神、这种真精神在我国古代教育史上写下了多姿多彩、辉煌灿烂的不朽篇章，创造了辉煌灿烂的教育业绩，时至今日仍然以崭新的姿容在奔腾澎湃的历史潮流中绰约闪耀，为后人探寻古代学术的原创精神提供了可资借鉴的智慧资源，为今天的教育理论创新和教育实践改革提供了取之不尽、用之不竭的精神动力源泉。

二、学术原创精神的奔腾张扬

春秋战国之际思想家们的大家风范是特立独行的，道德精神是卓尔不群的，学术思想是自由开放的，他们在对政治问题、教育问题等的探讨过程中，日益尊重理性，重视对真理的探讨，围绕天道、地道、人道的“三才”之道，讲阴阳、柔刚、仁义之德，展开思潮言说和交流，使当时的学术呈现出百花齐放、绚丽多姿的繁荣景象，使中国古代文明获得了飞跃式的发展。

春秋战国之际古圣先贤以人为中心，以养成仁人志士的浩然正气为旨归，张扬中华古典文明中的强烈爱国精神、高尚的民族气节，自强不息、厚德载物、刚柔相济、兼容并包、力求创新发展的精神，至今为世界所赞许，为人们所效仿。儒、墨、道、法、名、阴阳、纵横、杂家、农家、小

① 张立文. 中国学术通史［M］. 北京：人民出版社，2004：总序 7.

② 郭齐家. 中国教育思想史［M］. 北京：教育科学出版社，1987：7.

③ 郭齐家. 中国教育思想史［M］. 北京：教育科学出版社，1987：7.

说家、兵家“蜂起并作，各引一端，崇其所善……辟犹水火，相灭亦相生也”（《汉书·艺文志》），“学术为天下裂”。夏商周三代历有损益形成的统一的礼制规范被逐步打破的同时，人们的思想意识也发生了重大历史转折性变化，人们代表不同阶级、阶层的利益，从不同的角度来分析解释民生问题、社会问题，各家学说便因循时势而生。正如司马迁在《史记·太史公自序》论六家之要旨所言：儒者“博而寡要，劳而少功。若夫列君臣父子之礼，序夫妇长幼之别，虽百家弗能易也”；墨者“俭而难遵”，“要曰强本节用，则人给家足之道也”；法家“严而少恩”，“若尊主卑臣，明分职不得相逾越，虽百家不能改也”；名家“使人俭而善失真”，“若夫控名责实，参伍不失，此不可不察也”；道家“无为，又曰无不为”，“其术以虚无为本，以因循为用”。虽有学者认为这实则论六家得失，却清楚地道明了各家的学术主张和学术倾向。各派思想家的教育思想、教育主张作为其学术思想的一部分，与其各种观点、主张交叉融合在一起，明确地反映了各家对教育规律的探索和对教育问题的独到见解。

春秋战国之际的教育学说是在解决当时急需解决的各种社会问题（包括教育问题）的过程中产生的，其时的原创性教育学说是用来解决前所未有的社会问题和教育问题的，是用来解释新的教育实践，并服务于社会政治经济改革之需的，具有强烈的现实指向性和服务的针对性。当时所面对的社会变革实践和教育改革实践是前所未有的，因此，思想家们所提出的解决教育问题和社会问题的主张又具有鲜明的原发性、首创性，我们称其为原创性。

自春秋末至战国，以孔孟荀为代表的儒家，助人君顺阴阳教化，游文于六经之中，留意于仁义之际，于道最为高，他们站在赞扬、肯定人类文化、弘扬人文主义精神的立场上，通过仁道原则的确立，把“内圣外王”的圣贤人格确定为个体精神发展的根本方向，高度关注个体发展与社会文化的相互适应，尚贤贵德，提倡“学而优则仕”和崇教以立国本。孔子堪称中国教育学说的原创之父，最早提出了“有教无类”的教育平等、教育公平主张，在教育实践中践行平民主义，打破奴隶主贵族对教育的垄断；提出了“性相近也，习相远也”有关人性论、教育论的著名论断，在世界教育史上最早论述了人的遗传素质与后天教育和主观努力修习的关系问题，引起了人们对于人接受教育的可能性与必要性问题的深入研究与广泛探讨，引发了人们对于人性本质、人的意义与价值的特殊关注，引导人们在尊重人的生存价值，关注人的全面发展上探究教育的功能。从孔子、孟子、告子、荀子，到董仲舒、韩愈、朱熹、王守仁，一直到今人，教育与人的发展的关系问题始终是教育学、人脑科学、心理学需要用理论和实证研究不断给予新说新解、论证无终结的命题。孔子倡导的启发诱导、因材施教、立志有恒、好学乐学、学而时习、温故知新、学思结合、学以致用等教学原则都堪称中国教育史，乃至世界教育史上的思想原创，至今仍被视为古代教育思想的经典，被用于各种教育教学实践。孟子作为战国时期儒家的杰出传人，在继承孔子教育思想的基础上，本着“尽信书不如无书”的怀疑、批判精神对春秋战国之际的原创性教育学说贡献了卓越智慧，他在教育过程中始终强调“深造自得”、“盈科而进”与专心致志，注重对学生主动学习精神的培养，强调道德教育和智力培养都必须尊重学生的成长发展规律，反对急于求成，揠苗助长。荀子则在继承发展孔孟教育思想的基础上，综合融会儒道法三家之精华，创造性地提出了“善假于物”和“兼陈中衡”的原创性教育主张。形成于战国后期的《学记》和《大学》，尤其是《学记》不仅从不同侧面对创始儒家的教育学说进行了系统的概括和总结，而且全面阐述了教育作用、教育制度、教学原则和方法等重要的教育理论问题和教育实践问题，创造性地提出“古之王者建国君民，教学为先”“君子如欲化民成俗，其必有学”的教育优先发展命题，突出体现了人们对教育作用、教育与社会发展关系的真知灼见；提出了“教学相长”，体现师生相互尊重，反映教育规律，具有一定科学性的光辉命题，辩证地论证了教与学两个过程辩证统一的关系，提出了“藏息相辅”的教学原则，精辟地论述了校内外学习之间的关系；并在学校管理中提出编年制和成绩考核制的创见，开学校教育管理之先河。《学记》在世界教育史上彰显了中华民族教育文化的独特魅力和历史文化功力，成为世界教育史上第一部最有影响的教育专著，奠定了中国乃至世界教育史上教育学学科发展的基础，至今仍闪烁着智慧和理性的光芒。《大学》则把儒家的内圣外王之道具体化为“三纲领”和“八条目”，建立起一个以修身为本的政、教统一模式，它从目的到程序，提出了比较完整的道德教育体系，不仅是春秋战国之际儒家道德教育思想的总结，还是我国最早的自成体系的道德教育的重要文献，其道德教养和自我修养的理论、方法，作为一种道德文化传统，在当今世界的现代应用，最为符合现代教育需要。可以这样认为，在先秦诸家中儒家对教育的原创性贡献最大，影响也最为深远。

以老庄为代表的道家，在批判儒家德治、法家法治治理学说的基础上，主张顺应自然之“道治”。综合《老子》《庄子》的论说，他们高度概括古今成败存亡祸福之道，秉要执本，虚怀若谷，清静无为，虚清以自守，卑弱以自持。他们崇尚自然原则，坚定地站在文化批判的立场上，视文明社会的教育和教化为对自然状态的破坏和对素朴人性的摧残，把顺任自然确立为教育的最高原则，所以《老子》提倡“绝圣弃智”“绝学无忧”“不言之教”和游世精神。需要指出的是，道家的自然教育原则与儒家的仁道教育原则的对立并非绝对相互排斥，而是在“道”这一共同的最高范畴下有条件的互补，孔孟之道和老庄之道并行，二者共同构成了中国古代教育思想发展的主线之一，开中国古代提倡自然主义教育与人文主义教育相契合之先河。

以墨翟、禽滑厘为代表的墨家，建立了以“农与工肆之人”为主体，以科学技术知识和技能技巧等专门教育为主要内容的教育学术团体。墨子一生“上说下教”，试图实现其友爱与功利情理交融的“兼相爱，交相利”的社会理想。墨家坚守“劳心苦志而以振世之急”的原则，使墨家集团的社会地位至高，社会影响至远。墨子的平民科技教育内容涉及古典科技开创时期的数学、几何、力学、光学等自然科学知识。在重视人文主义教育的时代，倡导并实践平民科技教育的，墨子堪称第一人，他所提倡的“量力所至”的量力性原则，“强说强为”“不叩亦鸣”的主动施教原则在教学论史上当有独特的开创之功。

以商鞅、韩非为代表的法家，主张“以法为教，以吏为师”，积极进行法制教育，使“商君之法，妇孺皆知”。他们以“法”治与儒家的“礼”治相对立，从此关于“王道”与“霸道”的争论不休。历史证明，王道与霸道表面上针锋相对，在社会与政治实践上，二者并不截然背道而驰，而是王霸相佐，相得益彰。法家构筑了以法、术、势为基本内容的法治思想体系，以法之“同一”精神同儒家的德政礼教对立统一，在既张扬个性又齐群行有统纪的社会秩序建构上功不可没。其法制教育主张，在不同时代皆有重要意义。

此外，《管子·权修》中“百年树人”的教育价值观，是教育史上第一次全面揭示教育价值的原创性命题，被誉为“前所未有的可贵的创见”，因为它涉及了教育的政治、经济、文化和社会功能与效益，其对教育与政治经济关系、教育的基本特点、人才成长的周期性等重要的教育理论问题的探讨，为教育理论研究的先导。

儒、墨、道、法等各家的原创性教育学说的哲学思考贯穿其基本理路的始终，“这些富有原创性的思想理念，在中国古代教育传统的塑造过程中发挥了作为理论原型的关键作用”①，对后世教育思想的发展产生了不可磨灭的影响。

三、历久弥坚、乐观上进的生命价值观

从世界教育史的比较研究审视，中国古典教育原创学风独树一帜，卓然傲立，薪火相传几千年，不断推陈出新，其丰富多彩的内涵，在世界史和人类史上所仅见。笔者写作本文的目的，不在于穷尽春秋战国之际的原创性教育学说，而在于对其生命价值的体悟和挖掘，因为“我们中国人不仅要学习全世界优秀的文明成果，更要有属于自己的文化精神和思想传统……特别是在价值观问题上我们中国人更应该继承中华文化的精神传统，在思想和文化上葆有自我”②。春秋战国之际的原创性教育学说，诸子百家所体现的锐意改革的创新精神不仅在祖国悠久的文明史上具有重要的影响力，而且至今仍然具有历久弥坚、不断进取的生命价值，是今天教育创新的思想源泉和精神动力。

教育创新必须秉持创新精神。因为创新精神是当今教育学派创生和教育理论创新的原始动力、精神追求和价值取向。创新精神是创造性学习和探索的精神，是包括教育在内的一切文化创造的本真精神，是在教育实践的第一线学习和探究，从而获得的正确认识，能够反映客观真理和主观精神探索的求真务实精神。教育理论创新与教育实践的变革都必须秉持这种创新精神。“长期以来，由于政治影响下仿苏、西方强势文化的影响以及我国学者原创思维的缺失和浮躁心态，实质性的中国教育理论范式并未真正形成，取而代之的多是单纯的吸收和模仿。”③ 因此，在现时代创新学风的重建，创新意识、创新能力的培养是教育理论创新和教育实践变革的

① 于述胜. 中国的教育传统与教育创新 [J]. 华东师范大学学报（教育科学版），2003 (1)：92.

② 史宁中. 中国文化价值观与思维方式的思考 [J]. 东北师大学报（哲学社会科学版），2008 (3)：6

③ 柳海民，林丹. 困境与突破：论中国教育学的范式 [J]. 东北师大学报（哲学社会科学版），2007 (3)：5.

关键。

我们在教育理论研究和教育实践的探索过程中，提倡“立意创新、独树一帜”的精神，当然这种精神并不是忽视传统的特立独行，既不是割断与传统的联系，也不是挖空心思地另辟蹊径，而是以全新的视角、全新的维度，与时俱进、求真务实地来审视当下教育发展中存在的问题，以及教育未来发展中可能必须面对的问题，在认真思考、深入研究的基础上提出新的见解和认识，这既不是前人观点的引用、转述和重复，也不是前人观点的简单累加与自我改造，而是以己之能，尽己之力，反映个人独立思考，切近教育发展实际的新见解、新主张；是从新的思考维度、新的探索角度出发，催生新的教育观念体系、新的教育思想体系，构建新的教育学说体系，并通过创新实践予以检证，增益其新意蕴。

春秋战国之际的教育家们通过自己的言教、身教铸造了一段辉煌的教育发展史。这段历史被当代学者认为是“中国古代教育思想创新的第一个高峰期”[①]。与中国古代相比，我国目前的政治稳定、经济繁荣，思想解放、学术自由，“百花齐放、百家争鸣”的社会环境为理论研究者提供了前所未有的创造空间和机遇。就客观环境与条件而言，今天的学者似乎没有不创新发展的理由，但事实令人颇感尴尬。客观地说，虽然我们今天的教育理论研究取得了不少丰硕的成果，教育实践探索也取得了斐然的成绩，但是相较于古代社会，尤其较之于春秋战国之际，我们的原创性教育理论或创新性的教育理论却寥若晨星，极其匮乏。究其原因，固然有某些客观上的障碍，但主要原因恐怕还得从主观上寻找。因为“原创精神是基于文化创造的主体性理念、精神和原则的，原创精神的展示是依赖于内在性原则以及由此建构的独立人格和完整人格的，原创文化创造者的品格应该是这样的：精神独立、深邃，思想活跃，人格高尚而完善，同时要具有完备的知识结构和创造性活动的有效经验，具有深刻而积极的指向创造活动的意义系统、敢为天下先的首创精神和坚强的意志品质，以及对原创力和本质力量的发挥。”[②] 而春秋战国之际的原创者们就是这样一群人，他们皓首穷经，只为对真理的诉求和对自身原创精神的张扬；他们敢为人先，

---

① 于述胜. 中国的教育传统与教育创新 [J]. 华东师范大学学报（教育科学版），2003 (1)：91.

② 李燕. 科学文化及其原创力之哲学解析 [J]. 山东师范大学学报（人文社会科学版），2003 (6)：6-7.

只因对事实的探求和对自身价值的一种追求和体现。创造了丰富原创性教育学说的思想家们，如孔子、孟子、荀子、墨子、老子、庄子、商鞅、韩非等，无不是原创文化的缔造者，将原创思想付诸实践的践行者。孔子一生都在积极奔走呼吁，宣传自己的德政礼教主张，无论是在为官从政期间，还是在颠沛流离的情况下，从来没有放弃授徒教学的教育实践，即便是在匡地被围、断粮陈蔡的危急时刻，面对困境仍能讲诵弦歌不衰。孔子先知先觉的哲人智慧是其在一生的教育实践中总结的，他用一生的教育实践为我们提供了宝贵的精神文化遗产。墨子同样是一位伟大的躬行实践家，一生主张"兼爱、非攻""尚同、尚贤"的社会理想，为此他游走于各诸侯国，劝君王罢战。他"上说下教"，"从属弥众，弟子弥丰，充满天下"(《吕氏春秋·当染篇》)，形成庞大的传播墨家学术、道艺的教育集团。庄子曾评价墨子师徒："不侈于后世，不靡于万物。不晖于数度，以绳墨自矫而备世之急"，"其为人太多，其自为太少。"(《庄子·天下》)所谓"墨子服役者百八十人，皆可使赴火蹈刃，死不旋踵"(《淮南子·泰族训》)，充分肯定了墨子师徒们高尚的道德品质。他们对教育真理的不懈追求和对教育活动的躬行实践，表现了原创性教育学说的产生与原创者主体意识的觉醒。

教育研究者首先要有独立性，然后要将自己的哲学思考依附于现实的教育生活。因为原创性教育思想来自于学者对现实问题的怀疑、反思和批判。中国古代学者治学，犹如胡适所言，他们做学问和做人是统一于一体的，都大体上做到了"大胆地假设，小心地求证"，认真地做事，严肃地做人。强调做人、做事、做学问相统一，乃春秋战国之际各派思想家、学者创造的学风传统，这是古代也是当代学人应有的学风的核心。对此，江泽民指出："我国古人治学，讲究博学、审问、慎思、明辨、笃行。这些经验，今天仍不失其借鉴意义。"①

当代中国教育界的学者正在矢志不渝地向全新的目标迈进，正在竭力寻找教育创新的切入点，学者们有强烈的创新意识，也秉承着我国优良的创新学风，因为他们深知，"马克思主义最讲科学精神、创新精神"。"创新是一个民族进步的灵魂，是一个国家兴旺发达的不竭动力。科学的本质

① 江泽民．江泽民文选：第3卷［M］．北京：人民出版社，2006：494.

就是创新。"[①] 百年大计，教育为本，教育创新关乎民族进步、国家兴旺发达，关联着中国特色社会主义事业的成败，作为当代中国的教育工作者，理应承担起教育创新的使命，并为此贡献出自己的精神和力量。

［原文刊载于《东北师大学报》(哲学社会科学版) 2010 年 02 期 (杨冰　王凌皓)］

① 江泽民. 全面建设小康社会，开创中国特色社会主义事业新局面［N］. 人民日报，2002-11-08 (1).

第二章

先秦儒家的原创性教育思想

教育视域下先秦创始儒家的天道观

以孔子为代表的先秦创始儒家虔诚地援引、敬畏、循行“天道”，其根本目的在于张扬“人道”，促进天人关系、人我关系和个体身心的和谐发展，支持人性本心的终极关怀。“人道”才是他们思想的核心和专注的重点，“天道”是为“人道”服务的。他们对天道的考察，旨在借助“天道”之“已然”和“必然”来说明“人道”之“所以然”和“应然”与“实然”，因为毕竟如郑子产等人所言“天道远，人道迩”。

天道具有神灵之观念是一种以人为主宰的附带宗教崇拜的思想，缘起于远古时期人们对身外自然力量的懵懂、敬畏与崇拜，后来逐渐被用来解释和论证现实生活中的各种人事活动，包括国家兴亡、家庭与个人的历史际遇。春秋之际，儒家学者将天神主宰人事、天人合一、天道人道结合的人主己事的神灵之天的内涵，在张扬贴近现实的人道的基础上进一步明晰化，其主要内涵包括三个方面：冥冥之中有意志的主宰之天、所谓天命不可违的命运之天和祖先灵魂不死的在天之灵。

一、讲主宰之天，论证道德源于天、修身求道合于天

自古以来，西方人遇到重大困难和重大决策时，总是呼唤着“上帝啊”，中国人与之截然不同，常呼喊“天哪”，这种现象的人文意涵一直传承至今。在我国，天意主宰之天的观念古已有之，但是将“德”与“主宰之天”自然地联结在一起，主张协调天志与人意的关系是始于西周晚期的事情。周灭殷后，周统治者提出了治世治国为政“天命靡常”（《诗经·大雅·文王》），“皇天无亲，惟德是辅”（《尚书·蔡仲之命》）的命题，强调统治者要想永享天命的眷顾，就必须将“永命”寄托在自己善理政事国事上，如孔子所言，坚持“为政以德”，实现德治善政的局面。从此，“德”便有了上天神威——天道的根据。《易经·序卦》说：“有天地然后有万物，有万物然后有男女，有男女然后有夫妇，有夫妇然后有父子，有父子然后有君臣，有君臣然后有上下，有上下然后礼义有所错。”这段话描述

了人类社会历史的变迁，说明了道德伦常的产生如同其他自然万物的产生一样，虽然以人的主观努力为基础，但也都受天的主宰，顺应并体现天意的安排。

春秋之际，孔子作为创始儒家的代表进一步明确地提出了道德源于天，人们通过修身求道实现与天相通相融的思想。他自认为“天生德于予”(《论语·述而》)，天赋其德，自己获得了具有天命属性的德性这一基本人性；当然，孔子说自己的德性是与生俱来的，并非说他的德性是先天命定了的，而是更强调在此基础上后天的“学而时习之”，“敏而好学，不耻下问”，“每事问”和躬行实践，即顺天命而更重在尽人事，在实践中修炼人类道德的自我价值。他曾经说：“我非生而知之者，好古，敏以求之者也。”(《论语·述而》)孔子认为自己是通过以古代圣贤为榜样，学习他们的德行，见贤思齐，见不贤而内自省才实现了与天的相通相融。孔子不仅论证了修身求道乃是天命所为，人们要通过修身求道与天相通、以合于天的思想，而且为儒家思孟学派进一步完善天人相通，尽人事而负天命的理论奠定了思想基础。战国时期思孟学派完成了儒家新历史时期的伟大转折性发展，他们继承了孔子并深化发展了人类道德源于天而高于无言之天的思想理路，接受“天将降大任于斯人”，努力涵养浩然正气，塑铸“大丈夫”这种高于君子之人格的思想。《郭店楚墓竹简》中记载：“天降大常，以理人伦”，在竹简残片中也有“义，天道”等论说。《礼记·中庸》中更明确表达了“道德之于天”的意思，如“天命之谓性，率性之谓道，修道之谓教”，意思是人之德性是一种天性，修德乃是秉承天意。关于天之德与现实人心的沟通问题，子思之儒继承孔子依托、发扬光大圣人贤德的思维路径，讲“圣人知天”(《郭店楚墓竹简》)，即圣人是沟通天与人的枢纽，只有圣人能够察识天命之道德，再通过修炼“内圣外王”之功，将察识到的道德推广、教化于普通民众身上，实现德政礼教。而孟子则更系统地阐明仁义礼智等行善四端乃是“天之所与我者”(《孟子·告子上》)，即仁义礼智等道德本性是天赋予人的，是人与生俱来的并与人生相始终的。但孟子似乎担心人类既有可能发展这种善性，也有可能失却了甚至完全舍弃了这种善性(“放心”)，因此他进一步强调尽心养性和“求放心”。他说：“尽其心者，知其性也。知其性，则知天矣。”(《孟子·尽心上》)意思是，天所赋予的仁义礼智善端本来就存在于人心之中，只要扩充、发挥自己的本心，就可以认识自己的本性，认识自己的本性就遵循了天道，就可以尽人性而负天命，担大任，负天职。孟子的“尽心知性则知天”是对

"圣人知天"的扩充和发展。《郭店楚墓竹简》儒家篇中认为只有圣人能够察识天道。孟子则认为任何人只要欲为即可以洞察天道，只要将保存在内心深处的固有的善良本性和道德观念发挥出来，就可以通晓人性，懂得人性，就察识了天道。孟子坚信这种理念，并满怀期望地提出"人皆可以为尧舜"，即人人都可以知天成圣的重要命题。[①]

马克思主义认为，人类的伦理道德性是相对于动物的兽性而言的，人类德性的提升是不断克服泯灭兽性残余，在人类相互交往中持续张扬人的本我德性的产物，是人类在漫长的生存竞争与阶级斗争、社会进化与人的社会化过程中不断协调相互关系的结果，这一道德起源论和不断克服兽性、张扬人性的道德修养论已为现代人所普遍认可。天作为人的身外自然是一种客观性的物质存在，人类与自然环境、其他物种和谐相处的观念也越来越为人们所普遍接受，儒家孔孟所讲的源于天的道德起源论，整体上便不再具有信服力，但是，儒家学者倡导天人之际和谐，主张知天命、负天命以及对道德建设高度重视的态度和几代儒者为此曾经付出的心血，却是值得现代人认真学习、深刻体味和努力付诸道德实践的。

二、引用命运之天，主张修身俟命

先秦创始儒家认为，人作为道德的主体，其修身行为是基于自身的良知良能，或者用现代术语，是以其"文化自觉"决定的，孔子用七个字概括："我欲仁，斯仁至矣"（《论语·述而》），孟子讲"求则得之，舍则失之"（《孟子·尽心上》），荀子讲"若夫志意修，德行厚，知虑明，生于今而志乎古，则是其在我者也"（《荀子·天论》）。但与此同时，儒家学者尤其是孔子，又认为人在修身求道过程中也确实存在着人力无法企及天意，无法尽如人意之处，即人事之尽处，对此孔子称其为"命"，以今日的哲学思考，即客观规律有其限界，人类对此不能"过"，也不能"及"，正是基于此，才提出"尽人事，听天命"带有一定科学性，将主观与客观结合起来，具有实践理性的命题。"天命"既不为人的意志所左右，又好像能决定人事的发展变化，使人们在它面前无话可说，雍容平静而又心甘情愿地去接受，或者说人类的行为活动必须尊重、遵循客观规律而不能不顾客观条件恣意妄为。孔子说："道之将行也与？命也；道之将废也与？命也。"（《论语·宪问》）孟子讲："莫之为而为者，天也；莫之致而至者，命

① 杜振吉. 儒家孝的思想与当代家庭道德建设［J］. 道德与文明，2005.

也。”(《孟子·万章上》)儒家学者认为，现实中人们修身求道的结果乃取决于命定，进而他们主张修身俟命。①

《论语·阳货》中的一段话从反面说明了“命定观”在个人修养中的重要作用。“子曰：鄙夫可与事君也与哉？其未得之也，患不得之；既得之，患失之。苟患失之，无所不至矣。”说的是，当认为人事努力的结果完全取决于个人求索，而与“命定”毫不相关时，人们就会“见害必避，见利必趋”，就会既患得又患失，无所不至，因此不能没有“命”的规范。孔子游学到达卫国的时候，得到了深受卫灵公宠爱的宦官弥子暇的赏识，弥子暇对子路说：“孔子主我，卫卿可得也。”当子路把这一信息转达给孔子的时候，孔子说：“有命!”(《孟子·万章上》)孔子将个人修身弘道的结果归于“有命”，显示出的是不以物喜的雍容镇定。以“命”来规范人，不仅限制力量是巨大的，其情感、理智上的安慰力量也是巨大的。②

人们熟知，孔子爱学生基于师生朋友之情谊，某些情境下甚于爱自己的亲生儿子。在如此真挚的胜似父子之情的师爱前提下，学生的不幸遭遇必定会给孔子的情理世界带来沉重的打击，发自内心的悲悯和哀痛。那么，孔子是如何承受和化解这种痛苦的呢？当学生颜渊不幸短命而死时，他说：“天丧予，天丧予。”(《论语·先进》)当“伯牛有疾”的时候，他仰天长叹：“命矣夫!”(《论语·雍也》)孔子在极端痛苦的情况下，将其归之于命，从而求得一种心理上的安慰；在不为人理解的时候，孔子也会想到天，到天那里求得安心。有一次，卫国卫灵公夫人南子执意邀请孔子，孔子出于无奈，只得会见了这位美貌风流、行为不端的女人，这引起了学生子路的不满和误解，孔子只好无奈地指天发誓：“予所否者，天厌之！天厌之!”意思是说自己如果有什么做得不对的地方，老天都会厌恶我啊！孔子对自己一生坎坷的为学修身经历以及弘道过程中的种种遭遇也都归结为天命所定，无怨无悔。有一次，孔子困于匡，学生们都很为老师的安全担忧，但孔子本人十分坦然淡定，他说：“文王既没，文不在兹乎？天之将丧斯文也，后死者不得与于斯文也；天之未丧斯文也，匡人其如予何?”(《论语·子罕》)孔子的意思是，我已经掌握了出于天意的周道，匡人还能把我怎么样呢？

孔子虽然有时相信命运的安排，但更多的是“反求诸己”，成败从主

① 张海英，张松辉．“神道设教”和“中庸”整合下的孔子天道观［J］．求索，2009.

② 刘聪．郭店竹简与孟子天道观的转型［J］．内蒙古社会科学，2007.

观上求解，而且遭受再大挫折、困难，也不怨天尤人。子夏将这一思想概括为“死生有命，富贵在天”（《论语·颜渊》），将人事的结果归于天命，这样一来，什么都好理解，孔子在自我生命与“天命”之间建立了一种十分紧密和谐的关系，为人求得内心的平衡和安宁搭建了一个避风的港湾。简而言之，人类自身的命运建立在尊重、遵循自然规律的基础上。

人的主体性活动与历史发展之间确实存在着不可预知性、预测性，即人们通常说的“世事难料”，有些事可以在意料之中，有些事却在意料之外。在今天这个物欲横流而又竞争激烈的时代，患得患失的心理问题存在于很多人身上，在某种程度上，借助儒家的“命定论”对于重建人们的心灵信仰应该是具有一定借鉴意义的。

三、祭祀祖先的在天之灵，弘扬以孝为本的修齐治平之道

慎终追远、崇宗敬祖的观念与习俗在中华民族的文化中由来已久，源远流长。我国的原始先民认为，人口生产与再生产，即人之永不衰竭的生殖力与生命力乃是生命的母体——祖先所赐，因而对逝去的祖先充满了崇敬之心；又认为，人死后灵魂犹在，子孙后代如果能隆宗祭祖，就可以得到祖先在天之灵的庇佑。春秋时期的儒家学者在思想上不可能完全脱离当时社会生活的实际，更不可能无视祖先祭祀在社会生活中依然可以发挥的巨大作用。

儒家将祭祀祖先的在天之灵作为修行孝道的应有之义。他们将孝道、孝行的礼治秩序的内涵界定为生之事、死之葬与祭两大方面。孔子讲：“生，事之以礼；死，葬之以礼，祭之以礼。”（《论语·为政》）我们知道，儒家社会的理想蓝图是以家庭为本位的，他们又将齐家的根本、实现仁和社会的理想落实在孝道之上，认为孝德是一切仁德的基础和保障，一个人在家中的孝行可以延伸拓展施于社会中，倡行“老吾老以及人之老”。孝道不限于本家族，而遍行于全社会，而且“移孝做忠”就可以将家庭伦理扩展为社会伦理，达到由家至国、家国相连、血脉相亲的目的，形成中国人特有的凝聚力极强的家国观念。所以，他们对作为孝道重要表现形式的祭祀活动非常重视，孔子说：“所重：民、食、丧、祭。”（《论语·尧曰》）孟子甚至把父母的丧事看得比奉养还重要，他说：“养生者不足以当大事，惟送死可以当大事。”（《孟子·离娄下》）不仅如此，春秋战国之际，当政者甚至将表现孝道的祭祀活动提升至国家大事的高度，《左传》从礼治为治国和序民之大经的高度强调“国之大事，在祀与戎”。

儒家之所以如此重视祭祀，还因为他们认为人们在通常的情况下不会轻易地、充分地表露自己的感情，而只有当父母死亡的时候，真实的想法才有可能流露出来。在祭祀中，儒家强调不仅要丧尽其礼，更要祭尽其诚，对于已经逝去的父母、祖先的祭祀，要基于一种敬重和追念的情感，祭祀的关键在于秉持恭敬与虔诚之心，要能达到“祭如在，祭神如神在”。如果不能做到虔诚与恭敬，则不如不祭，就如孔子所说的“吾不与祭，如不祭”(《论语・八佾》)。学生宰我对于为期三年的父母之丧不以为然，他说：“三年之丧，期已久矣。”孔子没有强迫他，只是问他是否能做到心安理得。宰我的漠然离去引起了孔子的注意，他赶紧用晓之以理、动之以情的方式激发学生对祭祀的真诚情感，引导学生提高自觉认识：“子生三年，然后免于父母之怀。夫三年之丧，天下通丧也，予也有三年之爱于其父母乎?”在孔子的启发下，学生们都十分重视祭祀过程中真诚情感的表达。子张曾说：“祭思敬，丧思哀，其可已矣。”[①]

祭祀的对象是祖先的在天之灵，至于祖先的在天之灵是什么，甚至到底有没有，儒家并不关心，他们重视的是祭祀行为所产生的教育意义，即活着的人的心灵境界。我们现代人与先民大体上一样。当学生子贡向孔子请教人死之后是否有知觉，也就是有没有灵魂时，从孔子的回答中可以看出他并不在意弄清事情真相，而是立足于现实生活的需要，怎么讲对教育人们有利就怎么讲，都是立足于民众教化的需要，都是为了维护统治的稳定和社会的和谐有序。儒家“慎终，追远，民德归厚矣”(《论语・学而》)的思想和情怀影响了中国社会两千多年，崇宗敬祖是中华民族的传统美德和独具文化特色的礼仪形式。在建设社会主义和谐社会的过程中，我们将清明节作为法定假日，通过祭祀扫墓、追念先人功德的方式来进一步加强现代人的感恩、不忘本根的道德意识，这无疑具有重要的价值。

四、遵循自然之道，阐释法天化民之理

以孔子为代表的创始儒家的天道观已经初步涉及作为自然之天的范畴。当鲁哀公问孔子“君子何贵乎天道”时，孔子说：“贵其‘不已’。如日月东西相从而不已也，是天道也；不闭其久，是天道也；无为而物成，是天道也；已成而明，是天道也。”(《礼记・哀公问》)在这里孔子所指的天既丝毫没有人格神的影子，也非“命运之天”那样神秘莫测，它已指明

① 韩东育. 关于儒、佛、道三家的理论极限 [J]. 东北师大学报（哲学社会科学版），1996 (3).

完全是自然的物质之天事。孔子认为，自然之天最可宝贵的本性就是“不已”，即自然界作为有生命力的存在，是持续发展，变动不居，具有生生不息的生命力的。

值得称道的是，战国末期的荀子完成了由神灵天道观向自然天道观的彻底转换。荀子深刻地批判了神灵之天的观念，认为“星队（坠）木鸣”等自然现象，“无何也！是天地之变，阴阳之化，物之罕之者也”，“夫日月之有蚀，风雨之不时，怪星之党见，是无世而不常有之”的自然现象，这种自然现象哪个时代都会出现。荀子在《天论》中更是从物质性和规律性来谈天论天的，他明确地指出并科学地界定了天与人的关系，认为天就是外部的自然界，它是自为自在的客观存在，既无意志，也不依人的意志为转移，不受人的意志而改变，他讲的“天不为人之恶寒也，辍冬；地不为人之恶辽远也，辍广”，“天有常道也”，“日月、星辰、瑞历，是禹、桀之所同也，禹以治，桀以乱，治乱非天也”，从而彻底否定了天的神秘性。

荀子倡行“制天命而用”之教。人们通常认为，中国古代教育是一种人文教育，尤其是先秦时期儒家的教育宗旨就在于“明人伦”，“在明明德，在亲民，在止于至善”，强调“格物、致知、诚意、正心、修身、齐家、治国、平天下”(《礼记·大学》)之道。人们据此认为，先秦时期儒家不重视甚至拒斥自然之教，并由此形成中国古代教育重人文轻自然的教育传统。就总体而言，儒家教育确有这种重视人文教育、强调道德性的倾向或特点，但对这一特点需要放在特定的历史条件下去考察。由于春秋战国之际生产力和社会分工的发展，教育也出现了各派各有所长的特点，这就使得当时的各家私学在学术研究和教学上各有侧重，先秦儒家所进行的教育是以培养从政治国为主的“仕”的教育，是有关官德、官能的教育，教育内容也自然应该以政府官员的职业道德修养和职业素质提升为核心，以成就“学而优则仕”为目标。尽管如此，先秦儒家并没有拒斥自然之教，自然知识也是他们教育与研究的对象之一，不仅“六艺”教育中包括极为丰富的自然知识，而且“六经”中的相关记述也相当丰富，孔子在讲《诗经》，将其用于学生外交能力培养、语言训练的同时，强调从《诗经》中也可以学到鸟兽虫鱼等生物科学知识；通过研究《周易》，学生获得有关天文、历算等知识。他们希望通过对自然规律的揭示与传授，引导人们尊重和顺应自然。

先秦儒家希望人们在认识自然规律的前提下，尊重自然，保护自然，有效地开发和利用自然，以实现人与自然的和谐相处。孔子讲“钓而不纲，弋不射宿”(《论语·述而》)；孟子讲“不违农时，谷不可胜食也。数罟不入洿池，鱼鳖不可胜食也。斧斤以时入山林，材木不可胜用也。谷与鱼鳖不可胜食，材木不可胜用，是使民养生丧死无憾也”(《孟子·梁惠王》)，“顺天者存，逆天者亡”(《孟子·离娄上》)；荀子讲“山林茂而禽兽归之”(《荀子·致士》)，“树成荫，而众鸟息焉”(《荀子·劝学》)，“草木荣华滋硕之时，则斧斤不入山林，不夭其生，不绝其长也”(《荀子·王制》)；《礼记》中的“草木零落，然后入山林”，都是在充分认识自然规律的前提下提出的教民主张。荀子称此为“知天”，他说：“其行曲治，其养曲适，其生不伤，夫是之谓知天。”所谓“知天”就是要求人们懂得并遵循自然规律，行为得当，使万物不被伤害，和谐生长。荀子还概括性地提出了“制天命而用之”的天命观。需要指出的是，荀子所说的“制”不是现代汉语中控制的意思，“制，裁也”。“裁”是裁断、判断的意思。荀子认为人应该根据自然的特点和规律而“知其所为，知其所不为”，然后“备其天养，顺其天政”(《荀子·天论》)，“春耕、夏耘、秋收、冬藏，四者不失时，故五谷不绝，而百姓有余食也”(《荀子·王制》)。他所说的“圣王之用也，上察于天，下错于地，塞备天地之间，加施万物之上”(《荀子·王制》)等都是在教导人们要尊重和顺应自然规律。《荀子·天论》还指出：“大天而思之，孰与有物畜而制之？从天而颂之，孰与制天命而用之？望时而待之，孰与应时而使之？因物而多之，孰与骋能而化之？思物而物之，孰与理物而勿失之也？愿于物之所以生，孰与有物之所以成？故错人而思天，则失万物之情。”意思是，赞扬天的伟大而思慕它，不如掌握天的规律而运用它；顺从天而颂扬它，不如掌握天而利用它；期望四时变化而等待它，不如根据四时的变化来运用它。荀子认为，人们充分认识自然、顺从自然和赞美自然都是对的，但更应该做的是根据自然的属性和规律去利用它，“应之以治则吉，应之以乱则凶”(《荀子·天论》)，“应之以治”是顺应天道，“应之以乱”是违背天道，“应”字说明的是人必须“适应”或者说“顺应”天的规律。在先秦的思想家里，荀子既高扬人类“制天命而用之”的主动精神，又大胆抒发人类认识自然、体悟自然之理的自信与豪情，其中也不乏警告人们不要逆天命而动，避免自然对人类悖理逆律恣意妄为而肇祸致凶的惩罚之意。

先秦儒家主张施行法天化民之政。在先秦儒家眼里，自然秩序是天造地设的，是极为高明的。《礼记·中庸》记载：“博厚配地，高明配天，悠久无疆。如此者，不见而章，不动而变，无为而成。天地之道可一言而尽也。其为物不贰，则其生物不测。”意思是，自然的功用如此神通广大，不可测，不可见，不可听，不可思，但是天使万物不停地运动变化，这正是其高明所在。荀子说：“故天者，高之极也。”(《荀子·天论》)所谓天官赐福于人类也。先秦儒家认为，人应效法自然秩序来制定人类社会的伦理秩序。《礼记·乐记》中说：“天高地下，万物散殊，而礼制行矣……故圣人作乐以应天，制礼以配地。”人类社会的各种伦理秩序和道德规范都是圣人效法自然秩序制定而适用于人类生活之需的。

孔子最为推崇的《易经》中有“易与天地准”之说，意味天是比照天地之理写成的。《易经》中多见以自然现象的变化来比拟人事的论述，如“乾”卦以龙的变化来表现人政治生涯的起伏跌宕，把自然现象的变化与人事活动联系起来进行考察，试图在自然现象和人事活动之间找到某种联系，或者借助自然现象的变化来说明人事活动的规则。[①]《礼记·中庸》中有“君子之道，造端乎夫妇；及其至也，察乎天地”，认为修德的至高境界就是对自然之性的体认。荀子认为“礼”是沟通天与人，并把它们联结成统一整体的原则。“礼”本是为了协调社会矛盾而人为制定的，又如何成为天人统一的原则呢？荀子说：“君臣、父子、兄弟、夫妇，始则终，终则始，与天地同理，与万世同久，夫是之谓大本。”(《荀子·王制》)“礼”是规范君臣、父子、兄弟、夫妇的等级制度，它与天地同理。荀子把“礼”推到至上的地位：“天地以合，日月以明，四时以序……贰之则丧也。礼岂不至矣哉”(《荀子·礼论》)，即“礼”是圣人依据自然之理制定的，既能掌管天地、日月等，还具有超越性，成为人之道。其初衷在于以天道之权威性引导人们依人道而行而作为，以礼的规定性维护社会政治稳定，在稳定的基础上谋求社会经济的有序、和谐发展。荀子作为集政治学、社会学和哲学于一体的思想家、教育家，其法天化民之历史期望是实施科教兴国强国战略的重要思想源泉，对于我们今天的教育发展具有重要的启发。

[原文刊载于《社会科学战线》2010年05期(李丽丽　王凌皓)]

---

① 马国华. 孔子天道观考论 [J]. 兰州学刊，2007 (10).

先秦儒家人学思想探析
——以教育为视角

先秦时期，儒家学者所指涉的人学思想涵盖了人本、人性、人格以及天人之际等方面的内容。本文从教育视角，对以孔、孟、荀为代表的先秦儒家关于人本、人性和人格问题的论述进行深入分析与探讨，以期深化对其立人之教的理解，裨益“以人为本”的教育理念的丰富和教育实践的开展。

一、人本论

人本论是人学思想的核心，它包括人的哲学价值论和哲学本体论。关于人本的哲学价值定位，是指在我们生活的这个世界上，人与神、与物相比，更重要，更根本，不能本末倒置。马克思对此曾说，“人的根本就是人本身”，“人是人的最高本质”。[①] 作为科学发展观核心的“以人为本”，也是从哲学价值论视角关注人的生存与发展的。

早在春秋战国之际，儒家就形成了丰富的人本思想。先秦儒家的人本概念不仅是哲学价值论概念，也是哲学本体论概念。在哲学价值论层面，他们主张贵人，将教育立足于人类自身的生存与发展的基础之上，这就使得重视人文关怀成为其教育的突出特点。在哲学本体论层面，他们贵仁崇德，认为人之存在的根本是人的道德性，故将修身成德作为教育的核心内容。

（一）贵人——教育人文取向的思想根基

与欧洲人相比，中国人更早地从“神本”转移到了“人本”的思维逻辑上来。《左传·昭公十八年》曾言：“天道远，人道迩，非所及也，何以知之?”孔子更是努力淡化天命鬼神观念，突出人的存在及生命的意义与价值。在孔子的私学里，“子不语怪、力、乱、神”（《论语·述而》）已经

① 马克思，恩格斯．马克思恩格斯选集：第1卷［M］．北京：人民出版社，1995：16.

被他的学生们所普遍认可。孔子对鬼神采取“敬而远之”的态度，当子路请教鬼神问题时，孔子回答：“未能事人，焉能事鬼？”当子路请教关于死的问题时，孔子回敬：“未知生，焉知死？”（《论语·先进》）他强调“尽人事，听天命”，其“人贵于神”的观点已不言而喻。在孔子生活的时代，人与人之间是有着严格等级差别的，处于社会最底层的奴隶根本不被当人看待，可以被拿来任意买卖，常常是五个奴隶才可换一匹马和一束丝。在这样的社会背景下，孔子坚持的是“天地万物，唯人为贵”的“人贵于物”的思想。当“厩焚”时，孔子首先问的是“伤人乎？”（《论语·乡党》），而不问马匹的损伤情况。他说，“天之所生，地之所养，人为大矣”（《礼记·曾子大孝》），认为人是天地之间最可贵、最尊贵的成员。[①] 作为儒学的奠基人，孔子主张“天地之性，人为贵”（《孝经·圣治章》），从而形成了儒家思想的突出特色——贵人，后世儒者在此基础上阐释弘扬，就形成了以实现人道作为治学和立教宗旨的教育特色。

孟子从“施仁政，得民心，王天下”的角度出发，将“人本”视为“民本”，将民本定位于重视民生。他强调“明君制民之产”，提出了“民为贵，社稷次之，君为轻”（《孟子·尽心下》）的政治命题。荀子重申了孔子关于舟与水关系的比喻，强调“君者，舟也；庶人者，水也。水则载舟，水则覆舟”（《荀子·王制》）。提醒那些掌权者：“君人者，欲安则莫若平政爱民矣。”（《荀子·王制》）

先秦儒家贵人与重视民生的人文价值取向，奠定了其教育偏重人文的思想根基，从而形成了中国古代教育的人文主义价值取向。

（二）崇德——德育为首的理论前提

对于每一个具体的人而言，从心理学或社会学视角论“人”，主要指人格。所谓“人格”，即人之所以为人的品格，具体说，就是人所应具备的道德品质。如果对人本身、对人的本体主体个性进行界定，遵循孔子人不可以与禽兽同群的思维路径，人之为人的首要条件应该是道德，人是一种道德存在。

先秦儒家是历史上最为高唱道德赞歌的学派，他们把道德视为人存在乃至社会规范有序发展的根本。所谓“天生德于予”（《论语·述而》），并非强调的是道德的与生俱来，而是旨在说明人的本质，强调的是道德的重

① 宋志明．中国传统哲学通论［M］．北京：中国人民大学出版社，2004：20.

要性。贵仁崇德、道德至上是孔子道德为首、德育为先教育思想的理论前提。他曾说："行有余力，则以学文。"(《论语·学而》)孔子"学而优则仕""内圣外王"教育路线的设定，是希望更多的人能接受道德教化，最终实现"天下归仁"的教育理想。

孟子继承孔子贵仁崇德、注重道德教育的传统，直接把人性界定为道德性，建构了"性善说"，为有效地进行道德教化埋下根基。尽管"性善说"具有一定的先验主义色彩，却表现出了孟子对"人在本质上是善良的"的坚信以及对人本质中道德性的深刻认识。孟子认为，教育的作用就是要将保存在人心中固有的善良本性和道德观念发挥出来，即"存心养性"，如果人固有的善良本性和道德观念被蒙蔽或丢失了，还可以发挥教育的作用将其寻找回来，即"求放心"。[①] 通过发展社会教育，实现"人皆可以为尧舜"，进而实现家齐、国治和天下平的盛世美景。

尽管生活在战国后期这个纷争的时代，荀子却没有放弃对人的道德性的守护。在《荀子·非相》中，他说："人之所以为人者，非特以其二足而无毛也，以其有辨也。"何为"辨"？"辨莫大于分，分莫大于礼，礼莫大于圣王。""辨"的根本仍是人之道德性。对人的道德性的重视则见诸于礼教之中，荀子十分重视礼教。他说："礼岂不至矣哉！"(《荀子·礼论》)

儒家贵人崇德思想的本质是"以人为本"，这是当今"以人为本""以学生为本"教育思想的源头活水。深刻理解先秦儒家的人本思想有助于丰富"以人为本"的教育理论，有助于在教育实践中落实科学发展观，因为科学发展的核心就是"以人为本"。儒家关于人本的哲学定位，不仅奠定了其教育人文取向的思想根基，而且为以德治国、德育为首的教育思想提供了理论前提。其在贵人崇德思想的基础上形成的注重人文关怀的教育特色，对于加强教育的人文性，对于正确处理价值理性与工具理性、人文教育与科学教育之间的关系具有重要的借鉴意义。

二、人性观

人性，即人所具有的基本属性。马克思从分类的角度，将所见的人之属性区分为自然属性和社会属性。自然属性是人和动物所共有的自然本能，社会属性是人后天在社会上习得的与动物相区别的独特性。

孔子没有对人性做善恶之分，他主张"性相近，习相远"。孟子将人

---

① 王凌皓. 中国教育史论［M］. 长春：吉林人民出版社，2000：85.

与禽兽相区别的道德性指作人性，主张人性善。荀子将人与禽兽同样具有的欲利心指作人性，主张人性恶。孟子和荀子的人性观并非真正相反，因为他们所说的“人性”所指是不相同的。[①] 尽管人性观点不一，但三位儒家大师都主张人性是可以通过教育完善的。透视孔、孟、荀的人性学说不难发现，他们都认为人有感应性和欲利性，这是支撑他们最后能够殊途同归的基础。还有值得称道的是，关于人性，他们虽然没有明确指出人类的社会动物性，却相当自觉地在“人文”意旨上揭示了人的社群性。

（一）人的感应性——教育的可能性前提

人的本质属性是人的社会性，主要指人的道德性。道德教育是实现人的道德化、完善人性的重要途径和手段，那么，道德教育有没有一个具有普遍性的人性基础？历史上思想家们的道德思想几乎都预设了主体心灵的作用，并且将这种心灵的作用称为心灵的感应。在儒家看来，心灵的感应是道德教育的基础。人能受教育，实现个体的社会化，正是由于人有内在的感应性。人性中的感应性是人类心理的特定自动行为现象，即人基于良知、良心的驱使，遇到他人有难，自动在心理上的临危受命，帮扶他人，至少可以做到“己所不欲，勿施于人”。人性中的这种感应性，是儒家立教的可能性前提。

《礼记·中庸》中记有“喜怒哀乐之未发，谓之中；发而皆中节，谓之和”。这段话既是对孔子中庸思想内涵的阐释，也论证了培养中庸之德的人性基础，即人在遇事接物过程中会产生感应，因此才会有喜怒哀乐之情，这种喜怒哀乐之情能恰当地回应于人们立身行事、待人接物的过程之中，人们彼此之间能够相互交流、彼此感应，心有灵犀，所以，才能最后与所感应对象融合。

孟子以性善说为基础，强调“恻隐之心”，即同情心的作用。他说：“人皆有不忍人之心……今人乍见孺子将入于井，皆有怵惕恻隐之心。”（《孟子·公孙丑上》）当人遇到孺子将入于井时，虽然自己是安全的，但能感应到孺子的危险处境，这种恻隐之心就是源于人的心灵感应，是“仁”的基础和源泉，将这种感应性经过道德教育由内而外地扩充，就可以变为真正的道德品行。孟子告诫统治者：“推恩足以保四海，不推恩不足以保妻子。”（《孟子·梁惠王上》）

---

① 崔宜明．道德哲学引论［M］．上海：上海人民出版社，2006：56.

荀子高度肯定人性中的感应性。《荀子·劝学》中讲："蓬生麻中，不扶自直；白沙在涅，与之俱黑。"在荀子这里，人的感应性是完全被动的，甚至"涂之人可以为禹"。如果没有这种感应性，教育也不可能采取"兼陈万物而中悬衡"（《荀子·解蔽》）的方法来培养人的分析、比较、判断能力。

孔子、孟子与荀子的思路大体是一致的，他们基于劝学立场和教育观所关注的并不在于人性善恶，而在于后天的"化民成俗"和"建国君民"（《礼记·学记》），在于凸显教育的作用，在于唤醒、警告为政者对教育作用的高度重视。

（二）人的欲利性——教育的必要性基础

人的欲利性是由人的生存和发展的社会竞争所决定的，马克思主义承认人们所奋斗的一切都是为了实现一定的利益。早期儒家学者也看到了人性中欲利的一面，因此，他们从来不完全相信人的道德自觉，而是制定了一系列的礼法规范和纲常戒律来规范和约束人的行为。

在孔子看来，欲利性是人的共性，无可厚非。他曾说："富与贵，是人之所欲也……贫与贱，是人之所恶也。"（《论语·里仁》）但是，如果不通过制度规范和教育的合理引导，人们便会见利必趋、见害必避，从而导致社会的动荡不安。孔子对"礼"倍加尊崇，他说："安上治民，莫善于礼。"（《礼记·经解》）为了使人人都遵守礼法，孔子特别重视礼教，他还以周礼为依据，对夏礼、殷礼加以"损益"，即加以改革、发展和完善，编成了一部专门的礼仪规范《礼》，作为教材。在教育过程中，他要求学生依靠学礼立足于天地宇宙间，即"立于礼"。他告诫学生："不学礼，无以立"（《论语·季氏》），要求学生做到"非礼勿视，非礼勿听，非礼勿言，非礼勿动"（《论语·颜渊》）。

孟子更加关注人的欲利性。他讲："民之为道也，有恒产者有恒心，无恒产者无恒心。苟无恒心，放辟邪侈，无不为已。"（《孟子·滕文公上》）"是故明君制民之产，必使仰足以事父母，俯足以蓄妻子，乐岁终身饱，凶年免于死亡。"（《孟子·梁惠王上》）"鱼，我所欲也；熊掌，亦我所欲也……生亦我所欲也，义亦我所欲也。"（《孟子·告子上》）孟子对人性欲利性的客观存在性的深刻认识，使得他更加重视教育，重视通过发展教育使人"明人伦"。孟子设想通过"五伦"教化来影响和制约君主与民众的行为，实现社会国家的长治久安。

荀子一开始论人性就把人性与禽兽的欲利心等同起来，所以他对人性中欲利性一面的论述是最深刻的。荀子认为人一生下来就是“目好色，耳好声，口好味，心好利，骨体肤理好愉逸”(《荀子·性恶》)。荀子对人的“食色”等生理欲望是十分肯定的，即便在“圣人”“君子”身上也不例外。他说：“凡人之性者，尧舜之与桀跖，其性一也；君子之与小人，其性一也。”(《荀子·性恶》)人性中的欲利性，如果任其发展，不加克制，势必导致争夺、犯上、淫乱，而忠信、礼义、仁爱等道德会荡然无存。正因为如此，才需要圣人、君主对臣民进行教化，需要用礼仪法度和道德规范去约束和引导人们的行为。

(三) 人的社群性——教育的出发点和归宿

马克思科学地指出了“人类天性”上的社会群体性，他说：“人是最名副其实的社会动物。”[①] 马克思“社会动物”的概念引自亚里士多德《政治学》第一册第一章，孔、孟、荀与亚里士多德的生活年代大致相去不远，可见在人性认知上，古代西方和古代东方对人的社会群体性是有共识性的。早期儒家也非常重视社会群体的整合功能，在他们看来，教育的功能就是调节人与人之间的关系，使社会和谐，人心稳定。

“仁”是孔子思想的核心，孔子言谈中上百次地谈到“仁”，但最有基本本体认定的应该是“仁者，人也”(《礼记·中庸》)和孔子对樊迟问仁的回答：“爱人”(《论语·颜渊》)。可见，孔子人学思想体系的核心不是个体人，而是人与人之间的关系，或者说是人的社群性。孔子虽然没有像马克思那样明确指出人不是单个人所具有的抽象物，但是孔子论人很少讲个体人，他谈得最多的人就是“君子”与“小人”。孔子对这两类人的阐述，都是把人放在一定的社群关系中来谈的，孔子的教育思想体系是在维系和谐社群关系中建构出来的。

孟子讲人生有三乐，第一乐便是“父母俱存，兄弟无故”(《孟子·尽心上》)。在孟子看来，人生的乐趣首先来自于家庭内其他成员的健康同在，即家庭内人之群性的维系。孟子之所以重视孝悌之教，其深远用意是“不得乎亲，不可以为人”(《孟子·离娄上》)，即把孝悌之道作为维系社会关系的纽带，并从一个家庭拓展开来，推及社会，进而实现“老吾老以及人之老，幼吾幼以及人之幼”，“天下可运于掌”(《孟子·梁惠王上》)。

① 马克思，恩格斯. 马克思恩格斯选集：第2卷 [M]. 北京：人民出版社，1995：2.

国家治理有道，社会和谐发展才是人生最大的终极乐趣。

“学而优则仕”是儒家一以贯之的教育追求，对于“从仕”的“君子”，荀子认为，其最核心的使命便是维系好社群关系。他说：“君者，善群也。”(《荀子·王制》)可见，教育的根本要旨在于社群关系的处理。荀子还认为，“群”是有社会分工和分职的，其所属职界有共同要求，因为每个人所欲有异，所以必须设置一套人人均能接受并遵守的礼仪法典规范，使人明本分，守规矩，和平共处。关于人的社群性，荀子还看到了人作为一种独特的生物能够成为宇宙的主宰源于人的社群性的力量。他说：“力不若牛，走不若马，而牛马为用，何也？曰人能群，彼不能群也。”(《荀子·王制》)

先秦儒家人性观解答了人的社会性习得，即教育的可能性与必要性前提，还剖析了教育立足于人际的人性基础，这对于深化教育理论具有重要意义。

三、人格论

人格是以一定的社会经济条件下的伦理道德为主导，在遗传和实践基础上形成的人的生理、心理和行为特质的总和。中国古代虽无“人格”一词，然而以“人品”“品格”与之相对应，可见其更侧重伦理意义，因此，中国古代的理想人格主要是实现社会伦理期许和道德理想的人格，是人生所要追求的最高精神境界。①

孔子理想人格论的核心是建构“君子”人格。孔子生于春秋末期，在他看来，社会失范的根本原因是统治者抛弃了“敬德保民”的传统，要恢复正常的社会秩序，就必须重提“敬德保民”的思想。孔子希望通过自上而下的社会改良实现“天下有道”，他自然寄希望于统治者。孔子理想中的君子要能够“学而优则仕”(《论语·子张》)，然后“道之以德，齐之以礼”(《论语·为政》)，即推己及人、内圣外王。

孟子理想人格论的核心是塑造高风亮节的“大丈夫”人格。孟子生于战国时代，当时社会已陷入彻底的混乱状态，这使得孟子内心具有深刻而强烈的忧患意识，这是他推崇“大丈夫”人格的主要依据。孟子的“大丈夫”人格与孔子的“君子”人格具有共性的方面，即都要有高尚的道德情

① 王凌皓，吴希，刘静茹. 孔子的理想人格理论对和谐社会人格建构的意义 [J]. 社会科学战线，2006.(5)

操、气节和品行，但“大丈夫”不是非要“学而优则仕”，而是要立足于仁义礼智，居仁由仁，保有独立的浩然气节和崇高的“富贵不能淫，贫贱不能移，威武不能屈”的精神境界，“得志”固然好，“与民由之”，推行礼义教化；如果“不得志”，也“能独行其道”。(《孟子·滕文公下》)

荀子理想人格论的核心是打造“成人”人格。关于理想人格意义上的“成人”是由孔子首先提出的，荀子继承和发挥了孔子的思想，较为完善地建立了成人理想人格学说体系。他说：“德操然后能定，能定然后能应。能定能应，夫是之谓成人。”(《荀子·劝学》)荀子所塑造的“成人”是德才兼备的政治管理人才。荀子倡导任贤，他讲“贤能不待次而举”“罢不能不待须而废”(《荀子·王制》)。尽管荀子所说的人才主要是长于人事、人伦的从政为政人才，这种人才内涵的确定也非荀子首创，却是他首先将其作为教育培养目标加以论述的。

每个时代都有其人格范型，每个人也有自己的人生理想。先秦时期儒家的三位大师对理想人生的看法既有“共相”，也有“殊相”，但都不约而同地将作为人格支撑的道德品质作为理想“完人”的必备的首要标准。进入现代化以来，人们曾视“经济人”“科技人”“信息人”等为理想中的“完人”，而忽视了道德层面的深层思考。相应地，教育在某些时段也出现了某些偏差，忽视了教书中育人的重要性。关于如何重新厘清教育中人才培养目标的问题，先秦儒家关于理想人格的理论是值得我们认真研究和仔细借鉴的。

［原文刊载于《教育研究》2009年11期（李丽丽　王凌皓）］

先秦儒家礼教思想的历史定位及现代镜鉴

弘扬中华民族优秀传统文化、培育民族精神、增强国家文化软实力是党的十六大以来党和国家从文化建设方面提出的提升国家治理能力的重要目标要求。党的十八大明确指出："建设优秀传统文化传承体系，弘扬中华优秀传统文化"，"提升中华文化国际影响力"。习近平总书记在政治局第十八次集体学习时强调吸收中国古代"礼法合治、德主刑辅"等治国理政经验，以史为鉴，实现国家治理体系和治理能力现代化，应该成为"新形势下对于国家治理的新探索"。先秦儒家礼教思想是中国传统文化的逻辑起点与核心观念之一，中国自古倡导礼治、礼制、礼教，以"礼仪之邦"著称，建构形成礼教立人治世的指导思想，曾经担负着各个历史时期人性教化和国家治理的使命，对于维护中国古代社会的稳定，促进经济、政治、文化、社会发展做出过有益的贡献。在世界文明发展的历史进程中，中华文明成为唯一没有中断的文明，儒家倡行的礼教功不可没。但是，近代以来中国社会所经历的天崩地裂式的变故：两次鸦片战争的失败、洋务运动的失败、戊戌变法的失败……尤其是五四新文化运动以来，内在的历史激进主义和形而上学全盘否定论的"大批判"，在吴虞为代表的"打倒孔家店"的鼓噪下，对先秦以来中国传统礼教思想"工具理性"的揭示与无情批判，对其"理性价值"的漠视与割裂，使内涵丰富的先秦儒家礼教思想受到了不公正、不客观乃至扭曲性的评价，疏离和践踏了其文化内涵。而今，对于先秦儒家礼教思想的重新定位和阐释，不仅可以为批判继承我国传统教育理论提供新视角，还可以为建设小康社会，实现以德治国和依法治国相结合的治国方略，以及提升现代国家治理能力，建构适应当代中国社会发展的以"礼法合治、德主刑辅"为内涵的政治秩序模式或"国家治理体系"，提供可以借鉴的路径选择。

一、先秦儒家礼教思想：中国传统社会特有的与伦理政治思想相得益彰的教育思想

儒家的礼教思想经孔子、孟子、荀子承继发展至今，在几千年文明发展和人们伦理关系的道德践履中历久弥新。从内涵上定义先秦儒家的礼教思想，应该说它是中国传统社会特有的与伦理政治思想相得益彰的教育思想，具有中华文明独有的特点。它源于中国古代社会，中国古代社会是伦理型社会，中国古代政治也是一种伦理型政治，具有鲜明的家国同构的特性。这是今天探究先秦儒家礼教思想首先要把握的思维前提和社会基因。诚如 2014 年 10 月 25 日王岐山在中国共产党第十八届中央纪律检查委员会第四次全体会议上指出的那样，“孝悌忠信礼义廉耻是中华文明的基因，德治礼序是中华传统文化的重要内容”。

对于“礼教”的理解和使用，始终存在着歧义。《现代汉语词典》将其描述为“旧传统中束缚人的思想行动的礼节和道德”，这里的“礼教”被视为特定时代政治需要的产物，等同于封建礼教或宗教。《礼记・经解》说：“恭俭庄敬，礼教也”，这里的“礼教”是以礼为教，礼的教育。因此，在论述“礼教”的形成和发展，分析其思想内容和考察其社会功能之前，首先应该明确礼教的内涵，界定其适用范围。而且，更为重要的是，我们要反观中国古代历史，客观地界定“礼教”在“礼制”“礼治”、礼教三维立于礼、行于礼体系中的地位，即“礼治”治国方略主导下，礼教道德规范、礼制行为约束规范的礼治一元，礼制、礼教相向同行的结合统一。此外，千百年来，特别是近代以来不断被宣称的“刑不上大夫，礼不下庶人”，是不符合历史实际的不确切说法，应该果断地予以拨乱反正。事实上，周秦以至明清，中华法系的一个重要特点是在历朝历代法制中，都有违礼入罪要受“重罪”制裁的条款，大夫违犯重罪，不但“刑上大夫”，而且“以礼入法”，既违礼又违法，加重刑罚“上”于大夫。这方面的案例，不胜枚举。“礼不下庶人”吗？我们不讳言，中国古代的礼制是有等级区分的，礼制的等级规定，无论古代或现代都是不容否定的。家族的尊卑等级是不容颠倒的，王室、官场之礼当然“不下庶人”，现代官场之礼也“不下庶人”，如国家领导人出访享受鸣放礼炮 21 响或 19 响的礼遇，普通人是不能也不应享受的。但是在家庭伦理关系结构和社会伦理关系结构中，礼不但首先下于、起于每个家庭和各行各业社会群体，而且基本的礼制要求，是“一视同仁”的，不论官员还是皇族王室。所谓修身、齐家、治国、平天下，都要遵循礼的规范。孔子认为，践行礼的规范，从修身立人始，“不学礼，无以立”（《论语·季氏》），立人首先要“立于礼”（《论语·泰伯》）。基于这个视点，我们对礼教从礼制、礼治延伸而来，就会有更准确的审视和把握了。

（一）礼教与先秦儒家礼教思想

人作为生命个体，是自然属性与社会属性的统一，即所谓天性与群体性的统一，天性是人与生俱来的自然性，在其成长发展过程中，以自然性为前提和基础，不断增长增强其人道主义精神生命，如《中庸》开篇所言：“天命之谓性，率性之谓道，修道之谓教。”在子思看来“天命之谓性”，意为人之性源自于天，但人的自然天性在后天接受道德教化中，即“修道”过程中基于欲利的追求，而积淀社会性，如荀子在《荀子·正名》中所言：“欲不待可得，所受乎天也”，如何“率性之谓道”，循其性之自然，将天道（自然规律）和人道（社会法则）归于合理规范化，即先秦儒家制“礼”的原初之义。“礼”，“履也，所以事神致福也。从示，从豊”。[①]由祭祀时所用的器物，引申为重要仪式，进而逐步抽象化，扩展适用于君臣之义、父子之伦、夫妇之别、长幼之序、贵贱之等、爵赏之施、上下之际等社会生活的方方面面，成为中国传统社会“定亲疏，决嫌疑，别同异，明是非也”（《礼记·曲礼上》）的礼仪，成为维系家国人际关系的一种社会意识形态。人之所以需要“礼”，是因为“礼”使人区别于动物，使人成为社会的人，“有礼则安，无礼则危”（《礼记·曲礼上》），人的一举一动、一言一行都要合于礼。为使人明“礼”，人的思想和行为合乎于天道和人道，就要施“教”，即“修道之谓教”。“教”“上所施，下所效也。从攴，从孝。凡教之属皆从教”。[②] 先秦儒家学者在制“礼”的基础上，将抽象的“礼”转化成现实的、可操作的具体实践层面的“礼”，由“以礼修身”“以礼齐家”“以礼治国”和“以礼平天下”完成“礼”的一系列“内圣外王”的过程。至此，自“性”而“道”，自“道”而“教”，性—道—教形成一体、连贯的教育机制。“性”是“教”的本原，是“教”得以发生和存在的基础与前提；“道”是“教”的规律，是“教”得以开展和实施的原则与途径；有了“性”和“道”，以“礼”为教育内容的“教”才能最终得以实现。

---

① 许慎．说文解字［M］．上海：上海古籍出版社，2007：2.

② 许慎．说文解字［M］．上海：上海古籍出版社，2007：2.

在孔子看来，“仁”和“礼”是相辅相成、相互作用的。“仁”是人的主体性自修的社会道德核心，是至高无上的道德追求、道德原则、道德情感和道德境界，其基本精神是要求人自尊自爱、仁民爱物。“礼”则是统治者制定的社会规范制度。“礼是社会道德原则和总体框架，它不是某种内心的情感和道德境界，而是人和人之间都应该遵循的规范、准则以及人们行事的礼节、仪式。”[①] 孔子要求人们为人处世要“约之以礼”(《论语·雍也》)，君子评价郑庄公“有礼”，认为“礼，经国家，定社稷，序民人，利后嗣者也”(《左传·隐公十一年》)。在先秦等级制社会，仁与礼都是有等级差别的，但在孔、孟、荀的礼制、礼治、礼教思想中，也有普遍意义的理性追求。在社会政治伦理意义上，有些等级差别是必要的，普遍意义的价值追求也是可以超越等级制约的。

“礼教”作为对“礼”进行传播、普及和承续的手段与途径，在狭义上，通过礼仪的传授和实践，以达到礼义精神的传播和道德品质的培养；在广义上，通过进行伦理道德教育，以化成人性、化成天下。先秦儒家礼教思想是中国传统社会关于个人伦理、家庭伦理、国家伦理、自然伦理的一整套完备的道德教育理论体系，是中国传统社会特有的与伦理政治思想相得益彰的一种教育思想和教育模式，经历了漫长的形成发展过程：上古时期的习俗传承和周公的“制礼作乐”是其萌芽时期；孔子将“仁”的内在精神赋予外在行为约束的礼制与礼治规范之中，使得礼教的理论得以基本形成；孟子和荀子是孔子礼教思想的继承发展者。礼教思想是中国传统文化的核心和灵魂，“是中华文明的基因”，即使是对礼教价值持否定态度的蔡尚思先生，也曾说过：“中国思想文化史不限于儒家，而不能不承认儒家是其中心；儒家思想不限于礼教，而不能不承认礼教是其中心。”[②] 近代以前，礼教思想已然内化为中华民族的精神价值，内化为人们追求自身价值的目标追求。

对于“礼教”的作用和意义，儒家学派创始人孔子有明确的界定。在个体修身的意义上，以及家国齐一的意义上，孔子指出，德、礼兼治比政、刑强制更有利于良好人格的塑造养成。他说：“道之以政，齐之以刑，民免而无耻；道之以德，齐之以礼，有耻且格。”(《论语·为政》)孔子强调仁人志士修身的核心是不断内化崇仁尚义的精神，礼则是实现仁的道德

① 罗国杰. 中国伦理思想史：上卷［M］. 北京：中国人民大学出版社，2007：117.
② 蔡尚思. 中国礼教思想史［M］. 上海：上海古籍出版社，2006：绪论.

境界的外在行为约束形式，不通过礼，就不能达到仁，知礼、行礼、维礼是个体道德自修的必由之路。孔子说："克己复礼为仁。一日克己复礼，天下归仁焉。"克己就是克制、改正自己不正当的思想行为，做到"非礼勿视，非礼勿听，非礼勿言，非礼勿动"(《论语·颜渊》)。

（二）礼教有别于封建礼教

"礼教"和"封建礼教"是两个内涵不相同的概念，但二者具有相互契合之处，"礼教"在一个民族历史文化体系中，是全体民族成员的政治伦理文化认同。历史传承机制将"礼教"与"封建礼教"链接，使人们产生错觉，误将"礼教"等同于"封建礼教"。"礼教"之中有丰富的合理内核。如作为"五常"之一的"礼"，古今中外都可以适用。有学者指出，在孕育中华民族的"伦理共识"与"文化认同"的历史过程中，包括"礼"在内的仁义礼智信五常"是中华民族的核心价值观念，一直到今天还活生生地扎根在老百姓之中，继续为中华民族的成长与复兴起着积极的作用"。[①] 当今探究"礼教不同于封建礼教"问题的时候，既要区分中华民族不同历史时段的礼教内容，如孔子所做的对殷商和西周的礼制与礼教的"损益"即改造那样，更要注重对民族文化认同和各个历史时期"伦理共识"性礼教内容与形式的普遍性理性价值与工具价值的仔细分析，做出赋予时代精神内涵发展的现代化转换，贯穿在现代学校教育、社会教育和家庭教育以及不同社会群体组织和公民个人的自我教育之中。针对列文森在《儒教中国及其现代命运》中将儒家传统博物馆化，现代新儒学的杰出代表杜维明将"儒教中国"与"儒学传统"做了明确的界定与区分，指出二者是"既不属于同一类型的历史现象，又不属于同一层次的价值系统"[②]的两个概念。"封建礼教"与"礼教"的分离，同样适用于此标准。"封建礼教"是封建社会所特有的产物，是封建制度和封建意识形态在礼教中的反映，人们通常所说的封建遗毒是指封建礼教而言，其实质是"以政治化的儒家伦理为主导思想的中国传统封建社会的意识形态及其在现代文化中各种曲折的表现"[③]，而"礼教"(儒家礼教)则是对政权化的儒家进行自觉反省，主动地、批判地创造其人文价值，并转化为意识形态，经历世俗

① 郭齐勇."四书学"的过去与未来：序新版《四书章句集注》[M].湖南：岳麓书社，2008：2.

② 杜维明.儒学第三期发展的前景问题[M].台北：台湾联经出版事业公司，1989：296.

③ 杜维明.儒学第三期发展的前景问题[M].台北：台湾联经出版事业公司，1989：296.

化的过程，最终融入民众生活，使之成为中国传统社会的一种生活模式、心理定式、情感取向和价值判断，从而实现了先秦儒家礼教思想与现实生活世界的高度统一。“夫礼，天之经也，地之义也，民之行也。”(《左传·昭公二十五年》)在一定程度上，礼教甚至已经成为人们生存和发展的重要依托，在人类生存的共同时空中，指引着人们按照正当的途径去满足自己的需要，并能够有效地化解由于人的需要而造成的相互冲突。因此，不能以偏概全地将先秦儒家礼教与封建礼教混同起来，这种做法既不符合历史事实，也是对民族文化传统的扭曲、误读和不负责任。

（三）礼教有别于宗教

中国的礼教与宗教的“不同”是不言而喻的。但由于近代以来，有学者把儒家的“礼教”宗教化，将“孔教”植于宗教之列，所以有必要在这里对礼教与宗教之“不同”做出简要分析。我们认为，中国的礼教不同于世界三大宗教和中国本土的道教，尽管礼教和宗教都是形而上学的社会意识形态，但“中国的礼教，乃是以天道义理设教”。[①] 礼教中的“教”，指的是教化，是关于社会政治、经济、科技、文化、道德、法律等一切社会治理理念和社会制度传承传播的实现形式，它追求的是从个人修身齐家，进而实现治国平天下的性命之理、治家治国治世之理，即个人道德与社会道德的高度契合与完美统一。西方的宗教则是人们对神道的敬仰与崇拜，马克思对宗教的原初解释是：“一切宗教都不过是支配着人们日常生活的外部力量在人们头脑中的幻想的反映，在这种反映中，人间的力量采取了超人间的力量的形式。”[②] 宗教信仰者对这种现实世界之外的超自然神秘力量，虚妄的敬畏与虔诚，相信这种神秘力量可以主宰一切，能够统摄万物，具有绝对权威，从而祈求佑护。也就是说，宗教之所以成为宗教，有一个必要条件，那就是必须要有一个至高无上的神，如基督教崇奉耶稣，伊斯兰教崇奉穆罕默德，佛教崇奉释迦牟尼。有学者将“圣人”——孔子看作礼教的“神”，并将其等同于宗教的教主。诚然，人们对于孔子是尊崇和敬仰的，但毋庸置疑的是，这种尊崇和敬仰本乎孔子的思想学说顺应了个人修身、国家强盛的根本需求，如司马迁所言：“《诗》有之：‘高山仰止，景行行止。’虽不能至，然心向往之。余读孔氏书，想见其为人。

---

① 司马云杰. 礼教与宗教 [J]. 文化学刊，2012 (5).

② 马克思. 马克思恩格斯选集：第 3 卷 [M]. 北京：人民出版社，1995：354.

适鲁，观仲尼庙堂车服礼器，诸生以时习礼其家，余祗回留之不能去。云：天下君王至于贤人众矣，当时则荣，没则已焉。孔子布衣，传十余世，学者宗之。自天子王侯，中国言六艺者折中于夫子，可谓至圣矣！”①

可见，布衣出身的先秦儒家学者孔子，既不是“支配着人们日常生活的外部力量在人们头脑中的幻想的反映”，也不是“人间的力量采取了超人间的力量的形式”，而是实实在在的作为古代先师的人本身。他创立的学说“儒学作为一种政治伦理学说和国家政权相结合而取得垄断或独尊的学术地位的标志，而不是宗教的‘外在特征’”②。因此，将本于天道法则、教化天下人民的礼教等同于宗教是不恰当的。

二、修齐治平：先秦儒家礼教思想的价值取向

以孔子、孟子、荀子为代表的先秦儒家，是礼教思想形成发展过程中最好的创建者、继承发展者。先秦儒家礼教思想创立之初的价值取向，在一定意义上，可以说体现在“以礼修身、以礼齐家、以礼治国、以礼平天下”这一人格理想和社会理想的价值导向与终极关怀中，其学术关注与现世关怀共生互融，彼此观照。

（一）以礼修身

孔子将“知礼”视为“立人”的前提和育人的基础。他指出“不知礼，无以立也”（《论语·尧曰》），深刻地揭示了礼义是人的本质，是人的立身基础。以礼修身是在礼的发展的逻辑顺序中最早产生、最为基本的功能，“家国天下，皆吾一身，故齐、治、平，皆修身之事”③“自天子以至于庶人，壹是皆以修身为本”（《礼记·大学》），可见，在任何社会经济结构、政治结构、社会伦理关系结构中修身的重要性。以礼修身的过程可以概括为三个递进的层次：约礼、知礼和践礼。约礼是修身之要，“君子博学于文，约之以礼”（《论语·雍也》），礼教最根本的意义就在于培养人们时刻以礼的规范约束自己，小至日常生活的洒扫应对之事，大至远大深奥的正心诚意之道，在传统习俗的具体仪式中不断规范和掌握行为仪节，形成礼仪行为惯常化的养成与发展模式。知礼是修身之道。以礼修身不能仅仅停留在“约礼”这一习俗性遵守的简单行为层面上，还必须理解探求其

① 司马迁. 史记［M］. 北京：中华书局，2006：331.
② 林金水. 儒教不是宗教：试论利玛窦对儒教的看法［J］. 福建师范大学学报，1983（3）.
③ 熊十力. 读经示要［M］. 重庆：南方印书馆，1945：135.

内在的原理与根据，也就是说要完成从外在行为的习惯化遵守到内在认知的理性化探求的转变。“礼之中焉能思索，谓之能虑；礼之中焉能勿易，谓之能固。能虑、能固，加好者焉，斯圣人矣。”（《荀子·礼论》）对礼的内涵的领悟、把握、深思熟虑叫作“能虑”，对礼的践行坚定不移，叫作“能固”。也就是说，通过礼仪约束和德性修养固化为一个人的内在品质。践礼是修身践履的落实，也是检验是否真正知礼、懂礼的实践标准，通过外在个人修为上的礼制约束和根植于内心世界的自我修行，达到思想与行为的统一，转化为对礼义的自觉认可和笃行，最终实现儒家一贯倡行的政治伦理教育的理想人格培养目标，即培养内外并重、德礼兼备的君子。

（二）以礼齐家

家庭是最基本的社会组织，它以血缘关系为纽带与社会关系紧密连接。家庭、家族关系是一切社会关系的起点、开端和基础，在中国古代家国同构的社会政治与伦理关系结构中，实现社会和谐的理想离不开家庭的和睦、和谐与稳定，离不开家庭成员之间的夫妇有别、父子有亲、长幼有序、共存共荣、共担责任，治理家庭是治理国家的根本。夫妇有别、父子有亲、长幼有序的人际伦理关系，仁爱和谐的家族秩序在礼教中占有重要地位。

《左传·文公十八年》记载，舜帝举荐有惠德的人为官，使其“布五教于四方，父义、母慈、兄友、弟恭、子孝，内平，外成”，这一思想后来被孟子系统地概括为“父子有亲，君臣有义，夫妇有别，长幼有序，朋友有信”（《孟子·滕文公上》）。

孔子主张在各种人际关系中都要“齐之以礼”。荀子基于“隆礼重法”思想，主张以礼齐家。他在《君道》中说：“请问为人父？曰：宽惠而有礼。请问为人子？曰：敬爱而致恭。请问为人兄？曰：慈爱而见友。请问为人弟？曰：敬诎而不苟。请问为人夫？曰：致和而不流，致临而有辨。请问为人妻？曰：夫有礼则柔从听侍，夫无礼则恐惧而自竦也。”

综观孔子、孟子、荀子对家庭礼教具体而微的论述，如见其人，如言在耳，我们可以将复杂的家庭生活中的人际关系抽离概括出三种最基本的伦理道德规范：“孝”“悌”与“别”。“孝”是人类血亲关系的反映，指子女对父母和以父母为代表的长辈的敬养，是血缘伦常之本，也是人道设教社会政治伦理规范的约定，是一切道德的自然与社会基础。“悌”是建立在孝亲关系基础上的家庭伦理关系，指兄弟姐妹之间的友爱相亲、守望相助。孔子及其弟子将孝悌视为一切道德的基础，孔子的高足有若深谙老师所提倡的孝悌之道，极言“孝弟也者，其为仁之本与”（《论语·学而》），所有的品行教化都由孝悌衍生。“别”是对男女关系的强调。康有为在《论语注》中提出：“盖人道相处，道至切近莫如男女也。修身齐家，起化夫妇，终化天下。”荀子曾明确提出：“夫妇之道，不可不正也，君臣父子之本也。”（《荀子·大略》）当基于血亲关系的“孝悌”与基于男女关系的“别”被家族中的每一位成员所认同并自觉遵守的时候，这个家族必定呈现出父子有亲、长幼有序、夫妇有别、仁爱和睦的美好景象。当然，由于历史局限，儒家关于男尊女卑、贵贱等级方面的论述确有不当之处，但通过伦理思想的教化，实现家庭秩序乃至社会秩序的和谐还是具有一定积极意义的。

（三）以礼治国

先秦儒家主张把礼作为治国的根本、为政的前提，以礼为规范法则构建有序的社会运行机制。孔子提出：“礼之用，和为贵。”（《论语·学而》）“能以礼让为国乎？何有？不能以礼让为国，如礼何？”（《论语·里仁》）荀子则将礼的重要性提高到了关系国家命运的高度，指出“人之命在天，国之命在礼”（《荀子·天论》），“国无礼则不正。礼之所以正国也，譬之犹衡之于轻重也，犹绳墨之于曲直也，犹规矩之于方圆也”（《荀子·王霸》）。先秦儒家实现“以礼治国”之道，有多种主张，概而言之，“以礼治国”的途径有三。

一是德化政治的思想感召。德治是儒家学者治国方略和理政方策中的重要内容。孔子说：“道之以政，齐之以刑，民免而无耻，道之以德，齐之以礼，有耻且格。”（《论语·为政》）在孔子看来，德治就是要遵循仁德的原则，贯彻爱人的思想，为政以德。德治的关键是“齐之以礼”，使“民自化”——“有耻且格”，实现“德治礼序”。孟子承继孔子学说，主张实行德治和推行仁政，故而说：“尧舜之道，不以仁政，不能平治天下。”（《孟子·离娄上》）。集先秦儒家思想之大成的荀子明确提出礼法兼治，强调礼的政治功能、社会管理功能和教育功能，高度评价作为六经之一的《礼》是“法之大分，类之纲纪也”，告诫执政者“国无礼则不正，礼之所以正国也，譬之犹衡之于轻重也，犹绳墨之于曲直也，犹规矩之于方圆也”，强调“礼”是“道德之极”“治辩之极”“强国之本”“成行之道”和“功名之总”。

二是礼乐教化的情绪感染。乐教常与礼教相提并论，“乐者，天地之和也。礼者，天地之序也”，“乐者为同，礼者为异”，“礼乐皆得，谓之有德，德者得也”（《礼记·乐记》）。帝舜命伯夷作秩宗，“典三礼”；命夔“典乐，教胄子”，以此平治天下，使人性“直而温，宽而栗，刚而无虐，简而无傲”（《尚书·尧典》）。到了周代，周公制礼作乐，礼乐共同构成沟通人的内在自然本性与外在伦理政治的手段。

三是隆礼崇法的行为规范。先秦儒家认为，“德治”的美好愿景最终必须通过礼法的推行来实现，执政者也必须奉礼遵法才能推行政令。孔子虽不多言法，但实质上在他所推行的德、法、政、礼四位一体的治国方略中，重视以礼“齐民”的过程，将礼的秩序视为法的秩序或礼法秩序，因此，孔子以为“礼乐不兴，则刑罚不中；刑罚不中，则民无所措手足”（《论语·子路》）。孔子的“德治”是仁政、礼法互为基础和保证所体现的政治理想。荀子在主张“隆礼贵义者其国治”的同时，更强调“起礼义，制法度，以矫饰人之情性而正之”（《荀子·性恶》），明确礼义和法度是矫正人之恶性的重要途径与手段，强调礼与法的密切结合，礼法兼治。

（四）以礼平天下

大同之世、天下归仁是先秦儒家社会政治思想的最终归宿和最高理想。《礼记·礼运》中明确地提出了“大道之行也，天下为公”的大同思想，描绘了“大同之世”的理想图景：“选贤与能，讲信修睦。故人不独亲其亲，不独子其子，使老有所终，壮有所用，幼有所长。矜寡、孤独、废疾者，皆有所养。男有分，女有归。货，恶其弃于地也，不必藏于己；力，恶其不出于身也，不必为己。是故谋闭而不兴，盗窃乱贼而不作。故外户而不闭。是谓大同。”在先秦儒家看来，这不仅是社会发展的最高理想，也是整个人类社会的共同理想。《论语》屡言“天下”。“三以天下让”（《论语·泰伯》），“舜有天下”“汤有天下”（《论语·颜渊》），“天下有道”“天下无道”（《论语·季氏》）等。孔子所谓的“天下”，是指诸邦国联盟国家的政权全局，而非一邦一国意义上“打天下”的“天下”。在“普天之下”的意义上，礼具有普世价值，礼是“天地之经纬”，礼与“天地并”，正如中国革命先行者孙中山先生所言，“天下者，是天下人之天下也”，所以他表示他的理想追求是“用固有的道德和平作基础，去统一世界，成一个大同之治”。① 先秦儒家礼教思想中还蕴含着丰富的睦邻友善、协和万邦思想，这是在春秋战国时期诸侯争霸，协调诸侯国之间关系的过程中形成并完善的。孔子主张仁者爱人，认为统治者只有道德仁义才能赢得天下人心。孟子明确提出：“不仁而得国者，有之矣；不仁而得天下者，未之有也。”（《孟子·尽心下》）荀子则基于孔子崇仁贵义的政治思维做了更为详尽有力的阐述：“仁眇天下，故天下莫不亲也。义眇天下，故天下莫不贵也。威眇天下，故天下莫敢敌也。以不敌之威，辅服人之道，故不战而胜，不攻而得，甲兵不劳而天下服，是知王道者也。”（《荀子·王制》）忠告统治者要以仁德服天下，不要实行以力服天下的霸王政策。

可见，礼制、礼仪、礼俗、礼治文化本身所体现的秩序、和谐等原则，对于理顺社会关系与人间秩序起着重要作用。在任何时代，对于任何民族，以礼治国方略、礼让宽容的精神、礼节有度的风范、自尊自律的心态、恰如其分的礼仪容貌，以及良善的社会礼俗，都是应该保持并发扬光大的，它们在人类社会文明化进程中不可或缺。

三、镜鉴启示：当代中国“德治礼序”模式的建构

自 1997 年我国明确提出“依法治国”战略目标以来，“法治”成为我国社会秩序模式的必然选择，至 21 世纪初的十几年间，社会主义法治建设极大地促进了我国经济的发展和社会的安定和谐。但同时我们应该看到，处于转型时期的当代中国，在诸多社会现实问题面前，那些居于主导地位的“法治国家”或“法理社会”理论，也往往遭遇无力的尴尬。要改变这一现象，社会秩序模式的建构与选择值得哲学、经济学、政治学、法学、社会学、伦理学、文化学、历史学、教育学等各界学者的深入研讨与省思。当代中国社会是由传统中国社会延续而来，五千年的“德治礼序”对国家乃至民众的影响深入肌理，海外儒学家罗斯文（Henry Rosemont）指出：“社会调节过于重要，以至于不能交由政府来承担。更好的做法是由传统‘礼’来承担作为一种民众的约束性力量。”② 在全面开启依法治国新局面，“国家治理体系和治理能力现代化”的今天，我们非但不应该舍弃中国传统社会的“德治礼序”，反而更应该尝试建构适应当代中国社会发展的现代化的“德治礼序”模式，进而促进“法治”“德治”和“礼治”

---

① 孙中山．孙中山选集：下卷［M］．北京：人民出版社，1981：859．

② 罗斯文．《孔子：即凡俗而神圣》的评论［J］．东西方哲学，1976（4）．

三维多重社会秩序模式的良好运行。这尤其需要教育，需要对法治、德治、礼治的宣传教育，使其入乎耳，著于心，见于行。

（一）通过“礼义”塑造理想人格

理想人格，小而言之，是个人的道德修养目标，大而言之，是一个民族凝聚力的强大精神支柱。理想信念一旦形成，就会成为支配和决定人们活动的持久精神动机。中华民族远在上古时期，就“发展出一种本于天道法则的礼教，以此建立信仰信念，教化天下人民”。① 在“礼教”这一关乎人类社会生活方方面面的庞杂系统中，“礼义”体现出的是对人的理想信念和思维世界的关切，规定着人生的最高价值标准，并以成就理想人格为宗旨。先秦儒家自孔、孟、荀都非常重视内圣外王之道，《大学》开篇即云，“大学之道，在明明德，在亲民，在止于至善”，修身有成，方为内圣。“凡人之所以为人者，礼义也。”（《礼记·冠义》）作为一个人，他的个体生命，是以自然生理属性的肉体生命为基，但每个人都要以“精神生命”为支撑，更注重自己内在精神世界的追求，讲求内心的诚敬，要有“富贵不能淫，贫贱不能移，威武不能屈”（《孟子·滕文公下》）的大丈夫的浩然正气。面对当代社会在某种程度上存在的信仰动摇与缺失、精神空虚与扭曲的种种弊病，作为直指人心、体察人性的先秦儒家礼教思想，确应担当起引领精神世界、坚定理想信念的责任，不断强化个体意识能动性，彰显个体的高度精神自觉与文化自觉，增强个体对社会道德要求同自身道德水准的差距的体认，强化民族整体上的“文化认同”与“伦理共识”，建构个体道德养成的内在坚挺、不摇不动的心理机制。

（二）通过“礼仪”规范行为准则

“礼”为中华民族树立了社会关系准则。“礼义”是内在的修身之道，“礼仪”则是外在的践履之途，二者规定的都是指向社会道德规范和各种社会群体的伦理准则，依靠人们对传统的敬畏与尊重来维持，要求人们自觉地按照社会主导价值取向，调整和完善自己的道德行为。先秦儒家的礼仪涉及全部人生领域，大到国家典章制度，小到具体的行为规范，正如《中庸》所云，在中国先秦时期，“礼仪三百，威仪三千”。“礼仪”使得“礼”成为可操作的行为规则，使人们对“礼”的遵守有了明确的指向。

---

① 司马云杰．礼教与宗教［J］．文化学刊，2012（5）．

这些事无巨细的规定尽管有烦冗之嫌，却无处不向人们传达着古代社会伦理道德的要求，维系着古代社会正常的生活秩序。现代社会生活秩序的维系，除了利用德性的感召作用于个体的内在意识层面以外，还要运用规范的力量作用于外在的公共领域，从家庭到职场，从学校到国家机关，从儿童到老人，使民众能够将内心的诚敬彰著于外，自觉地有所为有所不为，最终通过人们现实的道德行为得以实现，并弘扬中华民族礼仪精神，张扬中华民族传统与现代的道德风帆。

（三）通过“礼俗”涵育良风美俗

“礼俗”是一种“世俗化”了的“礼”，或者“礼化”了的“社风民俗”。一方面，“礼”源于“俗”，“俗”是基于地方生活条件和人际关系而产生的约定俗成的生存方式，“君子行礼，不求变俗”（《礼记·曲礼下》），这种生存方式为人们所普遍接受和自觉遵守，发挥着先导教化的作用。另一方面，“教训正俗，非礼不备”（《礼记·曲礼上》），由于“礼”具有行为规范和社会准则的功能，它极易与风俗习惯相结合，相互渗透、整合，同时发挥着正风正俗的功能。先秦儒家学者和统治者对于社会风俗的管控特别重视，如明代学者夏燮所言：“求治之道，莫先于正风俗。”① 先秦儒家重视通过“采风”活动，以考其风俗来了解民情民义，以移风易俗来实施道德教化，从而实现自己的社会理想和政治统治。风俗确乃“天下之大事”②，风俗的好坏决定社会治乱的成败，关系国家和民族的命运，正所谓“俗齐则和，心一则固”③。因此，整饬风俗，化民成俗，整合文化，提升文化软实力，发挥良风美俗在当代社会德治礼序建设中“不令而自行，不禁而自止”的教化功能，亦是现代社会提升国家治理能力的必由路径和理论研讨的应有之义。

（四）通过“礼制”与“礼治”助推社会治理

周公制礼作乐，开法治与礼治并举建构社会秩序的先河，奠定了“礼治”大局和“礼制”的雏形。以孔、孟、荀等为代表的先秦儒家则将其发展成为融入民众生活，从伦理道德角度阐释社会治理观念的特殊机制。这种机制，一方面，顺乎人情，将“礼”的外在约束内化为人们必须遵守的

---

① 夏燮. 明通鉴［M］. 北京：中华书局，1980：344.

② 顾炎武. 日知录集释［M］. 黄汝成，集释. 秦克诚，点校. 长沙：岳麓书社，1994：468.

③ 白居易. 白居易集·策林·号令［M］. 喻岳衡，点校. 长沙：岳麓书社，1997：671.

自觉观念，实现了个人道德和社会公德的有机结合和内在统一；另一方面，确立了儒家伦理道德的权威性，并根据社会统治的需求，不断地向制度规范转化，对中国传统社会的发展与进步产生重要影响。党的十八届三中全会明确提出创新社会治理体制的重大战略任务，十八届四中全会全面开创依法治国新局面，强调创新社会治理是一种以人为本、关涉民生的社会文化行为，它应该在对民族文化优秀传统的传承和对一切民族优秀文化的兼收并蓄中寻找继往开来的时代新意，在批判继承和发展创新中增益中华民族优秀传统文化的影响力，形成既有丰富传统文化底蕴，又有蓬勃发展生机的文明文化新植株。当代中国社会治理不仅需要法治的强制作用，也需要发挥德治的伦理约束力量，德法兼治，礼法兼修，正是先秦儒家礼教思想之真谛。借鉴先秦儒家的礼教思想，我们应该努力将存在并展开于人们日常生活世界当中的伦理关系和道德原则、法律规定、礼仪风俗等纳入制度设计和社会治理结构模式之中，并最终通过制度框架和体制安排发挥作用，实施具有中国特色社会治理的本土化策略。为此，理论创新要走在实践前面，先行一步，从最高层次的治国之道的“德治礼序”研讨入手，界定其基本内涵、基本精神、基本内容，并从古今比较研究上研讨古典德治礼序与现代德治礼序的历史联系与历史传承，在理论明晰的基础上，在现代中国德治礼序理论的指引下，实现以德治国和依法治国的和谐统一。

［原文刊载于《社会科学战线》2015 年 04 期（王凌皓　王晶）］

先秦儒家思想视域的当代大学生德性培育路径

在我国社会转型期利益格局调整的背景下，思想的多元化、价值的多维性、道德的相对性，使得传统的规范伦理受到强烈冲击，其主导理论形态地位逐渐弱化。与此同时，大学生作为高校道德教育的主体，也不同程度地出现了德性缺失的现实局面。审视大学生时代化道德困境中规范伦理这一理论形态，探索大学生道德教育和人格培养的有效途径，一种可能的思路或许在于考察梳理先秦儒家德性教化的人格培养模式，以期能将中华优秀传统文化的精神和内涵转化为大学生的道德自觉，由此开创高校道德教育的新格局。

一、大学生德性缺失的现实图景

（一）本能、自我价值与社会价值的摇摆与错位

现实生活中的大学生，既有积极向上、脚踏实地、意气风发的正能量的行为方式，又不乏关注现实、崇尚理想、追求完美的高尚的行为表现，还存在逃避痛苦、寻求欢乐、活在当下的原始欲望的行为动机。这三种力量的此消彼长决定了大学生的道德水平，只有当这三种力量得到协调满足和平衡发展时，人格才会健全发展，表现出完整的“我”。但尚未步入社会的大学生往往处于完整的“我”被打破的境地，安于享乐的本能，寻求希冀的自我价值和追求理想的社会价值常常摩擦碰撞，产生冲突，矛盾加剧，使得他们在这三种力量之间踌躇不前，辗转徘徊。比如，他们有时会在名誉和利益面前表现出真实的本能，却在应该为此付出奉献的时候表现出瞻前顾后的自私行为，在享乐与进取间摇摆，在获得与付出间犹疑，在现实与理想间游荡，甚至把理想当作现实，把享乐当作时尚，将进取当作出风头，造成理想无力变成行为，行为无力超越梦想等错位现象。

（二）德性、德行、规范的缺位与断层

德性是人类文化精神的灵魂，是人类心灵的秩序，它首先是作为一种

观念性的精神定式存在，其价值还应体现于在不断地实践过程中获得现实性与自我德性一致的德行。正如亚里士多德所言，德性就是“使人成为善良，并获得其优秀成果的品质”[①]。规范是将偏离道德的品行加以控制和矫正，使德性与德行成为有效整合、相契相融的重要手段。德性、德行、规范三者缺一不可，互为条件，互为补充。道德主体内化规范，成就德性，或者由道德他律迈向道德自律，必然要在道德实践上做到知与行的统一。没有道德行为的践履，规范内化为德性注定是无稽之谈，反之亦然。如果没有自我完善的理想和追求，即使再公正的规范和制度也不能被遵守，正如麦金太尔所言，“只有对于某个拥有正义美德的人，对如何应用法则的认识本身才是可能的”[②]。当代大学生作为道德主体，他们有时会在德性、德行、规范等三者之间出现缺位与断层现象。在道德修养方面，他们绝大多数都能达成趋义向善的道德认同，认识到德性是安身立命之本，应该修身养性，完善人格，并且具备一定的道德是非观念和道德知识。但在现实生活中，有的大学生的道德态度与道德行为往往南辕北辙，对道德是非表现得麻木冷漠，无动于衷，明明知道应该怎么做，不应该怎么做，却根本不能或者不愿意去实践道德行为，缺乏自省的精神，甚至无视社会公德。另外，目前多以规范作为外在约束和限制的德育，在某种程度上由于缺乏对道德主体个人价值和意义的尊重而尚未发挥其应有作用。随着这些规范的旁置，大学生失去实现情感归属的精神纽带，其德性涵养亦沦为空中楼阁。

二、大学生德性缺失的成因分析

规范伦理是高校现代性道德教育的主导理论形态，它以制定的道德规范来划分正当与不正当、应该与不应该之间的界限与标准，进而通过指导和约束受教育者的生活实践来完成教育任务。这种以大学生行为外塑实现教育目的的方式，是高校德育工作的重要手段之一，但不应该是唯一手段。如果把教育的重心只放在如何遵守道德规则上，其结果则是大学生德性在教育实践中的解构。

① 亚里士多德. 尼各马科伦理学［M］. 苗力田，译. 北京：中国人民大学出版社，2003：4.

② 麦金太尔. 谁之正义？何种合理性？［M］. 万俊人，吴海针，王今一，译. 北京：当代中国出版社，1996：42.

(一) 德育立场中立化

按照道德相对主义的观点，在这个“世界被主体化的时代”[①]，在这个思想多元、价值多维、冲突多发且不可通约的社会中，个人是道德价值的选择者和执行者，根据何种道德信念来生活，完全是个体自我理解和选择的事情。现代大学道德教育受此观点影响，“选择价值中立的教育立场，即在价值问题上保持中立，不涉足价值引导的内容”[②]，对大学生遵照自己的意愿而做出的价值观选择缺乏必要的引导。这种教育结果导致道德主体过于自我，这种自我成为衡量是非善恶的唯一标准，使其不再受制于社会或其他人作为参照点所赋予的道德范围和界限，以这种自我作为道德的本体，必然使受教育者——大学生缺乏对道德信念的坚定，丧失对道德冲突的明辨，无力解决道德问题和道德困境，继而引起道德失序。

(二) 德育价值功利化

在马克斯·韦伯看来，工具理性在现代社会的扩张和僭越，在带来人的异化和物化问题的同时，也导致道德价值的颠覆。这对于大学道德教育的影响是深刻的，它威胁和动摇大学教育本质的实现和教育信仰的坚定。在工具理性的支配和驱动下，大学教育愈来愈关注现实世界和物质利益，将其教育目标直接指向学生就业能力的培养与完善，而对于学生内心世界的丰盈与提升却无暇顾及。其结果必然导致受教育者将世俗价值凌驾于生命价值之上，将外在的物质利益凌驾于内在的精神世界之上。在实际生活中，大学生们往往把能否评先选优、能否入党保研、能否找到合适工作作为自己行为的衡量标准，为达成此目标，个别大学生不惜牺牲自己的人格和尊严，甚至丧失最基本的道德良知，迫使道德领域的美德和良知都有自己的交易价值，都要受经济理性主义的考量，这与教育宗旨相违背。联合国发展计划署教育顾问德怀特·W. 艾伦（Dwight W. Allen）指出：“教育有两个目的：一个是要使学生变得聪明；一个是要使学生做有道德的人。如果我们使学生变得聪明而未使他们具有道德，那么，我们就为社会创造了危害。”[③]

---

① 英科斯塔斯·杜兹纳. 人权的终结 [M]. 郭春发，译. 南京：江苏人民出版社，2002：196.

② 张夫伟. 论现代大学德育的异化 [J]. 江苏高教，2010 (1)：109.

③ 德怀特·艾伦. 高等教育的新基石 [J]. 任中棠，译校. 求是学刊，2005.

（三）德育内容知识化

《大学》开篇即言："大学之道，在明明德，在亲民，在止于至善。"大学教育的根本任务本应在于发掘和培养人的内在德性，但当前高校在市场化、实用化人才培养目标的压力下，往往表现出重知轻德的普遍现象。还有学者基于伦理学的认知主义理论，认为道德与知识或认知能力有关，道德行为是道德知识获得的逻辑结果。只要对道德知识有所了解，具备成熟的判断和推理能力，就能自觉遵守道德。将道德教育过程等同于外在性知识教育的获得过程，形成不同程度的以知识为中心的德育，造成当前大学生道德上的"应然"与事实上的"实然"之间的割裂。当然，道德理论与道德知识的学习必不可少，但绝不应该成为大学道德教育的根本旨归，而忽视道德教育中人的内在德性培养和实践性美德的养成。正如亚里士多德所说："对德性来说，知识的作用是非常微弱的。"① 如果囿于大学课堂的纯粹的基于"认识论"的道德知识，那不仅会歪曲道德的本质，还会使道德教育失去坚实的社会生活基础。实践证明，疏离于大学生社会生活实践的道德教育，就会失去其叩击受教育者心灵的现实条件，道德教育的意义也必将受到质疑。

（四）德育模式说教化

在过去相当长的历史时期内，特定的时代背景，使得我国的政治价值导向被强调到至高无上的地位，这种"突出德育中'高、大、全'的政治导向"，在某种程度上"窄化了德育的本质内涵"②，继而表现出的"墙上道德""口中道德""标语道德"的说教化模式，这种模式至今仍在德育过程中不同程度地存在。这种说教化的模式，无法真正将教育要求转化为自身的信念和行为品质，导致他们往往只是在承认这一崇高理想空喊几句口号表示赞同之后，就各自按照现实条件行事，从而呈现出"双面人格"或"双重身份"的现象，这与道德教育的宗旨相违背。当然，我们并不是放弃德育的政治方向，教育的社会属性决定德育的政治属性，它对于大学生政治立场、政治态度和政治观点的确立至关重要。我们应该把德育的重心从政治制度和社会秩序调整为道德在政治和社会上的现实表现，最终为大

① 亚里士多德. 尼各马科伦理学［M］. 苗力田，译. 北京：中国社会科学出版社，1999：33.

② 黄书光. 生活世界中的当代德育反思［J］. 教育科学研究，2005（10）：5.

学生个体生命安顿和精神生活提供目标和方向。

（五）德育实践程式化

德育实践对青年成长成才意义重大，习近平总书记在讲话中多次强调，青年要在实践中“迈稳步子、夯实根基、久久为功”。[①] 当前，高校普遍能将德育实践纳入德育工作过程，但在实践开展的过程中，脱离实际、程式化的现象仍甚嚣尘上，一方面，体现在实践资源与大学生实际需求不符，为了实践而实践，空洞枯燥的实践活动非但不能激发大学生的道德本能，反而容易造成他们的道德逆反，引起大学生对道德规范的粉饰与伪装和对道德教育本身的厌恶与反感；另一方面，体现在实践评价表面化和量化现象，如以“效果显著”“成绩很大”或以评分的方式对道德进行量化，而真正是否在知情意行等方面发生变化鲜有问津，这种程式化的德育实践必然成为让教育者无奈、受教育者生厌的负担。

三、先秦儒家德性教化的三个维度及启示

德性教育是高校走出道德教育困境、大学生德性完善的现实选择。德性不是抽象的，不能与历史分离，必须以社会传统为其背景和根基。中国的德性传统由先秦儒家处发端，尤其重视个体的内在体验和德性自觉。唐君毅、牟宗三、徐复观、张君劢等新儒学家在《为中国文化敬告世界人士宣言》中强调，儒家教化“特别着重道德之彻底变化，我们自然生命存在之气质，以使此自然的身体之态度气象，都表现我们之德性，同时使德性能润泽此身体之价值”。这既是儒家伦理学的德性论进路，也是我们尝试建构当代大学生德性教化路径的重要依据。

（一）“内圣外王”——德性教化的培养目标

“内圣外王”是先秦儒家所追求的表现在人格理想层面和社会理想层面的终极旨归和最高目标。“内圣”要求把自身的道德完美作为人生的最高理想；“外王”则要求在达到个人道德至善的基础上，通过道德实践使整个社会变成道德主导的“王道”之世。“内圣外王”作为一个完整的理想人格模式，在先秦儒家有不同的表述方式。中国德性伦理学的奠基人孔

---

① 习近平．青年要自觉践行社会主义核心价值观：在北京大学师生座谈会上的讲话［N］．中国教育报，2015-05-05（1）．

子将其表述为“修己以敬，修己以安人，修己以安百姓”（《论语·宪问》），并提出“仁”是人的最高德性，认为“一个人若能够具备由‘仁’这一范畴所表达的美好德性，实践由‘仁’这一范畴所界定的伦理规范，其行为即会是道德的行为，亦即能获取自己圆满的人生价值”①。孟子继承并发挥孔子的思想，提出“君子之守，修其身而天下平”的人格理想。《大学》则把孔孟思想理论化、系统化，提出通向“入德之门”进而实现“内圣外王”之路的具体的“八条目”的人格模式，其中前五目，即格物、致知、诚意、正心、修身，归于“内圣”范畴；后三目，即齐家、治国、平天下，归于“外王”范畴，由此铺就一条由近及远、富于条理和层次的通往德性的递进之路。《中庸》则以“成己，仁也；成物，知也”来阐释“内圣外王”这一人格模式，即通过提高自己的“仁”进而推及他人，最终“合内外之道”止于至善。

对大学生德性教化培养目标的追问和回答，是其德性回归的基本条件和根本确证。“内圣外王”作为先秦儒家的理想追求和基本精神，它曾经规范着中国古代社会人们的道德行为，指引着人们的道德选择，在政治、文化和生活中发挥过重要作用。在当代，其精神价值对于肩负着国家发展和社会进步这一重要使命的大学生群体，仍然具有借鉴意义。一方面，大学生应该具有能够体现文化层次、受到他人尊重、优化社会风气的“自在之尊严”的君子人格。在德性教化活动中主要表现为好学近知、厚德仁爱、忠恕诚信、知耻求荣等内在规定性，这既是大学生这一特殊群体自我尊严的内在体现，也是当代大学生在德性修养中人格理想层面的目标所在。另一方面，大学生也应该具有能够坚定理想信念、承载历史使命、担当时代责任的“自觉之意识”的志士人格，在德性教化活动中主要表现为忠于国家、服务社会、勇于担当、拼搏奉献等内在规定性，这既是大学生这一特殊群体自我价值的内在体现，也是当代大学生在德性修养中社会理想层面的目标所在。大学生应在对上述人格理想和社会理想两个层面目标的不断追求中“化成人性”“化成天下”。

（二）“道之以德”——德性教化的价值取向

先秦儒家德性伦理关注的焦点在于探寻为人之“道”，为此“道”就

① 田文军．德性之“仁”与规范之“仁”：简论早期儒家的“仁”说及其现代价值［J］．道德与文明，2010（5）：68.

必须修“德”。“德”是人类文化精神的灵魂，是人类心灵的秩序。德治是先秦儒家的核心思想和重要命题。孔子继承并发扬了周公“明德慎罚”的思想主张，提出“道之以政，齐之以刑，民免而无耻；道之以德，齐之以礼，有耻且格”（《论语·为政》），强调要以道德教化为根本，以道德价值为导向，以道德自觉为目标，引导人们遵守社会道德规范。“在儒家伦理思想中，规范体系总是逻辑地以价值的认定为根据；事实上，作为价值认定具体体现的价值原则，往往也构成了行为的范导原则。”① 孟子对德治思想进行比较客观的阐释，指出：“以力假仁者霸，霸必有大国；以德行仁者王，王不待大。汤以七十里，文王以百里。以力服人者，非心服也，力不赡也；以德服人者，中心悦而诚服也，如七十子之服孔子也。”（《孟子·公孙丑上》）《大学》既讲“明明德”，又谈“君子先慎乎德”，“德者本也”，这里的“德”是儒家倡导的个体在面对或处理各种矛盾、冲突、关系时所应该持有的基本价值立场和价值态度，进而以此决定或支配其价值选择。

大学生走出德性缺失困境的前提在于明确德性教化的价值诉求，以价值的实现促进目标的实现。先秦儒家的根本在立德，“德”既是传统文化的资源，又符合现代教育的基本理念。“德育为先”是《国家中长期教育改革和发展规划纲要（2010—2020年）》的战略主题，“立德树人”是教育的根本任务。德性教化应注重把先秦儒家的文化资源转化到大学生可践行的“德”上。那么，如何转化？先秦儒家注重个体德性的自我完善，西方德性伦理大师——古希腊哲学家亚里士多德也曾经说过：“完善的道德不仅应当是自觉的，而且应当是自愿的。”公正的规则或制度关注的是行为的外在约束和限制，个人的德性关注的是自我完善的理想和追求，个人的价值和意义如果得不到应有的尊重，即使再公正的规范和制度也不能被遵守。基于此，为使大学生个体德性臻于完善，必须注重对个体内心精神世界的关切，站在大学生个体精神世界的原点上，充分尊重其生命价值和生命创造，为其创造生活意义，增进个人幸福而努力。唯其如此，才能克服道德价值功利化的倾向和弊病，才能“使心中崇高的道德法则越来越历久弥新”，才能为德性的回归提供价值导向和实现方式。

（三）“齐之以礼”——德性教化的实现方式

“齐之以礼”是先秦儒家将严格论证的伦理学转化为“现实的、可操

① 杨国荣．善的历程：儒家价值体系研究［M］．上海：上海人民出版社，2006：377．

作的具体实践层面”，通过“‘以礼修身’‘以礼齐家’‘以礼治国’和‘以礼平天下’完成‘礼’的一系列‘内圣外王’的过程”①。在这个过程中，面对几乎包含一切社会规范的系统化、制度化、政治化的礼，先秦儒家从教化礼仪的角度，将其归纳描述为冠、昏、丧、祭、朝、聘、乡、射等八礼，对“小至日常生活的洒扫应对之事，大至远大深奥的正心诚意之道”②进行具体规定。但是，德性不是天生的，它“由习惯生成，既不出于自然，也不反乎自然”③，“礼者，人之所履也”（《荀子·大略》）。在孔子看来，道德主体对社会规范的内化，要经过“克己复礼”的礼仪化的伦理实践，“克己”就是在伦理实践中克制、改正自己不正当的思想行为，做到“非礼勿视，非礼勿听，非礼勿言，非礼勿动”（《论语·颜渊》）。人们只有在生活实践中，“在传统习俗的具体仪式中不断规范和掌握行为仪节，形成礼仪行为惯常化的养成与发展模式”④，才能完善和彰显其美德。

大学生的德可以分为两种：一种是智慧的德，另一种是行为的德，前者是从学习中得来的，后者是从实践中得来的。学习中得来的道德认知和经验固然不可或缺，但“道德必须从绝对理念、先验设定、终极价值走向具体历史、个体经验、理解的阐释”⑤。因此，大学生德性教化，一是要建构适合大学生履行和遵守的道德规范体系，防止知识化、空泛化、口号化的道德教条；二是要在提高受教育者道德认知的基础上，改变以“课堂为中心”“以书本为中心”“以教师为中心”的传统的理论教育模式，要将德性教育的过程转化为体验的过程、创造的过程，而不仅仅是知识获取的过程、技能训练的过程。要将德性教育渗透于实践中，体现在生活中，引导学生在鲜活具体的社会实践活动中遵循内心的善念不断践履、体验内化、强化认同，最终实现德性与德行的高度统一。

［原文刊载于《黑龙江高教研究》2017年05期（王晶　王凌皓）］

① 王凌皓，王晶．先秦儒家礼教思想的历史定位及现代镜鉴［J］．社会科学战线，2015（4）：223.

② 王晶．“礼治秩序”建构视域下的先秦儒家礼教思想价值［J］．安徽师范大学学报（人文社会科学版），2015（3）：296.

③ 亚里士多德．尼各马可伦理学［M］．廖申白，译注．北京：商务印书馆，2003：320.

④ 王晶．“礼治秩序”建构视阈下的先秦儒家礼教思想价值［J］．安徽师范大学学报（人文社会科学版），2015.

⑤ 陈利民．后现代主义的特征及其对现代教育的审视［J］．内蒙古师范大学学报（教育科学版），2013（4）：6.

传统儒家孝悌之道的现实观照

雅斯贝尔斯在1949年出版的《历史的起源与目标》一书中说："人类一直靠轴心时代所产生的思考和创造的一切而生存，每一次新的飞跃都回顾这一时期，并被它重新燃起火焰。"这一说法是很有远见的。当我们今天苦于人的道德素质滑坡、社会公德如何提升等难题时，应该再一次把镜头聚焦到2500多年前，也就是雅斯贝尔斯所说的"轴心时代"，去探询传统儒家的智慧。

一、传统儒家的"家国同构"思想

在传统儒家的视域中，"家"与"国"是两个密不可分的概念，家是国的缩影，国则是家的放大，家与国如同一部专著的缩小版和扩大版。"家"为"国"的无上性提供了基本的和首要的支持，"国"则是在更大的范围内重复着"家"的构想①。

首先，传统儒家认为，家庭内人与人之间有着生活情感上的本源，这是培养仁爱之心、进行道德教育最可靠的基础。《诗经》是传统儒家的重要教材之一，其中所描述的"父兮生我，母兮鞠我。抚我畜我，长我育我，顾我复我，出入腹我。欲报之德，昊天罔极"，正是子女所体味到的父母的养育之情。父母之爱乃是人之生命的活水源头，子女行孝正是对这种本源的爱亲、感恩情感的显现，子女对父母的孝心孝行是一种本然的选择②。儒家主张"子孝"正是基于这样一种对本源生活情感的领悟。

同时，传统儒家也认识到了家庭乃是社会最基本的结构单位或细胞，家庭内的人际关系本身就具有很强的带动性和拓展性，提出了"国之本在家"(《孟子·离娄上》)，"一家仁，一国兴仁，一家让，一国兴让"(《礼记·大学》)的论断。家庭内的人际关系可以从父脉和母脉衍生，带到更大

① 蒋永萍."家国同构"与妇女性别角色的双重建构[EB/OL].麓山枫网，2009-02-16.

② 李龙.孝道的重建：儒家"孝"观念的生活情感本源[J].北京青年政治学院学报，2007.

范围的家族中去，如从父脉可以衍生出祖父母、叔伯、堂亲等等，从母脉可以衍生出外公婆、姨舅、表亲等等，如果把婆家与岳家体系的亲戚也包括在内，家庭道德观念的渗透面就更广了。

所以，传统儒家把推行孝教提高到了治国的高度上看待。当有人问孔子为什么不从政时，孔子讲："《书》云：'孝乎惟孝，友于兄弟，施于有政。'是亦为政，奚其为为政?"(《论语·为政》)孟子说："尧舜之道，孝弟而已矣。"(《孟子·告子下》)《礼记·大学》则明确讲道："治国必先齐其家者，其家不可教而能教人者，无之。故君子不出家而成教于国。"

二、传统儒家孝道的内涵与现实观照

"孝"指的是子女对父母应尽的义务，推行孝道是传统儒家治国的灵丹妙药。传统儒家的"孝"的内涵十分丰富，概括起来主要有以下几个方面：

(一) 孝 养

作为子女，在成年后应当思鸟兽之反哺之情，尽心竭力地供养和照料自己的父母，保障父母的物质生活需要，以使他们安度晚年。孔子讲："父母之年，不可不知也。一则以喜，一则以惧。"(《论语·里仁》)为人子女者要记得父母的年龄，一方面是以他们的健康长寿为喜事，另一方面是要忧惧他们的衰老与疾病，时时为他们的身体健康着想。孔子还讲，"父母在，不远游，游必有方"(《论语·里仁》)，就是要求子女应在父母有生之年，尽赡养义务，时时处处为父母的生活着想，在外出的情况下，一定要安顿好父母的生活，使其生活无忧无虑。孟子也强调孝养问题，他曾说："世俗所谓不孝者五：惰其四支，不顾父母之养，一不孝也；博弈好饮酒，不顾父母之养，二不孝也；好货财，私妻子，不顾父母之养，三不孝也；从耳目之欲，以为父母戮，四不孝也；好勇斗狠，以危父母，五不孝也。"(《孟子·离娄下》)孟子讲的"五不孝"，其中"三不孝"之一是"不顾父母之养"，孟子明确指出不养父母为不孝，关心、照顾和赡养父母是子女应尽的孝道。在儒家看来，子女奉养父母是孝亲最基本的要求。

(二) 孝 敬

儒家强调，对待父母不但要有物质层面的供养，还要在精神层面给予尊重和爱戴，即孝敬。孔子说："今之孝者，是谓能养。至于犬马，皆能有养；不敬，何以别乎?”(《论语·为政》)孔子强调的是，对待父母，仅能给予物质上的养活，而不能做到从心里面尊重和敬爱，与养活犬马没有什么两样，那不是孝。孔子的学生曾子把孝敬父母放在了孝行的首位，他说：“孝有三：大孝尊亲，其次不辱，其下能养。”(《大戴礼记·曾子大孝》)曾子把物质生活上的奉养看作孝的最低层次，即“下孝”。孟子继承了孔子的思想，认为尊敬父母乃是子女尽孝的关键。他说：“孝子之至，莫大乎尊亲。”(《孟子·万章上》)子女对于父母，应当怀有爱敬之心。具体来看，传统儒家的“孝敬”思想包括“孝顺”“孝继”“孝丧与孝祭”三个方面的内涵。

孝顺。对父母给予精神上的关心和敬重，就要顺从他们的意愿，不能顶撞父母，更不能违背礼制，不能不按礼节侍奉父母，用孔子的话说就是“无违”(《论语·为政》)。但是，如果父母有做得不当或不对之处，子女不能无原则地顺从，而应该耐心地委婉地劝谏；如果父母不愿意听从子女的婉言劝谏，子女也不要滋生怨恨之心，还是要一如既往地孝敬父母，以恭敬的态度对待他们，这就是孔子所说的“事父母几谏，见志不从，又敬不违，劳而不怨”(《论语·里仁》)。所谓“几谏”，也叫“微谏”，就是要委婉迂回地劝谏。孔子的孝顺思想对学生曾子影响很大，曾子说：“父母之行，若中道则从，若不中道则谏”(《大戴礼记·曾子事父母》)。可见，儒家反对那种子女对父母无原则地顺从。

孝继。孝继的最根本的含义是子女对父辈生命的保存与延续。儒家讲“身体发肤，受之父母，不敢毁伤，孝之始也”(《孝经·开明宗义章》)。一次，孟武伯问孝。子曰：“父母唯其疾之忧。”(《论语·为政》)意思是，自己得病会使父母忧愁，那么做子女的就应该时刻注意自己的身体健康，以免去父母的忧虑。孔子的弟子曾子临死时对他的弟子们说：“启予足!启予手!”(《论语·泰伯》)让弟子们看看自己的身体是完整的，没有一点损伤，便以此为骄傲。曾子说自己一生都生活得“战战兢兢”“如履薄冰”，怕的就是使自己的身体受到损伤，他认为自己的身体是受之于父母的。儒家还特别强调：“不孝有三，无后为大。”(《孟子·离娄上》)为了尽孝，还要生育子孙，传宗接代，使家族生命得以繁衍。儒家孝继的第二层含义是为家族增光，使祖先显耀。《孝经·开宗明义章》中明确讲道：“立身行道，扬名于后世，以显父母，孝之终也。”孝继的第三层含义是子女继承父母的善道与正业，子女尽孝，还应当不忘将父母生前的正业与善道发扬光大。孔子说：“父在，观其志；父没，观其行；三年无改于父之道，可谓孝矣。”(《论语·学而》)孔子分别从父在与父没两个阶段谈孝继的问题，可见其对孝继的重视。

孝丧与孝祭。在儒家这里，孝丧和孝祭也是孝敬的应有之意。孔子非常重视丧祭之礼，他说：“所重：民、食、丧、祭。”(《论语·尧曰》)对于已逝去的父母，孔子主张“死，葬之以礼，祭之以礼”(《论语·为政》)。儒家认为，子女对已逝去的父母行丧祭之礼是“以恩报恩”之心的一种外在诉求。当孔子面对弟子宰我质疑“三年之丧”过久时，追问道：“食夫稻，衣夫锦，于女安乎?”当听到宰我以“安”作答时，孔子慨叹道：“予之不仁也！子生三年，然后免于父母之怀。夫三年之丧，天下之通丧也。予也有三年之爱于其父母乎?”(《论语·阳货》)孔子认为，每个人都应该怀有感念父母养育之恩的仁心，有了这一仁心，就不可能在父母刚刚去世之后还能够泰然地“食夫稻，衣夫锦”。对于丧礼，儒家更加关注的是悲伤哀痛之情的真实表达，孔子说：“礼，与其奢也，宁俭；丧，与其易也，宁戚。”(《论语·八佾》)对于已经逝去的父母、祖先进行祭祀，要表达的是一种敬重、追念的情感，所以祭祀的关键在于恭敬与虔诚之心，要能达到“祭如在，祭神如神在”(《论语·八佾》)。在孔子思想的影响下，学生们都十分重视祭祀问题。子张曾经说：“祭思敬，丧思哀，其可已矣。”(《论语·子张》)孟子把父母的丧事看得比奉养还重要，他说：“养生者不足以当大事，惟送死可以当大事。”(《孟子·离娄下》)①

当今社会，青少年的道德素质滑坡问题凸显，固然有来自于社会复杂环境的影响，但家庭也负有不可推卸的重要责任。自实行计划生育以来，孩子的“唯一性”换来了其在家庭中的“至上性”。在“四二一”金字塔式的家庭结构中，孩子被视为“小皇帝”“小祖宗”，在“衣来伸手，饭来张口”“有求必应”的娇宠中自由成长。结果是，传统家庭中的“孝”文化日渐式微，不赡养老人的现象越来越多，甚至子弑其父的事件也不鲜见了。传统儒家的孝道思想，对于我们今天解决青少年道德滑坡问题、提升公民道德素质具有重要的启发和借鉴意义。继承和发扬儒家的孝养、孝敬观念，将有利于父辈与晚辈之间在生活交往中相互宽容、相互理解，营造和谐温暖的家庭氛围，也会进一步在社会范围内形成尊老敬老的道德风尚。

① 杜振吉. 儒家孝的思想与当代家庭道德建设 [J]. 道德与文明，2005 (1).

三、传统儒家悌道的内涵与现实观照

“悌”，从心，从弟，即心中有弟，意谓兄弟间彼此友爱。传统儒家重视“悌”之道如同重视“孝”之道一样，经常将“孝悌”并提。孔子的弟子有子讲：“其为人也孝弟，而好犯上者，鲜矣!”(《论语·学而》)孟子讲：“于此有人焉，入则孝，出则悌。”(《孟子·滕文公下》)

儒家在高扬孝道的同时，也高度重视悌道，主张“兄友弟悌”，要求兄长对弟弟要关心和友爱，弟弟对兄长要恭敬和顺从。儒家注意到了兄弟之间最容易在财产、地位和权力等方面发生冲突，于是，主张兄弟彼此之间应学会谦让，不要采取过火的言行，一旦伤了兄弟之间的和气，那么家庭内人际关系必然陷入混乱，再重建和气友爱的兄弟关系、和睦团结的家庭氛围，则干戈而不胜了。传统儒家对伯夷、叔齐的兄弟之情尤为赞许，伯夷和叔齐分别是商末孤竹国国君的长子和三子，国君十分喜爱三子叔齐，并有意让叔齐继承王位。在他临终时，留下遗命，指定叔齐即位。叔齐谦恭礼让，执意让大哥伯夷即位。哥哥伯夷说：“叔齐即位，是父亲的遗命，我不能违背父亲的遗愿!”于是离家出走。叔齐见大哥出走，他也不想当国君了，索性打点行装追随哥哥伯夷去了。儒家赞许伯夷、叔齐兄弟，推崇的就是“兄友弟悌”之道。

至亲者莫若骨肉，手足之情既长且久。儒家主张，当兄弟姐妹健在之时，要相互珍爱、勉励和扶持，切莫伤和气。在家庭伦理关系中，兄弟彼此之间相处得和睦与否，不仅会影响整个家庭内生活的气氛，对家庭之外更大范围内的人际交往也会产生影响。小家庭之外、大家族范围内的堂亲、表亲关系，学校中的同学关系，以及工作单位中的同事关系等，都属于同辈关系，一个人如果内心常怀有兄弟姐妹之情，那么对其他人的爱心也会油然而生，由此扩大，周边之人极易融合成为一家人。如此上下和睦，内外祥和，人间社会将是多么和谐美好!

家庭是人的第一所学校，家庭道德行为习惯的养成对人一生发展的影响是极为深远的。重视家庭道德教育，继承和发扬传统儒家的孝悌思想，是我们解决人的道德滑坡问题、提升公民道德素质的关键之举。

[原文刊载于《学术交流》2010年06期(李丽丽　王凌皓)]

孔子的原创性伦理政治教育思想

春秋之际，井田农业经济体制趋于瓦解，西周王室政治权力式微，“礼崩乐坏”，社会动荡，学术文化下移，士阶层崛起，诸郡国各自为政，“天下无道”。孔子为恢复“有道之世”局面，创立“游文于六经之中，留意于仁义之际”(《汉书·艺文志》)的儒家学派。他周游列国推行其贤人政治、以德治国主张，不为荐用，遂突破了官学教育的垄断，试图改革世袭公职的官制，兴办私学，主要致力于培养从事仁政的政治人才，开创伦理政治教育新格局，提出了较为完整系统的原创性伦理政治教育新主张。孔子的原创性伦理政治教育新主张虽在当时未能推行，但自西汉武帝表彰六经、独尊儒术、创立官学与私学并存的教育体制之后，在两千多年的中国封建教育体系和封建官僚政治体制的建构中得以贯彻实施，影响至深至远，至今仍有其可以现代化的转换、借鉴价值。

一、伦理政治教育体制改革方针——“有教无类”

孔子一生从事古典伦理政治教育活动四十余年，其教育宗旨是为周王室和各邦国培养政治管理人才，其教育内容包括德、智、体、美、技术等各个方面，即礼、乐、射、御、书、数“六艺”，以普通要求的德育和特殊要求的政治伦理道德教育为主导，具体涉及政治、历史、伦理道德、人生哲学、文学艺术、动植物等多学科的知识传授和能力培养。为了实现以贤人民主政治取代世袭贵族专政政治，孔子勇敢挑战“学在官府”的贵族教育特权垄断和“世卿世禄”制国家公职贵族世袭特权垄断，提出了“有教无类”(《论语·卫灵公》)的伦理政治教育体制改革方针。“有教无类”即“教无类”，主张打破身份等级界限，人人有受教育权和办教育权，以及通过政治教育、“学而优则仕”担任公职权。在等级森严的西周社会，孔子“有教无类”的施教主张既有政治改革意义，也有巨大的思想解放意义。孔子一方面要恢复经过对殷礼“损益”的周礼；另一方面要冲破礼治束缚，推行民本政治和致力建设“天下归仁”(《论语·颜渊》)、人们互敬互爱的等级有序的和谐社会。

“孔子堪称中国教育学说的原创之父。”① 作为首创伦理政治教育的政治教育家，他倡导“有教无类”，更忠实力行“有教无类”，对于来自不同地域、不同民族或种族、不同家庭出身的弟子，一律视为“有朋自远方来”(《论语·学而》)，心怀愉悦情感，予以平等的教诲。其弟子中，既有贵族子弟，也有新兴地主、商人，大部分为平民，且不限于鲁国。据史料记载，南宫敬叔为贵族子弟，子贡、冉有、公西华家境富裕，其他提及的多为出身贫寒的平民、贫民、贱民，如颜渊、原宪家境贫寒，仲弓是“贱人”之子，子张做过骡马市场经纪人，子路、冉雍是下地的“野人”，曾参务农，公冶长蹲过大狱，颜涿聚曾为盗贼等。孔子并不以其弟子不同出身而有眼高眼低视人情形，而是公正平等相待，在其培养的三千弟子中，教育教养成 72 位贤人，其中有的成为从政治国精英和预备政治精英。孔子作为古典伦理政治教育家为当时政治人才资源开发做出了重大贡献，为后世伦理政治教育开了先河。孔子创办的私学伦理政治教育，催生了诸子百家之学的兴起、繁荣，形成了百家争鸣、原创性思想蔚然发展的繁荣局面。诚如学者所言：“在中华民族精神的塑造过程中，儒家是诸子百家中影响最大的学派。”② 孔子作为这一学派的创始人对教育体制改革方针的提出具有开创之功。

孔子之所以能提出“有教无类”的教育体制改革主张，其缘由主要有四个。一是从自身成长经历中体悟出“有教无类”。孔子父亲曾为较低级别的武士，他三岁丧父，靠寡母离乡寄居艰辛度日。少年孔子处于社会低贱地位，遭人歧视，十五岁起努力自学成才，在社会实践中励志、育德、求艺，痛感旧教育体制应当改革，乃以兴办私学作为与官学对立，也作为对官学衰落的重要补充，以实际行动冲破奴隶主贵族文化教育垄断，招徕四方弟子集于门下，师生共同创立独树一帜的儒学，被誉为“万世师表”。二是贤人政治的客观需求。西周建朝伊始即初露贤人政治端倪，春秋之际形成政治潮流。其导因在于封邦建国、裂土分治，各诸侯国为称雄争霸，起用贤者参与治国理政以补诸侯子弟不学无术之不足。齐桓公任管仲为相称仲父即为典例。贤人政治需求迫使人们改变教育观念，以民间办学拓展培养人才途径，私学创立并行“有教无类”“学而优则仕”方针，应运而

① 杨冰，王凌皓．论春秋战国之际的学术原创精神［J］．东北师大学报（哲学社会科学版），2010（2）．

② 严文明．中华文明史：第 1 卷［M］．北京：北京大学出版社，2006：371．

生。三是孔子将其仁学个体个性化。孔子主张建立施仁政的政治体制，为此要培养志士仁人执政，要求他们“泛爱众，而亲仁”（《论语·学而》），仁者“爱人”（《论语·颜渊》）。志士仁人应有仁德品质，仁德的基本要求是执政者爱民、泛爱众，官府办学满足贵族子弟特权要求，与爱民、泛爱众要求相违，因此，“泛爱众而亲仁”就要在教育权利上一视同仁，实行“有教无类”以行仁政，实现“和为贵”的和谐社会理想和每个人的个性化仁者的发展。四是孔子人性理论的逻辑伸展。孔子认为，人“性相近也，习相远也”（《论语·阳货》）。他虽然认为人的才智程度有等差，也说过“唯上知与下愚不移”（《论语·阳货》），并且设想可能有“生而知之”（《论语·季氏》）的人，但他不承认自己是“生而知之”者，也没有肯定过哪个人为“生而知之”。在他看来，天生的完人是没有的，“尧舜其犹病诸”（《论语·宪问》）。教育能使人后天“学而时习”（《论语·学而》），获得仁德品质和才智，成为德才兼备的贤者。基于“性相近也，习相远也”的人性理念，孔子坚持“有教无类”。

上述四项归因，有三项属于孔子主观倾向，“有教无类”的教育体制改革是孔子的大胆原创构想，凝结着他的伦理政治哲学以民为本的睿智、泛爱众的政治热情和伦理政治教育的创见。中华文化具有强大的向心力和震撼力，它“为中华民族发展壮大提供了强大精神力量，为人类文明进步做出了不可磨灭的重大贡献”[①]，赖有孔子及其弟子们所形成的儒家私学为国家培养大仁大智大勇的政治人才，树立并坚持任人唯贤、德才兼备政治人才标准的优良政治文化传统。

二、伦理政治教育的基本目标：志德仁艺全面发展

孔子着力进行伦理政治教育，即官德教育的基本目标是培养志、德、仁、艺全面发展的“成人”或“仁人”，“实现社会伦理期许和道德理想的人格”[②]，达到最高的人生精神境界。何谓“成人”或“圣人”？以当时的语义理解，“成人”类似“完人”，即各个方面都完美的人才，亦即德才兼备或德艺双全的贤人。对于培养“成人”，孔子有两种教育目标和教育教学教养内容的预设，一种为“兴于《诗》，立于礼，成于乐”（《论语·泰伯》），另一种为“志于道，据于德，依于仁，游于艺”（《论语·述而》）。

① 中共中央关于深化文化体制改革推动社会主义文化大发展大繁荣若干重大问题的决定［N］. 人民日报，2011-10-25.

② 李丽丽，王凌皓. 先秦儒家人学思想探析［J］. 教育研究，2009（11）.

这两种预设在教育内容分类上有所不同，前者运用于普遍的德育要求，后者则专门适用于政治管理人才的培养教育。但两种预设都涵盖了人的德、智、体、美、技艺等多方面能力和素质的培养，在政治人才培养目标上已很全面，尤其是后者强调指向官德教育的目标——志、德、仁、艺的全面发展，在这个“全面发展”的教育目标体系中，伦理道德教育不仅居于首位，而且贯穿、统领、渗透在智育、体育、美育之中。孔子在其教育目标指向的期望上，无论是培养“成人”，还是培养从政专门人才，都是在终极关怀的意义上着力于“圣人”或“成人”“君子”人格的教育教养和塑造。对此，《论语》中孔子及其弟子多有讨论，其标志可概括为八个方面：讷于言，敏于行；见利思义，见危授命；担大任、临大节，志不可夺；修仁德，施仁政；谦让不争；泰而不骄；和而不同、群而不党；襟怀坦荡等，这八个方面都是为政以德的高风亮节诉求。从教育教学教养的主要内容来说，孔子的学生概括为“子以四教：文、行、忠、信”（《论语·述而》）。“文”指语言、文字、文学、历史、地理、动植物、气象等方面的智育，是伦理政治道德教育教养的基础；行”指道德践履，主要是“忠诚”与“信实”两个道德范畴的行为表现；忠信之行，是伦理道德教育特别是政治伦理道德教育的基本内容、基本要求。文行忠信都涉及崇仁贵义精神的道德信仰、伦理价值。

“志于道，据于德，依于仁，游于艺”主要是对政治管理人才培养方向和规格的要求。“志”即理想、信念，“志于道”就是以肩荷道义、秉持真理、力行仁义为人生理想，这是衡量行为正当性、合理性的准绳。“据于德”就是以道德心理的自我约束、自觉自律为依据为根基，自重自警自励。“依于仁”就是思想言行以“仁”者“爱人”“泛爱众”为依据、标准，特别是为政以德体现以民为本、执政重民、勤政利民。“游于艺”是对掌握执政本领、行政能力的综合要求，主要包括礼、乐、射、御、书、数“六艺”之教的知识、技能。孔子期望弟子从政，“游于艺”是为从政准备才能条件。此外，还要“立于礼”，即树立循礼维礼的意识和品德，以礼为行为准则，按礼治秩序、制度为人处世、尽职尽责。从伦理关系和道德行为本体来说，道、德、仁、礼四者是伦理政治教育的基本要求，“艺”也含有道德的成分，如勤奋学习、虚心求教的品质，掌握各种技艺为德教服务。可见，孔子确定的官德教育目标——志德仁艺的“全面发展”切中时弊，抓住了政治统治、社会管理的关键和要害，其目的在于塑“为政以德”（《论语·为政》）的圣人君子人格。对于一般民众和国家公职人员以伦理道德为核心为基础的政治教育，孔子开创于先，后人承继、弘扬、发展于后，可以说，时代虽然不同了，但仍然任重道远。

孔子强调“兴于诗”“成于乐”是与“成人”需要“立于礼”相联系的。“诗”与“乐”作为美育范畴，都是礼治政治形式的艺术表现，并非与政治、社会无关的“纯艺术”。诗与乐都起于民间，源于民众的生活，表达民众美好的心声和心灵期望。孔子出身卑微，与民众心理贴近且相通，由此而喜欢诗和乐，还从事诗乐的整理和研究，对诗与乐的政治伦理教育功能给予客观评价。孔子对诗与乐，既重视其艺术表现形式，更注重其思想内容，注重发挥其政治伦理教育功能。孔子指出：“不学诗，无以言”（《论语·季氏》），因为诗全面系统地反映社会生活和政治生活。他认为，学诗可以有多重效应：“诗，可以兴，可以观，可以群，可以怨”（《论语·阳货》）。学诗、诵诗，在吟咏歌唱手舞足蹈之中，既可以振奋精神，提高对事物的观察能力，养成团结友爱的群体生活习惯，还可以批评、讥讽不正当非正义的社会政治现象。孔子的本意在于通过诗乐之教配合礼教，提高人的思想道德素质，励人之志，陶人之性，冶人之情，使人在愉悦的心境下和审美情趣中增强对真理、善行和美感的追求，助人感悟高尚，辨识真伪善恶美丑，在不知不觉中促使人心灵美化，达到体魄与性灵同在一个脉搏里跳动、同在一个音波里起伏、同在一个宇宙里自得的境界。文学艺术教育作为孔子伦理政治道德教育的重要内容和特殊路径，其终极关怀在于通过教育教学教养三者的统一结合，达到政治人格真善美的统一结合。

总之，孔子以其伦理政治哲学为指导，在其所从事的政治教育中，贯彻志德仁艺全面发展的教育方针，重在培养现实和未来政治人才的仁政德治要求的政治品格，这是由他倡导的贤人政治理想决定的。当然，孔子创立的这种教育传统，对普通民众的道德教化也有率先垂范和推而广之的意义。

三、伦理政治教育教学教养的主导原则——启发诱导

两千五百多年前，孔子在其倡行的伦理政治教育中，同他的弟子们共同创立和践行了本具原创性、至今仍有现代启发应用价值的启发诱导伦理政治教育教学教养的主导原则，这一主导性的施教原则具体体现在其所提倡并践行的学以致用、因材施教和循循善诱等原则或方式方法上，值得深入研究借鉴。

学以致用是最能体现启发诱导教育教学教养指导思想的价值选择，是孔子践行的首要教育教学教养原则。这一原则体现其伦理政治哲学，强调力行、实践，主张言行一致，以“行”证其“言而有信”，也源于他的贤人政治要求和治国理政人才的政务管理需要。子贡问孔子：“什么样的人可以称得上士?”孔子告诉他：“行己有耻，使于四方，不辱君命，可谓士矣。”(《论语·子路》)可见，孔子的关注点在于学以致用——培养从政品德和能力，善于“为政以德”，在对外交往中不辱使命。他还以学诗为例指出：“诵《诗》三百，授之以政，不达；使于四方，不能专对；虽多，亦奚以为?”(《论语·子路》)孔子以实务为准则考核弟子学习成绩，认为学诗三百篇不在于能记忆多少，而在于交办的政务是否顺利完成，出使外国，能否运用《诗经》精义独立应对。可以说，孔子全部伦理政治学说都体现了学以致用的特点。他所论德治、为政以德，都有鲜明的服务、改造现实社会的功利指向，他劝诫国君和政要高官“修己以安百姓”，“修己以安人”，“修己”不是目的，目的是敬业、安百姓，在于治国平天下。孔子所创伦理政治教育在本质上是济世救国、利民安邦之教。他追求的是政治人才成为具有“五常”（仁义礼智信）之品德者，而不在于对伦理政治教育原理知道、记住多少，作为知识能解释多少。这是今天教育所当深刻反思的地方。

因材施教是启发教学的最根本的体现，是孔子运用得最成功的教育教学教养原则。孔子发现“性相近”“习相远”，认识到人经过后天学习而显示出个性差异，因而提出并践行因材施教原则。这里的“教”，既有整体上的育人，也有知识、情理的教学，但其侧重于教养成习性习惯。为此，必须考虑教育对象的遗传素质、性格气质、智力水平、品德意志、生活习惯、学习态度、人生经历等各方面的个性差异，实施个性化培养，以求实效，而不是用统一的道德教条来灌输。以孔子答弟子“问仁”为例，《论语·颜渊》记颜渊、仲弓、司马牛、樊迟“问仁”，孔子分别有针对性地回答。对颜渊：“克己复礼为仁。一日克己复礼，天下归仁焉。”颜渊为孔子高足，智力超群、品德高尚、志存高远，所以孔子告诉他克制自己言行，恢复并遵循周礼就是“仁”，并指出一旦做到礼治秩序化，就会实现“天下归仁”的社会理想。对仲弓：“出门如见大宾，使民如承大祭。己所不欲，勿施于人。”孔子认定仲弓将来可以从政，所以告诉他，靠仁德为政，具体体现在“使民”如同承办国之大事之一的祭祀一样，最底线是“己所不欲，勿施于人”。对司马牛：“仁者，其言也切。”因为司马牛有

“多言而躁”的缺点，所以孔子告诉他以仁德之心、和颜悦色谨慎地讲话，注意自己的“言”是否符合“仁”的要求。对樊迟，孔子只回答两个字：“爱人”。因为他知道樊迟理解力较差，故没有过高过急的要求，只简单回答他“仁”的基本体现。《论语・阳货》中记载子张问仁，孔子说：“能行五者于天下为仁矣。”“五者”指对民众“恭、宽、信、敏、惠”。孔子知道子张偏激、不宽厚，这对他从政不利，所以告诉他为政重民，要注意做到恭、宽、信、敏、惠。孔子对学生因材施教不仅表现出高尚的人品师德，而且表现出高超的教学艺术。如今在班级授课的体制下，某些教师较少思虑个性化育人，教学大班轰、一刀切，在一定程度上存在“使人不由其诚，教人不尽其材”(《礼记・学记》)的弊端。从这种意义上说，孔子因材施教的教育教学教养原则对纠治当代教育中缺少个性化培养之弊端是有重要启发借鉴意义的。

循循善诱是启发教学的最直接、最形象化的体现，也是孔子伦理政治教育教学教养的最直接、最形象、最具体化的表现形式。这一原则体现了孔子育人风范、态度和方法的有机结合和统一。颜渊评价孔子：“夫子循循然善诱人，博我以文，约我以礼，欲罢不能。”(《论语・子罕》)循序渐进地诱导学生在道德修养上不断进步，既表现出孔子对政治道德教育规律的尊重，也体现出对学生的耐心、鼓励和合理批评的敬业爱生品格，更体现对教育平等、政治民主的期许与追求。以孔子对子路的循循善诱为例，子路生性鄙陋，胆大耿直，鲁莽，时而无礼，不好学而好勇斗狠。一次，子路问：“君子尚勇乎?”孔子告诉他：“君子义以为上。君子有勇而无义为乱，小人有勇而无义为盗。”(《论语・阳货》)孔子是想让子路知道，“贵义”是君子最高品德，君子若只知好勇而不知贵义就会犯上作乱，小人若只知好勇而不知贵义便会沦为盗贼。孔子还有针对性地对子路耐心地进行“六言六蔽”说服教育：“好仁不好学，其蔽也愚；好知不好学，其蔽也荡；好信不好学，其蔽也贼；好直不好学，其蔽也绞；好勇不好学，其蔽也乱；好刚不好学，其蔽也狂。”(《论语・阳货》)在孔子的耐心教导下，子路克服了“不好学”带来的诸多缺点，成长为合格的政治人才，后来做了季氏宰，曾协助孔子“堕三都”，又任卫国大夫孔悝邑宰。孔子鼓励子路多问求解，既务实批评其缺点，诱导其改正，又热情表扬其进步，发扬勇敢、果断、守信、忠诚、不贪和敢于质疑孔子某些失偏言行的优点，在对弟子循循善诱中表现出诲人不倦、高度负责的师德风范。

在孔子开创的伦理政治教育传统中，最值得称道的即是师生为友的人际关系原则。孔子“主张师生之间以爱相济、以道相随、教学相长，这是一种着眼于师生之间民主平等、友爱相助的和谐师生观”[①]。孔子一开始就明确定位师生互为友朋关系，这种关系在孔子对其弟子的教育教学教养活动中随处可见。孔门师生之间，不仅仅表现为“尊师爱生”，更多则表现为在共同敬业基础上的朋友关系，这种关系无等级观念和私利掺杂，平等相处，交相为师，唯真善美是从。正因为如此，孔子乐道“有朋自远方来”（《论语·学而》）。孔子从不以师自居，经常与学生一起友好讨论问题，融洽无间地促膝谈心，畅谈理想志向，敞开心扉各抒己见。“颜渊、季路侍。子曰：‘盍各言尔志?’子路曰：‘愿车马、衣轻裘，与朋友共，敝之而无憾。颜渊曰：‘愿无伐善，无施劳。’子路曰：‘愿闻子之志。’子曰：‘老者安之，朋友信之，少者怀之’。”（《论语·公冶长》）师生如朋友般平等地讨论人生理想这样的大问题，爽快直言，相互启发，共同感悟至理，共同提升道德境界，这是单纯课堂说教、教师简单灌输、学生被动受教主从师生关系难以实现的境界。虽然时代不同了，但是反映教育教学规律的普遍原则并不过时，而且可能会在新的历史条件下被赋予新的意义，具有新的内涵。

[原文刊载于《中共天津市委党校学报》2013 年 03 期（朱志峰　王凌皓）]

① 李丽丽，王凌皓. 论先秦儒家的师生友朋思想 [J]. 教育研究，2011 (8).

孔子的理想人格理论对和谐社会人格建构的意义

孔子的理想人格理论——君子人格，对中华民族的民族心理、民族道德的形成和发展产生了深远影响。孔子所强调的理想人格已深藏于中国人的灵魂深处，成为整个民族的集体无意识，似涓涓溪流，千年流转不息，有着恒久的超越时空的生命力。和谐社会人格构建不能逾越孔子的理想人格理论，这里包藏着有待深入探寻的深刻人文精神和丰厚文化资源。

“人格”一词来自拉丁语“persona”，是“面具”的意思，意味着向社会显露自己。美国著名心理学家、人格心理学的创始人奥尔波特认为，人格是在个体内在心理物理系统中的动力组织，它决定人对环境适应的独特性。现代西方著名心理学家弗洛伊德、荣格等认为人格是个体在遗传基础上，通过与后天环境的相互作用而形成的相对稳定的和独特的心理行为模式，是人的心理特征和心理倾向的总和。在社会心理学领域，人格则被赋予了品质价值的含义，包含着伦理学层面的含义，它不仅指个体内在的潜能和资质，更侧重于个体的社会性和社会性自我。当前较为公认的人格定义是：人格是以一定的社会经济条件下的伦理道德为主导，在遗传和实践基础上形成的人的生理、心理和行为特质的总和。它涵盖了三个层面：其一，人的道德品质；其二，人的性格、气质、能力、需要、兴趣、动机、理想、价值观、世界观等要素；其三，人作为权利、义务主体的资格及其外在表现。中国古代虽无人格一词，但以“人品”“品格”与其相对应，可见更侧重伦理意义，故理想人格更多在于实现道德理想的人格，是人生所要追求的最高境界。在孔子那里，理想的人格主要是君子人格。《论语》中，孔子通过对君子日常行为的描绘和价值主张的阐发，形成了较系统的理想人格理论。

孔子理想人格理论的核心是君子人格。“君子”是孔子对古代道德生活的反思，它概括地表达了孔子心目中的理想人格[①]，是孔子心目中理想

① 冯友兰. 中国哲学史新编［M］. 北京：人民出版社，1982：145.

人格的典范。“君子”概念在《论语》中共出现105次，是孔子理想人格理论的核心概念，但不是全部概念，因为君子之外还有“圣人”（或称“仁人”“成人”）、“士”。“圣人”在概念界定上比君子更为严谨，圣人是最高的理想儒者的人格境界，几乎是不能实现的，“尧舜其犹病诸”（《论语·雍也》）——即便尧舜也仍不足以称作圣人。相比之下，君子人格却更具现实的可能性，“子曰：圣人，吾不得而见之矣；得见君子者，斯可矣”（《论语·子罕》）。君子人格经过努力是可以实现的。因而，孔子整个的理想人格理论就集中在对君子人格的建构中。

一、君子人格的义理根据：“仁”与“礼”

“仁”与“礼”在孔子的理想人格理论里是最为重要的概念，它们共同构成了君子人格的义理根据。学术界曾出现过孔子的理想人格理论是“礼”中心还是“仁”中心的争论。王岳川先生经过对先秦原典文献中“礼”“仁”词频比较及意义辨析得出这样的结论：“礼”的概念为春秋时代思想和社会政治观念中的最高层次，春秋时代是一个“礼”中心主义的时代，而“仁”概念直至孔子这里才成为理论探讨的核心。冯友兰先生说：“孔丘虽然把仁和礼并称，但是就一个完全的人格说，仁还是比较根本的。”又说：“人必须有其真性情，真情实感才可以行礼。仁先礼后。”[①]可以说，“仁”是孔子理想人格理论的核心概念，而礼以仁为本，其他的如忠、孝、义、中庸、忠恕、诚、信、宽、敏、惠、温、良、恭、俭、让等道德品质都包含于仁与礼之中，形成了理想人格理论的基本框架。

“仁”的基本含义就是“爱人”。“樊迟问‘仁’，子曰：‘爱人’。”（《论语·颜渊》）“仁”是对世界、对他者的一种普遍意义的仁爱胸怀。孔子的“仁”的思想来自于他对人性的考量，“仁者人也”（《论语·颜渊》），孔子认为人别于兽的根本区别在于人有道德，人可以怀“仁”，仁是潜藏于主体内心的与生俱来的一种能力，“我欲仁，斯仁至矣”（《论语·述而》）即为此义。另外，仁并不是指某一特殊德性，而是指一切德性的总和。“仁”可以理解为全德，因而仁也得以成为君子人格的最基本也是最高的评判标准。“君子去仁，恶乎成名？君子无终食之间违仁，造次必于是，颠沛必于是。”（《论语·里仁》）可见，君子人格境界的达成以仁的实现为标志，所以仁是君子人格的特质。把“仁”的原则运用到实践中则化

① 冯友兰. 中国哲学史新编［M］. 台北：台北蓝灯文化事业，1991：158.

身为“忠”和“恕”的做人原则。行“忠”“恕”也就是行“仁”。孔子对曾参说：“吾道一以贯之。”曾参告诉其他同学说：“夫子之道，忠恕而已矣。”（《论语·里仁》）“吾道”就是孔子的整个思想体系，贯穿这个思想体系的必然是他的核心，分别讲是“忠”“恕”，概括讲是“仁”。那么，何谓“忠”“恕”？尽己为人谓之忠，即“己欲立而立人，己欲达而达人”。另一方面，推己及人谓之“恕”，就是“己所不欲，勿施于人”。（《论语·颜渊》）忠恕之道就是将心比心，设身处地，推己及人，换位思考。由此可知，“为人由己”，仁的道德境界在根本上是通过自我的行举实现的，“克己复礼，为仁。一日克己复礼，天下归仁焉”，“仁”体现为人格的自我修为。

“礼”是“仁”在实践层面的落实，是合于孝、忠、恕、仁、义等生活原理、展现仁德的行为规范与方式。“礼以义为其实质，义又以仁为其基础。此是理论程序；人由守礼而养成‘守正当’之意志，即由此一意志唤起‘公心’，此是实践程序。就理论程序讲，‘义’之地位甚为显明；就实践程序讲，则礼义相连，不能分别实践。故孔子论实践程序时，即由‘仁’而直说到‘礼’。”[①]“礼”作为孔子实现理想人格的一个组成部分，更多的是它约束、规范人们外在行为的功能与作用。礼的修养，就是要克制恶习与贪欲。“非礼勿视，非礼勿听，非礼勿言，非礼勿动”，“礼”实际上是行为的节制。孔子认为，有些本来好的品格，如果没有节制也可能走向极端，所以说“恭而无礼则劳，慎而无礼则葸，勇而无礼则乱，直而无礼则绞”。“子曰：兴于《诗》，立于礼，成于乐。”“礼”是立身之本，没有“礼”则在社会上无法立足，也不能适应社会环境。孔子又言：“君子博学于文，约之以礼，亦可以弗畔矣夫。”有学问的人若只在学习上下功夫而不在礼仪方面加强自身修养，同样不能达到完美的人生境界。因而，孔子要求弟子“立于礼”，要求君子必须“依礼”行事，遵守社会政治制度、法律制度和伦理道德的基本规范。“礼”不仅是自立的基础，在通往理想人格的道路上，“克己复礼为仁。一日克己复礼，天下归仁焉”。“克己”而回归到“礼”所规定的范围中去，“立于礼、约于礼、归于礼”，这些都是个人在规范道德修养时应该首先做到的，只有在这些“礼”的方面取得了独立，才能在更高层次上体现“仁”的境界，个体人格的塑造与升华才能取得理想的效果。

---

① 冯友兰. 中国哲学史新编［M］. 台北：台北蓝灯文化事业，1991：121.

"仁"和"礼"构成了君子人格的义理根据，君子人格是"仁"与"礼"的统一，二者相辅相成，融会贯通。没有真情实感为内容的"礼"，就是一个空架子，严格地说，就不成其为"礼"。没有"礼"的节制的真情实感，严格地说，也不成其为"仁"。所以真正的"礼"，必包含有"仁"；完全的"仁"也必包含有"礼"①。在现实生活中当"礼"与"仁"有所背离时，应以"仁"为圭臬。由是可知，孔子理想人格的君子概念的境界彰显，即是一个内在的仁德胸怀与外在的礼的行宜所共同构成的。君子守礼，更要怀仁，后者更为根本。这就是孔子所说的"文质彬彬，然后君子"，否则"质胜文则野，文胜质则史"。

二、君子人格的基本特征

怀仁守礼的君子有哪些基本的人格特征呢？我们试从君子对待天人关系、与社会的关系、物我关系、自我与他者的关系以及自我人格修为五个方面来探析君子人格的基本特征。

第一，在天人关系上，君子敬畏天命。孔子自称"五十而知天命"(《论语·为政》)。"在中国文字中，所谓天有意：曰物质之天，即与地相对之天。曰主宰之天，即所谓皇天上帝。有人格的天、帝，曰命运之天，乃指人生中吾人所奈何者，如孟子所谓若夫成功则天也之天是也。曰自然之天，乃指自然之运行，如荀子天论篇所说之天是也。曰义理之天，乃谓宇宙之最高原理，如中庸所说天命之谓性之天是也。诗书左传国语中所谓之天，除物质之天外，似皆指主宰之天。"② 论语中孔子所说之天，亦皆主宰之天。冯友兰认为，孔子所谓"天命"就是上帝的命令或者天意；换句话说，它被看作一种有目的的力量。③ 杜维明也说：事实上，孔子清楚地认识到天命不是思虑的对象，而是一个使人畏惧和敬仰的对象。④ 但我们认为孔子所强调的"天"或"天命"不止冯友兰和杜维明所说的"上帝的命令或者天意"，还指条件、机遇，指自然与社会的规律。孔子所强调的"知天命"或"谋事在人，成事在天"，指的就是对规律的体认和尊重，对机遇的把握，是一种有着恬淡宁静但又待势而发、积极进取的心态，故曰敬畏。知天命并且畏天命，即以客观规律为体认与研究的对象，尊重客

① 冯友兰. 中国哲学史新编［M］. 台北：台北蓝灯文化事业，1991：158，121.

② 冯友兰. 中国哲学史：上册［M］. 北京：中华书局，1961：55.

③ 冯友兰. 中国哲学史：上册［M］. 北京：中华书局，1961：55.

④ 杜维明. 人性与自我修养［M］. 北京：中国和平出版社，1988：45.

观规律，按规律行事，是圣人君子应有的人格或品格。

第二，对于人与社会的关系，君子怀仁者之乐，修己安人。孔子的乐生态度来源于“仁”的思想，仁与乐在君子人格里是相伴出现的。仁者之乐诞生于周代礼崩乐坏的时代氛围中，内涵相当深沉，是一种知其不可为而为之的乐，一种面对困境和失败而无所萦怀的乐，一种超越个人得失的“知命”之乐，是生命的大乐。本着这样的情怀，君子积极入世，修己安人。“子路问‘君子’。子曰：‘修己以敬。’曰：‘如斯而已乎?’曰：‘修己以安人。’曰：‘如斯而已乎?’曰：‘修己以安百姓。修己以安百姓，尧舜其犹病诸’。”可见要实现理想人格——君子，只有自我的人格修养还不够，还要关怀世事，积极入世，因为人是社会中的人，只有在社会中才能真正实现自身的价值，修身的目标是“成己”（自我完善）与“成物”（兼善天下），孔子的人格理想以个体理想人格的实现为人生和社会的终极价值。

第三，对于物我关系，君子喻于义，安贫乐道。孔子说：“君子喻于义，小人喻于利。”（《论语·里仁》）孔子还提出了“君子义以为上”（《论语·阳货》），“君子义以为质”（《论语·卫灵公》）的标准。孔子并不反对人们合理地谋利，只是要求逐利应以社会公益，即“义”为原则，当个人利益与社会公益、眼前利益与长远利益发生冲突时应以社会公益为重，义然后取。君子要有志担当道义，就必然有一身正气，具有安贫乐道的自我牺牲精神，乐以天下，忧以天下，甚至杀身成仁，舍生取义。这种对人格的清贫自守和对社会公益的尊重，正是君子人格的基本表现。

第四，对于自我与他者的关系，君子责己宽人，群而不党。从“己欲立而立人，己欲达而达人”的仁者要求出发，孔子强调君子的风范是：“不患无位，患所以立。不患莫己知，求为可知也”，“君子病无能焉，不病人之不己知也”，“君子不以言举人；不以人废言”，“君子矜而不争，群而不党”。这种“不以人废言”，“患不知人”的谦诚态度，以及有傲骨“矜”而无傲态“不争”，不拉帮结派“不党”的倡导，有着相当重要的实践理性意义。他要求人们在与他人相处时要“躬自厚而薄责于人”，即责己宽人，有自律之心，宽人之度。但责己宽人并不是无原则的，而是对人生自我升华的要求，强调的是“当仁，不让于师”，敢于坚持正义，捍卫真理，崇尚道德，乐行仁道；具有见义勇为的思想，勉励行道的精神，不同流合污的气节，勇挑重担、临危授命的气概，具有大仁、大智、大勇的三大德。在此基础上形成的理想人格才是和谐社会中圣人君子应有的最高境界。

第五，在自我人格修为上，君子行中庸之道，心怀坦荡。孔子注意到事情的变化超过一定的限度就将转向反面——物极必反，因此，为人处事立身行道都必须把握住恰当的分寸和尺度，“无过，无不及”。他说“过犹不及”，在哲学上孔子提出了“中庸”的命题，恪守“中庸之道”是君子必须具备的人格特征。“中庸”成为人们立身处世准则中的最高境界——“至德”。他说：“中庸之为德也，其至矣乎。”

三、理想人格理论的现实意义

党的十六届四中全会提出构建社会主义和谐社会的重大命题。胡锦涛指出：“和谐社会应该是民主法治、公平正义、诚信友爱、充满活力、安定有序、人与自然和谐相处的社会。”和谐社会的提出，是对中国传统的和谐思想的继承与发展，是对我国现代化进程中出现的问题的反思与批判。和谐社会是由具有和谐人格、具有健全精神的人来建设和实现的，所以，要想建设和谐社会，必须首先培养具有和谐人格、具有健全精神的人。应该承认，近代以来舶来的现代社会发展模式以及与之相伴的现代思想为中国人的人格发展注入了新的血液，五四运动以来不遗余力地致力于对传统文化糟粕的批判也使我们在面临新事物的冲击时更快地转变了观念，成长为现代人。但是，当我们匆忙奔跑于现代化路途之中，蓦然回首的时候，却惊奇地发现某些人经受不住现代化的冲击与考验，出现了人格裂变，变得轻薄、冷漠、贪婪和浮躁，变得唯我独尊、金钱至上、欲望膨胀，似乎在现代化进程中奔跑向前的只是他们的双脚，而其人格被丢在了某个灯火阑珊、地域狭窄的角落。人格的扭曲使我们与本该共生共处的自然化友为敌；唯功利至上而导致价值的单一与意义的失落使人变得茫然无所依归，茕茕孑立于他人与社会之外……

和谐社会人格建构需要我们反省人格发展中所存在的问题，寻求解决问题的良策。虽然孔子所提倡的理想人格理论不是解决问题的灵丹妙药，我们也不应该这样苛求古人，但能为医治某些人的人格痼疾、重整道德、建构和谐社会的人格提供一线光明与希望。

首先，孔子的理想人格理论有助于个人的反省和与他人的沟通；有助于形成个体关怀和群体关怀的意识与风气，改变“他人即地狱”的错误认知，医治人格冷漠，使人们体会并不断地输入与输出人间温情，有助于实现社会和谐。孔子的理想人格理论是从长期的社会生活实践中体验和孕育而成的哲学思维、伦理原则和人生理想。它的根本发端，在于从个人的反省和与他人的沟通之中，形成对个体的关怀和群体的关怀。秉承这种大爱的关怀，孔子强调君子积极入世，形成积极的人生观和世界观，与他人、社会、自然和谐相处。在社会生活中，君子在坚守仁之原则的同时能够宽和处世，协和人我，“和而不同”（《论语·子路》），“矜而不争，群而不党”。也就是君子保持和谐而不结党营私，行为庄重而不与他人争执，善于团结别人而不搞小团体。在这里，孔子区别了“和”与“同”两个概念。“和”是多样性的统一，“同”是一味地附和乃至结党营私。君子应取前者而弃后者。君子礼义归仁，规范中见情义。君子的仁爱胸怀是在更普遍、更广泛的意义上尊重一切人的人格存在和基本权利，关爱一切人的人性生活和正当利益。这无疑为只见规则不见人的现代社会注入了温情，让人性在本体意义上得到了复苏，让人格走向健康、健全。

其次，孔子的理想人格理论有助于抑制人们的贪欲之心，在现代化进程中，增强对规律、规则的尊重与体认，以平常之心，做平常之事，体认“天道”，敬畏“天命”。对规律、规则的蔑视导致现代人的人格失范，无所敬畏的大写人格已然拉响了自然的警报。事实上，孔子早已在他的理想人格理论中正面论述了人与自然的应然关系——君子畏天命。孔子主张君子要敬畏天道，顺应天命，亦即天人合一。所谓天人合一是指人应当效法大自然所显示的高贵精神，将自己的道德生命与之合一。如大自然界日月无不普照，本质是光明正大的，所以人也理当效法之，以开拓光明正大的襟怀；大自然界雨露所均，无分畛域，对万物的养育是公正无私的，所以人也理当效法之，以培养公正无私的品德；大自然界星球的运转是行健有恒的，所以人也理当效法之，发挥自强不息的精神，这便是天人合一的主旨与本义。人不可恣意妄为、无视天道、暴殄天物，而应以“仁”待人，以“仁”待物，即所谓“推己及人”“仁民爱物”“成物成己”“厚德载物”。作为自然之子，人们必须知道人只有权力适应自然、利用自然和改造自然，却没有权力破坏自然。西方启蒙运动倡导的“大写的人”早已经自食恶果，和谐社会的人格建构不应重蹈覆辙，节能型社会的人格建构也必须以此为鉴。

再次，孔子的理想人格理论对于医治人们内心的迷惑、荒芜，医治人生价值与意义的失落具有重要意义。孔子所崇尚的理想人格——君子人格：重义轻利、清贫自守、忧道不忧贫，这种朴素的人生观、价值观的背后体现了对人性弱点的深刻洞察和对人性弱点的克服，体现了对心性升华历程的深切体认和不懈追求。这种对具有崇高感的伟岸人格的体认、向往与追求，使孔子的人格理想得到了历代学者的深切共鸣。王国维在《孔子之美育主义》中称誉道："今转而观我孔子之学说，其审美学上之理论，虽不可得而知，然其教人也，则始于美育，终于美育。……之人也，之境也，固将磅礴万物以为一。我即宇宙，宇宙即我也。光风霁月，不足以喻其明；泰山华岳，不足以语其高；南溟渤澥，不足以比其大。"在构建和谐社会的过程中，如此超越的人生境界至少可以作为现代社会多元价值观中的一元，以期唤起更多人的道德自觉。另外，在方法论上，孔子提出君子在面临理与欲的挣扎时应践行中庸之道，保持身心和谐，心态平和、恬淡。他肯定人们对物质利益的正当追求，肯定人的正当欲求，要求人们在处理理性与欲望的关系上掌握中和的原则，保持平衡谦和的心态，不走极端，否则会破坏自我内在的平衡与和谐。这种把对生命价值的关怀与对道义价值的弘扬有机结合起来的人生观早已深入人心，理应成为和谐社会人格应有的特征。

综上，孔子理想人格理论所倡导的是修齐治平的承担精神，这种承担精神的背后是是非分明的道德意识，这种道德意识是对于人类群体的休戚共命的普遍关爱，是一种仁民爱物的君子情怀，这种普遍关爱、君子情怀是中国历史发展进程中结出的丰硕成果，它促使中国社会坚定明确的社会集体意识形成，亦即对于任何一个成长中的生命都将赋予这样一种期望，这是和谐社会的人格建构过程中所不应该逾越、也不可能逾越的文明链条。

［原文刊载于《社会科学战线》2006 年 05 期（王凌皓　吴希　刘静茹）］

孔子广义美育思想理论探究

广义美育是指把美学原则渗透于对人的影响，从而形成人们高尚审美素养的影响活动，包括高尚思想道德教养、政治艺术美学以及陶冶人们美好心灵的文学艺术教育。其美的教育内容与人类对真理的追求、善良心性的向往密切相连。孔子构建了极具特色的广义美育理论，并将其应用于美育实践，首开中华民族广义美育之先河，为中国美育发展做出了重要贡献。鉴于此，我们从中国古典教育文明史的角度对其进行系统的梳理分析，以期获取塑造社会主义新人可资利用的宝贵历史文化遗产。

一、孔子广义美育观的内涵揭示——文、美、艺

孔子的广义美育思想理论与实践形成于春秋末期，对后世产生了极为重要的影响。美的教育是孔子以人为教育对象，以“成人（完人）之美”为教育目的的教育。其美育，在概念内涵、教育内容和方式方法等方面与当时广义之美的追求和人类主体性美育内容的要求一致，包括德、智、体（射、御）、美、劳（耕、畜）五育，即包括思想道德、政治法律、社会行为规范、体能锻炼、文化艺术、劳作实践技能等培育“成人”美性的一切内容和方式。“美”与广义的文化、艺能相通，形成人的本体全面美化的广义美育教育传统。

作为人类历史上的“轴心时代”，春秋战国时期是我国思想文化空前发展繁荣的时期，诸子蜂起、百家争鸣，审美逐美的重点在人这个本体，通过多种途径、多种方式使人美化，以“成人之美”为理想诉求，同时符合时代发展需要，达到人类自身成为“仁人”、社会“仁和”的境界。而这种境界作为十分重要的人生期求，是人们在物质生活、政治生活、文化生活、社会伦理生活中共同追求的。从已发现的文化遗存可见，中国上古时期，对美的追求十分强烈，对美的艺术化表现形式极为重视，对衣食住行等方面的美化艺术化表达功能有极高的估价，甚至夸大、神秘化，尤其是在社会政治生活中的礼仪礼制性、美化艺术化的张扬、神化更为突出，

而且都与如何把统治者培养成为理想的圣人君子的基本要求紧密相关。孔子的广义美育思想，既是对三代以来中国传统政治美学思想与实践经验的总结，也是对其美育经验体悟的理性化提升和创新性建构。

从春秋末期和整个战国时期留存下来的浩繁典籍看，这个时期，人们极其重视文学（诗、歌、典礼词）、艺术（音乐、舞蹈、典仪剧等）的“政治场”的艺术功能和实用功能，从而构成了这个时期美学思想的基本特质，成为完美政治人格培养的主导性内容。只不过由于各自所处的社会地位不同，代表的阶级阶层的利益不同，看问题的角度不同，思考问题的思维逻辑起点不一，儒、墨、道、法等不同学派的思想家、教育家对文学、美学、艺术对人性化育作用的评价观点迥异。儒家（以孔子、孟子、荀子为代表）认为，文学、美学、艺术提升了人的人格素养，带来了社会的文明发展与进步，为育人、齐家、治国、平天下的根本方策。而道家、法家、墨家则或者认为它泯灭人的本性，招致社会腐化、伪善、巧诈、倒退；或者认为它的发展与经济、政治、国富民强相矛盾等，主张从根本上取消美育，取消文化艺术，或限制其发展。

就总体而言，不论是基于入世的积极有为的人生观，还是基于出世消极无为的人生观，都强调或夸大文学、美学、艺术的积极或消极的社会乃至政治功能，都将其与人性、物欲关系的认识密切联系在一起。儒家认为，通过文学、美学、艺术的修养和教育可以提高人们的思想道德水平，按照礼制，过等级差次的社会政治伦理生活，使人们的社会关系在等级差序的格局下实现和谐。道家则认为，只有“绝圣弃智”“绝文弃艺”“无欲无为”，舍弃一切后天人为的加工，使人的本性去掉伪饰巧诈的恶染，还原于自然，人才能成为本真的人，社会才能进入理想的境界。通过美育而“成人之美”和去人为美而天地自然化育，是此时形成的两种针锋相对的美育观。可以说，与没有社会选择性和违背人文发展规律的道家相比，儒家的具有社会选择优势性和与人文发展规律相契合的美育观集文学、美学、艺术的优势于一身，具有鲜明的社会政治功能，至今仍有普遍价值。儒家的教育宗旨是塑铸人的仁者人格和主政君子的政治人格。因此，其广义美育观是以政治教育为主干，寄意于邦人国人通过“大美育”以节欲治情、礼治治国，推动人的发展、社会的进步。为此，儒家积极探究和深化美育的内容、方法、规律。对此，孔子的建树最大，创新性思考最多。比如，在美育与政治伦理的关系上，孔子提出礼、乐相辅相成，确立了通过美育培育“志于道，据于德，依于仁，游于艺”（《论语·述而》）的理想人格的结构原则；在育人成长的阶梯层次上，提出了“兴于《诗》，立于礼，成于乐”（《论语·泰伯》）的培养治国理政君子的智力、德性的基本要求；在美育功能的分析上，做出了“兴”“观”“群”“怨”的精辟概括；在审美标准、美的鉴赏尺度上，区分了美丑、美的层次，强调中和之美，倡导“文质彬彬”的美感形象。

二、执政君子的理想人格——道、德、仁、艺

孔子对文学、美学、艺术与社会政治、伦理道德关系的认知和对理想人格结构的期望用12个字做出了精辟的概括，即“志于道，据于德，依于仁，游于艺”。一般解读，即有理想、有道德、有仁性、有智慧。其中，以行天道人道之大道为理想，以自我德性修养为主观依据，以做仁人为行为准则，并具备六艺的智慧和才能。

“志于道”，“志”即人生理想，孔子主张立人首要在立志。“道”包括天道、人道的合一，即“大道”——自然与社会发展的规律。孔子所崇尚的“有道之世”，即尧舜禹的揖让之治，“郁郁乎文哉”的西周初年的盛世。“志于道”，即具有为实现“有道”社会理想和政治抱负的坚定信念和坚强意志。

“据于德”即以道德为支撑，以行为中自我德性为依据。德字古为“悳”，即心地正直、正义，持中而不偏不倚，既不“过”也不“不及”，持中而用命，是谓中庸。儒家所谓德，其内容虽有变化，但基本上是指西周制定、延续、发展而来的有关君臣、父子等的政治伦理准则。孔子强调以德治国，要求人们遵从礼治，“非礼勿视、非礼勿听、非礼勿言、非礼勿动”，且“思无邪”，从而主动自觉地合于道德的基本要求。

“依于仁”，即依从“仁者”的行为范式和内心的道德文化自觉来立身行事。“仁者”的基本德行要求是“孝悌”“爱人”“克己内省”。“仁”作为最高的道义标准、人生境界，是孔子对“德”的发展，是其一切学说、认识的出发点和落脚点。“依于仁”是“据于德”的前提、基础和根本动力，“依于仁”才能真正切实地通过“游于艺”实现由“仁者”构成的“天下归仁”，邦国之内“仁和”，以“仁和”“协和万邦”。

“游于艺”，是实现“志于道，据于德，依于仁”的客观学习环境、途径和主观可能具备的智力、技术条件。孔子将美育置于政治伦理之下认知和运作，经历了一个体悟、总结历史经验和辨析古代人们对“艺”的不同理解的过程。在我国古代，“艺”最初指具体地对某一方面实践规律的把

握，是一种泛指。进入农业社会，主要指农艺——农业生产活动的技艺，逐步被用来指称整个生产实践活动，直至扩展到一切物质生产、精神生产活动领域。再后来，由于出现阶级的对立，出现劳心、劳力的划分，“艺”也一分为二：对物质生产劳动中所用器具的制造和使用规律的熟练把握，被视为低下的技艺，被看作与自身力量对立的表现；而对与体力劳动相分离的精神生产中一定规律的认识、把握、运用，则被视为高尚技艺——雅艺，被视为真心体现自身本质力量的行动。因为在劳心者看来，创造、促进人类社会进步的是精神生产实践。这种认识后来便形成了道、艺的形而上、形而下之分。既然精神方面内容的规律性把握才真正体现人的精神生命主宰、支配人的肉体生命的这一本质所在，那么以往以物质生产实践规律把握的熟练程度衡量人的素质水平高低的状况，自然就为精神上内心世界的充实、完美、高尚状态的把握所代替了。至孔子时，以其广义美育观，将物质生产实践和精神生产融为一体，将美育的内容概括为“六艺”：礼、乐、射、御、书、数。如此范围广大的美育内容，既含道德教育，也有知识技能教育；既有文学、音乐、舞蹈、体育等艺术教育，也有政治、法律等的教育。这些内容分别地看各具特色，但都围绕一个中心——内心充实、德性完美，就连射、御这些军事体能训练的内容，在“六艺”体系中，也都与君子心性公平、德性正直、志高道远的“修德”“务道”联系在一起，改变了它们的单纯物质实践特征，由低俗走向了高雅。

综上可见，志道、据德、依仁、游艺构建了孔子广义美育的主体结构，这一结构的主要贡献在于：一是总结了以往美育的历史经验，设置了圣人君子平时应注意学习、修养的主要内容，并将其建构成统一的结构功能性整体，期望美育内容一体化于一个目标。二是将尧舜之治、文武之政的理想提升至合乎自然和社会发展规律的高度，以对人们修养行为进行制约，实现人道与天道的协调呼应。“道”的概念提出，标志着集哲学、伦理、政治于一体的美育发展进入了一个崭新的阶段：支持个性解放，将个人自由发展与因材施教相结合，并纳入礼制社会的规范秩序的范围内，而非礼治的绝对约束。三是对于道、德、仁、艺四者的特征、地位、作用做了简明、准确、深刻的概括，并突出了道之志、艺之游，既是对西周以来政治教育经验的概括，也是孔子个人育人经验的总结。这种概括和总结，树立了历史的完备的政治人广义美育的典型，并在两千多年来世代传承，至今仍有借鉴意义。

三、“成人之美”的阶梯层次——诗、礼、乐

对于“成人之美”的依次递进的发展过程，孔子强调：“兴于《诗》，立于礼，成于乐”，即通过不同时段不同内容的美育，逐步形成并不断提高执政君子的智力水平、行为规范化程度和道德文化的自觉性，从而进入个性自由发展的境界。如果说，道、德、仁、艺是从横向联系上规划美育，那么，“兴于《诗》，立于礼，成于乐”则是从纵向上确定君子成长完美人格的逐步提高过程。纵横两方面交互作用，显示了孔子建构的广义美育体系的功能结构和特点。

第一，“兴于《诗》”。孔子认为，人类在先天禀赋上是“性相近”的，后天学习才使人显示出差异：“习相远”。人的天赋固然有先知先觉、后知后觉、不知不觉之别，有上智、下愚之分，但并无不可变的界限。因此，他主张“有教无类”和“因材施教”。孔子十五岁“志于学”，少年时代感性认识、形象思维比较发达，从具体形象思维的培养入手应该是教育的主要逻辑路径，因此，个体接受教育应从学诗开始。孔子这样考虑也是从实际出发。当时，各种文学形式中，首先出现的是来自民间的诗歌（经孔子整理而成为教材）。诗教对象大体上是两类人：一是统治阶级政治集团中的人士；二是奴隶主、封建主等有身份地位的自由民。普通民众是诗歌的原创者，他们通过诗歌进行自我教育。从这个意义上说，诗教又是有类的，即学诗主要是适应国君、公卿、士大夫治国理政的需要，即“劳心者治人”的需要。

孔子何以将学诗作为受教之始？原因有三：其一，诗具有知识性。春秋之前形成的简书不多，比起流传下来的有限的政治性文诰典册，经筛选整理的《诗经》在当时可以说是知识信息含量最高的经典之作，它既汇集了不少自然科学知识（天文、地理、动物植物、农业、水利等），又凝结政治伦理道德的精神，对于那些脱离生产实践又与大众分离的君子们而言，通过学诗可以间接地掌握先人的经验，获取知识营养。尤其是从诗中可以学到社会政治知识。《诗》中表达君臣、父子等社会关系的为准则，《诗》中对自然物和自然现象的描写、运用，也是为了讽喻或赞美、颂扬一定的社会政治现象，透露一定的政治文化意蕴，表达一定的社会政治情感，抒发某种社会政治抱负。因此，学诗有助于人们掌握事君事父、参与政治、外交和社会交往的能力。其二，诗具有高雅性。诗是一种经过加工提炼，表达情感、志向、气质的语言。春秋时期，吟诗常与行礼、作乐伴随，盛行于统治阶级内部的一定政治活动场合。相对于粗朴的民间俗语来说，诗是一种尊贵者的特殊语言——“雅言”（当然也包括自民歌民谣改造加工而成的“雅言”）。士大夫们学诗、吟诗，用诗表明政治意向，既可以区分贵贱等级身份，又能显示尊贵者特有的心胸、风度和高雅气质。其三，诗具有情趣性。诗与乐相比，乐比诗的感人明理程度要深，但乐的形式和内容不易为一般人所了解，只能作为高级课程列入育人的最后一个环节，即“成于乐”。诗则由于它的口语化、寓意化、情性化表达方式，其蕴含的内容易于被人即时了解和回味，为学诗者乐意接受。明代心学家王守仁指出，“教童子，必使其趋向鼓舞，中心喜悦，则其进自不能已。譬之时雨春风，沾被卉木，莫不萌动发越，自然日长月化。若冰霜剥落，则生意萧索，日就枯槁矣。故凡诱之歌诗者，非但发其志意而已，亦所以泄其跳号呼啸于咏歌，宣其幽抑结滞于音节也”（《传习录中》）。要而言之，诗的知识性、情趣性、高雅性，是孔子之所以育人首先“兴于诗”的理由和依据。

第二，“立于礼”。礼教是培育理想君子的中间环节，其特征是进行政治制度化、规范化、程序化教育。礼的由来与祭祀有关，礼起源于祭祀仪式。礼的本质在于其内涵政治原理：政治权力与经济权力的崇拜与传承，以及对自然规律的尊崇，它直接与古代农业经济对天、地的依赖和现实政治的稳定、国家的兴衰相联系。所谓“国之大事，在祀与戎”，首要在“祀”，其缘由显明。礼一方面具有祭祀的神秘性，另一方面它淡化为现实社会政治生活中的礼制则具有人文理性：形成夏商西周三代的礼制和治国方略之一的礼治。春秋末，礼的祭神观念逐渐淡薄和形式化，成为维系政治伦理关系的行为准则。孔子一生致力于维护礼制、礼治，并因时改革，他不断忧虑“礼崩”，对一切违礼行为表示“是可忍也，孰不可忍也。”(《论语·八佾》)正因为如此，孔子育君子人格，重视“立于礼”。

孔子十分重视对夏礼、殷礼有所损益的周礼，认为周礼“郁郁乎文哉”。他认为，礼的内涵在于它的制度化、规范化、程序化理性，在于人的思想行为的不断加工美化。行礼多与作乐（歌舞）并行，“礼之外作(外部约束)，故文（内涵一种社会政治文化）”，又称为“礼文”，“文之以礼乐，亦可以为成人矣”（《论语·宪问》），通过礼乐由外在约束而内化，把人加工雕琢为内外兼修的“圣人”“君子”，达到真善美的统一。倘若人人如此，社会政治伦理将有序不乱，“有道之世”就将达成。孔子“立于礼”的教育传统，到战国时期被荀子发展为“隆礼重法”。荀子强调："人无礼不生，事无礼不成，国家无礼不宁。"(《荀子·大略》)从孔子到荀子，自春秋末至战国，儒家显然认定：礼作为制度化规范化、程序化的多方面具体规定，其教化作用在于由外而内、由外在强制被迫不自由到礼制的理性"文化自觉"的过程，使人由非礼勿视、勿听、勿言、勿动，逐步进入自觉自动习惯的高境界，与内心对理性、道义的愉悦和情理一体相融。

需要指出的是，孔子是将"兴于《诗》、立于礼、成于乐"作为育人的一体化过程进行阐释说明的，三者是紧密结合的。"立于礼"不仅是育人的中间环节，而且礼的理性精神贯穿着育人的全过程。诗受礼的制约，才能够兴、观、群、怨，离开礼的制约，诗教就起不到应有的作用。"成于乐"也必须结合"立于礼"，才能体现情与理的交融，外部制度规范与内在心灵觉悟的和谐统一。因此，"立于礼"是就社会整体而言对个人的要求，兴于诗、成于乐，则既可以个体化，也应该社会化。孔子本意在强调"不学礼，无以立"，循礼而行，是个人作为社会成员主人之本，以礼为导向，并将礼教与诗教、乐教结合，促进人的全面和谐发展。

第三，成于乐。春秋时各邦国都有专职乐官和专门机构，乐由器乐声乐构成，通常伴以舞。孔子非常重视乐教对"成人"之特殊作用，认为乐对个人情操修养至关重要，对国家治理理想境界的形成也具有极为重要的影响。

孔子之所以重视乐教，源于他对国家兴衰、政治治乱中乐的作用的认识。一是他接受并发展了周初以来的传统观念，夸大周初制礼作乐对政治的反作用，认为只要坚持"行夏之时，乘殷之辂，服周之冕，乐则《韶》舞"(《论语·卫灵公》)，就可以阻止新的社会势力新的观念兴起，改变"礼崩乐坏"的局面；二是孔子自己十分熟悉音乐，并深受其熏陶。他经常出入太庙观礼闻乐，《论语》中记载孔子曾经师事、学乐于师襄、苌弘，在周游列国期间，"讲颂弦歌不衰"。《论语》专门记载了他视听国君朝议时的乐舞情景，对诸侯行天子之礼乐公开表示过不满，表明他所学所习之乐主要是雅乐，即宫廷音乐，但对各邦国民间音乐也有所了解，对所谓"正乐""淫声"都有所评价。史载孔子"在齐闻《韶》，三月不知肉味"，反映出他对雅乐的情有独钟、思有专注、趣有所骛的特有性致和情趣，以及政治美学化的向往。

孔子是中国愉快教育的首倡者。他认为，理性说教是必要的，但一切说教都比不上乐之教，其他任何艺术美感教育的作用也都比不上音乐教育，包括吟诗比不上有音乐伴奏的歌诗。《论语》中多处记载他对音乐巨大功能和特点的评价。他明确指出："知之者不如好之者，好之者不如乐之者。"(《论语·雍也》)意思是从接受教育的主体的感受状态来说，理性认知不如情感的欲求，情感的欲求不如发自内心深处的由衷喜悦和欢愉。在孔子看来，礼与乐不可分离。乐这种艺术不仅由于它本身的特殊形式使人们乐意接受，而且在于乐与乐舞之美体现的内容和"和谐律动"特点，高于诗和礼的单向要求，包含着最崇高的思想理想——天下归仁、仁和政治理想，以及天道人道的最高道义的合一。这当然不是指一般的乐，也不是俗乐，而是具有政治意味的《韶》《武》一类的乐。据《论语·阳货》记载，孔子到武城，闻弦歌之声，莞尔而笑，说："割鸡焉用牛刀?"子游对曰："昔者偃也闻诸夫子。"曰："君子学道则爱人，小人学道则易使也。"孔子说："二三子！偃之言是也，前言戏之耳。"孔子的意思是，在乐教中，君子和小人都可以由于受美育有美感而把握"道"，共同持有对"有道之世"的追求和信念，只不过在等级制社会中，由于贵贱尊卑的社会地位不同，一个因秉持道义而生仁爱之心，以"和"万民，实现"政通人和"；一个因认清道的导引，认可现实所处地位，在等级差序的格局中甘愿献力，在制度规定的范围内服从管理。孔子乐教对象的重点在君子，按其重民的民本理念，庶人富而后教的方针，乐教的对象范围也包括民众在内。孔子将来自民间的民歌、民谣、民谚编入《诗经》，证明他并非空言。

综上所述，孔子"兴于《诗》，立于礼，成于乐"的教育思维是与其政治思维融为一体的，这种综合的整体思维方式，既登高望远，又立足于现实，既是高度抽象的精神凝聚，又是具体可感、人人可为共享的物质依托。在孔子的乐教中，将诗、礼、乐贯通融合，对道的喜悦、把握是基于形象思维升华至理性、典模的追求，极具启发意义。

［原文刊载于《中国地质大学学报》(社会科学版) 2008 年 03 期 (王凌皓　高英彤)］

孔子原创性美育观理析

美育起源于人类劳动创造美及其经验的物化传承。美育的概念出现得较晚，但其实践已历经数千年。美育的概念古今不一，但其表现形态（自然美育、社会美育、艺术美育）同一，方式和内容有别。中国近代首倡美育的蔡元培先生把美育定义为“美育者，应用美学之理论于教育，以陶冶感情为目的者也”①。现当代有学者指出，“美育，又称审美教育或美感教育，是培养学生正确的审美观点以及感受美、鉴赏美和创造美能力的教育”②。春秋战国之际的美育是广义的美育，也可以称为大美育，“广义美育是指把美学原则渗透于对人的影响，从而形成人们高尚审美素养的影响活动，包括高尚思想道德教养、政治艺术美学以及陶冶人们美好心灵的文学艺术教育”③。它包含今日的德、智、体、美四育，其以人为本，期求人格素养的尽美尽善，即追求心灵美，在道德文化上期望与人为善。以孔子为代表的创始儒家所建构的美育学说，在春秋战国的主要美育学说中，特立独行、卓尔不群。以孔子为代表的先秦创始儒家“积极地探求和深化美育的方法、内容、规律的认识，建树最大”④，其美育观的主要内容包括：道、德、仁、艺全面发展的美好人格期求；兴于《诗》、立于礼、成于乐的君子成人之美育人过程及基本路径；兴、观、群、怨的诗教艺术美育社会功能。

一、道、德、仁、艺全面发展的美好人格期求

孔子从春秋末期贤人政治要求出发，将美育置于社会伦理架构上考量，提出了培养志士仁人、君子“志于道，据于德，依于仁，游于艺”

① 金雅．蔡元培美学文选［M］．北京：北京大学出版社，1983：174．

② 杨兆山，姚俊．教育学原理［M］．大连：辽宁师范大学出版社，2003：295．

③ 王凌皓，高英彤．孔子广义美育思想理论研究［J］．中国地质大学学报（社会科学版），2008（3）：51．

④ 于民．气化谐和：中国古典审美意识的独特发展［M］．长春：东北师范大学出版社，1990：106．

(《论语·述而》),全面发展的美好人格期求。按照道、德、仁、艺四种素质,创新美育,改造、创新人性。

孔子所说的"志于道",是指志士、君子、仁人以实行"道"为根本宗旨、人生志向和理想追求。孔子自称"学而不厌"(《论语·述而》)。他在编著的《易传·系辞下》中说:"《易》之为书也,广大悉备,有天道焉,有人道焉,有地道焉,兼三才而两之,故六。六者非它也,三才之道也。"讲为人之道在三才之道,遵行天道阴阳、地道柔刚、人道仁义的对立统一规律,乃孔子宇宙观、人生观、价值观的根本性、原创性。这种原创性认知指向,虽然未必揭示出天地人发展的客观规律性,但他所强调者在于天地人三才之道"不可违",尤其强调为政者必须实行"有道"之治,以尧舜禹汤文武周公为榜样。孔子以"里仁为美"(《论语·里仁》),他所重视的首先在于人道之崇仁贵义,而"孔子之学以仁为核心,孔子平生言论,一切都是为了人,但也应知道,孔子言人道的同时,也言及天道和地道。这是由于人和天地有密切关系,人生在天地间,一刻也离不开天地"[①]。当今世界与孔子之时变化之巨不仅古人难以想象,当下人们也未曾意料,但孔子有关以人道为主线,追求"成人之美",兼行天道、地道、人道这个三才之道的原创性美育思维,却历久弥新,启发人们深思。

"据于德"是指人们,尤其是执政者的言行举止在任何场合都应以高尚的社会伦理道德准则为依据,时时自检自律,自省自克。孔子所强调的"据于德"既包括外在礼制的道德约束,更主要的是自我意识的道德文化自觉、自我内在心理的自重自励自警自律。孔子承认礼制的历史变革和历史借鉴,所以他认为"周监于二代,郁郁乎文哉!吾从周"(《论语·八佾》)。在个体的美言美行上,要求人们"非礼勿视,非礼勿听,非礼勿言,非礼勿动"(《论语·颜渊》)。虽然社会伦理道德在不同时代、不同社会制度下有其特定的内容和要求,但"据于德"作为人道基本要求却是任何时代、任何社会制度下人们必须普遍遵守的。当今世界,价值多元,时尚多向,虽然见义勇为者多见,但物欲横流,功利主义盛行。孔子在两千五百多年前倡导的"据于德"、坚守道德精神家园的育人德行之论,在如今建构"把权力关在笼子里"的时代仍有其重要的行为导向的现实意义,因为无道德根基的种种制度之建制,难以进行法治国家建设,难以实现真正意义上的政治文明和社会文明。

---

① 全景芳. 知止老人论学[M]. 长春:东北师范大学出版社,1998:160.

“依于仁”是对“据于德”的德性本质的强调。二者具有同一性，但不具有等同性。《论语》中记载孔子与其弟子和各诸侯国政要就“仁”进行的对话有三十余处。每次论“仁”都有特定的针对性。孔子与弟子的对话体现了他依据学生的个性特长所进行的因材施教，但其最基本的、最高的道德标准和信条主要有如下几项：“孝弟也者，其为仁之本与”（《论语·学而》）；“博施于民而能济众”“何事于仁，必也圣乎”（《论语·雍也》）；孔子将仁与智、勇并称为君子的三大德性，指出：“知者不惑，仁者不忧，勇者不惧”（《论语·子罕》）。孔子强调克制自己，约束言行符合礼制就是仁了，“一日克己复礼，天下归仁焉。为仁由己，而由人乎哉”（《论语·颜渊》）。樊迟向孔子请教“仁”的意旨，孔子答以仁者“爱人”（《论语·颜渊》）。孔子认为，仁在政治上应表现为仁政，仁政的出发点和落脚点就是惠民。他评价管仲“相桓公，霸诸侯，一匡天下，民到于今受其赐”（《论语·宪问》）。对于君子行仁政，孔子强调“修己以敬”“修己以安人”“修己以安百姓”（《论语·宪问》）。孔子期望成仁的最高境界是“志士仁人，无求生以害仁，有杀身以成仁”（《论语·卫灵公》）。而终身奉行的行为底线，则须为仁者“己所不欲，勿施于人”（《论语·卫灵公》）。他又告诫弟子：作为仁者“君子矜而不争”，但“当仁，不让于师”（《论语·卫灵公》）。“仁”既是孔子衡量人们行为正当性的基本尺度，又是孔子广义美育观的最高标准，也是孔子广义美育观的最终归宿，是美与善的完美统一。

“游于艺”的“艺”在古代指农业技艺、田猎技艺、射御技艺、领导艺术、音乐舞蹈艺术等。孔子总结夏、商、西周三代技艺才艺的发展，在德才兼备、德艺双馨原则导引下，概括为“六艺”“四教”的广义美育的具体内容。“六艺”即礼、乐、射、御、书、数；“四教”即文、行、忠、信。“六艺”“四教”体现礼制、乐制的文化，如“八佾”歌诗、舞蹈于宫廷，是天子独享的礼乐之制。诸侯国国君八佾舞于庭，是违反等级礼乐制度规定的，是令人不能容忍的。因此，“游于艺”的“艺”也包括各种艺术表现形式的载歌载舞以及绘画、雕塑、建筑工艺美术，但它作为广义美育的一个器用内容，其范围很广，既有政治文化、道德精神方面的，也有军事体能才艺以及自然科学知识和单纯鉴赏性音乐、舞蹈美艺方面的。其范围虽广，但都围绕一个中心——内心和人格气质的完美，与道、德紧密相连，多元寓于一体，从审美情趣上有雅俗之别，但雅俗都要符合政治、法律、伦理道德的礼数要求。这是如今狭义美育所缺失的，也是今天我们在如何发挥美育育人功能中需要深入思考的，美育在弘扬真善美的过程中应该起到正人心、扬正气、美风俗的作用。

孔子总结自己和历史上三代的育人经验，原创性地提出了道、德、仁、艺全面发展美好人格的广义美育思想理论，其本土民族性和在世界教育史上的开创性贡献无与伦比。孔子构建了君子人格美修养的基本体系，有利于在更高视点上弘扬君子之德风，将美、文、艺的意蕴与天地人三才之道相呼应，启迪人类智慧，创新发展政治美学、伦理美学、生态美学，将美育贯穿于德育、智育、体育之中，尽美又尽善，从而丰富美育内容，拓宽美育途径，扩展美育功能，从总体上提升人们的文明道德水平[①]。

二、兴于《诗》、立于礼、成于乐的成人之美的育人过程

孔子相信人在本性上向善，但也有可能在不良环境下失去善性而作恶，包括执政者对民众有善举，但也可能行残民的恶政、苛政。基于人性两个向度的可能，他不绝对地囿于性善论或性恶论，而是原创性地指出了“性相近也，习相远也”（《论语·阳货》）的人性界定和后天扬善抑恶、改恶从善的施教定位，基于人类分具智商、情商，明确了人的知、情、意基本心理结构，系统地构造了他的“学而时习之”（《论语·学而》）、“温故而知新”（《论语·为政》）的治学方法论，提出了“兴于《诗》，立于礼，成于乐”（《论语·泰伯》）的育人主张。孔子“成人之美”的教育重点在君子，也希望对民众“富而后教”，使人们具备各种美德美行，成为人格完美的高尚的人。

孔子何以将“兴于《诗》”的诗教作为成人之美的首端？一因其知识性：《诗经》三百篇，既有鸟兽虫鱼、花鸟树木等自然知识，又有社会习尚、风土人情之叙；更有政治伦理准则的故事典例，可以用于事君事父，甚至应对对外事务。二因其高雅性：风、雅、颂诸篇中，结集了盛行当时的“雅言”，学习“雅言”有利于按礼制立德、立功、立言，形成宽广的心胸和高雅的气度，有利于在官场和社会上与人交往和情感交流，做一个合格君子。三因其趣味性：诗多以口语式表达志趣情怀，其抒情表意内容易于了解，引人欣赏、动情、愉悦，吟咏配以手舞足蹈，宣示志意。学诗、吟诗、作诗，增强政治情怀，陶冶道德情操，加强学识才干。在诗的

---

① 王凌皓，姜殿坤. 论庄子原创美学及其美育期待［J］. 东北师大学报（哲学社会科学版），2014（5）：210-214.

情理意境中，增益人格完美气质、宽厚仁爱之心和各种美德。

孔子的美育观以人为本，以立人为基础，以立国为宗旨，以礼教为中心环节，将自立与外在制度化引领约束统一结合，培育理想的圣人君子。他要求弟子“立于礼”。礼源于祭祀，在现实上则有利于社会伦理关系制度化、规范化。礼的主要职责在于规定社会等级秩序，旨在建设等差有序的社会。礼中贯彻天地人三才之道和各种道德文化精神。因此，《乐记》也称“礼者，理也”。礼之理是通过制度化、程序化和规范化形式表现表达的。孔子说：“文之以礼乐，亦可以为成人矣。”（《论语·宪问》）君子尊礼、维礼、施礼，可为民众表率，“上好礼，则民莫敢不敬”（《论语·子路》）。君子的成人之美，要“非礼勿视，非礼勿听，非礼勿言，非礼勿动”。孔子对人们的“无礼”举动疾恶如仇，他指出“恭而无礼则劳；慎而无礼则葸，勇而无礼则乱”（《论语·泰伯》）。为消除种种无礼、违礼的坏习气，“子以四教：文、行、忠、信”（《论语·述而》）。

在孔子期许的广义美育中，礼具有什么样的作用呢？礼是治国之大经，具有约束民众的思想行为，规范社会秩序的功能。这种功能由外而内，由不自觉到自觉。一般而言，人们的情与礼是统一结合的，当然有时也有矛盾，循理有时不一定尽情，尽情有时可能悖理。礼教是调节、解决这种矛盾的功能机制。通过礼制的教化，孔子相信将礼内含的文理，对情感引领、约束、净化、充盈、提高，将人的情感发而皆中节，达到致中和的境界。

孔子强调成人之美要立于礼，这不仅仅就育人过程将其置于中间、连上贯下的环节，而且从功能机制上说，起自诗之兴，又有礼的外在制度化、程序化、规范化制约，可以使人们有礼有理地兴、观、群、怨。从孔子及其弟子相互对话乃至争辩来看，离开了礼教，诗教就起不到它应有的作用。下面将要谈的“成于乐”与兴于《诗》、立于礼统一结合，在体现情与理、个体与社会的统一结合，在成熟的人的美育中，同一与差异、强制与自觉、外在制约与内在自律的统一结合，人格美才显示其光辉。因此，立于礼不能与兴于诗、成于乐割裂开来，而是应该将三者一体化于立人——独立完美人格的确立的整个过程之中。

“成于乐”表示孔子特别重视音乐在立人之美中的独特作用，可以说无论是个人的政治、伦理道德情操修养，还是治国理政致力于达到“天下归仁”理想境界的实现，都不能没有乐教的参与。孔子成人之美于乐教的观点和实践开我国音乐教育的先河，其成人之美与乐教的原创观点在世界教育史上显示其卓尔不群的特征，表现对人的全面发展的深切关怀。

孔子有关乐教成人之美的思想观点不是凭空想象出来的，而是继承、发展了周初以来的传统观念和他自己因熟悉音乐而对音乐美育作用的深刻体悟。孔子对传承于夏商两代的西周礼制文化十分赞赏，对宫廷乐舞体制的坚守和赞赏无以复加，他据此以为，对于邦国治理来说，“行夏之时，承殷之辂，服周之冕，乐则《韶》舞”（《论语·卫灵公》）。与此同时，“放郑声，远佞人”，因为“郑声淫，佞人殆”（《论语·卫灵公》）。孔子认为，君子修身，追求君子人格高尚、完美，絮絮叨叨的说教比不上扣人心弦的乐教，仅就各种艺术的美感教育作用而言，也比不上乐教的美感熏染拨动心弦的作用。孔子之意如今仍应引为深省，就教育对象的主体感受来说，知性的理性了解远不如情性的不假思索的欲求；美感的欲求，远不如情动于心、发自内心深处那样由衷的喜悦。乐有声乐、器乐并作，也常伴有欢舞，它易使人动情的特殊表达形式使人乐意自动领受。此外，还在于它的内容高于诗、胜于礼，追求着最崇高的、朝闻可以夕死的终极理想——天下归仁、万众万物和合的大道之行。显然，孔子心目中的乐，非一般的乐，亦非俗乐，而是听之令人三月不知肉味的《韶》一类的雅乐。史载：“子之武城，闻弦歌之声。夫子莞尔而笑，曰：‘割鸡焉用牛刀？’”子游对曰：“昔者偃也闻诸夫子曰：‘君子学道则爱人，小人学道则易使也。’子曰：‘二三子！偃之言是也。前言戏之耳’。”（《论语·阳货》）孔子在等级礼制下指明君子和小人都可以因闻乐生美感而体悟道，共同取得对等级礼教的信仰，但因为所处地位尊卑有别：君子学道可以仁爱万民，小人从道中可以认清自己应服从现有社会秩序约束，甘愿为统治者驱使，为社会、为国家效力。

可以这样认为，孔子之所以特别重视乐教，在于他从君子人格修炼塑造出发，寓道与仁义于乐舞给人带来的美感之中，从而形成了君子的成人之美。可以想象，人从乐舞所受美感带来的愉悦之中，潜移默化，由情入理，不知不觉地达到最高的道德精神境界，胸怀仁爱之心，崇尚道——天地之道之意，使整个社会和谐有序。《论语》多处载记，孔子立人之期求在于“成于乐”，它是中国传统文化中以人为本，追求民族、国家一体和谐、自强不息且有创新的思维方式使然，它是致远的，也是现实的；是高度抽象的，也是有道之世期望般具体的，喜闻道而怀崇仁贵义之心，孔子之后两千五百多年，代代传承至今，虽经千回百转、坎坷前进，终究不可中断。向往尧舜禹汤文武周公那样的治世，传递孔子先师之意，为后代百

姓共同心声。

三、兴、观、群、怨的诗教美育社会功能

原创性美育观没有单纯地囿于艺术领域的功能，而是着眼于育人，强调其兴、观、群、怨的诗教美育社会功能，包括其政治、伦理功能。

孔子的重要教育教学原则是学以致用，对诗教亦然。他对弟子们说："诵《诗》三百，授之以政，不达；使于四方，不能专对，虽多，亦奚以为?"(《论语·子路》)可见，他注重诗之意境内涵，更强调诗之用，特别是诗教美育社会功能的发挥。他在同其弟子对话时说："小子！何莫学夫《诗》?《诗》可以兴，可以观，可以群，可以怨。迩之事父，远之事君。多识于鸟兽草木之名。"(《论语·阳货》)兴（振奋精神）、观（提高对事物观察能力）、群（增强团结合作精神）、怨（学会讽刺批判方法），即使置于当下，也是具有现代社会思考、政治思维意蕴的。以孔子其时而言，他可谓中国古代提出如此创新意涵的美育育人社会功能基本向度的第一人。

"兴"在甲骨文中作二人合力举起重物之状，其象形表意为古代鼓动合力协作举起重物，常伴有歌唱、奏乐，激发情志，运用于诗歌创作和表现叫起兴。诗之兴以诗咏或奏乐激发情志、振奋精神，合力协作完成重大任务。孔子持此含义论诗的一种社会性功能，做出创新发挥，使"可以兴"成为兴发情意之意，引申为振奋精神。朱熹注解"可以兴"为"感发志意"[①]，大体符合孔子的本义，即吟诗、唱和诗，可以引发吟唱者的感情激动，从而进一步抒发情志情趣。从发生学上说，诗之"可以兴"有助于形象思维的养成和发展，有助于振奋精神，推进发力，协同努力完成重任。

"可以观"的"观"意为人们通过诗歌表现的艺术形象可见其反映的思想内容、情趣情操、意境意向。观作为观察、思考活动，促发读诗、诵诗、歌诗产生某种观感，既有善恶得失之评价性观感，又有美丑辨析性观感。"可以观"是孔子对西周初"陈诗以观民风"之"观"的政治肯定和赞许，更表达了孔子对"可以观"的审美爱美的美感增加了丰富生动的内容和深入的认识。诗之"可以观"的政治功能——从诗"以观民风"，当代仍应继承发扬，在育人美育上，运用古今诗歌"可以观"的社会功能，应该是当代美育的应行可行之策。

---

① 朱熹. 四书章句集注［M］. 长沙：岳麓书院出版社，2008：242.

“可以群”的“群”意指增强团体精神，在群策群力的意义上，古今见解没有异议。孔子所言“诗可以群”，是说士君子们在交往集议中，以诗的语言为媒介，发表意见，交流情感，以促进彼此关系协调共进。对于用诗对话者来说，不论何种体式、何种含义的诗，只要赋诗以交流思想感情，密切关系，增进团结，就达到了“可以群”的目的。在孔子看来，从立言、可言个体主体性到吟咏诗歌“可以群”的群体性情感的外放并凝聚，是学诗的第一步，其深层含义则是通过学诗用诗，提高自己的道德素养、政治水平，以密切群体关系，团结积聚力量，从而己立而立人，己达而达人，去成就大事大业，实行“有道之世”的大道，这是“群”的崇高目的。可以说，群是通过诗歌之教达到君子完美人格塑造的总体要求、根本目的。孔子尊重当时不平等的等级地位的群体关系，但他更主张“君子尊贤而容众”(《论语·子张》)。他追求师生之间如朋友一样平等相处，表明他的学诗“可以群”有超越现实的更高追求。

“可以怨”的“怨”是为达到“群”的目的，在群体关系，主要是政治统治系统的群体关系中人的言行有所不满，力求纠正其失误、歪风而进行善意的讽刺和批评，不只是怨气的宣泄。孔子的“可以怨”以执中持正、和合为原则，用诗以怨，旨在调和矛盾，不激化矛盾，它是对殷商以来乐、歌只表现快乐情感的传统美学观念的修正，也是对春秋之际出现的音乐诗歌表现哀而不争、怨而不怒情感的美感范畴的肯定，形成了孔子原创、范仲淹表达的“先天下之忧而忧，后天下之乐而乐”的民族美学传统。它以民族命运为重，以民族大义为旗帜，指明了历代仁人志士应有的宽广胸襟和重义情怀。这都是对当时、当代和未来的以育人为本的美育具有重大借鉴价值的。

值得一提的是，孔子学诗以兴、观、群、怨的观点的四个向度都突出指向诗之用上，这是同春秋社会大变动的历史条件，礼崩乐坏的制度衰微，以及春秋之际诗歌创作思想还未发展的情况分不开的。孔子以“述而不作”自诩，十分精通乐，但不作乐；他十分熟悉诗，但也不作诗。不仅他自己不作乐不作诗，也不赞成那时有闲人士作乐作诗。基于诗之用，孔子形成了独一无二的诗论与诗教论，从而将当时分散的、简单的、初步的有关诗、诗教的美育社会功能加以提高并系统化，创造性地提出了学诗用诗的四大社会功能。尤其其中的“群”“怨”两大社会功能，也应是当下诗歌创作和学诗用诗可以借鉴的。

对孔子原创性美育观的研究经历改革开放三十多年来由浅入深的逐步

发展，至今仍有待继续发掘、继承、发展这份珍贵的中国教育历史遗产。本文只是做一粗浅简约的尝试，期望有关先秦史、中国教育史和教育学原理专家参与讨论，以利于以孔子为代表的中华优秀传统文化在新的文化建设中的“返本开新”。

［原文刊载于《东北师大学报》（哲学社会科学版）2015 年 5 期（姜殿坤　王凌皓）］

孔子原创性美育思想理论及实践探析

孔子的原创性美育思想理论及实践是指孔子首倡的、具有原发性的广义美育观点、主张以及所进行的创造性的美育活动。孔子所提倡并实践的美育主要是广义美育，即通常所谓的大美育，其内容包括高尚思想道德修养、政治艺术美学以及陶冶人们美好心灵的文学艺术等各种表现形式的教育。其教育目的在于塑造执政君子的理想人格，追求的是执政君子的人格美、行为善并惠及等级社会的亲和有序。其教育内容与人类对真理的追求、善良心性的向往、美好生活的憧憬密切相连。虽然今天我们探究的重点是狭义的学校美育，但不能不涉及其与社会政治、法律、伦理道德、文学艺术及人们日常生活的相互关联，只有如此，才能更全面、系统、深入地发现并增益美育的意义、价值，以促进人的全面和谐发展目标的真正实现。

一、对美育内涵、功能的创新性揭示

孔子的原创性美育思想理论及实践形成于春秋末期，彰著于战国时期。美的教育是以人的“类”为教育对象，以“成人”(或称“圣人”“仁人”“完人”）之美为教育目的的教育。其美育，在概念内涵、指导思想、精神旨趣、内容选择和实现途径、实施方法手段等方面皆与当时“社会广义之美”的追求和人类主体性美育内容的要求相契合，包括我们今天所说的思想道德教育、政治法律教育、知识技能教育、军事体育教育、文学艺术教育等培育“成人”美性的一切内容和方式的教育。“美”与广义的文化、艺能相通。对此，既不能以现代美育去衡量彼时的美育，也不能以西方古典美育去审视它。我们今天需要的是弘扬包含广泛的、集注于人的本体全面美化的大美育或广义美育教育传统。

作为在人类历史上发挥重要奠基作用的“轴心时代”，春秋战国时期是我国思想文化空前发展繁荣的时期，学术下移、诸子蜂起、百家争鸣，审美、逐美、创造美的重点在于人类主体自身通过多种途径、多种方式使人美化，以“成人之美”为理想诉求，同时符合时需，达到人类自身成为“仁人”、社会“仁和”的境界。从已发现的历史文化遗存可见，早在远古时期，我国的原始先民对美的追求就十分强烈，对美的艺术化表现形式就极为重视，对衣食住行用等方面的美化艺术化表达功能有极高的估价，甚至将其神秘化，并且都与如何把统治者培养成为理想的圣人君子的基本要求紧密相关。孔子的原创性美育理想，既是对三代以来美化政治美学与实践经验的总结，也是对自身人生经验体悟的理性化提升和创新型建构。

从先秦之际留存下来的文化典籍看，此时人们极其重视文学、美学、艺术的艺术功能和实用功能，这种艺术功能和实用功能主要聚焦于高尚完美政治人格的培养上，集中体现为政治功能，对此，儒、道、墨、法及其他诸家无一例外。只是由于各家学者所处的社会地位不同，看问题的视角不同，代表的阶级阶层利益不同，所提出的解决问题的思维逻辑起点不一，就文学、美学、艺术对人性化教育作用的褒贬评价各异。在多元评价中，以孔、孟、荀为代表的儒家认为，文学、美学、艺术提升了人的人格素养，带来了社会的文明发展与进步，为育人、立人、齐家、治国、平天下的根本方策；而道家、墨家和法家则或者认为它扭曲了人性，招致社会腐化、伪善、巧诈，或者认为它的发展与社会经济、政治、国富民强相矛盾等等，主张从根本上取消美育，取消文化艺术，或者限制它的发展。总的来说，先秦诸子都强调或夸大文学、美学、艺术的积极或消极社会功能，都将其与人性、物欲关系的认识密切联系在一起，那么，如何使人正确对待物欲关系、人我关系，成为符合时代要求的人，以实现理想的社会——天下归仁或返璞归真、回归自然，由此而改造人性或恢复人性，以使每个人的欲求按照各自所处的阶级阶层地位得到不同的节制，在放任或克服之间加以规范，便成为学者们普遍关注的问题。儒家认为，通过文学、美学、艺术的修养和教育可以提高人们的思想道德水平，按照礼制，过等级差次的社会政治伦理生活，使人们的社会关系在等级差序格局下和谐、仁和。道家则认为，只有“绝圣弃智”（《老子·第十九章》），“无欲无为”，舍弃一切后天人为的加工，使人的本性去掉伪饰巧诈的恶染，还原于自然，人才能成为本真的人，社会才能进入理想的社会“绝学无忧”（《老子·第十九章》）。与道家相比，儒家强调美育的入世情怀和社会选择性，其美育思想与人类发展规律相契合，这就使以文学、美学、艺术为基本内容，兼具社会政治功能的原创性美育思想理论构建集儒家学者于一身，至今仍有其普遍主义价值。儒家教育思想的宗旨是塑造人的仁者人格和主政君子的政治人格。因此，其原创性美育思想是以政治教育为主干，寄意于圣人、君子、士，乃至于普通自由民通过“大美育”以节欲制情、理政治国，并按社会伦理政治规则与人交往，推动人的发展和社会进步。为此，在美育功能的分析上，强调美育应该发挥“兴、观、群、怨”的文学、艺术和政治教育功能。

在中国教育史上，孔子首次对美育的功能做了创造性的阐发，强调艺术的，也可以理解为艺术教育的“兴、观、群、怨”功能。在中国古代有关艺术教育功能的认识和分析上，孔子最为杰出，其原创性贡献最大。他在论说《诗》之具体应用价值时，总体上认为“诗言志”，具体分析时则指出：“《诗》，可以兴，可以观，可以群，可以怨。迩之事父，远之事君。多识于鸟兽草木之名。”（《论语·阳货》）总的看来，孔子将赋诗吟诗并不局限于艺术自我欣赏本身，而是扩大到社会政治及对自然界认知的更广的范围。

“兴”。兴的繁体为“興”，在甲骨文中为象形字，作双手合力举起重物之状。《说文解守》释为：“兴，起也”，“同力也”。据《吕氏春秋》《淮南子》理解，“兴”类如今日之举重运动，且时常伴有协调动作、激发情志的唱乐助推。因此， “兴”的最初意义含有激发情感之意。春秋时，“兴”，具有事件、活动的兴起、发起等意。孔子引“兴”论诗，使“可以兴”之“兴”成为兴发情感意趣之兴。《朱子集注》释“兴”为“感发意志”，近于兴的本意。因此，孔子认为，赋诗、咏诗、歌诗，并不是单纯的文娱活动，而是人的理性通过诗这种形象思维形式表达、抒发情感、志趣、意念及人情事理的行为。它是感性的，但内涵理性的指望，或者说是理性意志的情感表达，具有强烈的受体的感应性。

“观”。观的对象是诗的艺术形象。“可以观”是指人们通过诗歌的艺术形象看到它所反映、透露的思想内容。“观”即古文字的“见”，有看见、呈现之义。“见”后演变为“观”，泛指一切视觉活动；在狭义上，观的范围大多与视觉形象相关，如“观卦”“观国之光”，专指一定场景的“景观”。春秋末，有“目观则美”，即明指一种视觉形式之美，并扩展到听觉和视觉综合艺术——乐。这时，观既涉及目视舞蹈律动形态之美，又涉及耳闻音声韵律之美；既包括观察声色形式之美，又包括通过艺术形式观察思想内容的心灵的美和善。它比起周初采风活动中“陈诗以观民风”（《礼记·王制》）之观的内容更为丰富、认识更为深入、心理感受更为强烈、受体的主观评价更为突出。在这样的文化背景下，孔子把它作为诗这种艺术形式的一个特点创造性地揭示、体现出来，是巨大的历史进步。“可以观”兼有“以观民风”和美感享受的双重功能，而又不偏执某一方面，但二者都切近政治美学的范畴，即观美中潜含着一定的政治评价。

“群”。古文今文的“群”都具有“团结”的基本含义。春秋末，群指君子们在交往应对中，以诗的语言为中介工具，进行思想情感上的交流，以致彼此的关系密切或协调。在孔子看来，对于用诗者来说，不论面对什么表达对象（包括国与国之间外交使者以诗应对），也不论寓意什么之诗，只要通过赋诗吟诗交流思想情感，密切关系，增进共识，就达到了“可以群”的目的。由诗“可以言”志、意、旨到“可以群”，是群的第一层含义；通过学诗，提高个体的道德认识、政治艺术水平，以密切执政君子之间的相互联系，进而互信友好和谐相处，是群的又一深层含义。两层含义融为一体，诗之学为诗之用，诗之用促诗之学，是孔子诗教乃至其整体美育之教的目的。其总的旨归是体现中庸之道、贯彻中和准则和以礼导序、节欲制情。《朱子集注》释“群”为“和而不流”，是贴近孔子在人与人、人与社会间关系上通过学诗用诗以致“群”的基本意向的。

“怨”。与群密切联系，在一定意义上是实现“群”的一种方式。怨是以群为目的讽喻、讥刺、批评，是从团结愿望出发，通过批评，达到增进团结的目的。怨大多或主要体现在统治阶级内部的政治生活之中。与兴、观、群一样，怨主要是从“用”的角度而非“述作”的角度来说，是指借《诗经》中的某些诗抒发自己对他人、上级、社会、民众、自然等的不满之情，以诗达意，当然也从诗中学习“如何怨”。孔子没有明说“怨”的针对性和性质，但从其主导思想看，怨是为了劝善劝和，主张“乐而不淫，哀而不伤”（《论语·八佾》），“致中和”（《中庸·第一章》），行中庸之道，既“不过”也无“不及”，政策、决策“执中秉正”，既不违背统治阶级根本利益，又有利于调和社会矛盾，实现“和合”，把握“怨而不怒”之度和政治美学意义上的政治艺术原则。怨具有“哀其不争”的性质。怨作为用诗以批评的思想情感表达手段，其旨意在于群、在于和、在于致善政、美政。

需要指出的是，孔子有关诗之“兴、观、群、怨”等功能的观点，体现其经世致用政治伦理哲学和学以致用的教育观，他突出诗之用，广而言之，表明其知情意集注于从政治美学角度对政治生活趋于“美政”政治主体“美化政治人”的仁爱、仁和精神关怀。单从狭义美学角度来说，同他所处时代的社会历史条件和他自己“述而不作”（《论语·述而》）的学术原则分不开。春秋时期，文艺创作以诗歌创作成果最为发达，但诗歌创作深于口头传播，创作思想尚未发展。孔子对《诗》的艺术功能的高度提炼与创造性阐发是具有重要的突破、创新意义的。

二、对美育目的、内容的创新性规定

孔子所提倡的美育的根本目的是培养道、德、仁、艺兼求的“圣人君子”。孔子一生从教四十余年，其私学的最大愿望就是培养出“志于道，据于德，依于仁，游于艺”(《论语·述而》)的圣人君子。道、德、仁、艺是其理想人格的基本构成要素、最高标准，可以理解为以行天道人道之大道为理想，以自我德性修养为主观依据，以仁民爱物为行为准则，以六艺兼备为智慧和才能的标准。具体解读“志于道”，即树立人生理想，“道”包括天道和人道，即自然规律和社会运行规律，“大道”即自然规律与社会发展规律和谐统一。孔子所崇尚的“有道之世”在政治上，即尧舜禹的揖让之治，“郁郁乎文哉”(《论语·八佾》)的西周初年的盛世。“志于道”，即具有为实现“有道”社会理想和政治抱负的坚定信念和坚强意志，能够依循自然规律和社会运行规律以行事。“据于德”，即以高度的道德自觉为行为支撑，为人处世和立身行事皆秉承公平正义之原则，不偏不倚，不“过”也无“不及”，持中用命——中庸，在处理人与自然，君臣、父子、夫妇、长幼、朋友等社会关系时做到天人合一、人际和谐。“依于仁”，即本着从“仁者爱人”（《孟子·离娄下》)、“仁民而爱物”（《孟子·尽心上》)的准则自律律人。执政者应通过“仁政”来“博施于民而能济众”(《论语·雍也》)，“为国人谋而忠”（《论语·学而》)，在家孝父母尊长，在外对长辈亦以“孝悌”待之——“老吾老，以及人之老；幼吾幼，以及人之幼”(《孟子·梁惠王上》)。所谓孝悌为仁之本，“仁者爱人”是最高的道义标准、人生境界，是孔子对“德”的原创性发展，是其一切思想、立论的出发点和归宿。“依于仁”是“据于德”的前提、基础和根本动力，“依于仁”才能真正切实地通过“游于艺”实现由“仁者”构成的“天下归仁”(《论语·颜渊》)，邦国之内“仁和”，以“协和万邦”（《尚书·尧典》)。“游于艺”是实现“志于道，据于德，依于仁”的能力和基础。孔子把最初人们具体地对某一方面实践规律的、把握的、泛指的“艺”引申为广义的实践能力、智慧、精神、品德的高度发展与和谐统一，将美育的内容概括为“六艺”，即礼、乐、射、御、书、数。具体包括政治、法律、道德、音乐、舞蹈、军事体育、文学、历史、天文、历算等的教育，所有这些内容既各有特色，又都围绕一个中心——内心充实、德性完美来进行，就连射、御这些物质生产、军事体能训练的内容，也都与圣人君子的心灵美、行为善、公平正直、志高道远的“修德”“务道”联系在一起，改变了它们单纯的物质实践特征，由低俗走向高雅。

由此可见，“志于道，据于德，依于仁，游于艺”构建了孔子广义美育思想理论及实践的主体结构，作为孔子对中国教育史的独创性贡献主要表现在：一是继承总结了以往美育的历史经验，规范了圣人君子平时应注意学习、修养的主要内容，并将其建构成统一的整体，期望美育内容服务于育人的总目标；二是将尧舜之治、文武之政的理想提升至合乎自然和社会发展规律，“合一”于“大道”的高度，以对人们的人格修养进行规范和制约，将人道与天道相呼应、相协调。这种“道”的提出，标志着集哲学、伦理学、政治学于一体的美育发展进入一个崭新的阶段，支持个性的自由解放，将个人的全面和谐发展与因材施教相结合，并纳入礼制社会的规范秩序范畴之内，在于“立于礼，成于乐”（《论语·泰伯》），而非礼制的强行灌输和绝对约束；三是对于道、德、仁、艺四者的特征、功能做了简明、准确、深刻的概括，这种概括树立了历史上贤人政治的典型，并在两千多年来世代传承，至今仍有启发借鉴意义。

在规范了圣人君子理想人格基本范型、能力结构的同时，孔子创造性地提出了实施大美育的内容建构和逻辑顺序，强调“兴于诗，立于礼，成于乐”。如果道、德、仁、艺是从横向联系上规划了美育的基本框架结构，那么，诗、礼、乐则是从纵向上确定了圣人君子完美人格的逐步提高过程。纵横交互作用，显示了孔子建构的原创性美育思想理论及实践的明确目标和严谨的内容选择。

兴于《诗》。“兴于《诗》”即主张通过学习《诗经》培养从政君子的文学才华、从政能力和政治品格。一般认为，《诗》是经孔子之手编撰而成的中国历史上第一部诗歌选集，是中国古代培养从政君子必用的教科书。在中国古代社会，诗教的对象大体上是两类人：一类是统治阶级政治集团中的人士；二是奴隶主、封建主等有身份地位的自由民。诗教的目的是适应天子、诸侯、卿、大夫治国理政的需要。孔子将《诗经》作为立教之始，要求弟子学习《诗》的主要原因有三：一是《诗》具有广泛的知识性，《诗》包含丰富的知识内容。春秋之前形成的简书不多，且“学在官府”，民间少有著述之学。春秋以降，政治动荡、“学术下移”又使得大量珍贵历史文化典籍散失，这样，来自于民间、宫廷和祭祀庙宇的《诗经》

就成为知识信息含量最高的经典之作，它既汇集了大量天文、地理、动植物、农业、水利等的自然科学知识，又凝结着政治伦理道德的精神、智慧，学习《诗经》既可以使学习者间接掌握先人积累的自然科学常识和人生日用的知识经验，更可以学到有关社会政治、伦理道德知识。《诗》中还有不少表达君臣、上下、父子、夫妇等关系的行为准则，包括许多自然物、自然现象的运用，也是为了讽喻或赞美、颂扬一定的社会政治现象，表达一定的社会政治思想情感，以诗的文学形式透露一定政治文化意蕴。因此，学《诗》有助于人们了解、掌握事君事父、参与政治、社会交往的言行准则，获得包括国与国之间外交以诗应对的能力，形成理政治国必备的知识能力素养。二是《诗》具有高雅的陶养性，具有激发志气，陶养性情，唤起美感的特殊教育作用。诗是一种经过美化、加工提炼，抒发志向、表达情感、陶养气质的语言。春秋时期，吟诗常与行礼、作乐伴随，盛行于统治阶级内部的一定政治活动场合，相对于粗朴的民间俗语来说，它是一种尊贵者的特殊语言——“雅言”，当然也有民歌民谣经过改造加工成为“雅言”的。士大夫们学诗、吟诗、运用诗表明政治意向，“诗言志”(《尚书·尧典》)，既可以区分贵贱等级身份，又能显示尊贵者特有的高雅气质、才华风度、政治抱负。因此，不学诗不仅无可言说政事民情的内容，也没有更好表达一定内容、说明情理的形式与工具，以进行思想情感的交流和政治生活中的论辩说理，当然也就难以成为一个合乎要求、被人认可的圣人君子了。三是诗具有鲜明的形象性、情趣性，具有寓教于乐的鲜明特点。诗与礼相比，诗教的内容活泼生动，形象鲜明感人，语言优美上口，在育人上情景交融，使学习者喜闻乐见，而礼教多为生硬的制度性的强制规定，内容烦琐，语言枯燥，使学习者易生逃避厌学之感；诗与乐相比，乐比诗的感人明理程度要深，但乐的形式和内容不易为一般人所了解，尤其是一般民众较少接触的宗庙、宫廷音乐更是高山流水，知音难觅，只能作为高级课程列入育人的最后一个环节，即“成于乐”。《诗》则由于它的语言优美、寓意深刻、情景交融、易读易颂等特点，以及它引人美感、诱人深思等特点，为学诗者情有独钟。要而言之，诗的知识性、陶养性、形象性、情趣性是孔子以诗为立教之始的缘由和依据，也正是由于孔子所开创的重视诗教的优良传统，这一传统又被后世的思想家、教育家、政治家们所继承弘扬，才使得中国在世界文明史上成为诗的王国。

“立于礼”。“立”即立身、立人、立教、立家、立国之意，在执政君子则首先在通过知礼、懂礼、依礼而行以立身、立人，然后才能治国平天下。礼教是培育圣人君子的中间环节，其特征是进行政治、法律、伦理道德的制度化、规范化教育。礼的古义为祭祀天地、神明及家族、宗族、氏族先人的祭器，后来引申为政治性、法律性的礼仪、制度、程序、规范等。礼的本质在于其内涵政治原理：政治权力与经济权力的崇拜与传承，以及对自然规律和祖先、神明的尊崇，它直接与古代农业经济对天、地的依赖和现实政治稳定、国家兴衰治乱相联系。所谓“国之大事，在祀与戎”（《左传·成公十三年》），首要在“祀”其缘由显明。礼一方面具有祭祀的神秘性、威慑力，另一方面它淡化为现实社会政治生活中的礼制，具有人文理性的特点，关注的是人的思想和行为的理性、规范，具体则表现为夏商西周三代的礼制和治国方略之一的礼治。到了春秋末期，礼的祭神观念逐渐淡薄和形式化，成为维系政治伦理关系的行为准则，孔子一生致力于维护礼制、实现礼治，并因时改革，他不断忧虑“礼崩”对一切违礼行为表示“是可忍也，孰不可忍”（《论语·八佾》）的愤懑，正因为如此，孔子育圣人君子人格，重视“立于礼”。

孔子十分重视对夏殷之礼有所损益的周礼，盛赞周礼“郁郁乎文哉”。他认为，礼的特点在于它的制度化、规范化、程序化。孔子在历史上的最大贡献之一是他把经过改造的周礼注入了“仁”的成分，使礼具有了鲜明的德性，改变了它僵硬、单向外在约束的特点，使其可以发挥内外交错、行为与德性合一、从行为到心灵影响人、塑造人的功能，实现由行为美达到人格善。需要指出的是，由于自古以来行礼多与作乐（歌舞）并行，“礼自外作（外部约束），故文（内涵一种社会政治文化）”，礼又称为“礼文”（《礼记·乐记》），“文之以礼乐，亦可以为成人矣”（《论语·宪问》），“乐由中出”（《礼记·乐记》），这样通过礼乐由外在约束而内化濡染使人外貌与心灵一致，实现真善美的统一，完成“成人之美”的塑造，“大道之行”的“有道之世”就能实现。经过孔子改革创新的育人“立于礼”的理论与实践，作为一种教育传统，至战国荀子时发展为“隆礼重法”。荀子指出：“人无礼不生，事无礼不成，国家无礼不宁。”（《荀子·大略》）从孔子到荀子，自春秋末至战国，儒家显然认定：礼作为制度化、规范化、程序化的多方面具体规定，其教化作用在于由外而内、由外在强制被迫不自由到礼制的理性内在“文化自觉”的过程，使人由非礼勿视、勿听、勿言、勿思、勿动，逐步进入自动自觉习惯的高度自由境界，形成“文”与“质”、内与外、行为与心灵的高度和谐统一。

需要指出的是，孔子是将“兴于《诗》、立于礼、成于乐”作为育人的相互联系的一体化过程加以论说的。“立于礼”不仅是育人的承上启下的中间环节，而且礼的理性精神贯穿于育人的全过程。诗受礼的制约，才能够“兴、观、群、怨”，离开礼的制约，诗教诗学就起不到应有的作用。“成于乐”也必须结合“立于礼”，才能体现外在强制与内在默化、外部制度规范与内在心性心灵的觉悟的统一。因此，“立于礼”是就社会整体对个人的要求，兴于《诗》、成于乐，则既可以个体化，也应该社会化。孔子本意在强调“不学礼，无以立”，循礼而行，是个人作为社会成员之本，以礼为导向，并将礼教与诗教、乐教、仁德结合，促进人的全面和谐发展。

“成于乐”。“成”可以理解为人格的美与善，孔子高度评价音乐教育在育人上的特殊功能，并将其作为完成圣人君子教育的最后环节加以肯定性论述。春秋时各邦国都有专职乐官和专门机构，作乐与行礼并行，乐礼是礼制的重要组成部分。乐由器乐、声乐构成，通常伴以舞。孔子非常重视乐教对“成人”之特殊作用，不仅认为乐对个人情操修养至为重要，而且对国家治理理想境界的形成具有极为重要的影响，所以他非常关注礼乐的兴盛与崩坏。

孔子之所以重视乐教，源于他对国家兴衰、政治治乱中乐的作用的认识。一是他接受并发展了周初以来的传统观念，夸大周初制礼作乐对政治的反作用，认为只要坚持“行夏之时，乘殷之辂，服周之冕，乐则《韶》舞”（《论语·卫灵公》），就可以阻止新的社会势力、新的观念的兴起，改变“礼崩乐坏”，即现行政治制度、社会制度的瓦解、崩溃的局面；二是孔子本人多才多艺，善于操琴鼓瑟，喜欢作乐歌诗。他经常出入太庙观礼闻乐，《论语》中记载孔子曾向郯子、师襄等请教过弹琴作乐的事情，在教学之余，领着弟子沐浴歌诗，在周游列国时“讲诵弦歌不衰”（《史记·孔子世家》）。《论语·八佾》专门记载了他视听国君朝议时的乐舞情景，对诸侯行天子之礼乐公开表示过不满，表明他所传习之乐主要是雅乐，即宫廷音乐。他对各邦国、民间音乐也有所了解，对所谓“正乐”“淫声”都有所评价。《论语》中记载孔子“在齐闻《韶》，三月不知肉味”（《论语·述而》），反映出他对雅乐的情有独钟、思有专注、对政治美学化的痴情与向往。

孔子是中国愉快教育的首倡者。他认为，理性说教是必要的，但一切说教都比不上乐之教，其他任何艺术美感教育的作用也都比不上乐，包括吟诗比不上有音乐伴奏的歌诗和舞蹈，乐教最能达到愉快教育的功效。《论语》中多处记载有他对音乐巨大功能和特点的言论，虽然不如论诗之“兴、观、群、怨”那样简精全面，其思想却也清晰可见。他明确指出：“知之者不如好之者，好之者不如乐之者。”（《论语·雍也》）意谓从接受外物影响、接受教育的主体的感受状态来说，理性认知不如情感的欲求，情感的欲求不如发自内心深处的由衷喜悦欢愉。在孔子看来，礼与乐不可分离，乐这种艺术不仅由于它本身的特殊形式使人们乐意接受，而且在于乐与乐舞之美体现的内容和“和谐律动”特点，高于诗和礼的单向要求，包含着最崇高的社会理想——天下归仁，以及天道人道的最高道义的合一。这当然不是指一般的乐，也不是俗乐，而是具有政治意味的《韶》《武》一类的乐。孔子乐教对象重点在君子，按其重民理念，庶人富而后教的方针，乐教的对象范围也包括民众在内。孔子将来自民间的民歌、民谣、谚语编入《诗经》，将《诗经》中的诗都谱上了曲子，足见他对音乐教育的独创性贡献。

可见，孔子对乐的育人之美极为重视，并且首先不是从休闲娱乐角度考虑，而是将道、德和仁寓于美育之中，使人在愉悦的心理感受中潜移默化地顺应道、德、仁的社会理想目标。对个体来说，因受美育而促使达到道德最高层次——仁道的把握和护持，作为循礼之序的支撑；对于国家、社会整体而言，则是在明辨等级差异的基础上，人人都自我约束行为使之合乎礼治秩序，进入安定有序、稳定和谐的社会境界。孔子的“兴于《诗》，立于礼，成于乐”的教育思维是与其政治思维融为一体的，这种综合的整体思维方式，既登高望远，又立足于现实，既是高度抽象的精神凝聚，又是具体的、人人可共享的。在孔子的乐教中，他将诗、礼、乐贯通一气，对道的喜悦、把握都是基于形象思维升华至理性、典范的追求，以一定的形象——如尧舜文武周公及其政治事项联系到政治美学的层次说明事理。

三、对审美鉴赏标准的创新性阐发

审美是美育的重要内容，审美标准是鉴别艺术品美丑善恶及其层次水平的主要依据。人们只有对美丑善恶标准有一定的了解和把握才能进行正常的审美活动，获得正确的审美认知，做出准确的审美评价，并在此基础上形成体现美、创造美的高级美育活动。对此，中国古代并没有独立明确的界定，而是从对具体作品的评价中可见。就孔子而言，作为政治教育家，他对《韶》《武》的评价体现了儒家传统的审美价值观，特别是其政治价值观，在当时表现最为鲜明突出，对后世影响广泛深远。

《论语》记载："子谓《韶》：'尽美矣，又尽善也。'谓《武》：'尽美矣，未尽善也。'"(《论语·八佾》)显然，孔子对《韶》和《武》两乐的评价，树立了"美"和"善"两个鉴赏标准，两个尺度。美指艺术形式美，善则指艺术内容的善，大多涉及政治。事实上，春秋末年，从美和善两个标准、两个尺度就艺术产品的形式内容进行评价，已有较普遍的表现。我们从"季札观乐"这一鉴美案例中可以看出以下三点：第一，对美善已有明确的区分，美明确指艺术形式的肯定属性，善则为艺术内容的肯定属性，美与善的区隔和美善各自所指已无丝毫模糊，但同时确认了形式美与内容善的统一，只是实际表现上美与善的水平层次有所不同。第二，艺术产品中体现的"善"就是"德"，德的水平差异就是善的程度的不同，而在春秋时，德的最高境界是中庸、中和，孔子将其释疑为"至德"，是其奉行的"一以贯之"(《论语·里仁》)之道。第三，明确提出"大"的概念，大就是德的无限，这在孔子看来，只有《韶》可以称得上。

在历史上，《韶》是否是尽美尽善之乐，《武》是否比《韶》善，尽美不尽善等存在种种疑问。到战国时，由于时代不同了，不同于孔子的评议就出现了。比如，荀子就背孔子之意评说："《武》《象》起，而《韶》《濩》废矣。"(《荀子·儒效》)废即被历史淘汰，如果《韶》尽美尽善超过《武》，为什么能被《武》所取代？战国时对《韶》的赞扬声音极少，魏文侯闻雅乐《韶》打盹，听俗乐神采飞扬、几乎入迷的事实场面。这里并没有什么难耐的奥秘，只不过是音乐，包括乐舞，随着时代的前进而不断发展变化而已。

历史资料表明，不仅战国时对《武》评价高，周初和秦汉也如此，同春秋末孔子抑《武》扬《韶》有所不同。西周初，人们对《武》多从其内容着眼倍加赞扬。如颂"王赫斯怒，爰整其旅"(《诗经·大雅·皇矣》)，"文王受命，有此武功"(《诗经·大雅·文王有声》)。武王伐商不为失德，被视为正义、德高。之所以如此，以暴力手段由周代商，乃时势使然，褒《武》乃顺势而扬也。到了秦汉时期，由于秦汉都是以武统一天下，就连有"汉代孔子"之美誉的董仲舒也不顾先师的评价，极力赞美《武》，认为"文王之时，民乐其同师征伐也，故《武》，'武'者，伐也"(《春秋繁露·楚庄王第一》)。东汉最反对非中和的班固也如是说："天下始乐周之征伐行武，故诗人歌之"，"当此之时，天下乐文王之怒，以定天下，故乐其武也”，“武王起兵，前歌后舞，克殷之后，民人大喜”（《白虎通德论·礼乐》）。可见，周初、秦、汉都对《武》给予很高评价，其思想认识根源在顺应时势和反映民心民意。

回到孔子。孔子当时之所以贬《武》“未尽善”，是站在春秋末期他所处的“礼崩乐坏”、争霸战争四起的历史方位，基于他反对战争、主张和平，提倡“礼之用，和为贵”（《论语·学而》）的伦理政治哲学。春秋末期的统治者，也包括孔子在内的思想家，一方面竭力美化尧舜之治，借赞扬《韶》而进行政治美学的装点；另一方面则贬低《武》，借此修正武王形象，将《武》乐征伐的内容说成不得已而出于仁爱，把武王由恃力者打扮为恃德者。然而《武》乐的基调是表现暴力、颂扬暴力，武王在仁德上的表现毕竟有缺憾。正因为如此，孔子只好在心里承认其“有善”但言词上表达为“未尽善”。孔子如此评价，在他的主观意识上，既可以缩小仁与不仁的差别，又可以保持对使用暴力的暗含性谴责。孔子的这种批评既很含蓄又十分有策略，可以使人们对尽善与未尽善的扬抑中，意会武力的缺陷和仁德的崇高，坚持自己的行王道、反霸道的政治主张。

从孔子对《韶》《武》评价的案例分析中，人们不难看出在阶级社会中人们对艺术鉴赏标准的认识和把握，在两项标准、两个尺度中，美以艺术形式为基准，善则是以艺术形式体现的内容为基准，善实指政治标准的首位性。这不取决评价主体的主观意志，而是由客观政治发展形势所决定的。艺术活动不一定都得为政治服务，但艺术活动须受政治主导，艺术鉴赏和评价不能完全脱离政治。这点，古今亦然。阶级地位、政治立场、时代精神的不同，影响审美标准认识上的不同。周初，秦汉对《武》乐的赞赏和春秋末孔子等人对《武》乐的贬抑和修正，是时代精神、阶级地位与政治立场的转换、变化在审美主观认识上的反映。在阶级社会里，任何阶级都是从形式与内容、艺术性与政治性结合上进行审美评价的。特别是在政治上占统治、主导地位的阶级在审美评价中总是要把政治标准置于首位，艺术标准置于第二位。对于本阶级内部和对立敌对阶级的艺术，审美标准及掌握的分寸也有区别，一般前者宽而后者严。前者主要表现为美善程度的区别，后者则主要表现为美丑、善恶的对立。对于敌对阶级或政治势力的艺术，如对“郑声”，即使它的表现形式很美，也会因为它与本阶级或本政治集团的根本利益相悖而不予合理评价，甚至否定其美，斥为“淫声”，直至根本不承认它是艺术。

孔子对《韶》《武》的评价，虽然未必完全符合实际，难免有个人的好恶倾向，但是，他明确地确定美与善这既区别又联系的两项标准、两个尺度，从形式与内容结合的不同程度进行审美评价，表明人们对形式与内容和美善区别认识上的深入与进步，标志着古代审美认识发展中美善不分、模糊混沌历史阶段的结束和面向未来的创新。直至今日，在美育中，不论从狭义上说还是就广义而言，人们在审美评价中结合政治评价时，仍沿用孔子开创、建构的审美认识论和方法论。这是中国古典审美意识，包括美育观的民族文化独特传统及其历史发展之处，与西方判然两途。

［原文刊载于《社会科学战线》2011 年 03 期（姜殿坤　王凌皓）］

孔子高等教育思想寻绎

人们普遍认为，中国的高等教育是舶来品，是近代以来西学东渐的产物。对此，笔者很反对。笔者赞成的是涂又光老先生的观点，他说："讨论问题要从实际出发，不要从定义出发。定义是谁的定义，若是西方的定义，就会用西方'套'中国，若是现代的定义，就会用现代'套'古代。'套'害死人！总之，讨论什么，就从什么的实际出发。讨论哪一段历史，就从哪一段历史的实际出发。"[①] 因此，讨论孔子的高等教育思想，就要从中国古代教育的实际和孔子教育思想本身出发。

一、孔子与更早期的高等教育

早在西周，我国的教育分期就已经存在了，分为小学和大学。王都和地方均设小学，王都小学面向贵族子弟，地方小学面向平民之子，教学内容主要是道德行为准则和生活技能知识，入学年龄不一，但 8 岁基本上是王侯太子入小学的年龄。大学只设于王都，教育对象一类是贵族子弟，一类是经过选拔产生的平民中的优秀分子。与小学教学内容相比，大学不仅理论性知识增多，还增加了射、御之类的高难度的技能教学，入学年龄仍旧不一，一般王侯太子十五而行冠礼，标志已经成年，然后入大学[②]。

孔子生于东周之春秋末期，其在"十五岁"之前，曾在母亲故里曲阜的一所小学就读[③]。因为出身所限，孔子在"十五岁"之后没有条件接受高等教育，但这并没有影响其求学深造的热情，反而立下了"吾十有五而志于学"的治学决心。孔子一边在季氏门下管理仓库和牲畜以维持生计，一边抓紧一切时间到处拜访名师学者[④]。《史记・仲尼弟子列传》记载："孔子之所严事：于周，则老子；于卫，蘧伯玉；于齐，晏平仲；于楚，

① 涂又光. 中国高等教育史论 [M]. 武汉：湖北教育出版社，2003：5

② 孙培青. 中国教育史 [M]. 上海：华东师范大学出版社，2000：19-21，36.

③ 王凌皓. 中国教育史论 [M]. 长春：吉林人民出版社，2000：3，11.

④ 傅佩荣，郭齐勇，孔祥林. 孔子九讲 [M]. 北京：中华书局，2008：41-42，8.

老莱子；于郑，子产；于鲁，孟公绰。”

“而立之年”孔子学有所成，他从匡救时弊、建立有序亲和社会的政治理想出发，乘学术下移之风，秉早期高等教育传统，创办了自己的高等教育。

二、孔子高等教育的入学条件——“十有五”与“志于学”

很多人认为，孔门之学是有学费的，即将“自行束脩以上，吾未尝无诲焉”中的“束脩”理解为“一束干肉”。哲学大师傅佩荣的分析很有道理：如果每个弟子入门都带来“一束干肉”那么孔子家里干肉多得应该是不可想象的[①]。而且，从孔子的教育对象上看，多数为平民，像穷居陋室食瓢饮的颜回，三天不举火十年不制衣的曾参等穷学生[②]，是送不起“干肉”的。孔子的高等教育是免费的，只是将“十有五”与“志于学”作为入学条件。

（一）“十有五”

子曰：“自行束脩以上，吾未尝无诲焉。”“束脩”是把头发盘扎起来，是古代男子成年后的发式。东汉郑玄说：“束脩谓年十五以上者。”可见，孔子继承了前人对高等教育入学年龄的认识，将“十五岁”作为高等教育入学年龄，是有一定的心理学认识的。后书《礼记·内则》提到了“成童”一说。何谓“成童”？《白虎通·辟雍》中讲：“十五成童志明，入太学，学经术。”“志明”指的是认识与志向明确，即心理成熟，这是“学大艺焉，履大节焉”（《大戴礼记·保傅》）的基本条件之一。

（二）“志于学”

“志”有两层含义：一是指志向，即志之指向；二是指立志。

首先，孔子十分清楚学习贵在自主的道理。孔子认为，已经“志明”的十五岁以上成童，如果有志于向孔子学习，就会主动登门；对于曾经有志于学习孔子之学，但来了之后发现志不在此的学生，孔子采取“来去自由”的态度；对于没有“志于”孔子之学的人，孔子实行的是“不叩则不鸣”，墨子认为自己的“不叩必鸣”要高于孔子的“不叩不鸣”[③]，但是，

---

① 傅佩荣，郭齐勇，孔祥林. 孔子九讲［M］. 北京：中华书局，2008：41-42，8.

② 王凌皓. 中国教育史论［M］. 长春：吉林人民出版社，2000：3，11.

③ 孙培青. 中国教育史［M］. 上海：华东师范大学出版社，2000：19-21，36.

从学生学习主动性的角度看，孔子的考虑还是更为人本的。

同时，孔子十分看重立志的意义。《论语·子罕》中有“子曰：三军可夺帅也，匹夫不可夺志也”，“匹夫”指每个普普通通的人，“志”对于“匹夫”比“帅”对于“三军”还要重要。可见，孔子将“志”作为做好任何事情的关键条件，对于接受高等教育的人来说，更是概莫能外。

三、孔子高等教育的核心内容——“中庸”之道

孔子高等教育的核心内容是“中庸”之道。首先，孔子高等教育入学条件“志”的指向在于此。《论语》一书中“志”出现三次，一次作“立志”解释，其他两处均指志之所向，即“志于学”与“志于道”。何谓孔子之“学”或“道”？用涂又光先生的话讲，这是一种“大学问”①。这种可以称为“大学问”的“学”或“道”具体指什么？儒家经典中“至矣乎”可以说是“大”的对应词，而“至矣乎”在孔子那里正是被用于描述“中庸”之道，“中庸之德也，其至矣乎！”（《论语·雍也》）其次，高等教育修业年限为“终身”，需要用毕生的精力去学习和体悟的东西，当然不是一般的知识和道理，孔子在晚年达到了“七十而从心所欲不逾矩”，而“从心所欲不逾矩”的状态正是领悟与习得“中庸”之道的结果。由此可见，孔子高等教育的核心内容为“中庸”之道。

四、孔子高等教育的教学形式——开放式教学

（一）孔子高等教育的大门是随时敞开的

一是缘于前面所谈的孔子对学生自主性的尊重，二是缘于当时弟子求学与治事的实际情况，弟子们随时学有所成，随时准备从事工作。当时的王公巨卿们经常找到孔子，调查学生情况，孔子便做出公正的鉴定，以供录用。从事工作之后，弟子们还要不断学习提高，在工作之余，常回来与老师探讨问题。同时，孔子门下也常有国君、士大夫等前来求教。子夏将这种教学描述为“仕而优则学，学而优则仕”（《论语·子张》）。

（二）孔子高等教育无固定的组织和形式

孔子高等教育的教学组织是十分灵活的，常常是师生席地而坐，以谈

① 肖海涛，向春．不谈毕业死而后已：涂又光终身教育思想解读［J］．大学教育科学，2007（4）．

话的方式展开教学。孔子周游列国期间，弟子随行，如“子曰：从我于陈、蔡者，皆不及门也”(《论语·先进》)，“孔子去曹适宋，与弟子习礼大树下”(《史记·孔子世家》)。这种灵活的教育形式不仅仅是缘于教学条件的限制，孔子注重教育理论与实际相结合的做法也是其无固定教学组织形式的重要因素之一。

五、孔子高等教育的修业年限——终身

孔子从不提及毕业考试、修业年限等问题，应该说其高等教育是一种终身教育。在近些年关于原创性教育思想的研究中，国内外已有越来越多的学者认为终身教育思想由孔子始创①。

子曰：“吾十有五而志于学，三十而立，四十而不惑，五十而知天命，六十而耳顺，七十而从心所欲，不逾矩。”(《论语·为政》)清代李颙著的《四书翻身录》讲：“此章真夫子一生年谱也，自叙进学次第，绝口不及官阀履历、事业删述，可见圣人一生，所重惟在于学。”与其说这章书是孔子一生年谱，不如说是孔子通过对自身进学过程的深刻认识，进而对高等教育进程的全面总结。孔子用自己一生的为学经历，诠释了高等教育过程是一个不断提高思想认识和精神境界、获得中庸智慧的过程。

六、孔子高等教育的职责——教学与研究相结合、育人与服务社会相结合

曾几何时，人们对教师职责的认识一直锁定在“教书育人”方面，高校教师也不例外，直到19世纪初，德国的洪堡提出了高校教师除了教书育人之外，还要开展科学研究；而人们对高校任务的认识，则一直锁定在“培养人才”方面，直到20世纪初，美国威斯康星大学才正式提出将培养人才与服务社会相结合②。这是公认的对高等教育两个职责的最初界定。其实，早在2500多年前，孔子的高等教育就已经实实在在地践行了这两项职责。

孔子将教学与研究相结合。在教学方面，孔子因人而教，循循善诱，诲人不倦，以培养“学而优则仕”(《论语·子张》)的君子，希望君子能够“道之以德，齐之以礼”(《论语·为政》)，进而实现天下归仁的盛世美景；

---

① 王凌皓，李术红．先秦原创性教育思想研究［J］．河北大学学报（教育科学版），2006(3)．

② 周光迅．哲学视野中的高等教育［M］．青岛：中国海洋大学出版社，2006：63-64．

在研究方面，孔子的学习与探索是多维的，既有自己对史书的苦心钻研，也有来自于当时名师的细心点拨，还有来自教学相长方面的学生启发。孔子晚年自卫返鲁后，删《诗》《书》，治《礼》《乐》，修《易》《春秋》，其所注“六经”，除《乐》流失外，其他“五经”流芳万世。

孔子将育人与服务社会相结合。在育人方面，孔子一生弟子三千，贤人七十二；在服务社会方面，孔子主要是通过周游列国和积极入仕的途径来宣传和实行自己的治国理政主张，孔子的思想虽屡受冷遇，但各国君主在内心里还是认同的，而且在孔子从政五年间，整个鲁国气象也为之一新，百姓的生活状态是“男女行者别于途，途不拾遗”（《史记·孔子世家》）。

寻绎孔子高等教育思想，希望人们看到中国古代特有的高等教育，更希望人们能够进一步认识到孔子高等教育思想中所蕴含的深刻智慧，发掘其当代价值。

［原文刊载于《黑龙江教育》（高教研究与评估）2011 年 01 期（李丽丽　王凌皓）］

第三章

先秦道家、墨家、法家的原创性教育思想

先秦道家的原创性教育思想探赜

先秦道家的教育思想是先秦原创性教育思想的重要组成部分。道家学派的创始人老子被李约瑟看作中国哲学的鼻祖，中国文化的流觞。海德格尔甚至认为老子哲学具有重建人类哲学的价值。作为先秦创始道家学派的另一位杰出代表，庄子继承并发展了老子的“道”与“无为”的思想，更加关注人与生命，进一步扩展了老子“道法自然”“以人为本”的教育思想的深度与广度，形成了具有道家特色和话语体系的原创性教育思想，值得深入研究。但是，在我国教育史研究中，对先秦道家教育思想的研究在很长一段时间内处于低谷状态，究其原因主要有二：一是由于先秦道家学术思想中阐述教育的篇幅相对较少，其中“无为”“绝学”“弃智”等蕴含丰富教育哲学思想的话语体系和表达方式，往往被简单化地误读为反对教育、反对文化创新的保守甚至是落后的思想主张；二是由于先秦道家的思想与在中国传统文化中长期居于主导地位的儒家思想差异巨大，汉代以后“罢黜百家”“表彰六经”“独尊儒术”文教政策的颁布与实施严重阻碍了包括道家思想在内的其他各家思想学说的研究、发展和传播。20 世纪以后，道家教育思想重新进入我国学者的研究视野，当人们再次把研究目光聚焦在先秦道家教育思想的时候，受到的启迪与震撼同样是巨大而久远的。作为当今的教育史研究者，我们如果能从学术原创的角度去研究先秦道家的教育思想，揭示其教育思想中原创性的特质及精华，必将对新的历史条件下增益中国的教育文化自信，丰富中国的教育理论研究和教育实践探索产生重要的启发借鉴价值。

一、原创性人性论与理想人格论

道家学派对人性与教育目的的研究与解读，既不延陈春秋以前的“天命论”，亦不与儒墨“显学”相似相近，而是跳脱于世俗藩篱之外，卓然独立，另辟新说。

（一）原创性人性论——道法自然，以人为本

先秦道家对于人性的理解、主张，在其所处的历史时期有着划时代的原创启发意义。春秋战国时期，诸子百家在论述教育问题的时候，往往从论述人性的本质、探讨人性善恶开始，展开教育对于人的发展的影响的相关论述。如孔子认为性相近，孟子坚信性善，荀子指出性恶，告子认为“生之谓性”，人性无谓善或恶。先秦创始道家对人性问题的思考不是给出一个或是或非的答案，而是从“道法自然”之论引申出对人与自然关系的论述，引发人们对人性本质，对人性、环境与教育三者之间关系进行思考。老子就曾经对人性问题做以诗化的概括：“人法地，地法天，天法道，道法自然。”（《老子》二十五章）

先秦道家对此类问题的贡献不在于其回答了人性是什么，而在于创造性地提出了极有价值的研究问题，这恰恰是科学研究最首要也是最重要的问题。先秦道家在中国古代哲学史、教育史上的最原初的贡献之一就在于对人性问题的特殊关注并由此引发深入研究和广泛鸣辩。老子之后中国哲学史、中国教育史上有关人性问题的所有辩争都与老子的“道法自然”的人性概括有着或直接或间接的关系。老子对人性的思考是中国古代人性论探讨之源。老子认为人性的彰显需要符合“道”的要求，天、道、自然与人应该是和谐统一的关系。“故道大，天大，地大，人亦大。域中有四大，而人居其一焉。人法地，地法天，天法道，道法自然。”（《老子》二十五章）在确认人性不应简单地以善恶作为评价标准，而是应该以“自然”和“道”为法则之后，老子强调人类的本性是可贵的，反对用过度的教育摧残人的自然本性，呼吁“绝圣弃智”（《老子》十九章），恢复人的赤子婴孩本真。

庄子继承了老子在探讨人性问题时以人与自然、人与环境为场域的特征，认为“物固有所然，物固有所可”（《庄子·齐物论》），意谓任何事物都有其与生俱来的个性。个性与其所处的环境密不可分，离开自然，离开所生的环境，事物的“所然”“所可”无法保存，这种规律在教育方面则表现为教育的理想状态应该是以人为本，顺应人身心发展的自然规律。

（二）原创性理想人格论——赤子婴儿，返璞归真

教育目的既是教育活动的出发点，也是教育活动的最终归宿，这一出发点和归宿主要体现在对教育活动结果的预设上，即体现为培养什么样的

人，尤其体现在具有什么样的精神气质，即理想人格上。

《老子》一书对理想人格的描述主要是通过对“圣人”“大丈夫”“君子”“善为道者”“善为士者”“婴儿”“赤子”等应有品质的描述来定格的。其中“圣人”一词出现的频率最高，“婴儿”次之，其余又次之。庄子也充满热情地描述了理想人格，在《庄子》中多次论述了“圣人”“至人”“真人”“神人”“大圣”“全人”“德人”等理想人格。虽然“圣人”一词出现的频率最高，但其间或包含贬义，如“圣人生而大盗起”，因此“至人”与“真人”成为庄子理想人格的代名词。

无论是老子倡导恢复自然本性的“赤子”“婴儿”，还是庄子倡导顺其自然，率性而为，打破礼仪规范约束的“真人”“至人”，其在精神内核上是高度契合的，代表着先秦创始道家对理想人格的诉求。这种理想人格是顺应天地万物而存在的，是有着自身独特发展规律的，是倡导遵循教育规律下的自然率性自我、精神自由的。这些理想人格有着如下特质：

自矜，而不自恃。“是以圣人后其身而身先，外其身而身存。非以其无私邪？故能成其私。”（《老子》七章）“不自见，故明；不自是，故彰；不自伐，故有功；不自矜，故长。”（《老子》二十二章）先秦道家学派强调的自矜，是不自恃，不自以为是，意指教育者在从事教育教学活动、从事生产劳动或社会交往活动中，不要以自己的意志与私欲干扰教育教学规律和人的发展规律的运行；不以人的主观意志和个人私利违背社会发展规律；同时要看到教育教学过程中的种种矛盾都是相互依存、相互对立并可以相互转化的，社会整体利益与个人利益之间是相互关联的，因而要守拙、自矜，才能真正实现“不争而争”，“不自伐而有功”。

守缺，而不求全责备。“大成若缺，其用不弊。大盈若冲，其用不穷。大直若屈，大巧若拙，大辩若讷。”（《老子》四十五章）“曲则全，枉则直，洼则盈，敝则新，少则得，多则惑。”（《老子》二十二章）先秦创始道家的理想人格，非强力强为、勇于抗争的猛士，而是在客观审视自己存在的若干缺点与不足之后，仍能充分利用事物的矛盾及自然发展规律来实现个人修为与社会发展的人，实现矛盾双方的对立统一、相互转化。

知止，而不过分。“是以圣人去甚，去奢，去泰。”（《老子》二十九章）“至人无己，神人无功，圣人无名。”（《庄子·逍遥游》）先秦创始道家的理想人格是看透抛弃纷繁物欲之后人性的豁达本真，是对终极精神而非感官享受或物质贪欲的满足。老子强调限制自身欲望，反对欲望的无限扩大。庄子在继承老子思想的基础上，更是认为“德荡乎名，知出乎争”

(《庄子·人间世》)，告诫人们要适可而止，克欲制情，俭养其德。

无为，而谦退柔弱。先秦创始道家主张顺应自然，“是以圣人处无为之事，行不言之教”(《老子》二章)。“是故至人无为，大圣不作，观于天地之谓也。”(《庄子·知北游》)无为指人不可在自然面前妄为，引申到教育教学活动中就是要求施教者关注受教育者在教育教学活动中的身心发展规律，关注并启发受教育者的主动性与自发性。教育者不应作为教育活动的统治者存在，而应该是教育活动的促进者、教育环境的创造者、教育氛围的引导者；而教育者的教育方式也应该如春风化雨、润物无声一般；先秦创始道家强调在教育活动与社会生活中应该含蓄内敛，避免显露锋芒，更强调要保存人性的韧性与可持续发展动能。在老子看来，“故坚强者死之徒，柔弱者生之徒……强大处下，柔弱处上”(《老子》七十六章)。庄子则强调在教育活动中关注受教育者天然本性、率真自我的培养，“形全精复，与天为一”(《庄子·达生》)，这些思想引申到教育教学活动中，就是强调受教育者潜能的培养和学习能力的可持续发展。

守朴常德，不以人助天。老子将“赤子”“婴孩”看作最符合“自然”与“道”的个体，强调婴孩般的淳朴才是符合自然与天道之德的。他说：“常德不离，复归于婴儿。”(《老子》二十八章)“载营魄抱一，能无离乎？专气致柔，能如婴儿乎？”(《老子》十章)老子劝勉为学者回归人性本真状态，放弃虚伪造作，不再封闭固执，能顺应大道自然，并最终实现内心自由、精神成长。庄子继而延伸出对受教育者天性解放的重视，“不知说生，不知恶死。其出不䜣，其入不距”(《庄子·大宗师》)，“不忘其所始，不求其所终。受而喜之，忘而复之。是之谓不以心捐道，不以人助天”(《庄子·大宗师》)，意指教育者应尊重受教育者身心发展的自然规律，不忘初心，方得始终。

作为先秦道家的代表，老子与庄子在对受教育者理想人格的论述和构建中彰显着道家哲理的突出特点——原创性，与儒家、墨家迥然相异。

首先是其对理想人格的论述。先秦道家对理想人格的论述，与儒家、墨家等“显学”在描述理想人格时运用正面阐释不同，老子通过反面举例，通过排除圣人不应该具备的品质，“正言若反”地构建自己理想人格的标准范型。庄子则大量采用具有哲学意味的寓言、诗化的语句来论述其心目中的理想人格。

其次是构建理想人格的维度具有原创性的启发意义。与同一时期的诸子百家相比，道家以自然主义及人的主体性“自化”，用人本主义理念把

人生以及教育目的论述附着于真正的“天人合一”上，同时具备一种“游世”精神，反对强力强为，反对外在要求、外在目标对人的精神发展的牵引和束缚。1989 年召开的“面向 21 世纪教育国际研讨会”提出了 21 世纪发展的人和成熟的人的标准，[①] 这一标准与先秦创始道家倡导的“见素抱朴”“复归于婴儿”“不以人助天”的教育理念暗合，都是强调一个理想的人，应该是具备人类本真美德的人，应该是一个降低了对外物不当欲求的人，应该是一个有着极强的自我发展能力的人。

先秦创始道家学派关注人性发展，关注人性与自然的契合，顺从“道”的理想人格论或教育目的观为教育思想史中自然主义教育的发展提供了重要的思想源头与智慧火种。虽然以老子、庄子为代表的中国古代自然主义教育与古希腊智者亚里士多德所倡导的自然主义教育有着不同的文化源头，但在强调个性自由、尊重人的身心发展规律等方面有着异曲同工之妙。

二、原创性德、美、智、体论

中国传统哲学的主要概念和范畴，如“有”“无”“道”“器”“变”“常”等，都始创于道家学派，道家学派对于事物的辩证规律的探究及其衍生概念和问题的探讨成为中国哲学家、教育家们一直求索的命题。道家形成了中国历史上较为系统的自然哲学，成为认知层次哲学的代表。先秦创始道家的哲学思想为我国哲学教育奠定了重要基础，亦成为道家独特的德育论、美育论、智育论和体育论的思想根基，更成为中国古代教育哲学的智慧之源。

（一）德育论

在春秋战国以前，哲学家、教育家往往将“天”看作至高无上的人格神，自然和世界都要以“天”的好恶作为运转的依据。先秦道家学派没有因袭这种观念，而是通过对“道”的概念探究，阐释世界存在及其运转变

---

① 斯通．儿童和少年：人在成长时的心理［C］//中国教科文组织全委会秘书处编．未来教育面临的困惑与挑战：面向 21 世纪教育国际研讨会论文集．北京：人民教育出版社，1991：72．原文为：“他已从童年长大，但并未失落童年时的最美好的天性。他保留了婴儿时期原始的感情，幼儿时固执的意志自由，学前时的好奇心、玩性和欢乐，学生时代的交往能力和求知欲，以及少年时代的理想主义和激情。他把这些特征熔为一炉，铸成一个新的淳朴的模型……”

化的规律，使得先秦时期的世界观与自然观出现巨变。先秦创始道家独特的世界观与自然观教育彰显了道家德育本色。

道家崇尚自然存在、事物相生相克、相互转化的规律，也为中国古代唯物主义思想的形成与发展奠定了基础。先秦创始道家的世界观、自然观对其教育观念产生重要影响：教育不是让人更符合“天”这一至上神的要求，而是让人在内调理精神，在外壮硕身体，使得内外都顺应“道”的要求，从而无限接近“道”及“自然”的理想状态。

先秦道家的政治教育思想独成一派。道家将治国之术分为六种，即道治、德治、仁治、义治、礼治、愚治，与先秦儒家“以礼修身、以礼齐家、以礼治国、以礼平天下立人、立国”[①] 的主张不同，道家学派最为推崇的是“道治”。老子强调为政者应该崇尚自然原则，坚定地站在文化批判的立场上，反对所谓的文明社会的教化对人自然样态的破坏和对素朴人性的摧残。在批判儒家德治、法家法治学说的基础上，提倡“绝圣弃智”“绝学无忧”。需要指出的是，道家的自然教育原则与儒家的启发诱导教育原则并非绝对排斥，而是在“道”这一共同的最高理论范畴下有条件地互补，孔孟之道和老庄之道并行，二者共同构成了中国古代教育思想发展的主线，开中国古代提倡自然主义教育与人文主义教育相契合之先河。[②]

先秦道家站在文化批判的立场上强调“含德之厚，比于赤子”的道德教育。老子曾经对道德层次进行了划分：上德是“常德不离，复归于婴儿”（《老子》二十八章），“含德之厚，比于赤子”（《老子》五十五章）的状态；下德是“下德不失德，是以无德。上德无为而无以为；下德无为而有以为”（《老子》三十八章），老子反对将世俗道德奉为圭臬的循规蹈矩之德。

先秦道家将自然作为教育宗旨，复归自然本性作为学习者与教育者的共同目的，由此引出先秦道家学派与先秦诸子，尤其是与有“显学”之称的儒墨二家教育思想之不同。道家重视“自知”“独见”，反对礼教的强制、虚伪与“人为”教育的偏执，强调教育者应注意在教育过程中发挥学习主体的主观能动性，提高受教育者把握自然规律、理“道”、适“道”的能力。

---

① 王凌皓，王晶．先秦儒家礼教思想的历史定位及现代镜鉴［J］．社会科学战线，2015（4）：221-229．

② 杨冰，王凌皓．论春秋战国之际的学术原创精神：以教育学说原创为视角［J］．东北师大学报（哲学社会科学版），2010（2）：166-171．

（二）美育论

先秦道家美育思想中具有原创性的哲学之美。先秦创始道家在中国历史上最早提出了“玄”“妙”等美学范畴。“玄”与“妙”的含义既有相似之处，即陈鼓应先生译作的“微妙”，又有所区别。《老子》中的“玄”，原用来象征天道，而“妙”则是“玄”的表现，是“玄”之结果。由此可见，中国传统美育中“玄”与“妙”等重要概念是由老子最早提出并予以清晰界定的。庄子在继承老子思想的基础上提出“天地有大美而不言”，“原天地之美而达万物之理”（《庄子·知北游》），“真在内者，神动于外，是所以贵真也”，“真者，所以受于天也，自然不可易也”（《庄子·渔父》），确立了“大美”与“真”这两个中国古典美学范畴，将自然之美、思想之美、宇宙之真与人类的审美能力结合起来，将具体之美与抽象之美相贯通。此外，庄子提出“技”“神”“道”等范畴，论述了劳动技艺技巧、创造精神等在艺术创造中的审美表现和重要作用。老庄确立的美学范畴仍对当今美育理论有着深刻的影响，并彰显着中国教育文化的独特自信。先秦道家美育思想中具有原创的形式之美，且与其德育思想密不可分——美的形式应该符合“道”的内涵和规律，美在于有千变万化的形式，有异彩纷呈包容力的内容。老子反对人类过分放纵欲念，明确指出沉溺于“以之为美”的物质享受、感官愉悦会对人的精神成长造成破坏性的影响。

先秦创始道家不强调“食不厌精，脍不厌细”（《论语·乡党》）式的味觉享受，不推崇“子在齐闻《韶》，三月不知肉味”（《论语·述而》）式的音乐欣赏，而是强调“大方无隅，大器晚成，大音希声，大象无形”（《老子》四十一章），一般包含众形、众声、众味、众言的“大道”之美和“天籁”之声。可以说，后世中国美学遗其形而上之“道”，“取其‘无形’而众形生焉、‘无声’而众声形焉、‘无味’而众味出焉、‘无言’而众言藏焉这些可操作之义用于美的创作和欣赏实践中充满的有无相生的辩证精神”[①] 实源于老庄，老庄之美使中国的传统美育思想理论及其实践具有一种气势磅礴、变化万千之意蕴。

庄子认同并延续了老子对于当时文化的看法，倡导的美是质朴的，“朴素而天下莫能与之争美”（《庄子·天道》）。此外，庄子向往思想自由

① 祁志祥. 老子美学：“孔德之容，惟道是从”[J]. 文艺理论研究，2004 (5).

与精神解放，幻想在宇宙中“独与天地精神往来”和“与造物者游”（《庄子·天下》）的积极扩展的“逍遥”（《庄子·逍遥游》）境界，这种境界在庄子看来才是“至美”，也是“至善”，是人的精神的彻底解放。

（三）智育论

老子倡导“绝圣弃智”“绝仁弃义”“绝巧弃利”“见素抱朴，少私寡欲”（《老子》十九章）。庄子提出“圣人生而大盗起”（《庄子·胠箧》）。这些论述被众多研究者认为是先秦道家学派反对、否定知识文化教育的重要例证，实际上其学术主张在于强调大智若愚、明道若昧、绝圣弃智，学不学，以行不言之教。

对“绝圣弃智”的认识应该从“圣”与“智”两个概念的辨析开始。在先秦道家看来，“圣”与儒家、法家强调的“圣人”在语义上的概念相同，都是强调通过强力强为与世俗所谓的“道德”或“法律”来实现自身修为与国之安定的统治者。这些统治者的共同特点是怀着强盛本邦、统一诸国的愿望，通过道德或者法律手段来实现德治或是法治的社会。虽然这种思想被当时乃至后世的统治者普遍接受，但是老子、庄子对这一社会现象进行猛烈的抨击，认为这样的人才是使社会动荡，使人民生活困苦的主要原因。“智”之所指，并非老庄推崇的复归人性本真、守拙抱朴的自然智慧，而是通过智谋、权术、法律来达到一定目的之人及其行为。因此，先秦道家认为“大道废，有仁义；智慧出，有大伪；六亲不和，有孝慈；国家昏乱，有忠臣”（《老子》十八章），其意主要在于反对强力强为的智慧（知识）或法律，反对以违反“道”的规律进行教育教学及其他社会活动。

在反对儒、墨、法等学派强调通过世俗道德与法律约束个人和社会发展的同时，先秦创始道家并没有陷于一种幻想社会倒退，人类停滞不前的状态，而是以一种更为接近“道”的本源、更少思维约束的方式推动教育教学活动的进行——老子认为僵化的智育不能探索人生的智慧，而较少物欲干扰、不进行过度教育，恢复受教育者的婴孩赤子的本真状态，才更有利于营造一个促进人思考与探索的教育教学环境；庄子认为对于自然和知识的探索应该“不离于精”（《庄子·天下》），而自由的教育教学教养环境与氛围才会促进培养受教育者在探索过程中的自觉发展。

（四）体育论

先秦道家站在促进人的精神成长无限趋近于“道”的立场上，十分关注身体健康，这种关注与儒家强调“射”“御”提高军事作战能力的军事体育不同，其倡导的体育是以自然养生为突出特点的养生教育。

先秦道家强调的体育思想的核心是自然养生。他们认识到生命的脆弱与可贵，关注人的生命活力对于人自身成长发展的重要性，强调自内而外促进人有形身体的强健和无形生命力的增长。

先秦道家体育内涵的是内外兼修的完整性体育。他们推崇自然的而非人为的体育，是重视内养的而非仅限于外炼的体育，也由此形成中国传统体育特有的自然生命运动的风格：动静结合、神形兼顾、刚柔相济、含蓄坚强。道家体育呈现仿效自然、天人合一的特点，如中国传统养生体育中的五禽戏、大雁功、鹤翔功、形意拳就属于人与自然相和谐的运动形式；太极拳、八卦掌则是在更抽象层次里的自然生命之道的运动形式。这些体育的形式不仅推动中国传统体育的发展，亦对中国传统文化心理的形成产生十分深远的影响。

先秦道家的体育思想与其人格教育思想高度契合。先秦道家学派认为教育之中无论涉及人的智慧、美感，还是体育方面的内容，都有一个高度统一的内核——对自然的尊崇和对“道”的顺应，因此先秦创始道家认为体育应该与哲学、美学等相一致，追求“道”中理性、善、美、本真的要素。他们认为，将体育独立于德育、智育、美育之外是不和谐、不利于人成长发展的，因此体育不是孤立的存在；在进行体育的同时应该身心合一，自然生命与精神世界二者和谐一致，高度统一；在进行体育时，在对自然和“道”的体悟之上人与自然亦应高度契合，强调“持养”“导引”和“养生”。

三、原创性教育教学论

（一）孔德之容，惟道是从

先秦道家从教育终极目的——对“道”的追求与顺应出发，认为教育教学原则也应该秉持“惟道是从”的思想导向。所谓“惟道是从”，是指教育教学活动的灵魂就是顺应教育和受教育者身心发展的自然规律，作为一名教育者，不应也不能将自己的意志或私欲强加给受教育者。我们遵从“有所为有所不为”的思维逻辑，可以认为老子的“惟道是从”思想在“从道”的意义上是“有所为”的，它与现代教育强调发挥受教育者在学习中的主动性，发挥其在教育过程中的主体性作用，促成受教育者人格与精神的完满成长的思想有着本源上的一致性。而在今天看来，顺应已知的教育规律的“惟道是从”与强调通过世俗品德或者超乎本性的礼仪来规划人的发展的社会主流有着巨大的观念差异，这种差异并非对立性的矛盾，而是同一性的教育主张上的“相互救济”，殊途同归。

（二）行不言之教，无为自化

先秦道家学派在教育教学方法上强调采用“不言之教”，注重受教育者的“无为自化”[①]。在道家学派看来，“行不言之教”是教育的应然状态，也是教育的理想状态与最高境界。

所谓“不言之教”，有两层含义：其一，指不通过发号施令的方式强迫受教育者。“行不言之教”是对受教育者在学习过程中主体性作用的承认，是对受教育者在教育过程中的人格和内心自觉性的肯定，是对受教育者身心发展规律的尊重，是教育者教育平等理念的体现；其二，是通过春风化雨式的教育在潜移默化中启发受教育者的自觉，在这一过程中，教育者相信并尊重受教育者的能力，强调为受教育者预留足够的自我教育、自我管理、自我监督和自我发展的空间，也强调教育者对受教育者的教育耐心与爱心。这种教育教学原则方法亦通过教育者的榜样示范、受教育者的自我反思等具体方法来实现。简单来说，如果我们不偏重训导式、教条式的灌输说教，无论我们对“行不言之教”有哪种理解，都对当今的教育有着巨大的启发意义。

先秦道家重视“无为自化”在教育教学过程中的重要性。“无为”多次出现在先秦创始道家学派的著作《老子》《庄子》之中。老子极具哲理地提出“为无为，则无不治”（《老子》三章）。老子倡导的无为，不能等同于无所作为，在教育教学中可以理解为不做违背教育规律之事，这种“无为”体现为教育者在教育教学活动中精心设计、不断修正的教育实践，这种“无为”体现在“豫兮，若冬涉川；犹兮，若畏四邻”（《老子》十五章）般的谨慎；“俨兮，其若客；涣兮，其若冰之将释”（《老子》十五章）的庄严小心；“敦兮，其若朴；旷兮，其若谷；混兮，其若浊”（《老子》十五章）的守拙与淳朴。只有在教育教学中做到以受教育者生命和精神成长为中心的“无为”，才算达成了教育“微妙玄通，深不可识”（《老子》十五章）的至高境界。

庄子也吟咏赞美“无为”，认为任何事物都有其与生俱来、与众不同

---

① 对于“不言之教”，老子的解释是“是以圣人处无为之事，行不言之教；万物作焉而不为始，生而不有，为而不恃，功成而弗居。夫唯弗居，是以不去”（《老子》二章）；庄子的解释是“夫知者不言，言者不知，故圣人行不言之教”（《庄子·知北游》）。

的自然禀赋，“或行或随；或歔或吹；或强或羸；或载或隳”（《老子》二十九章）。因此“顺性而化”成为庄子的教育主张，其内涵体现在以下三个层面：其一为“适”。“忘足，履之适也；忘要，带之适也”（《庄子·达生》），庄子强调教育效果应该是水到渠成、自然而然的，教育的“适”体现在充分认识到受教育者接受能力基础之上的智化行为，体现在准确的考量受教育者的认知水平和接受能力。其二为“缘督以为经”（《庄子·养生主》）。庄子认为包括教育在内的万事万物要充分尊重自然天性，在受教育者生命个体可接受水平内对受教育者加以引导，真正的教育不是戕害天性以成就“发展”的行为，而应是适应发展的无为自化。其三为“高者抑之，下者举之；有余者损之，不足者补之”（《老子》七十七章），这是庄子因材施教思想的真实表达。庄子要求教育者能够以充分认识受教育者禀赋为前提，以发展受教育者天性为目标，综合运用多种教育方法与手段，从而实现受教育者的人尽其能。也正因为如此，先秦道家对教师的教育素养和教育教学能力提出了独具特色的要求，他们要求教师在教育教学的过程中做到“微通玄妙”“常善救人”“相互尊重”“彼此包容”。庄子更进一步，认为“至人不留行”（《庄子·外物》），强调教育的形式应该是春风化雨、潜移默化的，应该是凸显受教育者自我发展的，而不应该是教育者的强力灌输、过度“人为”。

（三）常善救人，善下身后

老子强调“是以圣人常善救人，故无弃人……故善人者，不善人之师；不善人者，善人之资。不贵其师，不爱其资，虽智大迷，是谓要妙”（《老子》二十七章），这体现了先秦道家对教师教育教学方式方法的基本要求。老子通过多重比喻，指出教师教育教学的最好方法往往是不着痕迹、春风化雨、潜移默化的；在这样的过程中，学生才能生发出学习的主动性与学习的乐趣；也只有在教育教学过程中将主动权让渡给学生，才能关注每一个学生生命的成长和发展，这样的教师才是一名优秀的教育者。

在师生关系的处理中，老子以生动的类比方式暗喻师生关系应该遵循互相尊重的原则：“江海之所以能为百谷王者，以其善下之，故能为百谷王。是以圣人欲上民，必以言下之；欲先民，必以身后之。”（《老子》六十六章）老子从教师道德修养的角度强调教师应该尊重学生，包容学生，关注学生成长与发展，强调学生的主体性，用爱的情怀去完成自己的教育事业。其实，教育教学的原则方法离不开深深根植于其中的教育理念。能够潜移默化，助推学生成为教育活动主体的教师，必然是尊重学生，能够平等对待学生，能够用发展眼光看待学生，怀有深深教育之爱的教师。老子直言对教育者教育教学原则方法的要求，实则是对教师教育教学理念的探究与设想，对现代的教育思想具有重要的启发意义。庄子从当时战争频繁、社会动乱的现实出发，呼吁“慈以爱人，与人为善”“万物一齐”的平等意识，“报怨以德”的人伦意识，这一思想投射到教育教学之中，也体现为教师应该具有师生平等的意识，热爱学生的情怀。

先秦道家的教育思想在诸多方面皆有极强的原创性，先秦创始道家原创性教育思想在当时学术思想奔腾飞扬的年代，特别鲜明，独树一帜。有研究者认为，先秦创始道家教育思想是反对文化进步的，是站在反对教育的立场之上去谈教育的，但通过对其“正言若反”表达方式的剖析，我们认识到先秦道家教育思想中形似倒退的表象之下蕴含着超越性的本质。他们站在保护人自然本真的立场之上，关注人主体价值的展现与张扬，重视道法自然的和谐教育理念；关注完整的自然人格的培养，强调在“无为自化”“行不言之教”的过程中完善受教育者的自身发展；关注受教育者的个体差异，强调“损有余而补不足”；关注受教育者理性思维的培养，强调辩证施教。先秦创始道家的教育思想不仅是中国古代自然主义教育、人本主义教育的开端，更与西方的自然主义教育、存在理论有着相似相通之处；先秦道家的教育思想不仅对教育活动产生深远的影响，更引起人们产生对人与自然关系的思索。① 作为中国哲学的鼻祖，先秦道家把顺其自然确立为教育的最高原则，他们置身于现实，将超然的智慧、人类理想、忧怀天下的情怀付诸对教育的创造性思索，为中国乃至整个世界的教育提供了思想之源、智慧之光。

［原文刊载于《社会科学战线》2018年08期（王凌皓　王睿）］

① 汤川秀树. 创造力与直觉：一个物理学家对于东西方的考察［M］. 周林东，译. 石家庄：河北科学技术出版社，2000：57-60. 原文为：“早在两千多年以前，老子就已经预见到了今天人类文明的情况……生活在科学文明发展以前某一时代，老子怎会向近代开始的科学文化提出这样严厉的指控。”

庄子原创美学及其美育期待

作为战国时期道家学派的杰出代表，庄子以其卓越的散文创作实践显示出其独特的原创美学及其美育期待。虽然庄子没有明确表达他的美育思想主张，但谁也无法否认他的美学及其美育期待的深远历史影响。庄子不仅是中国古代，也是东方古代美学的杰出代表，其在世界文化发展中的大美学家地位毋庸置疑。对于庄子在美学和文学上的贡献，国内外已取得较丰硕的研究成果，但对其美学及其美育期待的原创独特性有待进一步探讨。本文仅就庄子对美的系统观照、美感体现的独特人类精神探寻和艺术创造的思维思想导向的确认三个问题略叙其要，同时关注其原创美学中透露出的广义美育，即大美育的特殊期待。

一、对美的系统观照

庄子没有老子那种消极保守的人生态度，他向往人类的独立自由、精神解放，心造人的主体自由驰骋的精神家园，幻想在宇宙中“独与天地精神往来”和“与造物者游”(《庄子·天下》)的积极扩展的“逍遥”境界。基于此，庄子提出了对美的系统观照和独特的审视意向。这里从以下四个方面分别论析。

其一，庄子立足于宇宙天地之间，概括对美的独特原创看法：“天地有大美而不言”“原天地之美而达万物之理”。庄子说：“天地有大美而不言，四时有明法而不议，万物有成理而不说。圣人者，原天地之美而达万物之理，是故至人无为，大圣不作，观于天地之谓也。”(《庄子·知北游》)庄子显然以人类居于天地客观生态环境之间，以天地为大美，由情入理——原天地之美而知理，将“大美”与真善联结一体。对此，似可做如下解读。

一是庄子在两千三百多年前提出的“大美”这个中国古典美学的概念和范畴，为人类确立了一个恢宏的审美对象——“不言”的天地之美。庄子如是说：“夫天地者，古之所大也，而黄帝、尧、舜之所共美也。”(《庄子・天道》)。如此恢宏的审美对象的确认，只有庄子这样的“独与天地精神往来”、不受人间任何精神桎梏约束的思想家才能认识到。应该说，这个“大美”的发现是庄子对世界美学史、对人类主体性美育期待的杰出贡献，它肯定人类求美的心胸之宽广，张扬了人类独立地与宇宙深奥空间和谐互往的大美情操，至今启迪人类应很好地处理与大自然的审美关系，与大宇宙、大自然和谐共处，共美共存。

二是庄子确认了“天地之大美”的客观存在，告诉人们：大哉天地，善哉天地，美哉天地。庄子慨叹的“天地之美之大”超越了亚里士多德的时空美论。亚里士多德说：“一个非常小的活东西不能美，因为我们的观察处于不可感知的时间内，以致模糊不清”，而“一个非常大的活东西，例如一个一千里长的活东西，也不能美，因为不能一览而尽，看不出它的整一性”。[①] 而庄子较亚里士多德更胜一筹，他以超凡的想象力勾勒出广袤无垠的天地之大美，以宇宙万象为一体，用一种高度概括的整体观去体认宇宙自然的真、善、美，强调主体对客体的整体认知、体悟，既充分肯定了“天地之大美”的客观存在，又充分肯定了人的超凡审美能力能够充分认知、体悟“不言”的“大美”的真实存在。

三是虽说天地大美不言，但对人类的启示是巨大而深远的，即“原天地之大美而达万物之理”，使人类从天地之大美中推究出万事万物发生发展的道理，宇宙自然按自身规律运行，自由平等地发展，既无人为强制，也无居功自耀，任自然之道治世育人，民众无为而有所为而“自化”，这样天地之大美便转化为人世间人格之大美，创造伦理美、政治美的境界。

其二，庄子界定了美的本质和特点——“朴素”，做出了“朴素而天下莫能与之争美”(《庄子・天道》)的论定。他认为，“夫虚静、恬淡、寂漠、无为者，万物之本也”(《庄子・天道》)。朴素既是天地大美的根本属性和品格，也就是天地自然大美的本质。他强调“朴素”自然状态之美是没有人工雕琢与文饰的鬼斧神工之美，是其他各种美“莫能与之争”的最高品位的美。在庄子看来，“朴素”是天生、天成的，一切听其自然，不做人工雕琢的原始的自然的美。

庄子除对天地大美做出了本质特征的概括，还高度评价了原始社会的美。他把人类与自然和谐共处的原始社会称为“至德之世”，认为“夫至

---

① 北京大学哲学系外国哲学史教研室编译. 古希腊罗马哲学［M］. 北京：三联书店，1957：38.

德之世，同与禽兽居，族与万物并，恶乎知君子小人哉！同乎无知，其德不离；同乎无欲，是谓素朴。素朴而民性得矣”，“故纯朴不残，孰为牺尊；白玉不毁，孰为珪璋”（《庄子·马蹄》）。庄子赞许原始社会自然状态的美景：民性淳朴敦厚，自然美与社会美都是“朴素”之美，同属大美的最高审美范畴。我们当然不能将现代社会倒退到原始社会中去，但庄子赞许的那种社会民风“朴素”的美育期待是值得提倡的，因为美好的人生应该是以朴素的人格美为基础演绎升华的。

其三，庄子提出了“澹然无极而众美从之”（《庄子·刻意》）的审美原则和“纯素之道”——《庄子·刻意》）的人类精神境界美的追求。庄子的思维路径是将人类置于天地大美环境下陶冶其人格美，实现真人、圣人、至人、神人们的精神解放、净化、升华。他所说的这四种人，剥去其寓言的神秘外衣，一方面要求人类以自然美塑造自己的人格美；另一方面是将自然的大美之道转化为个人的精神力量，践行“纯素之道”，力作“真人”，展现人格美的风采，实现人伦道德的最高境界——真善美的统一。

“纯素”是庄子提出的人类最高精神目标。他说：“纯素之道，惟神是守；守而勿失，与神为一，一之精通，合于天伦。野语有之曰：‘众人重利，廉士重名，贤士尚志，圣人贵精。’故素也者，谓其无所与杂也；纯也者，谓其不亏其神也。能体纯素，谓之真人。”（《庄子·刻意》）庄子所说的真人即具有“纯素”精神境界之美的人，亦即具有“淡然无极”心态之美的人，将真善美一体化的人。

庄子“纯素”人格美的精神境界追求旨在实现一种超越某种艺术表现形式的效果，即以人为本体的高尚精神境界。他曾指出：“有成与亏，故昭氏之鼓琴也；无成与亏，故昭氏之不鼓琴也。”（《庄子·齐物论》）昭氏是春秋战国之际的大音乐家，以善于鼓琴闻名于世，其鼓琴艺术已达到较高精神境界，但庄子认为其艺术美毕竟借力于外物之琴，为了实现主体精神的高度心灵美化——“淡然无极”，不再鼓琴，而以人格美之修明，行“纯素之道”，才能“众美从之”。

二、美感体现的独特人类精神境界探寻

庄子既主张与天地大美精神往来，又对人类的精神体验感悟具体入微，深入透辟，因此能对人类感悟美这一独有的精神现象提出不同于先秦其他大家也不同于老子的原创性独特见解，构成了其美学特有的积极人文精神的美感论说，作为动态发展的美育，应当可以从中不断地获取启示和

教益。这里从以下三个方面简要理析。

其一，庄子基于对人类生理、心理的精深观察与思考，对美感这一人类特有的精神现象的认知和分析，明确提出了人对同一审美对象历经惧、怠、惑三个审美过程的独特概括。他假托北门成与黄帝闻《咸池》之乐的相互问答，做出了“始闻之惧，复闻之怠，卒闻之而惑”（《庄子・天运》）审美三个阶段的著名论断。

“始闻之惧”说的是黄帝之臣北门成初闻《咸池》这一著名乐曲的震撼、敬畏状态。《咸池》为“至乐”（最好的乐曲），含天、地、人、德一体的宏大气息，演奏时，钟鼓齐鸣，如惊蛰雷鸣般震撼人心，使闻者惊心动魄、心生敬畏，即“惧”。这里所谓的“惧”，不似人体受到伤害的恐怖，而是一种悲壮的心灵颤动带来的亦乐亦悲亦惊的美感震撼。何以如此？原因在于作为审美对象的“至乐”《咸池》“流光其声”（《庄子・外篇・天运》）的艺术效果。庄子这一美感论之所以特殊在于他体现了由艺术现象所引起的震撼、敬畏是与崇高相联结的特殊形态的美感，它区别于美感的普遍形式，也不同于审美过程中一般的心理反应，而是由艺术作品本身所具有的独特魅力对审美主体心灵所产生的特殊心理冲击而产生的特殊心理感悟。这对于提高艺术作品的艺术价值进而提高其广义美育的教育价值是有重大启发意义的。

“复闻之怠”的“怠”不是倦怠，是指震撼、敬畏的渐趋平静，是北门成闻《咸池》之乐审美第二阶段美感的进一步提升。其主要表现是心情趋于平静、快适。这也是音乐演奏的艺术效果使然。据庄子《天运》篇描述，序曲之后，乐曲呈现阳光绚烂景象，乐音在山谷间回荡，演奏者、观赏者都被陶醉了，人们心情愉悦，与音乐融为一体，艺术魅力与人格魅力同体，惊惧全无，快乐美感充溢全身心，进入出神入化的下一个审美阶段。

“卒闻之而惑”的“惑”不是迷惑、疑惑，而是“荡荡默然，乃不自得”的入迷境界。《咸池》是按照自然规律进行调整的，第三奏与一二奏“至乐”不同，是“天乐”，不闻其声，不见其形，如老子所说“大音希声”，庄子所言“大美无言”，北门成在这个审美阶段就进入了“此时无声胜有声”的入迷境界，完全被乐曲征服了，其美感达到极致，“自我”完全融入音乐之中了，甚至如庄子所言“吾丧我”（《庄子・齐物论》）。“卒闻之而惑”不仅指明了审美的终极要求，也指出了艺术创作的最高标的——忘我。

就艺术创作或审美过程而言，庄子所言“始闻之惧”“复闻之怠”“卒闻之而惑”，也应是艺术创作或审美、育美之人的全过程追求——忘我。

其二，庄子在否定“俗乐”的基础上，提出了“至乐无乐”的命题和美感范畴。他指出：“今俗之所为与其所乐，吾又未知乐之果乐耶？果不乐耶？吾观夫俗之所乐，举群趣者，誙誙然如将不得已，而皆曰乐者，吾未之乐也，亦未之不乐也。果有乐无有哉？吾以无为诚乐矣，又俗之所大苦也。故曰：‘至乐无乐，至誉无誉’。”（《庄子·至乐》）“至乐”即最好的音乐，它不形于声色，“听之不闻其声，视之不见其形，充满天地，苞裹六极”（《庄子·天运》），从而使人感到“至乐无乐”。这种“至乐”乃庄子所谓“无为”之乐，“天无为以之清，地无为以之宁，故两为相合，万物皆化”（《庄子·至乐》）。庄子指出，以“无为”为至乐，亦即天乐。“齑万物而不为戾，泽及万世而不为仁，长于上古而不为寿，覆载天地、刻雕众形而不为巧，此之谓天乐。”（《庄子·天道》）。庄子的至乐、天乐，似乎是不可捉摸的，但他归结为“无为”和“体道”，又是可以理解可以想象的，即从有形声色中体现无形声色的无为、体道的音乐精神，这是欣赏音乐者需要把握，进行美育者需要关注的。

其三，庄子意识到审美主体的个性差异，审美标准、情趣因人而异，因而提出至今为人所大体认同的观点：对同一审美对象，有人视为神奇，有人视为腐朽，神奇和腐朽是可以相互转化的。在道家那里，无所谓绝对化的美丑之别，因为宇宙和世间万物归一于道。庄子说：“故万物一也，是其所美者为神奇，其所恶者为臭腐；臭腐复化为神奇，神奇复化为臭腐。故曰：‘通天下一气耳。’圣人故贵一。”（《庄子·知北游》）

庄子认为“所美者为神奇”“所恶者为臭腐”，是说审美没有通用的标准，每个人的认识、好恶不同，各美其美，各恶其恶，审美主体对审美对象感受不同，对美丑评价不能完全一致，必然影响到各自美感的有无及其限度。如果无视审美的这种复杂性，就会将复杂的审美问题简单化，这是在美育中应该特别加以注意的。

庄子指出“臭腐复化为神奇，神奇复化为臭腐”这一美丑可以相互转化的现象，表现出其美学观念的深刻性、审美思维的辩证性。古往今来，美丑在一定条件下由于某种动因，经过量变到质变是可以转化为对立一方的，即美变丑，丑变美。这既表现在审美对象上，也表现在不同审美条件下艺术创造中艺术家的匠心独运上。这两种情况是屡见不鲜的，其例证可以说不胜枚举，于此不赘。庄子的可贵之处是在两千多年前指出这一点，为后世的各种艺术创造，包括每个人的心性修炼指点了一条爱美、践美的人生路径，对于人们同时求真、向善的心理动向的促进作用显而易见。

至于庄子所言“通天下一气耳”，“圣人故贵一”贯穿着他的“万物齐一”宇宙观，正是根据庄子“万物齐一”宇宙观，庄子根本否定人世间一切是非、善恶、美丑的区分，例如他认为生死乃自然规律，爱生恶死、生美死丑是人的自扰。对此，庄子认为常人不能理解，只有圣人才能崇尚这种“通天下一气”的“道”，这是他美学体系中不可解的矛盾，构成其审美文化的一个冲突。但是，如果我们回到前述的“朴素”“纯素”之体现道治天下说，又不难理解庄子倡导的人类精神解脱一切是非、善恶、美丑困扰，领悟“天地之大美不言”足矣的大美育观。这在物欲横流、伦常失序、道德滑坡的战国之际是有特殊精神解放意义的。

三、艺术创造思维思想导向的确认

闻一多先生曾说，魏晋以降“中国人的文化上永远留着庄子的烙印”[①]。这种烙印即指魏晋至今艺术家艺术创造的形象思维与理性思维两相结合的导向。庄子原创艺术创造论表述其独特的艺术创造见解，并在后世发挥突出影响。庄子的原创艺术创造论既包括他的直接论述，也有间接引用典例的隐喻性论述。这里略述其劳动技艺技巧在艺术创作中的作用、艺术创造者的真情实感在艺术创造中的作用，以及庄子哲学对其艺术创造的美学启示三个方面的基本论点。

其一，庄子提出“技”“神”“道”等范畴，论述了劳动技艺技巧、创造精神等在艺术创造中的重要作用，指出艺术创造始终运用着技艺，如雕塑的刀工、绘画的笔法、乐曲的演奏，都要全神贯注，追求并达到“道”的最高艺术与哲学精神境界。

“技”指艺术创造中艺术技巧的运用。庄子通过“庖丁解牛”等寓言故事，喻指高超技艺技巧的把握、运用，对于艺术创造具有极为重要的价值及启示：艺术创造的技艺依靠顽强意志的坚持，反复历练的精熟，长期经验的积累，只有像庖丁那样十九年练得一身高超技艺，才能使艺术创造出神入化，从必然王国进入自由王国。

“神”指艺术家在艺术创造中具备并发挥的高超智慧和创造力。庄子认为，欲达到艺术创造中“神”的境地需要有两个方面必备的心理素质：

---

① 闻一多. 古典新义［M］//闻一多全集：第2卷［M］. 北京：三联书店，1982：281.

一如庖丁解牛时的“凝神”，二如梓庆削木为鐻时的“气足心静”。“凝神”即从事特定创作任务时聚精会神，心无旁骛。有无这种聚精会神的注意力是艺术创造成败的决定性条件。创作时只有“凝神”专注，“气足心静”，才能使艺术家的生命力、创造力、个性特质贯注于作品之中，使见者赏心悦目，受到激励和感召，从而发挥艺术作品的育人功能。

庄子释艺术创造中的“道”有三重含义：一是深刻认知、熟练把握和运用创造的一般规律；二是艺术创造的特殊规律；三是艺术创造成果所体现的精神境界。艺术创造者要以体道之人创造体道之作品，体现庄子哲学精神：思想自由，精神解放。

其二，庄子提出“真”的美学范畴和“法天贵真”的艺术创造原则，论证了艺术创造者的真情实感在艺术创造中的重要作用。庄子假托渔父与孔子的对话，这样表述真者，“真者精诚之至也。不精不诚，不能动人”，“真在内者，神动于外，是所以贵真也”，“真者，所以受于天也，自然不可易也。故圣人法天贵真”（《庄子·渔父》）。庄子强调，艺术创造过程是生命力、创造力、想象力，即艺术创作个性的贯注与发挥，它蕴含创造者的真情实感，真情出自内心，实感来自客体，二者有机结合，即表现为艺术的真实美。对此，庄子将“真”与“伪”对举，将“真”落实在创造主体的真情实感上。

“真”与“伪”相对而言，真之“所以受于天也，自然不可易”，自然天成，不依人的主观意志为转移，是客观存在，伪饰非真。庄子告诫：艺术创造应反映客观实在，尊重客观规律，接近客观真理。“真”在艺术创造中要求创造主体有真情实感。“真在内，神动于外”，有发自内心的真情，才有“神动于外”的美好艺术创造。艺术创造贯注真情，自然就会有强烈的感染力。

“法天贵真”是庄子艺术创造的主导性原则。他要求创作主体将自然、社会真实与艺术真实有机结合起来，把握好对客观真实的认知转化为艺术品创造的艺术化真实。“法天贵真”是将自然本性和人的情理世界的“真”情统一结合起来。在哲学上，“法天贵真”才能闻道体道；在艺术创造上，“法天贵真”才能创造出有强烈壮美感染力的优秀作品。

其三，关于庄子哲学对艺术创造的美学启示，这里有必要做如下简要论说。

第一，庄子哲学与老子哲学思考的重点都在人生哲学，区别在于老子有追求“小国寡民”“无为而治”的政治哲学特点，庄子则侧重探究人类的精神现象，追求人类的精神解放。比较而言，庄子哲学较老子哲学对艺术创造的美学启示更大更深远，体现了“中国古代的学术观点是在‘相争相融’‘相灭相生’的氛围下发展的。‘相争相融’‘相灭相生’，互逆统一，是人类理性的辩证法”①。庄子从战国时代的社会现实出发，从横断面对人类精神苦闷及其解放深入思考，特别是对生与死、有情与无情、入世与出世这三个人们普遍关心的问题进行研究，理性思维与形象思维结合，做出了显示庄子思想特征的回答，他对人类精神现象的艺术化描绘和道家哲学论证展现出其哲学对艺术创造的样板示范和启示。艺术创造作为人类精神生产的形式之一，必然艺术地反映人类被净化被提升了的精神境界，在真善美与假恶丑的典型艺术形象比较中，张扬美与真、与善的统一。庄子哲学特殊观照的三个人类精神现象问题，始终是文学艺术创作的永恒性主题。扩展开来看，美学和伦理学从来都构成哲学的两个侧支。求真去伪、扬善抑恶、鉴美弃丑，将成为哲学主导下美学、美育、伦理学、德育屡证不衰的课题。

第二，庄子哲学及庄子对人类精神现象的探究，既来源于自然与社会的现实，又试图超越现实，摆脱不合理的社会桎梏，幻想人类主体精神自由、个性解放乃至梦想与天地精神往来，与造物者游。其中既有对人类精神境界的理想探寻，也有虚构的甚至夸大化的带有神秘主义色彩的幻想。但是，庄子哲学在庄子美学中的渗透，表现了庄子独一无二的既源于现实又超脱现实、形象思维与理性思维结合的独特思维方式，跃动于文字间的庄子的丰富想象力：虚构与创造，写实与隐喻、暗寓，都对后世各种形式的艺术创造产生深远影响。庄子文章独创的艺术风格美、“汪洋辟阖，仪态万方”② 的气势与文辞美皆为历代师法和称道，在世界文学史、美学史上独领风骚。

第三，庄子在思想上追求无穷无极，追求人类精神解放，追求人类精神生命的永恒价值，对于艺术创造的启示也是至深至远的。人世间是否有永恒的艺术难以断言，但艺术创造完全可以揭示、探索人生真谛，表现人的价值观，艺术地确立人类的新价值取向，乃至引领社会美德风尚，展现人类心灵美，塑造“最美”各行各业人们的人格典型形象。在中外艺术史上，庄子的无功、无名、无己的育人之美期待，超脱、飘逸、恬淡、清

① 王凌皓，杨冰. 先秦原创性教育思想的创生机制探析 [J]. 东北师大学报（哲学社会科学版），2012 (5)：259.

② 鲁迅. 鲁迅全集：第 8 册 [M]. 北京：人民文学出版社，1957：271.

静、朴实、纯素、生死任凭自然，愤世嫉俗，抨击时弊等等人生态度，无不深刻影响历代艺术创造。庄子知道和体道所表现的中国艺术精神的主体性更值得后来人认真领悟和大力弘扬。对此，徐复观留下了十分中肯的评语："庄子所追求的道，与一个艺术家所呈现出的最高艺术精神，在本质上是完全相同的。所不同的是：艺术家由此而成就艺术作品；而庄子则由此而成就艺术的人生。庄子所要求，所期待的圣人、至人、神人、真人，如实地说，只是人生自身的艺术化罢了。"① 可以这样认为，徐复观这番概括指明了庄子美学对美育的期待，只需将庄子待望的四种人置换为有理想、有道德、有文化、有纪律四种美德的社会主义新人就是了。

［原文刊载于《东北师大学报》（哲学社会科学版）2014 年 05 期（王凌皓　姜殿坤）］

① 徐复观. 中国艺术精神［M］. 沈阳：春风文艺出版社，1987：49.

商鞅的“普法”思想及其现代价值

一、商鞅的普法思想与实践

商鞅是先秦法家“法治”思想的奠基人，他的普法思想是其“法治”理论的重要组成部分，是为其依法治国政治理想服务的。商鞅强调以法治国，他说：“故有明主忠臣产于今世，而能领其国者，不可以须臾忘于法。破胜党任，节去言谈，任法而治矣①。”而要实现以法治国，关键是使人人知法守法，因此法律的普及与宣传至关重要，必须加强法律的宣传力度，扩大法律的宣传范围，加强普法工作。在商鞅看来，只有使天下的“吏民”皆知“法令”，才能做到“吏不敢以非法遇民，民不敢犯法以干法官也”②。也就是说，普法是实现法治的前提与基础。商鞅的普法思想充分地体现了他的法律至上主义思想。而这一思想又集中体现在他对法治与德治关系的论述上。商鞅提倡法治而反对德治。他说：“法令者民之命也，为治之本也，所以备民也。为治而去法令，犹欲无饥而去食也，欲无寒而去衣也，欲东（而）西行也。”③“法令”是“为治之本”。商鞅过分强调法治而反对德治，他把经过孔子整理的传统典籍和儒家所提倡的伦理道德观念统称为“六虱”加以排斥。在商鞅看来，“仁义之不足以治天下也”。“圣人有必信之性，又有使天下不得不信之法。所谓义者，为人臣忠，为人子孝，少长有礼，男女有别，非其义也，饿不苟食，死不苟生。此乃有法之常也。圣王者不贵义而贵法，法必明，令必行，则已矣。”④也就是说，商鞅认为，儒家所强调的德治内容，诸如忠、孝、礼、义，以及人应该有的“饿不苟食，死不苟生”的高尚志节，只不过是法治国家所应具有的惯常现象，它们不可能，也不应该成为治国的方法与手段，正因为这样，所以

---

① 高亨. 商君书注译 [M]. 北京：中华书局，1974：181.

② 高亨. 商君书注译 [M]. 北京：中华书局，1974：188.

③ 高亨. 商君书注译 [M]. 北京：中华书局，1974：190.

④ 高亨. 商君书注译 [M]. 北京：中华书局，1974：144.

贤明的君主不重视道义而重视法度。

在秦国的变法革新过程中，商鞅系统地阐述并全面地实践了他的普法思想。

首先，商鞅主张法律的普及应该以其成文化和明白易知为前提。为此，商鞅不但修改补充了《法经》，并改“法”为“律”，实现了法律的成文化，而且认为这种成文法律必须“明白易知”。应该说，法律以明白易知的语言表述，不但利于法官、执法官吏掌握法律、宣讲法律，而且有利于广大民众对法律的理解和运用。商君之法以明白易知的形式出现，才成为家喻户晓的原因之一。

其次，为保证普法工作的贯彻和实施，达到普法的目的，商鞅力主明确各级法官和法吏的责任，从体制上保证法律的宣传。在《商君书·定分》中，秦孝公问商鞅：假如今天制定的法令，希望明天就能使全国的官吏和人民都能正确理解和一致遵从，应该怎么办？商鞅回答：“为法令置官吏。”天子设置三个法官：天子所在的宫殿设置一个法官；御史衙门设置一个法官和法吏；丞相衙门设置一个法官。天子为诸侯和郡县也各设置一个法官和法吏，诸侯和郡县的法官和法吏皆听命于朝廷。在这样的体制之下，各级法官和执法的官吏在接到朝廷的法令后必须认真学习，然后向各级政府官员和百姓宣讲。如果在宣讲的过程中有遗漏，就按照他所遗漏的法令条文的某项规定对其治罪。而且商鞅还建议，当“诸官吏及民有问法令之所谓”于主管法令的官吏时，主管法令的官吏必须明确告之，而且要制造一个一尺六寸的“符”，符上写明询问的年、月、日、时和相应的法令条文。写完之后，法官把符的左片给询问的官吏和百姓保管，把符的右片装在木匣里封存起来。如果在这个过程中主管法令的官吏渎职，即没有告诉或告诉的内容有误，日后，如果询问法令的官吏和百姓恰好犯了这条法令所禁止的罪名，则按照这条法令所规定的罪名惩处渎职的法官。由此可见，商鞅十分重视通过建立健全法官责任制度进行法律的宣传和法制的教育，从制度层面上保证法律的广为传播。这是商君之法家喻户晓、妇孺皆知的最重要的原因之一。

再次，为使法令得以普及，商鞅还继承了法家的一贯思想，推行“以法为教，以吏为师”的文教政策，主张通过这种特殊的教育形式进行法制的宣传和教育。商鞅主张禁止儒、墨私学，停止私学的一切教育教学活动，用政府所进行的有组织的法律宣传和教育代替学校教育，以国家的法律、方针政策作为教育的主要的和唯一的内容，以政府官吏做老师，实行高度的国家教育垄断，从而把教育规范在法律教育这一唯一的范围内。这无疑扩大了法律的宣传力度和广度，有利于法律的普及。当然，商鞅等法家提倡的“以法为教，以吏为师”的文教政策不利于春秋战国以来的百家争鸣的学术气氛的发展，不利于学术文化的繁荣，在一定程度上造成了教育的倒退，这是不足取的。

再者，商鞅主张采取“厚赏重罚”的有力举措，为法律的普及起积极的推动与保证作用。商鞅一向主张“赏要厚”，“罚要重”，“赏随功，罚随罪”。[①] 他认为，“赏少而威薄”即奖赏不厚，就很难树立法律的威信和尊严，也很难让法律深入人心。因此，商鞅主张用厚赏的原则和方法激发百姓知法、用法的积极性。比如，商鞅主张重赏有功，人们在战争中立了战功则给予官爵。据《韩非子》载：“斩一首者爵一级，欲为官者为五十石之官，斩二首者爵二级，欲为官者为百石之官。官爵之迁与斩首之功相称也。”可以说，重赏是从积极方面激发人们知法守法和用法的积极性，是正面的激励，是非常有益的；否则“赏少而威薄，淫道不塞”。商鞅在鼓励厚赏的同时，主张重罚，主张赏加于有功，罚加于有罪。商鞅坚持“以刑止刑”的刑罚威吓主义，其结果就是把百姓的个人利益与国家法律紧密地联系在一起，百姓要想有效地保护自己的利益，就必须熟悉国家法律，因为如果不知法，就可能触犯法律，可能被重罚。因此为了避害，百姓不得不主动积极地了解法律。需要指出的是，商鞅在推行其法律的过程中，为了让百姓守法，采取了极其严酷的连坐制，即一人犯罪，株连邻里及族人。因此，在这一严酷的法律面前，人们为了个人、家族的利益和安全，每个人除自己守法外还必须承担监督他人守法的责任。这则从消极方面促使人们不得不主动学法、知法、用法。这是商君之法得以普及的又一重要原因。总之，商鞅提倡赏罚并用的原则，从方法论的角度看，是符合人们趋利避害的心理规律的。

综上可见，商鞅的普法思想颇具特色。商鞅的法治宣传和法治教育也是卓有成效的，做到了家喻户晓，甚至“妇人婴儿皆言商君之法”，皆知“商君之法，无人敢违”[②]。《史记·李斯列传》中说：“孝公用商鞅之法，移风易俗，民以殷盛，国以富强，百姓乐用，诸侯亲服。”《战国策》也赞叹：“商君治秦，法令至行，公平无私，罚不讳强大，赏不私亲近……期

① 高亨. 商君书注译［M］. 北京：中华书局，1974：173.

② 战国策：卷3［M］//西汉刘向集录. 上海：上海古籍出版社，1985：75.

年之后，道不拾遗，民不妄取，兵革大强，诸侯畏惧。”①

二、商鞅普法思想的现代价值

商鞅的普法思想反映了他所处时代的特点，商鞅普法的“成功”在一定程度上得益于专制制度下极其严酷的连坐制度：株连邻里，殃及九族。商鞅采取“以刑止刑”的威吓主义政策实现了人人皆言商君之法，遵守商君之法的目的，这是商鞅普法思想中的糟粕，是应该批判剔除的。不过，我们在对商鞅的普法思想及实践进行深入分析与研究的过程中发现它有许多可资借鉴的内容。比如，商鞅强调法治的重要性，主张以法治国，这既是我们建设社会主义法制国家过程中应该充分汲取的历史智慧，又从反面提醒人们对依法治国与以德治国的关系问题进行深入研究与探讨。在社会生活中，法律不是解决问题的唯一途径与方法，依法治国与以德治国彼此相连，互相促进。法治属于政治建设，属于政治文明；德治属于思想建设，属于精神文明，二者分属于不同的范畴，但其地位与功能都是非常重要的，法治与德治皆不可偏废。法律必须以社会上公认的道德作为其前提与基础。缺乏必要的基础，法律就会失去他的权威与效力。相反，道德上的建树也必须有法制的强制力作为支撑，不借助于法制的强制力，不对违法乱纪进行严厉惩处与打击，良好的社会风尚就不会得到弘扬，新的社会秩序就不可能建立起来。我们再从暴秦用商鞅之法虽在一定时期内曾十分有效，但是，由于秦国不能像荀子所建议的那样“节威而反文”，进而调和礼法，实行礼法兼治，终于在统一后不久便短命而亡的事实中进一步得到启发。

商鞅在普法实践中所采取的卓有成效的举措，同样具有不可低估的现代价值。诸如通过建立严格的法官、法吏责任制，在制度层面上保证法律的宣传与普及；采取“以法为教，以吏为师”的文教政策扩大法律的宣传范围，加快法律的传播速度；利用人们趋利避害的共同心理，采取厚赏重罚的有力举措加强人们知法、守法、执法、用法的自觉性，以确保法律深入人心等，在方法论上是非常可取的。对我们今天加强法制建设，建设社会主义法治国家是颇有启发意义的。

首先，改革开放以来，我国曾进行过几次大规模的普法宣传工作，通过大规模的法律宣传工作，我国公民的法律意识获得了很大的提高。但

---

① 战国策：卷3［M］//西汉刘向集录．上海：上海古籍出版社，1985：75.

是，法律意识淡薄，法律没有普遍地深入人心依然是中国法制建设中不容回避的问题。其重要原因是在认识层面上，我们对依法治国与加强法制教育的重要性缺乏足够的认识；从制度层面上，我们的普法工作没有建立在“执法必严，违法必究”的基础上；同时，在法制建设的过程中没有充分地利用“厚赏重罚”，即充分地利用人们趋利避害的心理。而美国和新加坡的做法在一定程度上印证商鞅变法思想的正确性。美国人雪后自扫门前雪，新加坡人绝不在公共场合随地吐痰。上述行为，与其说是道德的作用，毋宁说是法律在起根本的作用，是法律使道德深入人心，是违法的成本太高激发了人们的道德自觉。由此可见，中国人法律意识的提高除有待于加强普法宣传外，还应该以增加违法犯罪的成本和以“执法必严，违法必究”为保证。

其次，我国过去所进行的几次普法宣传活动多采取“运动”的方式或“活动日”的方式。这种方式最终往往流于形式。我们政府机构中的各级官员也并没有把法制宣传、培养公民的法律意识作为自己的责任与义务。据媒体报道，在多起拐卖妇女的案件中，某些乡村的党政领导对这种严重的违法行为不但不予以制止，反而喜气洋洋地为违法的“婚事”捧场，做主持人、证婚人。可见他们的法律意识淡薄到了何等低劣的程度。那么，在强调依法治国的今天，我们一要进行经常性的普法宣传，把法律教育制度化；二要把对各级干部在辖区内的普法宣传工作与所取得的成果作为考察其政绩和作为对其进行升迁与罢黜的重要依据，既要加强对干部自身的法制教育，又要明确他们应该承担的普法责任与义务。

再次，商鞅普法思想与实践给我们的第三点启示是：要重视通过教育这个培养人的主战场来培养公民的法律意识。虽然在普法过程中，我们不能采取商鞅“以法为教，以吏为师”的极端做法，但是我们的普法工作离不开教育这一基本途径。可以说，我国公民的法律意识淡薄，少年犯罪率持高不下的重要原因就是我们忽视了对公民，尤其是对青少年的法制教育。邓小平早在 1986 年就曾明确指出：“法制观念与人们的文化素质有关。现在这么多青年人犯罪，无法无天，没有顾忌，一个原因是文化素质太低。所以，加强法制重要的是要进行教育，根本问题是教育人。法制教育要从娃娃开始，小学、中学都要进行这个教育，社会上也要进行这个教育。”[①] 江泽民等新一代领导人也十分重视法制教育，他们曾经多次强调法

① 邓小平. 邓小平文选：第 3 卷 [M]. 北京：人民出版社，1993：163.

制教育。《中华人民共和国国民经济和社会发展第十个五年计划纲要》中重申“加强青少年的思想政治、道德品质、心理健康和法制教育”。由此可见，党和国家领导人以及我们的政府对青少年法制教育是很重视的，但是在实际工作中没引起足够的重视。社会教育的薄弱我们暂且不谈，仅从学校教育的情况看，在我国的学校教育系统内，法制教育至少没有真正从娃娃抓起。在九年义务教育中，除了初二学年有规定的法律教育的教科书，进行了较为系统的法制教育外，其他各学年的法制教育则相当薄弱。这对实现依法治国，建设社会主义法制国家是极为不利的。为了实现依法治国，建设社会主义法制国家的理想，我们必须加强法制教育，充分发挥教育的主导作用。在进行法制教育的过程中，首先要做好以下两个方面的工作：一是在教学计划、教学大纲，尤其是中小学教科书中有目的、有计划地增加法治教育的内容，使学生从小就接受法治方面的教育，通过熏陶和灌输培养学生的法律意识；二是通过有计划地组织丰富多彩的校内外活动，使学生一定程度地参与法律实践，提高学生的法律意识。当然，要做到上述两点，一方面是教育主管部门要对此事高度重视，另一方面则要注意培养教师的法律意识，提高教师依法执教的水平，坚决杜绝教师在教育过程中的各种违法行为。

[原文刊载于《法制与社会发展》2001 年 04 期（高英彤　王凌皓）]

先秦创始墨家的原创性教育思想探析

原创是思想产生并得以持续发展的源泉和智慧之根。“先秦是中国学术的原创期……是一个激动人心和原创辈出的时代；是中华文明乃至整个人类文明的轴心时期；是中国学术史上原创最为繁复的一个时代。”① 在这个时代，墨子创立了墨家学派，其原创智慧为先秦时期注入了新鲜血液，墨子成为一个学派的创始者，在滋生一个全新学派的同时，也成为当时与儒、道、法三个学派并立的四大显学之一。本文试图深刻挖掘和剖析鲜有研讨的先秦墨家教育思想的原创特色和价值意蕴。

墨子（约公元前 468—公元前 376），名翟，居宋国（一说为鲁人），出身贫贱，战国初期杰出的教育家、躬行实践的科学家、摩顶放踵以利天下的社会改革家。墨家即墨子创立的墨家学派，此学派中人通称为“墨者”。墨家总结社会实践经验，对几何学、光学、力学等都有极具价值的探索，对名与实、感觉与思维的关系做出过古代逻辑学、认识论的精要分析。墨子及其弟子们的集体智慧体现在《墨子》一书之中。所有墨者都对墨家原创性教育思想学说有所贡献。历史上，秦汉之后，墨家逐步走向衰亡，因少有继承者，几乎成为绝学。西晋鲁胜注疏《墨辩》，为复兴墨学做出过努力但无果。直至清代，墨学重新引起少数学者重视。新中国成立以来，同儒家、道家、法家研究相比较，墨家鲜有人问津，墨学研究著作屈指可数。这种状况持续至今，无大变化。

一、先秦墨家原创性教育思想理析

先秦墨家为后世奉献了辉煌灿烂的原创性教育智慧，我们本着“不求完备，但求典型”的原则，对墨家原创性教育思想进行梳理，分析其有别于其他各家，尤其是儒家的独特之处。墨子有关环境教育作用的“素丝说”，推广平民科技教育的主张，倡行的“量力所至”的量力性教育教学

① 陆玉林. 中国学术通史 [M]. 北京：人民教育出版社，2004.

原则，“强说强为”“不叩亦鸣”的主动施教原则等在教育发展史上都有独特的开创之功。

（一）原创性“素丝说”

作为出身于“农与工肆之人”的士，基于丰富的人生经历和广泛的社会阅历，墨子曾以素丝和染丝为喻，生动而深刻地揭示了人的成长发展与环境教育影响之间的关系，断言人是环境条件影响的产物，环境、教育（教育是特殊的环境）影响人，环境、教育塑造人。《墨子》书中记载：“子墨子见染丝者而叹曰：‘染于苍则苍，染于黄则黄。所入者变，其色亦变。五入必而已，则为五色矣。故染不可不慎也！’”（《墨子·所染》）

墨子的“素丝说”在中国教育史上第一次深刻地揭示了环境条件对人的决定性影响，警告人们一定要谨慎地选择成长发展的环境，即“慎染”。在墨子看来，人的本性就像一块素丝，人究竟能够成为什么样的人关键看他过去、现在和未来已经接受、正在接受和将要接受什么样的教育影响，就像素丝最后的颜色完全取决于它已经被投放、正在被投放或将要被投放在什么颜色的染缸里一样，染缸的颜色决定丝织品的颜色，因此必须慎其所染。墨子的“素丝说”是其教育思想、教育实践的理论依据。墨子从人性平等立场出发去阐述环境教育的决定作用，较之孔子的“性相近，习相远”人性论命题更形象深刻、更有说服力。在中国教育史上，《墨子》一书最早提出了环境对人的影响问题。与孔子的教育教学思想相比较，两人都重视教育的作用，但在如何发挥环境教育的影响作用方面，两人各有侧重。孔子重“习”，强调人的主观努力；墨子重“染”，强调客观环境的外在影响。从重“习”，即强调人的主观努力的思想出发，儒家学派主张激发受教育者的学、问、思、行的兴趣，激发其积极提问，主动思考，善问慎思，儒者强调“君子共己以待，问焉则言，不问焉则止”（《墨子·公孟》）；从重“染”，即强调环境条件影响的思想出发，墨家学派主张积极营造良好的教育环境，强调教育者的主动说教——“强说人”（《墨子·公孟》）。

在墨子的启发影响下，中国古代的许多思想家、教育家都对环境教育与人成长发展之间的关系问题进行深入探讨，比如孟子揭示了经济条件与人的品德、性格之间的关系，指出“富岁，子弟多赖；凶岁，子弟多暴，非天之将才尔殊也，其所以陷溺其心者然也”（《孟子·告子上》）；《礼记·学记》中强调“相观而善之谓摩”，告诫教育者离开集体，“独学而无友，则孤陋而寡闻”，但学生选择学友又必须要谨慎，因为“燕朋逆其师，燕辟废其学”；荀子从性恶论的角度出发，更加注重环境对人的影响，明确地指出“蓬生麻中，不扶而直；白沙在涅，与之俱黑”（《荀子·劝学》）。东汉王充更有“齐舒缓，秦慢易，楚促急，燕戆投。以庄、岳言之，四国之民，更相出入，久居单处，性必变易”（《论衡·率性》）的论断。上述观点确是在墨子“素丝说”基础上的阐释弘扬。

（二）原创性科技教育论

墨子是一位伟大的躬行实践的教育家、科学家，为坚持其“兼爱、非攻”“尚同、尚贤”的社会理想，他游走于各个诸侯国，劝君王罢战。他“上说下教”，“从属弥众，弟子弥丰，充满天下”（《吕氏春秋·当染》），形成庞大的传播墨家学术、道义的科技教育集团。庄子曾评价墨子师徒“不侈于后世，不靡于万物，不晖于数度，以绳墨自矫，而备世之急”，“其为人太多，其自为太少”（《庄子·天下》）。基于对科技教育作用的高度重视，墨子发现了科学技术对“兴天下之利，除天下之害”（《墨子·兼爱下》）的巨大作用，在中国教育史上，原创性地提出教育必须培养兼士或科技人才。墨子私学的培养目标就是培养“兼相爱，交相利”的兼士或科技人才，其中特别重视具有科技发明创造能力、具有生产能力与技术，对发展社会生产、改善民生有重要作用的实用人才。墨子原创性地指出：“古之民未知为舟车时，重任不移，远道不至，故圣王作为舟车，以便民之事。其为舟车也，完固轻利，可以任重致远，其为用财少，而为利多，是以民乐而利之，法令不急而行，民不劳而上足用，故民归之。”（《墨子·辞过》）墨子深刻地认识到科学技术对供给民用的巨大作用，因此在教育过程中积极倡导平民科技教育，造就了一批所谓的兼士或科技人才。

《墨子》一书可以说是我国古代最早的涉及科技教育的教科书。作为记述墨子及其后学教育教学的言行录，《墨子》中涉及了十分广泛的科技教育内容，尽管其中某些内容的记述过于简约难懂，而且没有记述实验和论证的全过程，但是这些内容确是墨子及其弟子从自己的实践和劳动人民的生产生活实践中得来的，并非空想和臆断。《墨子》中记载了物理学、数学、几何学、力学、光学等自然科学知识。墨子在自然科学中，尤其是在物理学、光学、力学、几何学以及机器制造等方面的成就最大，有些内容已经涉及当时科技上的先进成果。比如就物理学而言，墨子在向学生讲述运动与静止的关系时说：“动，或从也”（《墨子·经上》），“止，以久也”（《墨子·经上》），“止，无久之不止”（《墨子·经下》）。意思是说，世界上的任何物质都是运动的，运动是绝对的，静止是相对的。这种认识和当今哲学与物理学关于运动与静止关系的解释完全暗合。这在两千多年前是极为卓越、极为难能可贵的结论。另外，墨子根据杠杆平衡的原理向学生讲述了天平和中国秤的制造原理和使用技术；向学生讲述了滑轮的发明及使用技术，对建筑中砖石受力的情况进行分析，对滑轮运物的三种运动状态做了精要的记述，向学生讲述了几何学中点、线、面的定义、“圆”等的定义。墨子关于光学的教育内容尤为丰富。他在长期的生产生活实践中，经过反复观察与实验，对光学理论做了系统的、具有一定科学性的概括和总结。方孝博先生在《墨经中的数学和物理学》中给予高度评价：《墨子·经下》和《墨子·经说下》中有关几何光学中的阴影问题、小孔成像问题与球面反射镜成像的实验结果和理论说明共八条，依次紧相连属，形成了一部相当完整的光学论文。这篇光学论文既反映了两千多年前的墨子在光学领域的巨大成就，也是墨子光学教育的教科书。墨子堪称古典科技教育的首创者。

墨子重视对他的弟子进行科技知识与技能技巧的教育教学，形成了中国古代丰富的原创性科技教育思想理论和实践。在墨子之前，我国古代劳动人民在生产生活实践和军事实践中积累了比较丰富的科学技术知识，王公贵族也进行着一些科技知识，诸如医学、数学等知识经验的积累和传递，西周的“六艺”教育中就有“书”“数”之教。“六经”中更包含了丰富的科技知识，但理论上积极倡导并最终在教育实践中努力践行科技教育的唯有墨子。墨子教育的宗旨是“兴天下之利，除天下之害”。墨子所要兴的“利”既包括国家的政治、军事、经济利益，也包括文化教育利益，对于利益主体而言，应当有社会、国家的总体利益，也包括百姓的个体利益，但其重点在实现与天下劳苦大众休戚相关的民生之利，主要指从事农业生产和手工业生产的农民与工肆之人的利益。因此，兴利的主要途径是“教人以耕”和“强说人”，大力发展农业生产和手工业生产，在农业生产和手工业劳动以及日常生活中广泛使用科学技术，提高劳动生产率，解放劳动力，减轻人民负担，增加社会财富。墨子从事平民科技教育的实践活动的年代久远，在世界教育史上也可视为推行平民科技教育的先驱。

（三）原创性教学论

墨子原创性地提出了“量其力所能至”的教育教学原则。作为极为重要的教育教学原则，墨子所强调的“量其力所能至”的教育教学原则类似于当下所提倡的依据学生身心发展水平施教的量力性原则。作为儒家学派的分支，墨子既继承儒家的教育思想，又在此基础上立意创新。墨子继承了自孔子至子夏、曾参等儒家强调因材施教的教育思想，要求教师在教育教学过程中坚持做到“能谈辩者谈辩，能说书者说书，能从事者从事”(《墨子·耕柱》)，即通过有针对性的教育教学，把学生按照才能趋向、兴趣爱好分别培养成为“能谈辩者”“能说书者”“能从事者”。他将量力性原则和因材施教原则统一起来，在因材施教的基础上，更强调量力而行。墨子既要求学习者根据自己的已有基础、接受能力量力学习，也要求教育者要斟酌学生的不同情况量力而教，“深其深、浅其浅、益其益、尊其尊”(《墨子·大取》)，即按照学生身心发展的实际水平进行教育教学，做到“深者深求”“浅者浅求”，可能“成学”者成学，可能“成射”者成射。墨子所强调的“量力所至”就是“因其可”，就是基于每个人的可能性有针对性地施教，亦即根据学生不同的资质而施教，将学生培养成为具有不同个性特长的专门人才。墨子“量力所至”原则的提出和实践比西方近代“量力性”原则的提出早两千多年。① 墨子应该是世界教育史上首创这一教育教学原则的著名古典教育家。

(四) 原创性积极主动施教原则

墨子强调“强说”“强为”“不叩亦鸣”积极主动施教的教育教学原则。墨子否定了其同时代的儒者只须拱手以待，问则言，不问则止，好比钟，敲则鸣，不敲则不鸣的被动施教原则，强调“强说”“强为”“不叩亦鸣”。他说：“若大人行淫暴于国家，进而谏，则谓之不逊，因左右而献谏，则谓之言议。此君子之所疑惑也。若大人为政，将因于国家之难，譬若机之将发也然，君子知之，必以谏，然而大人之利。若此者，虽不扣必鸣者也。若大人举不义之异行，虽得大巧之经，可行于军旅之事，欲攻伐无罪之国，有之也君得之则必用之矣，以广辟土地，籍税伪材。出必见辱，所攻者不利，而攻者亦不利，是两不利也。若此者，虽不扣必鸣者也。”墨子鲜明、生动地以类比的方式强调，君子必须积极主动施教，敢于担当，“不叩亦鸣”。

墨子提出的“强说”“强为”的积极主动施教原则寓意深刻，直指社

① 张传燧. 中国教学论史纲 [M]. 长沙：湖南教育出版社，1999：198.

会弊端。他看到“今求善者寡，不强说人，人莫之知也”（《墨子·公孟》），意思是说，如今修德求善的人太少，如果不积极主动施教，社会的公平正义得不到广泛宣传与弘扬，人们的是非观念树立不起来，社会风气就得不到改善。《墨子》书中记载：“有游于子墨子之门者，子墨子曰：‘盍学乎？’对曰：‘吾族人无学者。’子墨子曰：‘不然。夫好美者，岂曰吾族人莫之好，故不好哉？夫欲富贵者，岂曰吾族人莫之欲，故不欲哉？好美、欲富贵者，不视人犹强为之。夫义，天下之大器也，何以视人必强为之？’”（《墨子·公孟》）墨子劝诫游学于他门下的一位弟子要努力学习，这位弟子以“吾族人无学者”为借口对学习持消极态度。墨子劝喻游学者：求学、好学与爱美、求美，欲富贵、求富贵一样，爱美之人，不会因自己的族人都不爱美而放弃自己对美的追求。向往富贵之人，不会因自己的族人都不想富贵而放弃自己对富贵的追求。更何况学习是一种弘扬正义之举，是天下之要义，因此，必须主动而为，不应有任何借口与托词。

墨子这种以教人为己任的积极主动施教精神是十分难能可贵的。他所提倡的“强说”“强为”“不叩亦鸣”的主动施教原则在教学论史上表现出他独有的胆识、气派、风格，在古代教育实践上有开创风气之先之功。

二、先秦墨家原创性教育思想的特色及价值意蕴探寻

先秦时期思想跃动，学术多元。对此，庄子这样描述：“天下之人，各为其所欲焉以自为方。”（《庄子·天下》）诚如庄子所言，先秦诸子都在对宇宙问题、社会问题、人生问题等进行不懈探索，寻求扭转乾坤、济世救民的良方。墨子与他所创立的墨家学派，在战国诸子百家中，被公认为可与儒家匹敌，与道家、法家比肩而立，并称为“四大显学”。他们建立了庞大的、以“农与工肆之人”为主体、具有严密的组织纪律的私学教育学术团体，形成当时与孔子儒家并列而最引人注目的两大教育学派之一。而墨家之所以能成为活跃在这一时期的显学之一，与其具有独树一帜的原创特色、价值意蕴密不可分。

（一）“择务而从事”的墨家教育哲学

墨子是先秦“儒家的歧出”[①]，深受儒家教育哲学思想的影响，且充分体现重视实用的特点。胡适对墨家教育哲学的实用性特点给予高度重视，

① 南开大学哲学系韩强教授指出，用“儒学的歧出”可能更恰当一些。

他说，“兼爱、而从事，是体，兼爱、非攻、尚贤、尚同、非乐、非命、节用、节葬，都是这根本观念的应用”，“择务而从事，是体，兼爱等是用”[①]。墨子教育哲学是一种体用不二的完整体系。墨家实用主义教育哲学源于墨家的实用主义哲学，刘绪义的文章中指出了墨家哲学的灵魂是“择务而从事”。对于什么是“择务而从事”，他也指出，“务”就是时务，“从事”就是实践。具体来说，“择务而从事”就是因地制宜，与时俱进，讲求实效，就是应时因地而变，有针对性地展开其救世的具体主张和措施。理解墨学，必须先把墨子的各种具体主张用辩证的联系和发展的眼光来看待。简而言之，“择务而从事”是与时俱进、因地制宜的朴素表达。因此，“择务而从事”的墨家哲学灵魂显示出了墨家与儒家等学派学术性思想在前提上的差异，也正是基于此，展现了其独树一帜的特色与价值。

（二）鼓励创新的学风是促生学术原创的前提

与孔子的主张“述而不作”相异，墨子明确提出“述而且作”。“述”“作”的关系一直是中国古代哲学家们关注的问题。“述”，《说文》解释为“循”，即遵循、追随之意，引申为传承、继承的意思。“作”，《说文》解释为“起”，即兴起、产生的意思。“述”与“作”反映了对于学术发展的态度和方法，表现为思维方式、治学倾向和教育方式、方法。在中国教育教学理论发展中，关于“述”“作”的关系，主要存在以儒家为代表的“述而不作”的观点和以墨家为代表的“述而且作”的观点。当然，“述”同“作”异，却并非绝对地独立，只不过两派各自表明其关注的重点有所不同。其实，“述而不作”是孔子的自谦之词，他声称他的学术范式是“述而不作，信而好古”（《论语·述而》），作为孔子对待传统文化的态度及其思维方式和治学方法，表现了孔子的学术风格。当然“述而不作”只反映了他对于历史文化持尊重客观的态度，而不能表明他对文化的创新发展无所作为。孔子诸多原创，表明他在事实上“讷于言、敏于行”，日夜劳作，收获丰硕“作”之精品。辩证地分析，孔子所传扬的“述而不作”的思维方式具有两面性，既尊重历史，又审慎地创新，更多关注既往文化积淀，较为保守地开来。它给中国文化教育的发展带来了一定的消极影响。正所谓“述而不作”，祖述尧舜，宪章文武，言必周孔，考信六经，成了中国文化发展史上历代学子的思维定式和治学方法，在某种程度上抑

① 胡适. 中国哲学史大纲［M］. 北京：北京师范大学出版社，2013.

制了原创精神的振作。但这种传统也有其不容忽视的积极影响：它保持了学术发展的继承性、连续性，使中华文化内涵博大精深、枝繁叶茂；孔子以春秋之笔记述历史，为后世史家把握住民族历史根脉树立了治史典范，使中华文明世代相继。孔子创造性的治学和教学主张，开创了中华民族自由发挥和自由创新的学术风气。

针对“述而且作”，《墨子》中如是说：“吾以为古之善者则诛（述）之，今之善者则作之，欲善之益多也。”（《墨子·耕柱》）意思是说，古代优秀的东西需要继承发展和弘扬，今天优秀的东西也需要发明创造。这样一来，优秀的东西就会越来越多。墨子针对孔子“述而不作”的观点主张，提出不同意见，主张“述而且作”，更全面地体现了历史与现实的连续相继，理论与实践的结合一致，是有其深意的。

“述而不作”与“述而且作”的思维模式和治学态度相比较，“述而不作”自有其优势所在，但“述而且作”的可取之处亦不言自明。它更注重在推进学术发展和教育理论发展中，创新科学的研究方法。“述而不作”也好，“述而且作”也罢，在学术发展、教育发展进程中，两派都需要将历史传统与现实相结合，继承与创新相结合，以这两个结合推动和推进文化教育学术理论生机勃勃地向前发展。

（三）墨家教育思想的独特性、创造性造就其原创特色

思想的独特性是指一种思想学说、观点见解立意创新、卓然独立的过程或形态，也就是说原创性教育思想解决问题的视角和思路一定是“人无我有”[①] 的；其话语方式和表达方式“成一家之言”，能自圆其说。独特性是一种思想学说区别于另一种思想学说的差异性，或同构异质，或同质异构的重要标志。

创造性或称突破性，主要指“思维活动和体力活动具有创造活动的特点和倾向，或者这些活动的产品带有一定的独创性”。它是“创造活动的倾向或特征，创造力是创造性的外化，是创造性的集中体现”[②]。创造性或称突破性，体现一种新事物的产生，就是说原创性理论可能对先前理论有承继，但它能在此基础上有所突破，有所前进，有所超越，提出的思想对解决现实问题更富有成效，并取得了创造性的学术成果，开辟了新的研究

① 吴文俊. 因为“原创”才辉煌 [N]. 解放日报，2001.

② 郑金洲. 教育碎思 [M]. 上海：华东师范大学出版社，2004：46.

领域，并带动学术的发展到达一个新的认识高度，提升到一个新的学术境界。

墨家教育思想的独特性与创造性是其区别于其他学派教育思想的一种显著标志，也是其得以生存和具有一定生命价值的重要支点，彰显了墨家原创性教育思想独特的价值和独具的魅力。在战国时代历史背景下，墨子的教育宗旨、教学内容和教学方法等均与时俱进地适应战国时代潮流所需，突破了孔子的模式，具体表现在：墨子的教育对象是“农与工肆之人”，且他的培养目标是“兼相爱，交相利”的“兼士”，所以墨子的教育内容除《诗》《书》《春秋》之外，更加提倡具有实用价值，与改善民生、列国兼并且军事优先得利密切相关的科学技术教育，这就大大突破了“六艺”教育的框架与范畴。此外，墨子尤其注重培养学生的社会实践能力，特别是创造发明意识和能力，以及实际动手操作能力。墨子的主动教学原则，亦是对儒家“启发诱导”“待问后对”“弗问不言”的被动教学方式的变革，注重培养学生的主动性和务实精神。可以说其“特立独行”“因时而变”的原创，造就了墨家教育思想的独特性，造就了墨家教育思想的原创特色。

总之，墨家教育思想包含了十分丰富的内容和实用性主张，尤其是其彰显环境特殊作用的“素丝说”、以科学技术知识和技能技巧为主要内容的专门教育、量力性原则和积极主动的教学原则都是中国教育史上首创并先行的，也体现墨家学派与其他学派不同的原创风格、原创特色和价值意蕴。

［原文刊载于《古籍整理研究学刊》2015 年 05 期（王凌皓　陈明月）］

第四章

中国传统师道观和宋明理学家的教育思想

先秦儒家的师生友朋思想探究

先秦儒家对“师”有广义和狭义的内涵界定，从而形成了两个层面的师生观。广义上，先秦儒家主张在人际交往中，同行相处的人都可以为师，即“三人行，必有我师焉。择其善者而从之，其不善者而改之”（《论语·述而》）。这种师生观就是人际交往中的朋友观，即以交友为形式，在相互学习、彼此借鉴中共同提高。人际交往是最有助于个人能力提高和道德完善的途径，即“学莫便乎近其人”（《荀子·劝学》）。在人际交往中，不仅可以实现个体自我能力的提升与人格的完善，而且可以营造和谐友好的人际氛围，维持等差有序的社会稳定与和谐。狭义上，师就是以其言行来给人们做表率并且自己也安心这样做的人，即“夫师，以身为正仪而贵自安者也”（《荀子·修身》）。

一、亦师亦友的广义师生观

（一）以友辅仁

先秦创始儒家把交友作为个人成材达德的重要途径，曾子把其概括为“以友辅仁”（《论语·颜渊》），即以交友来帮助自己成就智慧，完善仁德。

孔子“三人行，必有我师焉。择其善者而从之，其不善者而改之”（《论语·述而》）的谦逊态度和好学精神体现了其与人交往的重要目的就是自我完善。基于贤人政治的不懈追求，孔子确立的重要修身原则就是“见贤思齐焉，见不贤而内自省也”（《论语·里仁》）。他主张，人们既可以视贤者和善者为师，在接触贤者和善者的过程中，通过榜样学习的方式学习其贤其善；也可以视不贤者和不善者为师，在接触不贤者和不善者的过程中，汲取教训，避免犯同样的过失。为此，孔子提倡广交朋友，以达到以友辅仁的目的，他与所接触的人亦师亦友。在与蘧伯玉交往中，他非常欣赏蘧伯玉光明磊落的为政风格，几次游学卫国，都作客蘧伯玉家，与其促膝长谈，切磋学理，尤重“追迹三代之礼”（《史记·孔子世家》）；孔子与内修仁德而外交灵活的子产以兄弟相称，并多次向弟子们讲述子产爱民如子的政行；孔子与上知天文下通地理的苌弘更是情深义重，曾不远万里去拜访苌弘，向他学习天文和乐律，且称谢不迭。孔子曾情不自禁地慨叹：“有朋自远方来，不亦乐乎？”（《论语・学而》）孟子将朋友关系作为“五伦”之一，强调“朋友有信”，希望人们以诚相待、和谐相处。孟子将诚信视为人性向善的必然要求，他说：“诚者，天之道也。思诚者，人之道也。”（《孟子・离娄上》）

荀子也强调治学修身要以友相辅，他继承了孔子“见贤思齐”“见不贤而内自省”的道德修养原则，主张“见善，修然必以自存也；见不善，愀然必以自省也”（《荀子・修身》）。意思是，见到别人的善行，一定要恭谨自查，看自己是否也有此善行；见到别人不善的行为，一定要惊心警惕，检查自己是否也有此不善。荀子还在此基础上提出了隆师亲友的主张：“非我而当者，吾师也；是我而当者，吾友也；谄谀我者，吾贼也。故君子隆师而亲友，以致恶其贼。”（《荀子・修身》）

《礼记・学记》继承了儒家交友观摩的教育思想，强调同学、朋友之间的相互学习和共同提高，还将其作为教育考核、评价的重要内容。据《学记》载，西周之际，天子视学时还要评价、考核学生是否“敬业乐群”“博习亲师”“论学取友”，达到了规定的水平，谓之“小成”，即一个阶段教育教学目标的实现。如果一个人“独学而无友”，冥思独行，有问题无处可以商量，有缺点没有人能够批评帮助，久而久之，必定成为孤陋寡闻之人。因此，《学记》要求治学者在集体的教育环境中相互学习，取长补短，即“相观而善”，这是教育教学获得成功——“教之所由兴”的关键。

（二）以文会友

先秦儒家在注重“以友辅仁”的同时，十分强调“以文会友”（《论语・颜渊》），即以志同道合、品德高尚作为择友的标准，因为相对来说，“以文会友”能够更好地实现“以友辅仁”的目的。

孔子非常看重善者的正面教育作用，主张多与善人交友。他说：“里仁为美。”（《论语・里仁》）孔子还对益友和损友进行了比较说明，“益者三友，损者三友。友直，友谅，友多闻，益矣。友便僻，友善柔，友便佞，损矣”（《论语・季氏》）。孔子劝他的学生要同正直、信实和见闻广博的人交朋友，因为与这三种人交朋友，对自己的道德修养和学识增进是有帮助的；如果同谄媚奉承的人、当面恭维而背后诽诗的人和夸夸其谈的人交朋友，时间久了就会受到他们的恶习濡染。对此，孔子还以比喻的方法进一步说明："与善人居，如入芝兰之室，久而不闻其香，即与之化矣；与不善人居，如入鲍鱼之肆，久而不闻其臭，亦与之化矣。"（《孔子家语·六本》）。孔子把交了很多道德高尚的朋友视为人生的三大快乐之一，即"乐节礼乐，乐道人之善，乐多贤友"（《论语·季氏》）。孔子劝告他的学生尽量不要与不如自己的人交朋友，即"无友不如己者"（《论语·学而》），以免对自己的成长发展造成不良影响。

孟子主张"友也者，友其德也"（《孟子·万章下》）。孟子认为，仅仅结交品德高尚的时人还不够，还要上溯历史，同古代圣贤交朋友。他说："一乡之善士，斯友一乡之善士；一国之善士，斯友一国之善士；天下之善士，斯友天下之善士。以友天下之善士为未足，又尚论古之人。颂其诗，读其书，不知其人，可乎？是以论其世也。是尚友也。"（《孟子·万章下》）所谓与古人交朋友，就是通过吟诵古人的诗，读他们的著作，研究他们在那个时代的所作所为，来成就个人的完善德行。

荀子主张慎交友，"取友善人，不可不慎，是德之基也"（《荀子·大略》）。他把交友比喻为"蓬生麻中，不扶而直；白沙在涅，与之俱黑"（《荀子·劝学》）。他说："夫人虽有性质美而心辩知，必将求贤师而事之，择良友而友之。得贤师而事之，则所闻者尧、舜、禹、汤之道也；得良友而友之，则所见者忠信敬让之行也。身日进于仁义而不自知者也，靡使然也。"（《荀子·性恶》）意思是一个人虽然有较好的素质和较强的辨别能力，但一定还要找到贤师并师从他，这样他所听到的都将是尧、舜、禹、汤之道，选择良友并结交他，那么他所见到的都将是忠信敬让的行为，自己在不知不觉中耳濡目染，一天天懂得了"仁义"之道，成为践行仁义的圣贤之人。

《礼记·学记》也强调择友要慎重，如果不慎结交一些酒肉朋友，整天言不及义，不但徒劳无益，反而有害，即"燕朋逆其师，燕辟废其学"。

二、友爱平等的狭义师生观

就总体而言，先秦儒家在与学生交往中并不讲究师道尊严，而是与学生相互呵护、以诚相待、平等共处，建立了民主平等、友爱互助的师生关系。这种师生关系在日常生活和教育教学过程中集中表现为以爱相济、以道相随和教学相长。

（一）以爱相济

孔子爱护学生、忠于教职在历史上是出了名的。学生们感受师爱后对孔子更是尊敬爱戴有加。孔门师生感情笃深，这是教育过程能够顺利进行、教育目标得以有效实现的基础和保障。

孔子对学生的爱，从生活健康到立身行事无所不及。在日常生活中，孔子如同一个家长，关心呵护着每一名学生。面对原宪等一贫如洗的学生，他伸出了无私的援助之手；当冉伯牛身患不治之症的时候，他亲自探望，并不尽惋惜；当颜回英年早逝、子路死于非难的时候，他悲痛不已。

孔子对学生的爱，更突出地体现在教书育人的过程中。孔子对学生尽其力而不“隐其学”。他满怀深情地说：“爱之，能勿劳乎？忠焉，能勿诲乎？”（《论语·宪问》）为了取得学生的信任，孔子坦诚地向学生表明了自己的教育教学态度，“二三子以我为隐乎？吾无隐乎尔。吾无行而不与二三子者，是丘也”（《论语·述而》）。当学生请教问题时，他总是不厌其烦地解答，尽量满足学生的求知欲望。学生一问、再问、三问，他也一答、再答、三答，直到学生能够做到举一反三、触类旁通为止。孔子潜心钻研教学、教艺精湛，其高质量的教育教学是对学生更深层次的爱。孔子在教育教学和日常的师生交往中十分重视观察分析学生的个性特点，他对学生特点的把握可以说是了如指掌，如数家珍，譬如他说：“由也果”“赐也达”“求也艺”（《论语·雍也》）“柴也愚，参也鲁，师也过，商也不及”（《论语·先进》）……然后针对每名学生的个性特征加以区别地点拨化育。例如，对子贡这样通达善辩的学生，孔子甚是喜欢，但对于子贡身上经常表现出来的自傲情性，认为有必要加以抑制，巧妙地对其因材施教。孔子在教学中还擅用启发诱导的方法对学生加以循循善诱，一步一步地提高学生的知识水平和认识能力。例如，当子路向孔子请教“君子”问题时，孔子循序渐进地给出了三个答案，即“修己以敬”“修己以安人”“修己以安百姓”。孔子回答三次，一次比一次深刻，一次比一次难，这是孔子把问题由浅入深、由易到难进行讲解的过程。孔子认真负责，严格要求学生，对学生的过错从不姑息纵容。当发现宰予“昼寝”时，孔子严厉地责备道：“朽木不可雕也，粪土之墙不可杇也。”（《论语·公冶长》）当宰予认为“三年之丧”过久而质疑时，孔子痛斥道：“食夫稻，衣夫锦，于女安乎？”当听到宰予以“安”作答后，孔子气愤地直指宰予的内心：“予之不仁也！子生三年，然后免于父母之怀。夫三年之丧，天下之通丧也。予也有三年

之爱于其父母乎？”（《论语・阳货》）当子贡因为过于疲倦向孔子提出停止事君、事亲等行动主张时，孔子语重心长地劝慰他，尽管处理人际关系确实有很多难处，但这是人所应尽的职责和义务，即使疲倦乏力，也要勉为其难而为。孔子也是一位对学生充满殷切希望的好老师。当学生们有了良好表现的时候，孔子感到由衷的欣慰，并及时给予赞许。

（二）以道相随

正是因为师生之间有着亲切自然、亲密无间、情深义厚的感情基础，孔门教学才洋溢着轻松和谐、以道相随的气氛。孔门师生之间不是以利益、更不是以权势，而是以感情和对知识学问、对正义真理的共同追求凝聚在一起的。孔门师生之间可以自由地交流感情，表达志向。孔子多次激励弟子要“志于道”“志于仁”“志于学”，并尤重教师的表率作用：“子帅以正，孰敢不正？”（《论语・颜渊》）“正”的标准就是德行和道义：温、良、恭、俭、让、宽、和、信、敏、惠、中庸、忠恕、孝悌、仁爱、复礼等立身、立德、理政、治国的道义与准则，信从这些道义准则者，就是志同道合者。合则谋，不合则去，“有道则见，无道则隐”（《论语・泰伯》）。在教育教学中，这种以道相随的师生观表现为孔子鼓励学生大胆地、坦诚地发表自己的观点和见解，哪怕这种观点和见解与老师、权威的观点相悖、意见相左，也不能屈服退让——“当仁，不让于师”（《论语・卫灵公》）。因此，孔子深得学生的尊重与爱戴，在学生中享有极高的威信。孟子慨叹道：“以力服人者，非心服也，力不赡也；以德服人者，中心悦而诚服也，如七十子之服孔子也。”（《孟子・公孙丑上》）被誉为百科全书派领袖的伏尔泰盛赞孔子是“真理的解释者”和“道德的化身”。孔门师生关系是以对六经、六艺的发掘、整理和传播为纽带，以对“大道之行也，天下为公，选贤与能，讲信修睦”社会理想的实现为追求，体现的是志同道合，以道相随。儒家后学继承了这一光荣传统，如孟子强调“惟义所在”（《孟子・离娄下》），荀子强调“本仁义，当是非，齐言行”（《荀子・儒效》）。

（三）教学相长

当代西方马克思主义的主要代表人物，20 世纪下半叶西方最具影响力的思想家哈贝马斯所构建的交往行为理论将人与人以主体间自由认同的方式实现平等自由的对话与交流视为最理想的社会秩序。尽管他的交往行动理论引发了广泛的质疑和争论，但是，就人的自身发展来说，平等自由的交往和沟通是具有一定的人本主义价值的，教学相长就是师生以主体间自由认同的方式实现平等自由的相互交流和共同提高。

孔子从不搞师道尊严，一向主张“知之为知之，不知为不知”（《论语·为政》），他提倡“敏而好学，不耻下问”（《论语·公冶长》）。孔子希望学生能对思想学术、治国安邦提出不同的意见，认为只有这样才能相互启迪，共同提高。在教育教学实践中，当他发现颜回对其观点总是欣然接受时，批评道：“回也非助我者也，于吾言无所不说。”（《论语·先进》）可是后来孔子自觉“弗如”颜渊时，坦诚地赞叹道：“后生可畏，焉知来者之不如今也?”（《论语·子罕》）孔子对晚生后辈，不仅尊重，而且达到了敬畏的程度，这是对学生极大的鼓舞和勉励。子夏问：“‘巧笑倩兮，美目盼兮，素以为绚兮。’何谓也?”子曰：“绘事后素。”曰：“礼后乎?”子曰：“起予者商也!”（《论语·八佾》）子贡向老师请教：“贫而无谄，富而无骄，何如?”孔子的回答是：“可也。未若贫而乐，富而好礼者也。”子贡曰：“《诗》云：‘如切如磋，如琢如磨。’其斯之谓与?”子曰：“赐也，始可与言《诗》已矣！告诸往而知来者。”（《论语·学而》）孔子与弟子们的切磋探讨、彼此尊重、相互启发的教育教学实践被《礼记·学记》的作者创造性地概括为“教学相长”的光辉命题。《礼记·学记》不仅要求教师成为“善喻”者，在教育教学过程中进行“君子之教”——“喻”：“导而弗牵，强而弗抑，开而弗达”，遵循“教之所由兴”的规律施教治学；而且要求学生成为“善学者”，“比物丑类”，即善于提问、比较、推理，遵循学习规律，由浅及深，并对老师的教育教学有所启发。

三、先秦儒家师生友朋思想的现代启示

（一）亦师亦友——确立新型的人际交往观，推动和谐社会建设

亦师亦友的师生观是立足于个人成长发展的人际交往观。20 世纪 60 年代，美国学者赫钦斯首先提出了学习型社会的理念。20 世纪 70 年代，联合国教科文组织明确指出：“人类要向着学习化社会前进。”此后，许多国家相继开展了学习型社会的创建活动。2002 年 11 月，党的十六大报告明确提出：“形成全民族学习、终身学习的学习型社会，促进人的全面发展。”创建学习型社会的最终落脚点是强调人的终身学习，追求人的全面发展，学习者要把自己的成长进步当作个人的毕生追求。先秦儒家站在人

类历史轮回的轴心点上，为后世确立了终身学习、全面发展的教育理想。孔子强调“志于学”（《论语·为政》）、“学而不厌”（《论语·述而》），孟子讲自求自得，荀子讲“学不可以已”（《荀子·劝学》）。最值得一提的是，先秦儒家指明了终身学习的最佳途径，认为个人的学习成长在人际交往环境中是最有成效的，并且指明了人际交往过程中的基本价值取向：以友辅仁和以文会友，鼓励人们在亦师亦友的人际交往中通过“择善而从”和“不善而改”来不断地提高和完善自己。人类发展史昭示，无论时代怎样进步，无论人的学习方式如何变迁，人际交往对人的影响始终是存在而且是至关重要的。借鉴先秦儒家亦师亦友的广义师生观，推行以友辅仁和以文会友的人际交往之道，有助于推进终身教育、创建学习型社会，是构建和谐社会的基础、动力和重要组成部分。

亦师亦友的师生观也是着眼于人与人之间和谐友好相处的人际交往观。从古代先民的“大同”理想，到孙中山的“天下为公”的理想诉求，再到今天科学发展的“和谐社会”建设，都是对美好社会的向往和追求。从一定意义上说，离开了和谐的人际关系，一切向往和追求都只能是幻想与奢望。基于此，党和国家领导人把“诚信友爱”作为社会主义和谐社会的六大特征之一，强调全社会互帮互助、诚实守信，全体人民平等友爱、融洽相处。先秦儒家的大师们站在历史发展的高度，主张在实现社会理想的道路上，人们应该以友相待、和谐相处，在彼此尊重中谋求和谐，在交互启发中获得精神满足。先秦儒家亦师亦友的师生观对推动和谐社会建设具有重要的现实意义。

（二）友爱平等——构建和谐的师生关系，贯彻教师教育新理念

以爱相济、以道相随、教学相长是构建和谐师生关系的重要途径。教育过程中如果没有爱和师生对知识学问、正义真理的共同追求，一切教育行为都将变为程序化、机械化的公式，经济主义的投资与回报观念必然介入并迅速蔓延，学校将成为兜售知识的场所，教育将变成一种冷漠的商业买卖行为，师生关系将变成一种赤裸裸的利益交换关系。当今在个别教师和学生之间上演的利益交换行为，已经严重影响了师生关系的正常发展。师生之间以爱相济、以道相随的基础是教师对学生的真挚情感，是教师的职业道德。《教育规划纲要》明确强调：“教师要关爱学生，严谨笃学，淡泊名利，自尊自律，以人格魅力和学识魅力教育感染学生，做学生健康成长的指导者和引路人。”先秦儒家为后世树立的光辉榜样，值得深入研究

和借鉴。建立在师生之间人格平等、互相尊重基础之上的教学相长，是师生关系和谐发展的根本体现。长期以来某种程度上存在的不正当的师生关系，尤其是在某些教师身上存在的专制家长式的教师观使得学生唯教师是从，影响了师生之间的正常交流和学生的健康发展。先秦儒家"知之为知之，不知为不知"的宽广胸襟和"不耻下问""善教""善学"的立教治学思想及实践为我们端正教师唯我独尊和学生唯教师是从的错误心理，进而推进平等、民主、和谐的师生关系的建构提供了思想渊源和实践借鉴。

先秦儒家创造性地提出的"教学相长"命题更是当前贯彻教师教育新理念的应然选择。先秦儒家"教学相长"的教育理论与实践不仅有利于指导我们正确理解教育教学过程中师生所处的不同地位、所发挥的不同作用，有利于师生双主体地位作用的体现和发挥，也有助于推进教师教育一体化进程，加快发展教师教育。《教育规划纲要》把提高教师专业水平和教育教学能力作为重要发展目标，在教育教学过程中能否处理好师生关系，做到教学相长是评价教师专业水平和教育教学能力的重要标准，因为教育教学过程不仅是传授知识、发展能力的过程，还是师生之间积极互动、共同发展的过程。师生之间应该互教互学，形成学习共同体。当今信息化时代，人类以更快捷的方式获取并传递着人类创造的一切文明成果，学生比教师"闻道在先"的可能性超越了以往任何时代，这既给教师的教育教学带来了压力，也为教师的成长发展提供了新的路径，为教学相长增益了新的内涵与功能。

[原文刊载于《教育研究》2011年08期（李丽丽　王凌皓）]

中国古代师道观评析

所谓师道观是指对为师之道的总体认识，涉及对教师的地位、作用、职责、任务、资格、要求及师生关系等方面的看法[①]。古人提倡尊师重道，将教师视为人之模范，对教师的地位作用、职责、任务、任职资格等有关问题提出了诸多原则性要求。这些原则性要求有助于丰富教师教育的研究，为当下提升教师专业素养和促进教师专业化发展，提高教师的立德树人质量提供历史启示。本文将从教师的职业道德、知识结构、从教能力、职业形象、师生关系等几个方面对中国古代的师道观进行系统总结分析，以丰富教师教育的历史研究。

一、德行高妙，为人师表

重视人之德行修养是中华民族延续数千年的文化传统。教师肩负着传递人类知识文化，塑造人的精神，涵养人的德行的历史重任，是人之模范，是道德和学问的楷模。中国自古以来就极为重视教师的地位、作用，重视对教师职业素养的高标准、严要求，提出了一系列旨在提高教师从业能力的规范性要求，成为中国古代师道观的核心。古人强调师道，首在要求为师者要具备高尚的师德。

我国是世界上较早产生学校教育的国家，根据历史资料的记载，早在殷商时期，我国就有了正规的学校教育，至西周奴隶制鼎盛时期，已经形成了相当完备的奴隶制教育体系，形成了以“六艺”教育为核心的教育内容，在“学在官府”的教育体制下，形成了政教合一、官师合一的教育管理体制。西周时期，“师”虽是职官名称，却被统治者赋予了重要的教化职责。此时的“‘师’已不限于指称武职，开始被借用来称谓一般性职官，其中包括很多技术性的职官，如‘乐师’‘工师’等，这些技术性职官‘乐师’‘工师’等大都兼有教育的责任，‘师’的意涵也因此发生变化，

① 俞启定. 论中国古代的师道观［J］. 教师教育研究，1995（3）：68-73.

具有了教育者的含义”[①]。西周时期的学校教师多是由在任或退休官员兼任，职官即教师。在此制度下，为官者应该具备的素养也就是为师者所必备的素养。

春秋战国时期，东周王室没落，地方诸侯扩大势力，社会动荡不安。此时，官学衰败，职官携带王室典籍在民间开山立派，形成“天子失官，学在四夷”(《左传·昭公十七年》)的局面。随着“士”阶层的兴起，社会出现了百家争鸣的盛况。这些“职官”在民间宣传政治与学术思想，在民间从事“教育”活动，为平民学子提供接受教育的机会。在政教分离的情势下，职业化的教师出现。金忠明指出，以孔子为代表的新兴专职教师的出现，表明“师”这一群体的分化已经出现端倪[②]。孔子是中国古代师道观的最初建构者，他提出的“学而不厌，诲人不倦”(《论语·述而》)的从业信条是中国古代“为师之道”最为言简意赅而又提纲挈领的论述[③]。孔子强调教师要有“学而不厌，诲人不倦”的敬业精神，提倡教师应规范修养德行，以身作则，成为学生的榜样，告诫教师：“其身正，不令而行；其身不正，虽令不从”“不能正其身，如正人何?”(《论语·子路》)，身教胜于言教，他鼓励学生应该“当仁，不让于师”，孔子一生爱生忠诲，以身作则，为人师表，成为后世楷模。此后的历史进程中，思想家、教育家们不断地继承发展孔子的教师思想，将高尚的德行视为师道的核心。

秦统一六国以后，秦始皇为巩固中央集权，维护君主专治制度，以吏为师，春秋战国以来已经成为独立职业的“师”再次从属于“吏”。为了维护政治统治，秦始皇禁书绝学，焚书坑儒，对春秋战国时期形成的璀璨文化和教育造成了极大的破坏。从秦始皇统一中国（公元前221年）到汉武帝设立太学（公元前124年），近一百年的时间里，学术主要靠私人而不是学校传授[④]。此时，师道观没有特殊的建构和发展。

自西汉武帝开始“罢黜百家，独尊儒术”，兴办太学，公元前136年，太学设立五经博士，出现“经师”和“人师”之别。“经师”即“五经博士”，不仅要传授经学，还兼任国事顾问，为统治者筹谋。“人师”一词最早见于《荀子》一书，如“四海之内若一家，通达之属莫不从服。夫是之

---

① 王伦信. 先秦“师”概念的发展及其教育意涵的获得［J］. 教师教育研究，2007，19(4)：97-97.

② 金忠明. 教师教育的历史、理论与实践［M］. 上海：上海教育出版社，2008：24.

③ 朱永新. 中国教育思想史：上册［M］. 上海：上海交通大学出版社，2011：154.

④ 王凌皓. 中国教育史纲要［M］. 北京：人民教育出版社，2013：8.

谓人师”(《荀子·儒效》)。汉代的韩婴在《韩诗外传》中指出：“智如泉涌，行可以为表仪者，人师也”，即学问与德行堪为世人表率的教师才可为“人师”。相比“经师”，教育家们似乎更推崇德才兼备的“人师”。但恰如陈桂生教授所说，“其实，汉代所谓‘人师’并非同‘经师’对举的概念。当时久已散失的经典文献，主要出于五经博士的口授，才得以长传。故在当时，非但谈不上经师易得，反而经师恰恰至为难求”[①]。在儒家的“德教”和“礼教”影响下，在汉代无论是五经博士还是私学教师皆以德才兼备为为师标准。如韩婴在《韩诗外传》中说：“智如泉源，行可以为表仪者，人师也”；董仲舒推崇教师要以德为重，他说，“既美其道，有(又)慎其行”(《春秋繁露·玉杯》)；西汉大儒扬雄以“师者，人之模范也”(《扬子法言·学行》)高度概括了教师的榜样作用，视教师为人之模范，强调教师要具有高尚的道德素养。东汉对博士的选拔相比西汉更加严格，不仅要定期考核，还需要推荐之人写“保举状”。唐代杜佑在《通典·卷二十七》中记载了“保举状”中推荐博士的素质：“生事爱敬，丧没如礼。通《易》《尚书》《孝经》《论语》，兼综载籍，穷微阐奥。师事某官，见授门徒五十人以上。隐居乐道，不求闻达。身无金痍、痼疾。三十六属，不与妖恶，交通王侯赏赐。行应四科[②]，经任博士。”要求博士在通晓儒家经典，能够深刻阐释儒学义理，有较为丰富教育教学经验的基础上，安仁乐道，身体健康，遵纪守法，刚毅果断。

魏晋南北朝时期，政局动荡，官学兴废无常，国家对官学教师的重视程度远不及汉代。此时教师地位虽然下降，但是统治者和思想家仍对为师之德提出了很高的要求。汉末的刘靖选拔博士要求“行为人表，经任人师者，掌教国子”(《三国志·魏书·刘馥传》)，即国子学博士在德行上要“行为人表”；西晋武帝要求博士具备“履行清淳，通明典义”(《晋书·卷二十四·职官志》)的素质；魏应醵有诗云：“子弟可不慎，慎在选师友。师友必良德，中才可进诱”[③]；李元礼尝叹荀淑、钟皓曰：“荀君清识难尚，钟君至德可师”[④]。东晋荀崧奏称，“昔咸宁、太康、永嘉之中，侍中、常

① 陈桂生，张礼永. 中国古代师资文化要义：“师说”辨析［J］. 教育研究，2015 (9) 129-137.

② “四科取士：一曰德行高妙，志节清白。二曰学通行修，经中博士。三曰明达法令，足以决疑，能案章覆问，文史御史。四曰刚毅多略，遭事不惑，明足以决，才任三辅令。皆有孝悌廉公之行”，出自《续汉·百官志一》。

③ 徐坚. 初学记［M］. 北京：中华书局，1962：246.

④ 刘义庆. 世说新语笺疏［M］. 北京：中华书局，2011：8.

侍、黄门通洽古今、行为世表者，领国子博士”（《晋书·卷七十五·荀崧传》）；而北魏要求博士和助教“博阐经典，世履忠清，堪为人师”。可以说在魏晋南北朝时期，为师之道以“良德”和“至德”为核心，“行为世表”为标准。

隋唐时期，经济繁荣，教育发展，统治者重视儒学，要求教师精通儒学，饱读儒经，服膺儒家礼教，遵从儒学之德。隋文帝在《简励学徒诏》中强调“儒学之道，训教生人，识父子君臣之义，知尊卑长幼之序，升之于朝，任之以职，故能赞理时务，弘益风范”；隋炀帝以“笃志好古，耽悦典坟，学行优敏，堪膺时务，所在采访，具以名闻，即当随其器能，擢以不次。若研精经术，未愿进仕者，可依其艺业深浅，门荫高卑，虽未升朝，并量准给禄”（《隋书·帝纪·卷三》）为贤才之标准，要求教师在德行上遵从三纲五常。唐代的韩愈在《师说》中系统地阐述了其师道观，使中国古代的教师理论趋于成熟。《师说》开篇便提出教师的主要职责就是。所谓“传道”，即向学生传授儒家之道；“受业”，即向学生教授儒家典籍，包括以“六艺”为核心的传统文化；“解惑”，即解答学生在学习过程中的问题和疑惑。其中，“传道”被视为师者的根本职责；其次，韩愈提出择师的标准在于是否有“道”，而非师者的身份、地位、年龄等外在条件，“道之所存，师之所存也”，而韩愈所谓之“道”，他在《原道》中表述为“博爱之谓仁，行而宜之谓义，由是而之焉之谓道”，即“仁义”之道，文武周公孔孟之道。

宋朝官学对教师道德的管理较为严格，严格规范官学教师的道德修养。据《宋史》记载：“经术该博、德行端良”“官师之长贰者，必得行谊之端修、经术该通之士，然后为之”；哲宗元佑元年，诏近臣“择经明行修堪内外学官者，人举二员”；宋徽宗时期采纳太学博士陆德先以“八行添置教授”的奏议，诏书规定实行“以八行应格人，为教官选首”（《宋会要辑稿·崇儒》）。“八行”是“孝悌、睦姻、任恤、忠和”，即“以善父母为孝，善兄弟为悌，善内亲为睦，善外亲为姻，信于朋友为任，仁于州里为恤，知君臣之义为忠，达于义利之分为和”（《宋会要辑稿·选举》）。要求师者孝敬父母，爱护兄弟，和睦内外姻亲，信任朋友，体恤州里邻居，忠心君主，明辨义利。

明朝官学以“德行”作为遴选教师的重要标准。明太祖朱元璋说：“太学，国家育才之地，天下人才所聚。为之师者，不专务记问博洽，在乎检身饬行，守道尊严，使之敬慕，日化于善。”（《南雍志·卷一·事纪

志》)他指出为师者要随时检查自身德行，守住师道尊严。《明会典·学校》中明确规定：“天下学明行修望重，海内所向慕，士大夫所依归，足以师表一代，名盖一时者”可以为师；《明太祖实录·卷二五四》中记述：“所表仪诸生，必躬修礼度，率先勤慎，毋惰训诲，使后学有所成就”可以为师；《皇明太学志·学规》中明确规定教师“须要整饬威仪，严立规矩，表率属官，模范后进”。王廷相要求教师必须严于律己。他说：“古之有身教焉，今唯恃言语而已矣，学者安望其有得？近世复有以清心、静坐、解悟教人者，求诸义理、德性、人事之实，则茫然不达，此又言语之不如也。”他认为，教师的身教具有实践意义，今人之清心、静坐之教不如言教，而言教的意义又不如身教。

王夫之十分重视教师的言行举止在教育学生中的潜移默化的作用。他要求教师“正言”“正行”和“正教”。他指出，“立教有本，躬行为起化之原”(《四书训义》)，教师要在教育活动中端正言行，以身作则，这样才能起到教育的正面作用。他说：“师弟子者，以道相交而为人伦之一。故言必正言，行必正行，教必正教，相扶以正。”王夫之要求教师“恒其教事”，意在要求教师具备敬业乐业的执业精神，对待本职工作持之以恒，孜孜不倦，尽心尽力教化学生。

在中国古代以道德教育为核心的教育传统中，官学教师的遴选标准和教育家的师道思想皆以“德行高妙，为人师表”为师道观的核心，要求教师具有高尚的道德修养，能够“正言”“正行”和“正教”，从而成为弟子乃至世人的模范。

二、通达国体，温故知新

作为人类知识经验的传递者，教师要有渊博的知识储备和严谨的治学态度和较高的学术研究能力，能够做到知古鉴今，通达国体，温故知新。孔子最早提出教师应具有终身学习的精神、态度和能力，“学而不厌”(《论语·述而》)，“温故而知新，可以为师矣”(《论语·为政》)。荀子也说，“耆艾而信，可以为师”(《荀子·致士》)，要求教师拥有渊博的知识和丰富的教育教学经验。

汉武帝奉行“罢黜百家，独尊儒术”的文教政策后，于公元前136年在太学中设立五经博士，要求博士必须通晓儒家五经①，具备“经师”的

① 五经是儒家五部经典著作：《春秋》《礼》《诗》《书》和《易》，王莽篡汉后改为六经。

学术素养，博古通今。汉成帝更明确地阐明："古之立太学，将以传先王之业，流化于天下也。儒林之官，四海渊原，宜皆明于古今，温故知新，通达国体，故谓之博士。否则学者无述焉，为下所轻，非所以尊道德也"（《汉书·成帝纪》），明确提出博士的知识能力标准应该"明于古今""温故知新""通达国体"，即具有知古鉴今的渊博知识和能力，对传统文化既继承又发展，对所学习的知识能够践履实行，服务社会国家，这是尊师重教的基础。扬雄也认为为师的可贵之处在于"知大知也"，即知晓天下诸事。他说："师之贵也，知大知也。"（《扬子法言》）

魏晋南北朝时期，也要求博士不仅具备"行为人表""履行清淳"的道德修养，还要在教育教学中做到"通明典义""通洽古今""博阐经典"，即具有从事教育教学的知识储备和能力储备。

隋唐时期，教育大兴，统治者重视儒学，遴选天下饱儒之士为学官。唐太宗在贞观六年下诏："尽召天下淳儒老德以为教官"（《新唐书·儒学传》）；贞观十一年又下诏令："儒术该通，可为师范"（《唐大诏令集·卷一〇二》），以充实学官队伍；贞观十四年："是时上大征天下名儒为学官"（《唐大诏令集·卷一〇二》）。以上征召学官诏令中，皆以精通儒学之人作为学官上选。唐高宗在《令京司长官上都督府诸州举人诏》中说："其有经明行修，讲谈精熟，具此严才，堪膺教胄者。"官学教师除却精通儒学，还要"讲谈精熟"，即具有一定的教学能力和语言表达能力。柳宗元主张为人师者在治学上要"专而通"和"新而一"，才能肩负起"以圣人之道及乎人"的重任。他在《送易师杨君序》中说："宗元以为，太学立儒官，传儒业，宜求专而通、新而一者，以为胄子师。"其中，"专而通"的意思是要对儒家经典的研读既要专精又要触类旁通，能够举一反三；"新而一"的意思是在研究中能够得出新的体悟，进而在思想创新的同时，继承儒家思想的核心宗旨，并有所发明，有所创新。

宋代邵雍曾说："不知阴阳，不知天地，不知人情，不知物理。强为人师，宁不自愧?"[①] 其意是教师要博通天地，知阴阳，知天地，知人情，知物理。他认为，若不知晓这些知识，则不配为人师。明末清初启蒙思想家王夫之要求教师"欲明人者先自明"，即教师传授学生知识的前提是，教师自己具有丰富的知识和体悟深刻道理的能力。他说："夫欲使人能悉知之，能决信之，能率行之，必昭昭然知其当然，知其所以然。由来不昧

---

① 邵雍. 邵雍全集［M］. 上海：上海古籍出版社，2015：384.

而条理不迷。贤者于此，必先穷理格物以致其知，本末精粗晓然具著于心目，然后垂之为教。”（《四书训义》）

中国古代的师道观不仅强调教师是人类知识文化的传承者，要求教师不仅要具有“知古今”的渊博知识储备，还要具有“温故知新”“专而通”“通而一”的学术研究能力，这是为师之道的基础和核心。

三、循循善诱，教亦多术

中国古代的师道观强调教师要懂得、遵循和掌握教育教学规律，灵活运用教育教学原则方法，形成教育教学能力，即“师术”。只有拥有极强教育教学能力的教师才能有的放矢地施展教育教学才华，促进学生茁壮成长。虽然古代官学教师的遴选标准对“师术”的要求并不多见，但在教育家的思想论述中相对丰富。

孔子要求教师在教育教学的过程中灵活运用启发诱导、因材施教的教育教学原则，对学生“愤”“启”“悱”“发”，培养学生举一反三的能力（《论语·述而》）。弟子颜渊称颂孔子：“循循然善诱人，博我以文，约我以礼，欲罢不能。”（《论语·子罕》）后世将此教育教学原则概括为启发教学的原则，成为优秀教师从业必须遵循的基本理念和信条。孔子还创造性地提出了教师在充分了解学生性格、资质、兴趣的基础上，根据学生特点进行针对性教育教学的原则方法。“二程”和朱熹评价孔子：“夫子教人，各因其材。”（朱熹《论语集注》）孟子继承了孔子“启发诱导”“因材施教”的启发教学思想，提倡教师在教育教学中要具有培养学生主动学习能力、独立思考能力的才能，引导学生“深造自得”。他说：“大匠不为拙工改废绳墨，羿不为拙射变其彀率。君子引而不发，跃如也，中道而立，能者从之。”（《孟子·尽心上》）意思是教师在讲解问题时要注意启发学生，引导学生自主思考，并以浅显简单的语言，启发学生理解领悟那些精深的道理。孟子强调教师要根据学生的不同资质灵活运用教育教学方法。他说：“君子之所以教者五：有如时雨化之者，有成德者，有达财者，有答问者，有私淑艾者。此五者，君子之所以教也。”（《孟子·尽心上》）孟子认为教学方法多样，不同的学生适合不同的方法，即“教亦多术矣，予不屑之教诲也者，是亦教诲之而已矣”（《孟子·告子下》）。荀子在《荀子·致士》中提出教师要具备四项基本素养：“师术有四，而博习不与焉：尊严而惮，可以为师；耆艾而信，可以为师；诵说而不陵不犯，可以为师；知微而论，可以为师。”他认为教师应具备有逻辑、有条理、循序渐进地表述和解释问题的能力和细微处体会礼法，有见微知著的能力。《吕氏春秋》中《诬徒》篇对“达师”的教育能力提出要求：“达师之教也，使弟子安焉、乐焉、休焉、游焉、肃焉、严焉。”意思是教学能力出色的教师能够教育学生明晰和掌握“安、乐、休、游、肃、严”六者，能够“则邪辟之道塞矣，理义之术胜矣”，否则“则君不能令于臣，父不能令于子，师不能令于徒”。

综合先秦以来儒家的师道观，《学记》对教师的教育教学能力提出了以下综合要求：首先，君子（德行高尚的人）要充分掌握教育教学规律，知晓影响教育教学成败的关键因素，即“君子既知教之所由兴，又知教之所由废，然后可以为人师也”；其次，在教育教学过程中要“善喻”，要“博喻”，所谓“故君子之教，喻也，道而弗牵，强而弗抑，开而弗达”，“君子知至学之难易而知其美恶，然后能博喻。能博喻然后能为师”。与此同时，教师必须具备良好的语言表达能力。《学记》说：“善歌者，使人继其声；善教者使人继其志。”《学记》要求教师，“其言也约而达，微而臧，罕譬而喻”，意为教师必须具有良好的语言表达能力，在讲解问题时能够做到言简意赅，举例不求多，却要典型，具有启发意义，教师还要具有渊博的知识。《学记》说：“记问之学，不足以为人师，必也听语乎。”意思是教师应具有广博的综合知识，扎实的专业知识，并形成合理的知识结构，在教育教学过程中能够做到举一反三，因人、因时、因需施教，对学生做到长善救失，强调教师的主要职责就是长善救失，“教也者，长其善而救其失者也”。

汉代董仲舒把为师之能力称为“圣化”之功，要求教师在教育教学过程中对学生要“既美其道，有慎其行，齐时蚤晚，任多少，适疾徐，造而勿趋，稽而勿苦，省其所为，而成其所湛，故力不劳而身大成。此之谓圣化，吾取之”（《春秋繁露·玉杯》）。董仲舒所说的“圣化”之功，类似于现代教育学所强调的教学艺术。“既美其道，有慎其行”要求教师德才兼备，谨言慎行，以身作则，成为学生的榜样；“齐时蚤晚”要求教师及时施教，根据学生的年龄特点，把握施教时间和时机；“任多少，适疾徐”要求教师在教学中量力而行，循序渐进；“造而勿趋，稽而勿苦”要求教师在发挥教育教学主导作用的同时，调动学生学习的积极性和主动性，教师的教与学生的学紧密结合；“省其所为，而成其所湛”，要求教师在了解学生心理和特长的基础上，对学生因材施教，促进学生主动发展。董仲舒的“圣化”思想不仅是阐述教育教学的原则方法，更是对教师教育教学能力的高标准、严要求。

唐代的韩愈和柳宗元对教师传道、授业、解惑的能力皆有精辟的论说。南宋的朱熹更在《四书章句集注》中对孔子以来儒家力倡的为师之道，尤其是启发诱导、因材施教等教育教学能力做了极为深刻的既继承又赋予创新意义的系统阐发。到了清代，王夫之强调教师应根据学生的不同素质，采取不同方法手段进行教育教学。他说："教者因人才之不齐，而教之多术。"(《四书训义》)他认为学生个性具有差异，有"刚柔敏钝之异"，因此，教师应根据学生的个性有针对性地因材施教。他说："夫智仁各成其德，则其情殊也，其体异也，其效亦分也……故教者顺其性之所近以深造之，各如其量而可矣。"(《四书训义》)他还主张"教思之无穷也，必知其人德性之长而利导之，尤必知其人气质之偏而变化之"(《四书训义》)，即一个人的德性中既有长处也有短处，教师在教育教学的过程中应引导学生发挥长处，促使其进步，也要帮助学生克服短处，改正缺点，做到长善救失。

中国古代教育家对教师的教育教学能力极为重视，形成了颇具特色的教育教学方法论和教师论，值得深入研究，学习借鉴。

四、尊严而惮，内外兼修

古人素来重视教师的职业形象，并将此作为师道的标准之一。

被尊为至圣先师、万世师表的孔子在其弟子的眼中是"温而厉，威而不猛，恭而安"(《论语·述而》)的形象。所谓"温而厉"是脾气温和且不失严肃；"威而猛"是具有职业威信与威仪却不盛气凌人；"恭而安"是恭敬祥和，既让人感到师德的尊严与神圣，又平易近人，和蔼可亲，让人心生敬意。在先秦诸子中，荀子最主张尊师，他在中国教育史中首次将教师的地位与天、地、君、亲并列，强调提高教师的地位、作用，他对教师的仪表、形象也最为关注。荀子说："礼有三本：天地者，生之本也；先祖者，类之本也；君师者，治之本也。无天地恶生？无先祖恶出？无君师恶治？"(《荀子·礼论》)他强调教师的"正礼"作用，说："礼者，所以正身也；师者，所以正礼也。"(《荀子·性恶》)为发挥教师"正身""正礼"的作用，他要求教师尊严而惮，内外兼修。他强调"尊严而惮，可以为师；耆艾而信，可以为师"。也就是说，教师要树立整齐严肃的权威形象，让人心生敬畏；教师应给人以成熟且有经验的可信赖的形象，使人信服。西汉韩婴主张教师应"不言而信，不怒而威"(《韩诗外传》)。宋代邵雍要求教师要注重外在形象仪表和内在行为修养的有机结合，内外兼修。他说："衣冠严整，谓之外修。行义纯洁，谓之内修。内外俱修，何人不求。"其意为：教师的外修要做到衣冠严整，内修要做到行义纯洁。朱熹说："凡师之道，威和并至则吉也。"（《近思录》）他认为，为师之道在于庄严的外表与善良平和的内心的有机结合。明代《皇明太学志·学规》对官学教职官员的仪表也有明确要求："须要整饬威仪，严立规矩，表率属官，模范后进。"明代官学明确要求教师要树立威仪的形象，表率百官，模范后进。

强调教师保持威仪的职业形象，做到内外兼修确是中国古代师道观的重要内容，在今天仍然具有重要的参考价值。

五、以爱相济，教学相长

师生关系是自古以来师道探讨中的重要议题，对师生关系的处理水平是考验教师职业素养的试金石，也是检验学生人格、品格的重要标准。教师究竟应该如何与学生相处？学生应该如何对待教师？古代教育家就此提出了一系列卓有见地的主张，是我们丰富教师素养、提高教师立德树人水平的重要思想源泉。

先秦时期，儒家对师生关系的论述较为丰富。儒家主张师生之间以爱相济、以道相随、教学相长，这是一种着眼于师生之间民主平等、友爱相助的和谐师生观[①]。孔子主张教师应爱护学生，建立平等的师生关系。孔子主张，仁者，"爱人"（《论语·颜渊》）的仁者之心，对待学生亦是如此，孔子鼓励学生要有超越老师的决心和志气，做到"当仁，不让于师"（《论语·卫灵公》）。孟子曾说："以德服人者，中心悦而诚服也，如七十子之服孔子也。"（《孟子·公孙丑上》）荀子则强调学生对教师言行的服从。他一方面主张学生要绝对尊师，做到"师云亦云"，甚至"言而不称师，谓之畔；教而不称师谓之倍。倍畔之人，明君不内，朝士大夫遇诸涂不与言"（《荀子·大略》）。另一方面，他也鼓励学生要立志在才华和德行上超越教师，有"青出于蓝而胜于蓝"的精神，即"青，取之于蓝而青于蓝；冰，水为之而寒于水"（《荀子·劝学》）。《学记》将师生关系归纳为"教学相长"，即要求教师和学生相互学习，和谐相处，共同成长。《学记》说："虽有嘉肴，弗食，不知其旨也；虽有至道，弗学，不知其善也。是故学然后知不足，教然后知困。知不足，然后能自反也；知困，然后能自

① 李丽丽，王凌皓．论先秦儒家的师生友朋思想［J］．教育研究，2011（8）：98-102.

强也。故曰：教学相长也。”唐代韩愈认为，“弟子不必不如师，师不必贤于弟子，闻道有先后，术业有专攻”，教师和弟子应该建立相互学习、教学相长的平等师生关系。韩愈强调只要“闻道”在先，且“术业专攻”就可以为师，因此师生之间是交互学习的关系。柳宗元也主张师生间要相互学习，教学相长。他曾记述过师生相互学习的亲身体会：“崔子幸来而亲（䙼）予，读其书，听其言，发予始志，若寤而言梦，醒而问醉。”（《送崔子符罢举诗序》）《宋元学案》中也记载宋代“胡瑗视诸生如其弟子，诸生亦信爱如父兄”的师生关系。明代的东林书院师生之间更是以道相随，患难与共，生死相依。

师者作为人之模范，在中国古代具有崇高的社会地位，备受世人尊重与敬仰。自先秦至明清时期，无论是官学教师的遴选标准，还是教育家对为师之道的论述，皆将教师的德行、学识、教育教学能力、处理师生关系中体现的精神品格等视为为师之道的重要标准和核心素养。在中国教育史上，无论是官学、私学还是书院，尽管在生活待遇等方面不同出身、不同级别、不同地域的教师是有区别的，而且区别可能是巨大的，但是有一点是相同的，那就是只有德才兼备者才配为人师表，才可以称得上是教师，才可以以身作则，教化世人，尽到“传道”“受业”“解惑”的职责。可以说，中国古代师道观蕴含丰富，思想深刻，可以为当代教师专业发展、提高教师素养、提高教师立德树人能力提供丰厚的养料。

[原文刊载于《河北师范大学学报》（教育科学版）2019年01期（王凌皓　姬天雨）]

朱熹的道德养成教育思想研究
——基于其童蒙教材及读物的分析

朱熹作为宋代理学的集大成者，一生致力于理学的研究与传播，其学术成就与教化功绩相映成辉，德育思想与德育实践泽被深远。朱熹是一名躬行实践的教育家，编写多部童蒙教材和童蒙读物，这些教材和读物蕴含着丰富的道德养成教育思想。研究朱熹童蒙教材和读物中的道德养成教育思想，不仅有助于我们透视朱熹理学思想之根基和精髓，更有助于我们明晰宋代儿童道德养成教育思想的思维导向、内容架构、途径方法及历史影响，以便为当今儿童道德教育提供有益参考与镜鉴。

朱熹一生关注童蒙教育，编撰、修订《论语训蒙口义》《训蒙绝句》《童蒙须知》《易学启蒙》《小学》《训蒙诗》《近思录》（与吕祖谦合著）等多部童蒙教材和读物，这些童蒙教材和读物阐述理学框架，激励儿童立修齐治平之志，成德才兼备之人。

一、朱熹道德养成教育的理念与目标

（一）君子务本，本立道生

作为理学思想的集大成者，朱熹道德养成教育思想既深受先秦儒家传统教育思想的影响，被后世学者认为“朱子教人之道，即孔子教人之道”[①]；又与宋代的社会发展休戚相关。

先秦儒家坚信“君子务本，本立而道生”[②]，这一思想深刻影响了朱熹道德养成教育思想。“道”是儒家理想的社会愿景，是“德治”，是全民素质的提高与精神层次的提升，更是人人争而为君子的理想状态。从宏观层面来看，“道生”的状态是儒家理想的社会图式；从微观的层面来看，是

① 朱杰人编. 朱子全书·第十三册·小学［M］. 上海：上海古籍出版社，2002：490.

② 语出《论语·学而》，全文为：“其为人也孝弟，而好犯上者，鲜矣；不好犯上，而好作乱者，未之有也。君子务本，本立而道生。孝弟也者，其为仁之本与！”

个人思想道德品格的塑造与养成；“本立”，从宏观看，是社会道德体系和精神核心、价值观念之形成；从微观看，是个体思想品德的塑造和道德行为习惯的形成，即个体修身立德根基的牢固。“本立”与“道生”之间具有先后相随的因果关系：先有“本立”，后有“道生”；全体社会成员素质的提高有赖于社会成员个人道德素养的提高，个体道德素养的提高又端赖于全体社会成员为其营造的成长发展环境。

宋儒继承了儒家倡导“内圣外王”、重视个人道德修养的传统，将古之圣贤作为个人修为的楷模。周敦颐常寻“颜子仲尼乐处”，将先圣高尚的道德旨趣作为自己道德追求目标之一；程颐号召复归孔孟，延续道统，推崇“圣贤气象”。在儒家“内圣外王”传统与宋代重视德性存养的社会氛围影响下，朱熹强调，“通过社会教化，接受儒家的伦理道德纲常教育，依顺‘五常之德’……凸显理学创意性的教育思想，其普适性的内涵，至今仍为人们所称道”[①]。朱熹将儿童道德养成教育作为成人之本，重整纲常之基，因此在《小学》文首就强调蒙童道德养成的重要意义，“古者小学教人以洒扫应对进退之节，爱亲敬长隆师亲友之道，皆所以为修身齐家治国平天下之本，而必使其讲而习之于幼稚之时，欲其习与智长，化与心成，而无扞格不胜之患也。”[②]。朱熹将道德养成看作“立本”的重要途径，将儿童道德养成提高到“齐家治国平天下”之基础与根本途径的高度，阐释儿童立德与社会进步之间密不可分的关系。朱熹道德养成教育思想正是在“君子务本，本立道生”的思想理路之下系统展开的。

（二）明人伦，尊德性

朱熹将儿童道德养成看作精神成长之必要和社会文明延续之必须，在“本立道生”的思想理路之下，将“明人伦”“尊德性”“道问学”作为道德养成教育的主要目标。

朱熹强调：“尊德性，所以存心而极乎道体之大也。道问学，所以致知而尽乎道体之细也。二者，修德凝道之大端也。”（《中庸章句》）在朱子看来，“尊德性”与“道问学”是提高个体修养的不可分割的两个方面，“道问学”是“修德”的必要手段，“修德”是“道问学”的努力方向。

① 王凌皓．继承与超越：先秦时期原创性教育思想研究［M］．长春：吉林出版集团有限责任公司，2015：302-303.

② 朱杰人编．朱子全书·第十三册·小学［M］．上海：上海古籍出版社，2012：393.

“不尊德性，则懈怠弛慢矣，学问何从而进?”（宋·黎靖德《朱子语类》卷六十四）“尊德性”是“道问学”的原始动力，“道问学”为“尊德性”提供智力支持。在朱熹看来，“圣贤教人为学，非是使人缀缉言语、造作文辞，但为科名爵禄之计，须是格物、致知、诚意、正心，而推之以至于齐家、治国，可以平天下，方是正当学问”（《朱文公文集》卷七十四）。同时，朱熹将道德养成与基础知识、基本技能的传授、训练相区别，强调道德养成是一种重在成就道德人格的“育”，是以“养”的方式来实现的道德教育。

从促进社会发展角度来看，朱熹道德养成教育的最终目的是整个社会关系的捋顺，是社会核心价值观的培育和践行，是“明人伦”，是人际关系的和谐稳定。朱熹的道德养成教育思想以“明人伦”为指导，以儿童生命成长为核心，以“礼”为规范，以忠孝为内容，以良好行为习惯与道德行为塑造达成“存天理”的目标。朱熹对蒙童“明人伦”的强调，不仅出于对蒙童道德养成之关注，还关乎其对蒙童未来发展之思考。朱熹期望将蒙童“小学”时期养成的道德基础与成人后“大学”时期的“止于至善”的道德理想与道德实践合而为一的境界相融通[①]，自此朱熹道德养成教育之目标清晰可见。

二、朱熹道德养成教育的核心内容与践履举措

(一) 核心内容

传授主流道德观念，形成正确道德认知。

朱熹认为道德养成是一个漫长、渐进的过程，在这个过程中，向儿童传授正确的道德知识，使儿童形成正确的道德观念，是儿童道德养成教育的基础和前提。在道德知识与道德行为的先后顺序上，朱熹认为“论先后，当以致知为先”（宋·黎靖德《朱子语类》卷九），意指道德知识获得是儿童道德养成的第一步。儿童道德知识的获得，包含其对道德规范的理解、人际关系的捋顺，是对事物价值进行正确判断和行为方式做出正确选择的基础和前提。道德知识获得的重要意义在于掌握道德真理、道德规律，发展道德理性、道德智慧，因此道德知识在道德养成过程中起到导

① 王睿.《大学》义理及现代启示［J].现代教育科学（高教研究），2011（1）：13.

引、甄别与选择的作用。

朱熹重视通过传授主流道德观念来帮助儿童形成正确的道德认知。在朱熹看来，“明人伦”不仅是童蒙教育的关键和为学之要义，更是主流道德观念的核心。所谓“明人伦”，即阐明伦常之意，具体包括父子之亲、君臣之义、夫妇之别、长幼之序和朋友之序。朱熹在《小学·题辞》中提出：“仁义礼智，人性之纲。……爱亲敬兄，忠君弟长，是曰秉彝。有顺无强。”[①] 朱熹在《小学》《童蒙须知》之首，开宗明义地阐释了“明人伦”之于蒙童道德养成的统摄性影响。朱熹不仅重视正确道德认知的形成，更强调让儿童在日常生活中体会“明伦”之意。因为对于年幼的儿童来讲，脱离生活的道德知识教育未免严肃与刻板。因此朱熹在其道德养成教育过程中指出：“夫童蒙之学，始于衣服冠履，次及语言步趋，次及洒扫涓洁，次及读书写文字。”[②] 也就是说，对于年幼的儿童来讲，道德知识的教学固然重要，但是要关注道德知识的深度和受教育者的接受能力，着力将社会主流的伦理原则转化为儿童生活日用的仪礼规范，将二者以象征性关系为连接，使儿童道德的养成发乎良知，着乎身心，行之日常，才能达到事半功倍的效果。

浸润积极道德情感，锤炼坚强道德意志。

朱熹十分重视道德养成教育中儿童对道德情感的体察与感悟，因为他将道德情感与道德意志的形成看作激发、调控道德认知和道德行为的重要影响因素。朱熹强调“敬”这一积极道德情感的调节作用。朱熹所谓的“居敬”“主敬”与佛道强调的“敬”“净”“静”内涵不同，“敬”不是心思放空、放逐感官感受的宗教式的“禅定”，而是强调专心谨慎，将道德修养作为思考核心。内在的专心谨慎与外在的严肃整齐都统摄于一个“敬”字。只有内外皆“敬”，则“天理常明，自然人欲惩窒消治”（宋·黎靖德《朱子语类》卷十二）。

除了强调儿童“主敬”之外，朱熹在专门为儿童编写的童蒙读物和为学校、书院编写的学规中，多援引历代先贤的事迹、语录来激励后学，使之获得情感的鼓舞与精神的升华，并在道德情感的不断强化中获得道德意志的提升。《近思录》列一章名为“圣贤气象”，描述了先秦儒家至宋代诸

---

① 朱杰人编. 朱子全书·第十三册·小学［M］. 上海：上海古籍出版社，2012：394.

② 朱杰人编. 朱子全书·第十三册·童蒙须知［M］. 上海：上海古籍出版社，2012：371.

多被人敬仰的圣贤事迹，其中有“生而知之”“学而能之”的尧舜禹，有有道而“无所不包”的孔子，有“传圣人学”的曾子，有如“光风霁月”的周敦颐，有“资禀既异”“精粹如金”的“二程”，更有“气质刚毅”“德盛貌严”的张载……这样的介绍，不仅为儿童描绘了一幅“圣贤气象”的生动画卷，更为儿童提供了一种理想的生活愿景。儿童不仅向往、崇拜历代圣贤的博闻强识，更被历代圣贤砥砺向学的品质所深深感染，在对“圣贤气象”的敬仰中逐渐强化自身的道德情感、道德意志。

注重道德行为训练，强调行为习惯养成。

朱熹十分重视行为习惯的塑造养成，认为儿童道德养成就应该从行为习惯入手，从机械的遵从要求到自觉自动的道德行为实践，朱熹的道德养成教育始于日常行为的严格训练，又归于行为习惯的塑造养成。

朱熹认为行为习惯的塑造养成基于对道德规范的践行训练，是道德品质形成的重要标志与外在体现。《训蒙绝句》提及：“洒扫庭堂职足供，步趋唯诺饰仪容。是中有理今休问，教谨端详体立功。”[①] 朱熹认为日常行为应该遵从“礼”与“理”的规范，只有从细微处养成遵从“礼”与“理”的行为习惯，才能实现良好道德品质的塑造养成。《童蒙须知》的编写也同样关注行为习惯养成对道德规范践行的重要意义，其中提及蒙童个人生活习惯，“夫童蒙之学，始于衣服冠履，次及言语步趋，次及洒扫涓洁，次及读书写文字，及有杂细事宜，皆所当知”[②]；提及蒙童的社会行为标准，“凡对父母长上朋友，必称名。凡称呼长上，不可以字，必云某丈。凡出外及归，必于长上前作揖，虽暂出亦然。凡饮食于长上之前，必清嚼缓咽；不可闻饮食之声。凡侍长者之侧，必正立拱手。一有所问，则必诚实对，言不可妄。凡侍长上出行，必居路之右，住必居左。凡路遇长者，必正立拱手，疾趋而揖”[③]，其旨归亦在于此。

朱熹所倡导的道德行为习惯的塑造，并非机械地约束儿童行为，而是以高尚的圣贤人格为引领，以形成正确的道德认知为前提，以涵养丰富的道德情感为动力，以锻炼坚定的道德意志为根基的有意识、有目的、次第渐进的行为训练和指导，希望从树立观念开始，经由行为习惯的塑造与养成，最终达成道德教育的目的——圣贤人格的养成。

---

① 朱杰人编. 朱子全书·第二十六册·训蒙绝句［M］. 上海：上海古籍出版社，2012：6.
② 朱杰人编. 朱子全书·第十二册·童蒙须知［M］. 上海：上海古籍出版社，2012：371.
③ 朱杰人编. 朱子全书·第十二册·童蒙须知［M］. 上海：上海古籍出版社，2012：375.

（二）践履举措

依循秉彝，差异施教，引领自觉。

朱熹根据不同儿童的天性差异，提出道德养成应该区分天赋秉性，根据基础不同进而确定不同的授业进度：“授书莫限长短，但文理断处便住，若文势未断者，虽多授数行，亦不妨”（宋・黎靖德《朱子语类》卷第七）；还要根据男女儿童的禀赋差异，使用不同的教材，女孩使用的教材“如曹大家《女戒》，温公《家范》亦好”（宋・黎靖德《朱子语类》卷第七）。

朱熹继承了儒家强调启发教学的思想，强调“君子教人，但授以学之之法，而不告以得之之妙。如射者之引弓而不发矢，然其所不告者，已如踊跃而见于前矣”（《尽心章句上》）。注重引导学生立德修业的主动性、自觉性，这是朱熹道德养成教育思想的独特魅力所在。朱熹重视在蒙童道德养成教育中运用榜样感召作用引领蒙童道德自觉。朱熹将蒙童看作“圣贤坯璞”，“古者小学已自养得小儿子这里定，已自是圣贤坯璞了”（宋・黎靖德《朱子语类》卷第七）。他强调将圣贤作为蒙童学习和道德养成的榜样，对儿童进行人格塑造的引领。朱熹编纂的《小学》外篇中记录了诸葛亮、张载的嘉言懿行，赞誉诸葛亮“静以修身，俭以养德”，“澹泊明志，宁静致远”的人格风范，称道张载的品格和担当。朱熹将古之贤者作为儿童道德养成学习的榜样，具有重要的意义。这些圣贤的所作所为为蒙童设立德行发展之方向，“一味向前，何患不进”，明确道德发展榜样，便于蒙童学习动力的产生。

诗教熏陶，精神宣畅，义礼渐开。

朱熹在近五十载的为学育人的人生经历中，既采用多种方法来实现其道德养成的目的，如借鉴佛老的静默涵养，也乐于采用儒家传统的教育教学方法并加以创新与改进。朱熹读《四书》有所感悟，因此采用七言绝句的形式，阐述儒学思想与理学精髓，遂成《训蒙绝句》，以此为儿童道德养成与了解理学思想的基础读物。《训蒙绝句》继承了儒家重视“诗教”的传统，诗教的主旨虽不是对蒙童进行道德教育，但它通过诗歌的韵律熏陶蒙童的美感，通过诗歌的言志激发蒙童的志趣，通过诗歌的语言塑造蒙童的精神，使得蒙童“抑扬其音节，宽虚其心意”，达到“精神宣畅，心气和平”，从而达到义理渐开的目的，使儿童在接受文学滋养、美学熏陶的同时，受到道德思想之浸润，文化积淀之涵育。

事上磨炼，专心谨慎，整齐严肃。

事上磨炼、专心谨慎、整齐严肃是朱熹强调的“居敬力行”的功夫。朱熹针对蒙童年龄幼小、理解能力有限、智识未开的情况，将蒙童道德养成教育的核心内容定位为“学事”。“学事”即在事上磨炼，通过符合伦理道德规范要求的日常行为训练，形成道德自觉的行为习惯。因此，后人对朱熹道德养成教育这一举措评价颇高：“敬之一字，圣学之所以成始而成终者也。为小学者不由乎此，固无以涵养本原，而谨夫洒扫应对进退之节与夫六艺之教。为大学者不由乎此，亦无以开发聪明，进德修业，而致夫明德新民之功也。”（清·郭长清《小学辑说》）

朱熹强调在蒙童道德养成的原则方法上应该将伦理道德的学习与日常生活实践相结合，将已经学习的伦理道德知识力行实践，养成符合道德规范的行为习惯。朱熹道德养成教育的重点在于构建一套蒙童道德养成的方法论。对于蒙童来讲，如果编纂的蒙养教材一味说理，只会教给蒙童教条，而无法真正涵养蒙童的道德；如果编纂的蒙养教材仅对蒙童的生活日用、饮食起居、待人接物进行具体的指导，蒙童的道德自觉又难以形成，更无法深造成为符合儒家道德、社会伦理规范的君子、圣贤。因此，朱熹巧妙地解决了上述矛盾，其道德养成教育既重视立志明理，有对儒学思想、理学经义的解释；又重视儿童日常行为与道德习惯养成，具体指导儿童道德养成的行为准则与规范，学行结合，朱熹认为“心难保，气习易污，习于正则正，习于邪则邪”[①]。朱熹将道德说教与日常生活习惯培养相结合，不仅要儿童“知其然”，还要儿童“知其所以然”。朱熹这种在儿童日常生活中培养行为习惯，通过习惯养成为个人修养打基础，继而将儒家伦理、社会规范蕴含其中，可谓是说理与潜移默化并重。

三、朱熹道德养成教育思想的特质与意蕴

（一）朱熹道德养成教育思想之特质

以儿童生活为逻辑起点，强调易知易行。

---

① 朱熹．戊申封事［M］//朱子文集：卷第十一［M］．台北：德富文教基金会，2000：374.

朱熹为蒙童编写的教材及读物，内容涉及蒙童生活的诸多方面，其编写逻辑是围绕儿童生活与学习展开的。以《童蒙须知》的编写为例，朱熹认为儿童的生活“始于衣服冠履，次及言语步趋，次及洒扫涓洁，次及读书写文字，及有杂细事宜，皆所当知”①，因此《童蒙须知》分别从衣冠鞋履、语言步趋、洒扫涓洁、读书写文字、杂细事宜五个维度对儿童日常学习、生活的行为做了详细的规定，制定了明确的原则，充分体现了切于日用、易知易行的特点，是后世蒙学教材编纂的范本。

事实上，道德养成的内容，只有契合儿童的日常生活实际，才能引起儿童的共鸣；也只有贴近儿童生活实际，才能使儿童将道德知识内化为道德情感，最终外化于行。以儿童生活为逻辑起点，强调蒙童阶段的道德养成教育“只是教之以事”，远绝佶屈聱牙、深奥抽象之“理”，是朱熹道德养成教育思想的重要特质之一。

注重关键期教育，强调习与智长、化与心成。

朱熹强调儿童期是道德养成的关键期，认为“而今自小失了，要补填，实是难”（宋·黎靖德《朱子语类》卷第七）。因此，儿童教育“必使讲而习之于幼樨之时，欲其习与智长，化与心成，而无扞格不胜之患”②，同时结合自身经历，认为符合儿童身心发展规律、认识规律的童蒙书籍会大大促进儿童的道德认知发展进程。

朱熹编写的童蒙教材多处可以反映他对儿童教育的特殊关注，他强调道德养成应该循序渐进；蒙童的道德养成既要有理论的指导，又要躬行实践。朱熹对“习与智长”“化与心成”关系的关注，揭示了知识教学与道德培养的内在规律。

以“去欲存理”为教育目标，理学色彩浓郁。朱熹提出对儿童进行道德养成教育的根本目的在于“去人欲，存天理”，强调“圣人之言，大中至正之极，而万世之标准也。古之学者，其始即此以为学，其卒非离此而为道。穷理尽性，修身齐家，推而及人，内外一致，盖取诸此而无所不备，亦终吾身而已矣”（《全宋书·论语训蒙口义序》）。

将“去欲存理”作为道德养成教育之目标，是与朱熹理学思想密不可分的。朱熹认为“人欲”与“天理”两相对立。“盖天理者，此心之本然，

① 朱杰人编．朱子全书第十二册·童蒙须知［M］．上海：上海古籍出版社，2012：371．

② 朱杰人编．朱子全书第十二册·童蒙须知［M］．上海：上海古籍出版社，2012：393．

循之则其心公而且正”（《朱文公文集》卷十三《辛丑沿和奏札二》），天理醇厚至善，完美无缺；“人欲”并非泛指人的物质欲望，而是指超出人类基本物质需求的奢欲，即超出天理范畴的私欲。朱熹认为，塑造一个人的道德，必须去除人欲，“人之一心，天理存，则人欲亡；人欲胜，则天理灭。未有天理人欲夹杂者”（宋·黎靖德《朱子语类》卷十三），倡导在道德养成的过程中，压抑过分的、不正当的物质需求，使人不被私欲蒙蔽，进而实现道德提升。

朱熹作为宋代大儒、理学集大成者，编撰的童蒙教材带有浓厚的理学色彩。一方面，朱熹继承儒家重视“修身”的传统，童蒙教材多以儒家经典为蓝本，以修齐治平为主要内容；一方面，朱熹在构建其道德养成教育思想之时，以其理学思想为指导，对儒家理论进行重组和新阐释。从内容上看，朱熹编撰的童蒙教材中，阐释理学思想的内容占据了众多篇幅，如《训蒙绝句》中多处阐释理学基本概念，《近思录》则集宋代著名理学家理学思想的精辟语句成书。

以“纲常名教”为主，强调以礼教立人。

朱熹童蒙教材中的道德养成教育内容，按照层次可以归为两类：一类是对儿童生活日用、洒扫进退的行为习惯的规范，一类是有关伦理道德和理学基本原理的解释。这两类内容层次不同，一个说事，一个说理，但都统摄在朱熹“去欲”“存理”“明伦”的道德养成目标之下。对于这样的道德养成目标，朱熹明确指出：“所谓天理，复是何物？仁、义、礼、智，岂不是天理？君臣、父子、兄弟、夫妇、朋友，岂不是天理？”（《朱文公文集》卷五十九）“三纲五常，礼之本也。”（《论语集注》卷二）“其张之为三纲，其纪之为五常，盖皆此理之流行，无所适而不在。”（《朱文公文集》卷七十）由此可见，朱熹的道德养成教育，是以“三纲五常”等伦理纲常名教为核心内容的。

朱熹编撰的童蒙教材以“纲常名教”作为道德养成教育的核心内容，确有灌输封建思想、宣扬封建伦理道德之嫌；但同时，“纲常名教”也有着对于中华民族普遍认同的良好品德的弘扬，如重德、节制、修身、立志等，这些思想是中华传统文化的精髓与核心，甚至可以说是中华道德文明的重要组成部分，这些内容深刻影响了中华民族的民族精神。“在中国古代，作为倡导礼治、礼制、礼教，以‘礼仪之邦’著称，建构形成的礼教立人治世的指导思想，曾经担负着各个历史时期人性教化和国家治理的使

命，对于维护中国古代社会的稳定，促进经济、政治、文化、社会发展做出过有益的贡献。”[①]

（二）朱熹道德养成教育思想之现代意蕴

朱熹童蒙教材中蕴含的道德养成教育思想有着一定的历史局限。朱熹过于重视理学思想的阐发，使得在编写童蒙教材与读物过程中对儿童心理发展与接受能力的关注相对降低，导致其童蒙教材和读物在承载道德养成教育思想的同时存在诸多弊端：在语言使用上较为晦涩；在内容选择上“多穷理之事，近于大学……且类引多古礼，不谐今俗”（《养正类编》卷二《陆桴亭论小学》），这是当下我们编写教材时必须引以为戒的。但不可否认的是，朱熹童蒙教材中蕴含的道德养成教育思想是中国传统文化的重要组成部分，在文化的传播辐射中彰显了一种巨大力量，它以中国儒家文化为内核，以中国传统文化为沃土，以修身、齐家、治国、平天下的由内而外的“成人”“成圣”过程为逻辑，将儿童的道德养成根植于丰厚的历史文化土壤之中，体现了自先秦创始儒家到宋代理学新发展这一过程中道德养成教育思想发展的文化连续性，扩展了先秦儒家内圣外王的期望，回归道德养成教育的生活本真，从而实现对中国传统文化精神的弘扬。这对于我们今天涵养儿童道德，编写儿童教材具有重要的启发意义。

“德行之于人大矣……士诚知用力于此，则不唯可以修身，而推之可以治人，又可以及夫天下国家。故古之教者，莫不以是为先。”（《朱文公文集》卷六九《学校贡举私议》）十六大以来，党和国家提出提升国家“软实力”的目标，十八大以后习近平总书记强调弘扬中华民族优秀文化传统，主张“把这些经典嵌在学生脑子里，成为中华民族文化的基因”[②]。其中中华民族优秀教育传统是中华民族优秀文化的重要组成部分，它历久弥新，有着永恒的文化价值与生长意蕴。中华民族优秀教育传统是中华民族和中国人民在修齐治平、尊时守位、知常达变、开物成务、建功立业过程中逐渐形成的有别于其他民族的独特标志，是使中华民族教育事业新故相推、日生不滞的有力保障，只有坚持继承与发扬中华民族优秀教育传统，在延续民族文化血脉中开拓前进，才能真正实现国民素质提升与社会规则

① 王凌皓，王晶．先秦儒家礼教思想的历史定位及现代镜鉴［J］．社会科学战线，2015（4）：221.

② 2014年9月9日，第三十个教师节前夕习近平到北京师范大学看望教师、学生时的发言。

意识的形成，而这两者的实现都仰赖于国民道德的养成。朱熹童蒙教材中的道德养成教育思想，以儒家文化与理学思想为主轴，适应时代变迁和社会文化要求，重视道德养成的实践品格，使蒙童待人接物、处世为学合乎道德、礼法的要求，进而按照传统社会的伦理道德标准、行为规范而设计自我，追求儒家理想人格图式，实现个人道德养成与社会风气净化的双重目的。朱熹道德养成教育中含有丰富的伦理教育内涵，紧扣国家文化核心之“本”，将个人道德养成与社会伦理的遵守贯通一致，在今天仍有为国家价值精神凝聚之“道”提供基础和本源的价值意蕴。

[原文刊载于《古籍整理研究学刊》2017 年 06 期（王睿　王凌皓）]

中日阳明学派道德教育理念比较研究

中国与日本，同为亚洲国家，是一衣带水的邻邦。两国同受儒家文化、佛教文化、道教文化等的影响，有共同的文化基因，在某种意义上，形成了颇为相似的民族心理与民族道德。但是，由于中国和日本分属于两个不同的国度，各自处于不同的自然环境与人文环境之中，人们在吸收儒家文化、佛教文化、道教文化的过程中经历了不同的发展历程，有本国特殊的国情，各自进行了不同侧面、不同方式的文化选择，形成了鲜明的个性，这种鲜明的个性可以通过对中日阳明学派道德教育理念的比较深刻地体会到。

一、中国阳明学派的道德教育观念

中国阳明学派出现在明朝中期，王守仁（即王阳明）是中国古代阳明学派的杰出代表。王守仁反对朱熹的客观唯心主义理学，否定“即物穷理”“格物致知”“知先行后”说，而继承了思孟学派的主观唯心主义观点，提出“致良知”“心即理”“知行合一”说，其心学成为明清之际的统治思想。

王守仁从主观唯心主义心学出发，继承并发展了孟子以来的“致良知”“明人伦”的教育主张，认为道德教育的根本目的就是“致良知”“明人伦”。所谓“良知”就是“天理”，是人所固有的善性。“人伦”就是人际关系。“致良知”和“明人伦”的实质是倡扬“三纲五常”之道。道德教育就是全部的教育。王守仁说：“古圣贤之学，明伦而已。人伦明于上，小民亲于下，家齐国治而天下平矣。是故明伦之外无学矣。外此而学者，谓之异端，非此而论者，谓之邪说。”

所谓“心即理”，是“知行合一”的理论基础，主要是说人的心性，即人的本质与伦理道德的关系。王阳明认为人的本质是由天赋的道德理性来体现的，这种理性即是“心”，“心”的本体和作用只要顺其自然就是“天理”，外在的客观的道德规范与行为等都是“心”作用和表现的结果。

王阳明充分肯定了认识主体的能动作用，相信自我的道德力量和自我成圣的潜在能力，反对迷信外在权威，否定用现成规范和书本教条来禁锢人的身心，而主张依靠自我的“心之本体”（良知）来主宰和支配一切行为，在道德实践中努力实现自我的人生价值。

“知行合一”说是王守仁道德教育的理论基础和道德实践的出发点。他说：“知行原是两个字说一个功夫。”“知是行之始，行是知之成。若会得时，只说一个知，已自有行在，只说一个行，已自有知在。”意思是说，道德认识是道德行为或道德实践的出发点，道德行为或道德认识是道德实践的最终结果和归宿。“知”与“行”是相互制约的一个过程的两个方面，知行并进。他说：“知是行的主意，行是知的功夫。”“知之真切笃实处，即是行；行之明觉精察处，即是知。”从哲学的角度看，王守仁的“知行合一”说是混淆了道德认识与道德实践之间的区别与联系，是有严重缺陷的。但是，他从“知行合一”的理论观点出发，对朱熹的“知先行后”说进行了批判与纠正，对宋明以来“文盛时衰”“知行脱节”、言行不一的社会痼疾进行了有力的针砭。从“知行合一”的哲学观点出发，王守仁对道德实践给予了充分的重视。他强调良好的道德品质不能只靠“澄心”静养，而必须在“事上磨练”获得。王守仁强调道德实践的务实精神对丰富儒家注重知行结合的道德教育理念是有重要意义的。

总体来说，王守仁道德理念是为了矫正程朱理学的流弊，为“整治人心”，为挽救明王朝政治、道德、教育危机而阐发的，他自称其学说主张是救时救弊的。他认为程朱理学的教育哲学“析心与理为二”，“外心以求理”；在教育实践上只是“空口讲说”的章句支离末学，故“以学术杀天下”，是造成明王朝士风衰薄，使“功利之毒”，“沦浃于人之心髓”，导致政治、道德和教育危机的根源。针对程朱理学教育的流弊，他提出要重振孔孟之道，突出伦理本位，重建新儒家教育学说，以维护封建纲常名教和明王朝封建统治秩序。

二、日本阳明学派的主要道德教育观念

中国文化特别是儒学不仅影响了日本社会历史的发展，广泛地渗透于日本社会生活的各个层面，而且根植于日本的文化传统之中，成为其文化传统的重要内容。日本的阳明学形成于 17 世纪，直接源于中国明代的主观唯心主义心学，主要代表了下层武士和市民的意识形态。阳明学派的道德理念亦被下级武士和市民阶层所信奉、遵行。而作为一种移植型文化，

日本阳明学派的道德教育理念与日本固有的民族精神糅合在一起，形成了自己的特点。

一般认为，中江藤树（1608—1648 年）是日本阳明学派的创始人。中江藤树 33 岁受阳明学影响，并开始转信阳明学，37 岁时读了《阳明全书》，决意信奉阳明学，其《大学解》和《中庸解》明确地表明了他的阳明学观点。中江藤树与王守仁强调的主观唯心主义哲学相一致，认为人"心"，即人的主观认识是天地万物的本源。他说："心，统体之总号，太极之异名也。合理气，统性情……其大无外，其小无内。"[①]

关于致良知学说，中江藤树认为《大学》中所说的明明德、新民、止于至善的所谓"三纲领"只是名称不一样，实质一样，可以以"明明德"加以概括；格物、致知、诚意、正心、修身、齐家、治国、平天下的所谓"八条目"也不外乎靠"格物致知"的功夫。他认为"致知"主要就是"致良知"，它需要克服"意"或"凡情"。"意"或"凡情"是万欲百恶的渊源；当它们存在的时候，"德"便不明，"五事"也会错乱；若除去"意"，明德则明，五民从其命，万事可达中正顺利，人便可获取良知。晚年的中江藤树更加广泛地运用了阳明学的理论，甚至用专门的"良知"一词来表达包括孝德、明德、心之类的概念，认为良知是人"心中的如来"；慎独、畏天命乃至三纲领、八条目等也归结于"致良知"的功夫。"致良知"成了中江藤树道德教育理念的重要命题。

最能反映中江藤树主观唯心主义心学体系的道德教育理念的是"全孝心法"。"孝"是中江藤树最高的哲学范畴，也是他道德教育的核心理念。他认为天地万物皆由孝生。"义，孝之勇也。礼，孝之品节也。智，孝之神明也。信，孝之实也。"[②] 中江藤树提出孝是"三才至德之要道，生天，生地，生人，生万物"，"我心之孝德即明"，"天地万物皆在我本心孝德之中"，"孝德"是"万物一体之本体"。日本的阳明学派不仅把孝道作为全部道德教育的核心，把孝道说成是人类社会最高的道德准则，而且把它上升到哲学的高度，说成是万事万物的根本道理和宇宙万物的本源。中江藤树的"全孝心法"把"孝"作为最高的哲学范畴。他说："孝是人根，若灭却此心，则其生如无根之草木。"（《藤树先生全集》卷五杂著）他不仅强调对父母要孝，还要追根溯源，对祖先、对天地、对太虚都要尽孝[③]。

① 井上哲次郎. 日本阳明学派之哲学［M］. 东京：富山房，1938：34.
② 井上哲次郎. 日本阳明学派之哲学［M］. 东京：富山房，1938：73.
③ 井上哲次郎. 日本阳明学派之哲学［M］. 东京：富山房，1938：34.

其弟子熊泽蕃山继承了他的思想，进一步阐发了“天地万物皆从孝生”的观点，把孝作为万善之源、百行之本。为了宣传孝道，中江藤树做了《孝经启蒙》。为了践履孝道，熊泽蕃山简化了儒家尽孝的礼仪，把儒家礼法中有关丧葬、祭祀、婚娶等活动中“不合日本之水土、不中人情”之处做了因时因地的取舍、简化，强调以“心法”尽孝①，简化了“孝”之道德理念的践履程序，有利于孝道的普及。

继中江藤树之后，熊泽蕃山（1619—1691 年）扩大了阳明学派在日本的传播与影响。熊泽蕃山自 23 岁始受中江藤树的影响，接受阳明学的熏陶，以“致良知为宗”，致力于阳明学的宣教工作，后被人陷害，使阳明学在日本的传播受阻。熊泽蕃山死后，日本的阳明学进入沉寂阶段，直到 18 世纪末 19 世纪初才开始出现复兴之势，并影响、启发了吉田松阴等人。

三、中日阳明学派道德教育理念的异同

中国的阳明学传入日本后，在新的文化胚胎中表现出来并持续发挥作用，最后发展为不同的文化植株。可以说，日本阳明学派道德教育理念，就是中国的阳明学东传扶桑后，经过了消化吸收后所形成的“文化新植株”，因而两派的道德教育理念中包含许多同质因素，又有许多不同的特点，形成了很大的可比性。

第一，中日阳明学派都反对朱子学派将儒家义理外化为客观的天理，而主张“心即理”，却存在着固守儒家伦理与“合适处位”“人情时变”的区别。王阳明将儒家义理固化为“三纲五常之德”，认为三纲五常是人心所固有的常理，体现在经书之中，就是“本心的账簿”罢了，在道德教育的过程中，必须以四书五经为最基本的教材。在王守仁看来，经书之所以重要，是因为经书中的义理为人心所固有，之所以把经书作为最基本的教材，是因为经书中的义理能帮助明了我心之常道。日本的阳明学派反对中国的阳明学者把封建伦理道德固化为一种人们必须遵守的礼仪法度，而主张人们的道德观念应该因时因势而变更，提出了“合适处位”“人情时变”的“时处位论”。中江藤树认为礼仪法度是“圣人”根据“时处位”而制定的。他说：“凡经济所遇谓之时。时有天地人三境：曰时，

① 熊泽蕃山. 集义和书：卷 4 [M]. 东京：中央公论，1976.

曰处，曰位。”[①] 他提出“时中”的概念，要求人们能够根据自己所处的境遇，做出行为上的正当调整，使自己的行为符合应该遵循的法则（或“天则”）。“时中”是中江藤树道德教育的目标，他认为只有圣人才能实现它。因此，他又把“时中”称为“圣之时”，体会“圣之时”是修身治学的根本目的。他强调道德的相对性和发展性，反对礼仪法度的固定不变和绝对权威。他认为，“纵无违，实行儒书所载礼法，若不合时处位，非行儒道，异端也”[②]。熊泽蕃山继承并发展了这种变化观、相对论，明确提出道德教育应该做出“人情时变”的观点。他认为善政是“谋时处位之至善”。日本阳明学派这种发展的、适时应变的道德教育理念启发了吉田松阴等思想家对旧体制、旧规范的反叛与批判，有利于维新变法思想的形成。

第二，中日阳明学派都强调孝道，注重发挥孝道的社会功能，却存在着强调“孝悌为本”和“孝为至德”“忠孝一致”的区别。中国的阳明学派继承了儒家孝悌“为仁之本”的观点，强调家庭血缘关系。王阳明把孝看成爱亲的本性，是出于血缘伦理，是最基本的道德品质，是人伦关系的基础，是“良知”。而且中国的阳明学派在将“孝”引申为“忠”的时候，仍然是以家庭血缘关系为基础，“移孝作忠”，强调的是父慈子孝，君贤臣忠。当为父母尽孝和对国家（或君王）尽忠之间发生矛盾，即忠孝难以两全的时候，中国人更重视孝道。日本的阳明学派也重视孝道，把孝作为万事的根本，“孝是人根”，“孝德即明”。虽然中江藤树“全孝心法”的出发点也是主观唯心主义心学，但在逻辑结构上有自己的特色。比如：中江藤树的“全孝心法”把“孝”当成最高的哲学范畴，认为“天地万物皆由孝生”；“孝以太虚为全体，经万劫无终而无始。无无孝时，无无孝者”[③]；“义，孝之勇也。礼，孝之品节也。智，孝之神明也。信，孝之实也”[④]。大盐中斋（1793—1837 年）也主张孝是至德，把“孝”引向宗教，变成了类似于宗教的戒律与信条，强化了日本自古以来的祖先崇拜。日本的孝道以报恩为核心。日本以报恩为核心完善了孝道，不似中国以血缘关系为核心的孝道，日本强调孝，不是以父慈为前提，而是强调晚辈对祖辈无条件的顺从，进而发展为武士对“主君”的绝对服从。在由“孝”而引申为

① 论语乡党启蒙翼传：第 1 卷［M］//藤树先生全集．东京：岩波书店，1940：40.
② 翁问答．近世初期实学思想的研究［M］．东京：创文社，1980：358.
③ 翁问答．近世初期实学思想的研究［M］．东京：创文社，1980：45.
④ 翁问答．日本的阳明学派之哲学［M］．东京：创文社，1980：72.

“忠”的时候，日本阳明学派所阐发的“忠孝一致”，或“忠孝一本”的思想的实质是强调“忠”。日本的阳明学者认为对父母的孝是不得已而为之，是私家的小事，而对主君的“忠”则是武家最大的事。当忠与孝发生矛盾冲突的时候，日本人更重视绝对的“忠”。借此，日本的阳明学派改造了日本的武士道。武士道德的核心是强调“忠”，“忠”是指“臣民对主君的敬爱、尊崇、仕奉”①。“忠孝一致”“忠孝一本”是日本阳明学派的道德教育思想的重要特点。幕末时期，日本的阳明学获得了较大的发展，在阳明学派的影响下，水户藩主德川齐昭于1833年在《告志篇》中首倡“忠孝一致”论。水户学派的学者藤田东湖提出“人伦无急于五伦，五伦莫重于君父，然则忠孝者名教之根本，臣子之大节，而忠与孝异途同归。于父曰孝，于君曰忠。至于所以尽吾诚一也”的“忠孝一本”的道德教育理念。“忠孝一致”与“忠孝一本”的道德教育理念经过改造与发展，成为维新派掀起尊王攘夷运动的理论基础。吉田松阴在“士规七则”中对“忠孝一致”做了进一步阐发。他说：“人君养民，以继祖业。臣民忠君，以继父志。君臣一体，忠孝一体，唯吾国独然。”（石井满《日本的孝道》）这样阳明学派的学者进一步把家庭伦理等同比附于社会伦理，把武士对父祖的孝、对主君的“忠”引申、扩展到对天皇、国家的竭诚奉献，对日本近代统治阶级极力推行的家族国家观产生了直接的影响。“忠孝一致”“忠孝一本”发展为日本近代道德教育的核心理念，是日本近代道德教育的最高标准，也是日本发动对外战争时进行全民总动员的伦理学基础。

第三，在知与行的关系上，中日的阳明学派虽然都强调“知行合一”，但日本进行了日本式的简化与改造。大盐中斋（1792—1837年）、吉田松阴（1830—1859年）是深受“知行合一”学说影响的阳明学者。王阳明提出“知行合一”说是为了反对朱熹的“知先行后”说。他批评朱熹的“知先行后”将导致“终身不行”的后果，因此，强调道德认识与道德实践的关系，主张知与行的切合一致，密不可分。王阳明认为“知”是根植于本心的“良知”，是“心之本体，心自然会知，见父自然知孝，见兄自然知悌，见孺子入井，自然知恻隐”。“行”是“一念发动处即是行了”，“行”既指道德思维，又指道德实践。他说：“知之真切笃实处便是行”（王守仁《传习录》），“知是行之始，行是知之成”。他“以知代行”“以知

① 李卓. 家庭制度与日本的近代化［M］. 天津：天津人民出版社，1997：98.

为行”，但从道德实践的角度看，更注重“行”。王学体系的内部矛盾性，表现为既混淆“知”与“行”的界限，“以知代行”“以行代知”，又强调“行”比“知”重要，在中国引起的分化是一派只是一味向内求心，寻找精神平衡，一派强调经世致用。后者势单力薄，虽然在一定程度上起到了思想启蒙的作用，但没有形成有力的学术思潮。而王学“知行合一”说的矛盾性在日本思想界则起到了巨大的积极作用。日本的阳明学者继承了王阳明注重道德实践的合理精神，把“行”直观地理解、诠释为道德实践，把知行纠葛不清的阳明学简化成适合于日本人理解与实行的实践哲学。比如，大盐中斋把王阳明的“致良知”解释为不欺“良知”地行动。他认为“圣人之学”是“明体适用之学”，“论学明道而无用者乃背天”，是“异端之教”[①]。他在强调道德意识与道德实践的密切相关时，明确提出道德教育的目的就是“用”，即经世致用。他所强调的道德教育目的，不限于“致良知”式的内求于心，而是要践行于“为善去恶”的社会道义。再比如，深受阳明学影响的维新运动先驱——吉田松阴，吸收阳明学派“知行合一”的道德教育思想，提出了“于动处体认本心”的命题，积极主张社会变革，其思想对其弟子高杉晋作（1839—1867 年）和被誉为“维新三杰”之一的西乡隆盛（1827—1877 年）产生了重要影响，使他们努力践行改革弊政，实现有效社会改良的理想。正像我国近代杰出的国学大师章太炎所说的那样：“日本维新，亦由王学为其先导。”[②] 梁启超说：“日本维新之治，心学之为用也。”可以说，“心学”对日本维新变化最有直接启发、推动作用的就是被改造、简化了的“知行合一”的道德教育理念，这种知行合一，尤其强调实践的道德教育理念，成为人们实践自己理想的精神动力。

学者们在评价日本阳明学派时，多认为：“日本阳明学，其思想渊源虽是中国的王阳明思想，而且在本体论和认识论上也无超出王阳明的新创造，但由于日本阳明学所处的社会历史条件不同，日本阳明学者大多处于在野地位，因而日本阳明学的思想并非王阳明思想原封不动的模写。它更多地表现了否定现存制度规范性和重视行动的倾向，在社会变革中发挥了有益的社会功能。”[③] 这个评价是比较客观的。不过，笔者认为，在道德教育上，日本的阳明学派虽然没有提出新的研究命题，没有拓宽道德研究的

① 雄山阁. 日本思想史讲座（4）[M] //近世 1. 东京，1977：83.

② 章太炎. “答铁铮”[N]. 民报，1907：14.

③ 王家骅. 儒家思想与日本文化 [M]. 杭州：浙江人民出版社，1990：127.

领域，但是把阳明学中“知行合一”中“知”“行”的混淆进行纠偏，做了实践性地改造与简化，使其道德教育理念更易于被接受和指导人们的行动，这本身就是一个再创造或者说是大胆革新的过程，也更符合日本文化注重实用的特点。

［原文刊载于《河北师范大学学报》（教育科学版）2007年01期（王凌皓）］

第五章

中国传统的蒙养教育

中国传统蒙学的教学思想及其现代价值

蒙学系指旧时的初等教育，就其教育程度而言，相当于现在的小学。我国封建社会，国家只承办高等教育，初等教育多由民间自办，一般称为私塾、义塾、书馆、教馆、冬学、乡校、社学等。明清之际的社学初始为官办，后来亦以民办为主。这些以进行读、写、算和道德启蒙为主的教育机构，统称为蒙学。中国古代非常重视蒙学阶段的教育，把它称为“蒙养教育”。所谓“蒙养”，就是取“蒙以养正”（来知德《易经集注》）之意，意思是用正确的教育启迪儿童的智慧和心灵，使儿童健康成长，为今后发展打下坚实的基础。中国传统蒙学的教学思想集中体现在训蒙原则与方法上，下面仅就这两方面的问题进行初步的研究与探讨。

一、蒙学的教学原则

（一）顺应自然，愉快教育

蒙养教育强调必须采取顺应儿童性情、鼓舞儿童心志的教育原则与方法，使儿童在轻松愉快的状态下健康成长。遵循这一教学原则，王守仁论述并为儿童精心选择了“歌诗”的教学内容。他主张通过科学合理的课程内容安排，使儿童的天性得以尽情地表现出来。他认为“歌诗”的教育意义，不仅在于激发儿童的志向，还在于把儿童欢呼跳跃、喜欢歌唱、游戏的特性导向生动活泼的教学活动中来，解除他们内心的郁闷，释放他们多余的精力，从而起到调节儿童情绪情感的作用，使儿童在轻松、愉悦、欢快的情绪情感体验中接受知识教育。许多蒙师认为，教学的成败关键在于教师的引导，人生学问基础“全赖蒙师”。基于此，他们对宋明以来蒙学教育中存在的“日惟督以句读课仿，责其检束，而不知导之以礼；求其聪明，而不知养之以善”[①]，对儿童“鞭挞绳缚，若待拘囚”[②] 的野蛮教育方式提出了尖锐的批评，指出这种违背教育规律、扼杀儿童天性的教育方式是造成儿童“视学舍如囹圄而不肯入，视师长如寇仇而不欲见”[③] 的根本原因，是导致师生关系紧张，学生与学校矛盾对立，最终造成学生厌学、辍学的罪魁祸首。因此，他们强调教学必须符合儿童身心发展规律，启发诱导，使儿童好学、乐学，欢欣愉悦。

（二）循序渐进，量力而行

与顺应自然、愉快教育的原则相适应，蒙学在教育过程中非常注重循序渐进、量力而行。所谓循序渐进是指按照学科内部的逻辑体系和学生认识活动的发展顺序组织教育与教学。按照学科内部的逻辑体系和学生认识活动的发展顺序组织教育与教学，要求教学内容应该“自浅以至于深，自近以至于远”。所谓量力性原则是指，必须适应儿童的接受能力以施教。比如王守仁就强调，“与人论学，亦须随人分限所及”，即考虑学习者的基础，不断加深。许多杰出的蒙师都不强调儿童潜能的最大挖掘，而是主张“量其资禀，能二百字者，止可授以一百字”，“授书不在徒多，但贵精熟”[④]，他们认为，唯有如此，儿童学习起来才能“无厌苦之患，而有自得之美”[⑤]。蒙学的这一教学思想对我们今天在基础教育中调整课程结构、压缩教学内容、减轻学生的课业负担仍然有启发意义。

（三）宽严有节，爱教结合

儿童乐嬉游而惮拘检的特性，决定蒙养教育既不能严厉苛责，也不能一味放纵，而必须宽严有节、爱教结合。宽严有节、爱教结合是蒙养教育在实践基础上总结出的成功的教学经验。私塾等蒙学教育机构对儿童的日常行为和学习活动都做出了具有一定约束力的限制，令儿童严格遵守，以此养成儿童严谨认真的学习态度和遵纪守时、动静有节的良好学习习惯和生活习惯。实践证明，严谨认真的学习态度和良好的行为习惯作为非智力因素对学生的智能发展起着重要的影响作用。清代秀才李毓秀在为乡里塾

---

① 沈灌群，毛礼锐．中国教育家评传：第 3 卷［M］．上海：上海教育出版社，1989：429.
② 沈灌群，毛礼锐．中国教育家评传：第 3 卷［M］．上海：上海教育出版社，1989：429.
③ 沈灌群，毛礼锐．中国教育家评传：第 3 卷［M］．上海：上海教育出版社，1989：429.
④ 陈荣捷．王阳明传习录详注集评［M］．台湾：学生书局，1983：279.
⑤ 陈荣捷．王阳明传习录详注集评［M］．台湾：学生书局，1983：279.

师时严格督导童蒙弟子，写作了著名的《弟子规》，对儿童的思想品德、言行举止、学问能力诸方面提出了严格的要求。蒙学在教育教学过程中制定了严格的学规学则，要求儿童遵守。但人们也认识到，如果一味约束苛责“方可示威。若久用不止，则彼习以为常，必致耻心丧尽，顽钝不悛亦”[①]。因此，崔学古主张蒙学在对儿童严格要求的同时要注意引导、劝喻。崔学古把这种方法概括为“爱养”。蒙学在教育教学中所提倡的“宽”，除包含为儿童提供嬉戏游乐的机会这层意思外，还可以理解为对学生进行多方鼓舞与表彰。有一番成绩，就给一番激励，使孩子意识到日有所进，月有所长。奖掖激励的意义在于能使儿童自得之乐，即使愚钝，也不至于自暴自弃、沮丧无为，而能从师长的关心爱护、激发鼓励下增长克服困难、不断进取的信心和勇气。

（四）熟读多练，及时巩固

私塾等蒙学机构在教学过程中长期奉行熟读多练、及时巩固的原则。蒙学教师根据儿童记忆力强的特点，注意引导学生对基础知识的熟读牢记。宋代理学家程颐说：“勿谓小儿无记性，所历事皆不能忘。”朱熹也说，“读多自然晓”，“读书千遍，其义自见”。这与后来的呆读死记是有本质区别的。古人之所以强调背书，并不完全是因为书本内容有多么重要，而是把背诵当成巩固学习内容的教学方法，只有如此，才能精熟不忘。因此，熟读多练、及时巩固一直是私塾教学的重要原则。

（五）智德并进，养智举德

私塾等蒙学机构在教学过程中，始终坚持教学的教育性原则，把道德教育与文化知识的教学有机地结合在一起，寓道德教育于知识教学之中，使儿童在增长知识的同时，道德水平也获得提高。这一教学思想体现在蒙养教材的编写上，以进行知识教学为主的教材中包含着丰富的道德教育的内容。比如，《三字经》本是以识字为主的综合性字书，但是在内容的安排上加进了大量的道德知识：“香九龄，能温席，孝于亲，所当执。融四岁，能让梨，弟于长，宜先知。”《历史蒙求》本是以进行历史知识教育为主的课本，也同样宣传正统的忠君思想。诗歌类的蒙学课本在培养学生文学素养的同时，极为重视培养学生乐观向上、热爱自然、关爱社会、蓬勃

① 徐梓，王雪梅. 蒙学要义［M］. 太原：山西教育出版社，1991：74.

进取的人生态度。就是在以传授自然科学知识为主的《名物蒙求》里，我们也可以找到对学生进行道德教育的鲜明印记。在道德教育的教材中进行知识教育，则是中国传统蒙学的又一突出特点。传统的以进行道德教育为主的蒙学课本，不仅在于向学生传授伦理道德知识，告诉学生立身处世的道理，还在于完成知识教学的任务。比如巩固识字教学的成果，掌握自然与社会生活的常识等。教材是最能反映教育思想的。通过对蒙养教材的分析与研究，我们可以更清楚地看到，更深刻地理解我国传统的蒙养教育中智德并进、养智益德的教学思想。这一教学思想使我国传统蒙学的伦理性表现得十分明显，它对提高中华民族的文明道德水平曾经起到了极为重要的作用。今天解决道德教育实效性的问题，应该从中吸取有价值的合理因素。

二、蒙学的教学方法

蒙学的教学方法，是蒙学在指导学生识字、写字、读书、作文时所采取的方式与手段的总称。

（一）识字教学

识字是读书、写字、作文的基础。蒙学十分重视识字教学。清代王筠在《教童子法》中说："蒙养之时，识字为先，不必遽读书。能识二千字，乃可读书。"① 识字教学所用的课本就是"三、百、千"，即《三字经》《百家姓》《千字文》。这三本书每本生字都不超过1000字，加在一起，也就是两千多字，且有一定的重复率。这三本书以三个字或四个字为一句，押韵对偶，读起来朗朗上口，易于背诵，塾师不必多讲，只要求熟读成诵，儿童亦兴趣盎然。识字教学的具体方法又可以分为：指物识字、卡片识字、书上识字和对比识字等。通过识字教学激发儿童对学生的兴趣，这是蒙养教育的第一步。

（二）写字教学

私塾等蒙学教育机构十分重视写字教学，但把它作为专门的功课是唐宋以后的事。写字教学之初是把写字与识字密切联系在一起的，也就是认读什么就学写什么，比如认识了"人之初，性本善，性相近，习相远"这

① 毛礼锐，沈灌群. 中国教育通史：第3卷［M］. 济南：山东教育出版社，1987：453.

12 个字，就要学习这 12 个字的写法，写字与识字结合，固然可以收到相互巩固之效，但是二者之间的难易程度和教学顺序并不完全一致。学习写字，必须从基本笔画、基本字形和基本结构学起。识字却不能以笔画多少和字形难易来安排。所以二者很难合而为一，同步进行。这样，某些塾师开始把识字与写字分开进行，平行组织教学，识字仍然学“三、百、千”，写字则用别的教材。比如：“上大人，丘乙己，化三千，七十士，尔小生，八九子，佳作仁，可知礼。”又如：“一去二三里，烟村四五家。亭台六七座，八九十枝花。”这些写字教材在新中国成立前的私塾之中广为应用，尤其是前面那 24 个字，从字的结构看，有以下两个基本特点：一是笔画简单，学童易认易写；二是包含了汉字的基本笔画，可以为进一步学习新字打下基础。

把识字与写字分开，平行组织教学，是前人对识字和写字学习规律正确认识的结果，是教学法上的进步，对今天的语文教学产生了直接的影响。

（三）读书教学

读书、背书、温书是蒙学的主要功课。蒙学非常重视读书，其原因有二：一是从读书与作文的关系来看，读书是作文的基础。古代素有“劳于读书”“易于作文”① 的说法，意思是说只有花工夫多读书，写作文时才能得心应手，左右逢源。二是从儿童的年龄特点来看，儿童“多记性，少悟性”，即记忆力强，理解力差，应该利用这个优势让儿童多读书，多背诵。蒙学在指导儿童读书的过程中，总结出许多可资借鉴的经验，比如，注重良好读书习惯的养成、重视朗读指导等，都是很有意义的。

（四）作文教学

重视作文教学，注重学生写作能力的培养是蒙养教育的成功经验。蒙学在写作教学中摸索出一整套行之有效的教学方法。

首先，强调属对训练。蒙学的作文教学是从学习“属对”开始的。儿童在经过了一个时期的识字、写字、读书学习，能粗通文意之后，开始接受属对训练。属对训练一般从“一字对”做起，进而“二字对”“三字对”“四字对”，以至于“多字对”。崔学古在《幼训》中介绍用增字的办法指导儿童对句的经验：假如出一“虎”字，对以“龙”；“虎”字上增一

① 毛礼锐，沈灌群. 中国教育通史：第 3 卷 [M]. 济南：山东教育出版社，1987：457.

"猛"字，对亦增一字曰"神龙"；"猛"字上再增一"降"字，对亦增一字曰"豢神龙"；"降"字上再增一"威"字，对亦增一字曰"术豢神龙"；"威"字上再增一"奇"字，对亦增一字曰"异术豢神龙"。像这样"奇威降猛虎""异术豢神龙"的属对练习早在宋代就已经开始了。属对实际上是一种语音、语法、词汇、修辞、逻辑的综合训练，是不讲语法理论的造句练习。它不仅是作文的开始，也是作诗的基础。明清之际的私塾普遍重视属对训练，它是一门基础课。属对训练只是作文的铺垫，重在锤字练句，还不是真正的作文，属对训练达到一定水平，才开始布局谋篇，开始真正作文。

通过实际的属对训练培养学生的文字能力显然比通过讲解抽象的语法、修辞、逻辑等高深的写作理论更适合于童蒙，它寓教于乐，可增可减，看似文字游戏，实为作文教学。它极大地提高了儿童的作文兴趣，调动了儿童语文学习的积极性。

其次，正式的作文教学开始之后，教师多采取"先放后收"和"多留少改"[①] 的指导方法。所谓"先放后收"是指开始作文的时候，鼓励孩子大胆写，有了一定基础后，再要求精练和严谨。所谓"多留少改"是指教师对学生作文的批改要尽量随儿童作文的"立意"而改，切忌大删大改，或脱离儿童原意强改。王虚中和唐彪都强调"多留少改"，改得精巧对儿童有启发，在"惟可改之处，宜细心笔削，令有点铁化金之妙"[②]。作文改就之后，一般蒙师要求学生必须"于改就之文……细心推究我之非处何在，先生之妙处何在。逾数月，又玩索之，玩索再四，则通塞是非之故明，而学识进矣"[③]。由此看来，古人对作文教学的要求是极高、极严、极认真，又极近儿童特点的，它符合语言和教育规律，故使传统的语文教学获得了极大的成功，这不能不是我们今天语文教学，尤其是作文教学中应该研究、借鉴的优秀成果。

综上，中国传统蒙学的教学思想确实有极为丰富的可资借鉴的内容，这些内容是中国当代教学思想的活水源头，经过某种改造与吸收之后，对我国实现教育现代化将产生积极的影响。

［原文刊载于《吉林教育科学》（普教研究）2001年05期（王凌皓）］

① 毛礼锐，沈灌群．中国教育通史：第3卷［M］．济南：山东教育出版社，1987：460.

② 唐彪．家塾教学法［M］．上海：华东师范大学出版社，1992：34.

③ 唐彪．家塾教学法［M］．上海：华东师范大学出版社，1992：34.

中国传统童蒙读物对儿童交往能力的培养研究

蒙养教育承担着中国古代基础教育的重任。蒙养即用正确的教育启迪儿童的智慧和心灵，促进儿童健康成长。中国传统蒙养教育中所指童蒙一般指五六岁至十五六岁的未成年人。中国古代非常重视这个阶段的教育，认为这个时期的教育可以为个体打下“学为圣贤”的基础。南宋理学大师朱熹充分肯定了蒙养的重要性，因“人之幼也，知思未有所主”，若无蒙学，将出现“蒙养弗端，长益浮靡”的严重后果，唯有“建学立师”，“必使其讲而习之于幼稚之时，使其习与知长，化与心成”，才能培养“圣贤坯璞”（《小学·原序》）。明末清初的启蒙思想家王夫之也强调：“蒙者，知之始。”（《张子正蒙注·序论》）蒙养教育在普及教育和为个人人生奠基的作用上尤为重要，所以诸多学者文人在投身蒙养教育的同时，编写了内容丰富的童蒙读物。这些童蒙读物不仅教会儿童识字，而且在增益道德教育、历史教育、典章名物、诗词歌赋教育中发挥重要作用，尤其需要指出的是，这些童蒙读物中蕴藏着丰富的指导儿童如何学会与自己、与家庭成员、与师友、与他人相处的人生义理，至今仍可参考镜鉴。

人是社会性的存在，交往是人的基本需求，那么，什么是交往？交往就是人存在的基本方式，“在交往中我感到我不仅对自己负责，还必须对他人负责”[①]。可见，交往的对象不仅有自己，还有他人，是人与人之间以符号或实物作为中介而发生的，是介于人与自己、个人与他人、个人与社会、个人与自然之间的直接的相互作用的活动。沟通是交往最主要的基本途径和活动，人们需要运用语言或非语言的信息系统相互交换信息，完成交往的活动，实现交往的预期目的。交往活动依赖交往主体的实际参与，需要有交往能力的支撑，所以交往能力是人们在社会交往过程中所运用的交往策略、交往技能，以及建立与协调人际关系的能力，它包括个体与自己、与他人、与社会、与自然进行交往和相处的能力。

① 刘奔. 交往与文化 [J]. 中国社会科学，1996 (2)：61-75.

人与人的交往一方面可以为个体实现自我能力的提升与人格的完善，另一方面通过营造和谐友好的人际氛围，促进社会稳定、和谐发展，这是构建和谐社会的基础，意义重大而深远。我国传统蒙养读物在指导儿童如何与自己、与他人、与社会相处等方面做出了诸多的努力和尝试，现今读来，仍然有丰富的值得研究、借鉴的内容。

一、慎独——如何与自己相处

“慎独”出自《大学·第七章》，“所谓诚其意者：毋自欺也。如恶恶臭，如好好色，此之谓自谦。故君子必慎其独也”。慎独作为一种修为境界，讲的是人应怎么对待自己和修身立德，儒家强调，作为在社会群体中生活的个体，如果要成为谦谦君子，就必须严格控制自己的欲望，严格规范自己的言语和行为，即使无人监督也应谨言慎行。《元史·列传第四十五》讲了元代学问家许衡“梨虽无主，我心有主”的自律故事，这是个体自立为人的基础与前提，是自我管理，它包括知、情、意、行，即自我认知、自我情感管理、自我意志管理和自我行为管理等几方面的具体内容，是认识自己、克服恐惧，养成坚韧的性格的基础，是与他人和谐交往的前提。

（一）知——自我认知

自我认知是个体对自己的洞察和理解，是对自己的行为和心理状态的准确把握，包括自我观察和自我评价，是一种比较高级的认知能力，正确的自我认知有利于儿童在生活和学习中找寻合适的定位，这是儿童交往的前提。“知人者智，自知者明”（《道德经·第三十三篇》），“自知者不怨人，知命者不怨天”（《荀子·荣辱》）。可见，认识他人、与他人交往的前提是认识自己，与自己交往和相处，只有能与自己善处，才能真正设身处地地理解他人，将交往顺利地进行下去。

“知己”是“知彼”的前提，“知己”的重要途径是自省。曾子曰：“吾日三省吾身——为人谋而不忠乎？与朋友交而不信乎？传不习乎？”（《论语·学而》）孔子也表达过同样的意思，“见贤思齐焉，见不贤而内自省也”（《论语·里仁》）。《千字文》的“知过必改”也是此意。自省不仅是儒家提倡的圣人、君子必须掌握的修身养德的重要方法、手段，也是指导儿童学会认清自我的重要方法。《小儿语》以简洁的语言表达这个意思：“白日所为，夜来省己，是恶当惊，是善当喜。”日日评判自己的所作所为，见贤思齐，不骄不馁。

（二）情——自我情绪管理

情绪是个体表达自己情感和态度的重要途径，教儿童认识、处理和解决情绪的第一步是冷静和平息怒气。《增广贤文》强调情绪管理，告诫儿童在遇到矛盾和冲突的时候，应该“忍一句，息一怒；饶一着，退一步”。控制自己的情绪不仅能带给他人不一样的感受，还能给自己余留更多的处世空间和回旋余地。《小儿语》告诫儿童：“先学耐烦，快休使气，性躁心粗，一生不济。”但是需要指出的是，《小儿语》和《增广贤文》更多地强调不控制情绪的后果，对于怎么合理处理情绪却少有具体的方法和学理上的解释，明晰的“答案”需要诵读者自己去体会，这是童蒙读物中普遍存在的一个问题。按照现代咨询心理学的理论，当儿童在面对情绪问题无所适从时，教育者和父母可以引导儿童转移情绪、合理宣泄、自我降温等，达到利己、利人的双赢目标。

自我管理是儿童终其一生都须形成的能力和应该养成的良好习惯，这种能力和习惯要求儿童能及时和适时对自己进行正确的约束和激励，能及时发现自己的错误并改正，为交往打下良好的品行基础。

（三）意——自我意志管理

鼓励儿童形成坚持不懈的品格，磨炼自己的耐心和毅力是让儿童获得社会交往能力的重要途径。《三字经》中说：“披蒲编，削竹简。彼无书，且知勉。头悬梁，锥刺股。彼不教，自勤苦。”以西汉路温舒以草为本、公孙弘以竹当书、东汉孙敬头悬梁、战国苏秦锥刺股的故事勉励儿童不以困难为借口，坚持习学问之道，行高尚之品格。

《弟子规》强调“唯德学，唯才艺。不如人，当自砺”，劝诫儿童在道德、学问、才能和技艺等方面与他人争高下，不断勉励自己，策励前行，告诫儿童只有意志坚定，品格顽强，“朝起早，夜眠迟。老易至，惜此时”，才能“功夫到，滞塞通”。儿童在学习的过程中一定会遇到诸多的挫折和磨难，只有打破困难带来的恐惧，坚持不懈，才能获得成功的喜悦，这是对儿童意志品质的培养，强调的是非智力因素对儿童成长的重要影响。

（四）行——自我行为管理

自我行为管理是对自我行为的控制，是对自我的约束和激励，包括儿童自我生活能力的培养和严谨认真的学习习惯的塑造养成等。《童蒙须知》是朱熹为启蒙儿童编撰的读本，开篇就强调“衣服冠履”的穿戴整洁，即儿童生活自理能力的培养，认为儿童只有“身体端整”和“洁净整齐”，才能“大抵为人”。管理和爱护好自己和他人的东西，才能共享物品的乐趣，这是交往的重要表现和基本条件。朱熹强调良好行为习惯的养成，要求儿童“凡脱衣服，必齐整折叠箱箧中，勿散乱顿放，则不为尘埃杂秽所污。仍易于寻取，不致散失”。唯此，才能有条不紊地生活，而秩序则是管理和交往的基础。

《弟子规》的“谨信”篇中也有对此内容的叙述：“晨必盥，兼漱口。便溺回，辄净手。冠必正，纽必结。袜与履，俱紧切……对饮食，勿拣择。食适可，勿过则。”儿童只有在行为上谨慎，不做放逸之事，对自我严格要求，行好人生的第一步，才能为日后打下交往的基础。

《童蒙须知》对良好学习习惯的规定：“文字笔砚，凡百器用，皆当严肃整齐，顿放有常处。取用既毕，复置元所”，“凡读书，须整顿几案，令洁净端正。将书册整齐顿放，正身体，对书册，详缓看字，仔细分明读之”。要求儿童在诵读的同时养成良好的学习习惯，遵守既定的学习规则，循序渐进，日夜进益。秩序是管理的基础，管理的前提首先是自我管理，在管理大系统中的自我管理是构建和谐人际关系，实现有效交往的基础。童蒙读物强调，只有在细碎的生活小事中让儿童养成爱护和尊重的良好生活习惯，方能在大事中坚守心性。

二、孝悌——如何与家庭相处

家庭是社会的细胞，儿童成长之初交往最多的即家庭成员，与家庭相处，主要是与家庭成员之间的交往，这种交往主要包括与父母、兄弟姐妹的相处。父子之亲、夫妇之别、长幼之序等是古代处理家庭关系的重要准则，是儿童与父母、兄弟姐妹交往时应遵循的人伦义理。

（一）孝——与父母的相处

孝是中国传统道德的基本范畴，其内涵包括祖先崇拜、事亲养老和移孝作忠。孝源于敬神祭祖的“孝”，经过历代的发展，逐渐从宗教形态演变为事亲养老，孝的重点将对神的祭祀转为对父母养育之恩的报答。孔子总结为“今之孝者，是谓能养”（《论语·为政》）。《千字文》的“资父事君，曰严与敬，孝当竭力……临深履薄，夙兴温凊”讲的是孝的原则和要求。元代郭居敬编录《二十四孝》以通俗的语言辑录了儒家所尊崇的孝道的故事，让儿童在开蒙之初就经常诵读，虽然其中的某些做法如无条件地服从父母并不值得推崇，但提倡儿童爱父母、敬父母的做法是值得肯定的。《弟子规》总序中就提到儿童在学习之初需要做到的就是“首孝悌”，孝顺父母，友爱兄弟，并将“入则孝”作为人生必修的第一门课，这里的孝指的是善待父母，照顾父母。对父母的“亲亲”教育是“千经万典，孝义为先”，不忘父母的养育之恩，以此作为人生处世的第一要事。

古代童蒙读物指导儿童孝顺父母细致入微，从接待礼仪到生活照顾，事事用心侍奉。而且对于父母的孝顺不是一味地服从，当父母言行有失时，还要直言劝诫，即“亲有过，谏使更。怡吾色，柔吾声。谏不入，悦复谏。号泣随，挞无怨”（《弟子规》）。孝，并不是愚孝。

在孝顺父母的事情上除了事必躬亲、仪礼周到，还要注意父母对子女榜样的引导作用。《小儿语》说：“要知亲恩，看你儿郎；要求子顺，先孝爷娘。”因为“孝顺还生孝顺子，忤逆还生忤逆儿”，孝顺的呈递一是自身的榜样作用，二是他人的榜样示范。儿童启蒙教材《三字经》就以“香九龄，能温席。孝于亲，所当执”的故事给儿童树立孝亲的典范，所谓“大家礼义教子弟”之大智慧。

孝的第三个内涵是移孝作忠，对君王、社会的“尊尊”教育。传统童蒙教育非常重视对儿童的孝的教育，将此看成儿童学为人子、处世行事的要义，但孝并不仅是礼仪道德的要求。孝讲求的是父子有亲，连接纽带是血缘，情感基础是敬和爱，是敬事尊长；孝的另一层意思或引申意义是“忠”，对父母的“亲亲”是对国家“尊尊”的基础，是移孝作忠①。对家庭尽责，对国家尽责，对事业尽力，这才是孝应有的全部内涵，也是社会主义核心价值观所倡导的社会伦理道德规范。

（二）悌——与兄弟姐妹的相处

对兄弟的“悌爱”也是孝的延伸，是家庭伦理教育的重要内容。兄弟是家庭生活的基本关系，兄友弟悌是儿童要学习和遵循的交往原则。《千字文》希望儿童学习的是“孔怀兄弟，同气连枝”，《三字经》推崇“兄则友，弟则恭，长幼序，友与朋”，《增广贤文》辑录“世间最难得者兄弟”，兄友弟恭一直是古人追求的和谐家庭关系。孝顺父母，关爱兄弟姐妹是儿

① 李丽丽，王凌皓．传统儒家孝悌之道的现实观照［J］．学术交流，2010（6）：34-36.

童、家庭或家庭内部应该遵循的基本准则，只有“老吾老”“幼吾幼”，才能“及人之老”“及人之幼”（《孟子·梁惠王上》）。兄弟姐妹和睦相处不仅是孝顺的延续，还是儿童和他人交往的原则、准则。《弟子规》明确地将悌与孝紧密相连，认为兄弟和睦即体现孝道：“兄道友，弟道恭，兄弟睦，孝在中。”如果儿童都能做到“长者先，幼者后”，“弟于长，宜先知”，那么对于形成长幼有序、谦虚礼让、尊老爱幼的和谐人际交往环境，必定多有助益。

现代社会，儿童得到足够多的关爱和照顾，但是社会、家庭和学校在关爱儿童的同时，把儿童当成“小皇帝”“小公主”来宠爱，对于儿童应该学习和具备的一些交往原则、方法，特别是对长辈、兄弟姐妹的尊重却提及甚少，不得不说是教育的重大缺失和遗憾。

三、诚信——如何与师友相处

孝悌是儿童在家侍奉父母和兄弟的交往原则，出门在外，对待师长、朋友又应该秉行哪些交往要则呢？儒家主张在人际交往中以友辅仁、以文会友，交往为的是人与人的和谐相处，所以交友首先追求的是信义为先。孔子在《论语·为政》中说：“人而无信，不知其可也。大车无輗，小车无軏，其何以行之哉？”信守承诺，践行信约一直是古人信奉的处理人际交往问题的重要原则，人无信不立，业无信不兴，国无信则衰。诚信和践约是古人判断交往关系能否顺利进行的重要标准，也是指导儿童与他人交往的基本法则。《弟子规》就将“信”作为儿童必修的第四门课：“凡出言，信为先。诈与妄，奚可焉”，认为言而有信是踏上人生成功阶梯的第一步，不可有丝毫的懈怠。《千字文》里“信使可覆”说的也是交往中信用的问题，强调只有坚守诺言、履行承诺才算是有信德，有信德才能安身、立命。

怎样求得诚信之友呢？首先是寻得好友。《小儿语》讲：“要成好人，须寻好友，引酵若酸，哪得甜酒。”讲的是结交品行良好的朋友的重要性。《千字文》里讲交友要“交友投分，切磨箴规”，选择那些在品行和学业上能互相切磋、告勉的益友。童蒙读物中重视择友的思想源自先秦儒家所提倡的师友相处之道，孔子将“视其所以”，也就是选择什么样的人为友作为考察人的兴趣品行的重要媒介，荀子更是注重交往环境对个体成长的影响作用，他说：“蓬生麻中，不扶而直；白沙在涅，与之俱黑”（《荀子·劝学》），指导年轻人应该“结交须胜己，似我不如无”（《增广贤文》），从而充分发挥交友过程中所产生的正能量，那些在学业和品行上多有过人之处的师友才是儿童应效仿和学习的对象。良师益友是儿童成长过程中的重要陪伴者，所以选择什么样的人为友和如何与朋友相处也成了古代蒙养教育的重要议题。

其次，交友要长久，须待人以礼。比如在称呼上，童蒙读物皆有细致规定，《幼学琼林》里对各种自谦和尊称的辑录非常多，“阁下足下，并称人之辞；不佞鲰生，皆自谦之语”，乃至对儿童和他人交往时应怎样措辞也有提及：“请人远归，曰洗尘；携酒送行，曰祖饯……谢人寄书，曰辱承华翰；谢人致问，曰多蒙寄声。望人寄信，曰早赐玉音；谢人许物，曰已蒙金诺……曾经会晤，曰向获承颜接辞；谢人指教，曰深蒙耳提面命。求人涵容，曰望包荒；求人吹嘘，曰望汲引。求人荐引，曰幸为先容；求人改文，曰望赐郢斫。”这些饱含着传统文言精辟而又字字珠玑的语言，不仅是交往礼节，还是体现儿童彬彬有礼、和睦谦逊的文明风貌的交往方式，即涵养的外显形式。比如在语言上，童蒙读物对儿童的要求也很多。《童蒙须知》就将语言作为第二篇的重要内容：“凡为人子弟，须是常低声下气，语言详缓，不可高言喧闹，浮言戏笑。”在和师长交往时，儿童应态度恭谦，轻言细语，以礼待之。

诚实是儿童在成长过程中最应当坚持但也是最容易遗失的品质，诚实所代表的是真实和善良，它是社会交往的基础——信任。信任是建立在彼此的诚实上的，坦率则让交往简单、直接、无负担，二者是最符合儿童心性的品质，不需要特殊培养，但需保护和涵泳之。《童蒙须知》里讲“有所问，则必诚实对，言不可忘”，讲的是对长辈的态度，其实也是对所有人和事的态度，不可虚妄，必诚实相对。《小儿语》则更加简单易懂，“自家过失，不须遮掩，遮掩不得，又添一短。无心之失，说不罢手。一差半错，哪个没有。须好认错，休要说谎，教人识破，谁肯作养”，教导儿童哪些行为是诚实应受到褒奖的，哪些是错误无效且应得到惩罚的，简单明了，用正反的例子教导儿童以诚信待师友。

《弟子规》讲，“凡出言，信为先；诈与妄，奚可焉；话说多，不如少；惟其是，勿佞巧；奸巧语，秽污词；市井气，切戒之”，教导儿童说话办事要讲信用，不作欺诈之言，不行奸佞之事，让儿童依据“天下第一规”，行好“人生第一步”。

荀子在《劝学》中说“学莫便乎近其人”，意思是人与人的交往是帮助个人能力提高和道德完善的最佳途径，所以寻得好友、以礼相待、相交以诚是儿童在和师友交往中必须谨记和践行的义理。唯此，才能形成以爱相济、以道相随的和谐师友关系。

四、仁爱——如何与他人相处

孟子说："君子之于物也，爱之而弗仁；于民也，仁之而弗亲。亲亲而仁民，仁民而爱物。"(《孟子·尽心上》)孟子讲的仁爱是从爱自己的亲人出发，仁爱百姓，爱惜万物，这是最朴素的亲善思想，也是儿童与他人交往应遵循的原则与方法[①]。爱人者，人恒爱之，"凡是人，皆须爱，天同覆，地同载"，这是《弟子规》要求儿童必修的第五门功课，在平等的前提下，与他人相处应互相关心、爱护和尊敬。儿童在日常生活中除了要和父母、兄弟姐妹、师长朋友交往外，还应和其他人友好交往。懂得如何同自己相处，如何与家人、师长相处是个体社会化的前提，学会与更广泛的社会成员之间的交往则是个体社会化进程完成的重要标志。在和他人的交往中，儿童不仅要与人为善，学会分享，帮助和给予他人所需，还要接纳和认同他人，这些是童蒙读物中要求儿童谨记并践行的怎么与他人相处的基本原则、方法、态度、内容等。

（一）礼貌与友善

礼貌是个体交往能力、道德水平和文化修养的外在表现形式，是个体与群体在共同生活和交往过程中形成的遵守社会风俗、习惯和传统等的外在表现，是维护个体良好交往和共同生活应遵守的道德规范、生活规范的形成与塑造，是有效交往不可或缺的润滑剂。牛津大学的布朗（Brown）和列文森（Levinson）教授认为，礼貌是人类共存的基本条件之一，也是个体生存的必备技能，那些为维护礼貌而产生的语言和行为都被称为礼貌行为，这些礼貌行为在各种童蒙读物中均有大量记载[②]。

《幼学琼林》里讲："大学首重夫明新，小子莫先于应对。其容固宜有度，出言尤贵有章。智欲圆而行欲方，胆欲大而心欲小。"这里强调的是儿童在日常交往中应有的礼仪风范，首先就要学习待人接物的话语表达和礼节风范，仪容举止要适宜合度，说话言语应合文法。《弟子规》用具体

① 王凌皓．继承与超越：先秦时期原创性教育思想研究［M］．长春：吉林出版集团有限责任公司，2015：60.

② 陈融．面子·丢面子·留面子：介绍 Brown 和 Levinson 的礼貌原则［J］．外国语，1986(4)：19-23.

的例子告诫儿童怎样行礼貌之语和仪礼之节："称尊长，勿呼名，对尊长，勿见能；路遇长，疾趋揖，长无言，退恭立；骑下马，乘下车。过犹待，百步余。"这些在社会交往过程中的行为规范被称为礼节，在言语动作上的表现则是礼貌。这些看似简单却重要的礼仪、礼节其实是礼仪教育的重要内容，是个体品格的外在表现形式，是社会交往的重要润滑剂，不仅需要儿童学习，而且需要具体化、内化为个体的行为习惯。

（二）理解与关爱

理解与关爱的核心其实是同理心的培养，即换位思考、共情，对情绪自控、换位思考、倾听能力以及表达尊重等与情商相关的交往能力的培养。《弟子规》在讲到怎样关爱他人时，给出的是两个看似简单却不易坚持的标准："事诸父，如事父，事诸兄，如事兄。"唯此，才能"财物轻，怨何生，言语忍，忿自泯"。告诫儿童像对待父兄一样宽待他人、理解他人，就不会有怨仇和愤恨，原因在于"凡是人，皆须爱"。互相关心、爱护和尊敬，才能实现孟子所言的"爱人者人恒爱之"。要想培养"爱人"的同理心，须"人不闲，勿事搅，人不安，勿话扰；人有短，切莫揭，人有私，切莫说"。与人叙闲或有事相扰，得择其空闲，不能无事相扰或趁忙而入；当他人心神不宁时不有意打搅；不宣扬他人的短处和隐私。

"将加人，先问己，己不欲，即速已；恩欲报，怨欲忘，报怨短，报恩长。"（《弟子规》）《小儿语》则以"与人讲话，看人面色，意不相投，不须强说"教导之，虽然难免有教唆儿童察言观色之嫌，但也是社会交往应该恪守的重要法则。《增广贤文》以"知己知彼，将心比心"清晰地表达儿童应站在互相支持、互相理解的基础上学会换位思考，是对孔子"忠恕"之道的深层诠释与继承发扬。

（三）帮助与分享

人是社会性的存在，无论是儿童还是成年人，互相帮助和给予是生存、生活、享受人生的基础。这种帮助和给予可以是物质上的，也可以是精神上的，是促进个体交往的催化剂。《增广贤文》用一句俗语来点破帮助他人的重要性——"救人一命，胜造七级浮屠"，并提倡"千里送毫毛"。《弟子规》讲："善相劝，德皆建，过不规，道两亏。"在道德修养上，朋友之间若能互相规过劝善，则会成就彼此的善行；如果对彼此的失德行为视而不见听而不闻，失德将是双方的。在物质上同样如此，中国人讲求的是礼尚往来，人情往来崇尚互相帮助。在交往中给予他人所需要的帮助不仅助人，而且愉悦自我，是自我成长的重要方式。

分享与共担是儿童亲社会的一种表现，让儿童学会并且愿意和他人共同享用某种资源，是人与人之间和谐相处、共同劳动、享受自然与社会带给人类的各种条件，是其在人类共生关系中的相互依存性、人际交往中的社会交往性、人伦关系中的道德性的具体体现，是儿童社会性的重要组成部分。《诗经》中的名篇《木瓜》首句“投我以木瓜，报之以琼琚。匪报也，永以为好也”，讲的就是分享的故事，简单、美好又发人深省，投桃报李、礼节交往便一直是人际往来中首推的原则。《弟子规》用“己有能，勿自私”来告诫儿童当自己有某方面才能时，一定不能只顾着满足私利，应做对他人有益的事，分享自己的才干。对于分享的度，《弟子规》用的是另外六个字——“与宜多，取宜少”，人情往来的准则是取少给多，这是中国传统道德中一直推崇的“吃亏是福”，作为公序良俗被保留下来，甚至是当今在人际交往中被尊崇和颂扬的美德。《三字经》则以“融四岁，能让梨”等故事来传颂谦让分享的德行。

（四）接纳与认同

按现代心理学的理论，接纳和认同讲的是求同存异，传统文化讲的是以和为贵，在推己及人的前提下才能做到接纳和认同相同或不同的人和事，即“和而不同”，才能求同存异、互勉共生。《小儿语》有“别人情性，与我一般，时时体悉，件件从宽”的描述，对他人同自己不一样的性情应体恤和宽容。但这里的接纳和认同并不是完全无原则地接纳一切纠纷，孔子讲“君子和而不同，小人同而不和”（《论语·子路》）。君子能接纳和认同他人、保持和谐融洽关系的前提是经过自己的独立思考与评判，而不是无原则地盲目附和，不讲求独立考量和见地，盲目追求一致，是小人的行为，和而不同是君子之风。

（五）尊礼与守序

儿童需要学习遵守一切交往的规则，形成规则意识，遵守社会规则的行为习惯，只有掌握并且遵守规则，人与人，人与社会、自然、宇宙才能和谐相处。简洁易懂的《小儿语》总结出成人的重要意义在于：“既做生人，便有生理，个个安闲，谁养活你?”儿童既然学习，就必然要懂得学习、做人的规矩。

《现代汉语词典》指出："规则，就是规定出来供大家共同遵守的制度和章程，是由书面形式规定的成文条例，也可以是由约定俗称流传下来的不成文的规矩。"[①] 可见，规则包括社会约定俗成的公序良俗，如日常生活和工作的习惯、习俗、传统、道德等，组织或机构的运行规定，还有国家的法律与制度等。社会的和谐运行必须靠这些规则来监督和实施，规则是调节人与人、人与社会、人与自然的重要原则，对于蒙养阶段的儿童来讲，他们必须掌握和遵循社会的公序良俗，以及国家、社会的法律与制度。

一是对公序良俗的遵守。遵守社会的公序良俗是保护国家、社会的公共利益、良好风尚的重要途径，也是创建和谐的交往关系的基础和前提。《三字经》就曾提到"为人子，方少时，亲师友，习礼仪"，儿童在求学问道的过程中须懂得为徒、为友的礼仪规范，择其贤者而从之，并在求学过程中坚持这些为人所乐道的规范和礼仪，这有利于儿童养成遵守被社会接纳的价值规则的意识。《童蒙须知》更是将为人子弟者须习得的生活、学习规则细分为衣服冠履、言语步趋、洒扫涓洁、读书写字、杂细事宜等五章，对儿童应遵循的生活、学习、道德行为礼节等均做详细规定，如"凡相揖，必折腰。凡对父母长上朋友，必称名。凡称呼长上，不可以字，必云某丈"。这是在日常社交中应注意却被忽视的地方。如果没有细致的行为规范，儿童极易散漫，行为失去约束，所以严格和细致的行为规范非常有利于儿童礼仪的学习和践行，也是儿童社交的起点。

二是对机构或组织内部规定的遵守。任何机构或组织的良好运行必须要求所有的参与者尊重并遵守其内部的规章制度。儿童在家要遵循家规家训，如《童蒙须知》里要求儿童"凡脱衣服，必齐整折叠箱箧中，勿散乱顿放，则不为尘埃杂秽所污。仍易于寻取，不致散失"。《弟子规》就有儿童在家应怎么遵守孝道的规矩要求，"父母呼，应勿缓，父母命，行勿懒"。儿童在蒙馆同样要遵守学习的规定："文字笔砚，凡百器用，皆当严肃整齐，顿放有常处。取用既毕，复置元所……凡读书，须整顿几案，令洁净端正。将书册整齐顿放，正身体，对书册，详缓看字，仔细分明读之。"(《童蒙须知》)要求儿童在诵读的同时养成良好的学习习惯，遵守既定的学习规则，学习才能循序渐进，日夜进益。秩序是管理的基础，管理

① 中国社会科学院语言研究所词典编辑室．现代汉语词典［M］．增补版．北京：商务印书馆，2002：474.

的前提首先是自我管理，在管理大系统中的自我管理是基础，相互协调，彼此制约是构建和谐人际关系，实现有效交往的基础。

三是对法律规范的遵守。“法者，天下之仪也，所以决疑而明是非也，百姓所县命也。”(《管子·禁藏》)法是规范天下的仪表，可以解除社会的疑难和判明是非，与百姓生活休戚相关。《孝经》中说：“非法不言，非道不行。”告诫儿童，不符合法纪纲常的话不能说，不符合道德要求的事不能做。

衣食住行、言谈举止、待人接物无一不体现着儿童的交往礼仪，这些古人推崇的日常生活礼仪，也是儿童遵礼守序的基础，且不能因世事改变而抛弃规则。“节义廉退，颠沛匪亏”（《千字文》），是儿童终其一生必须学习和遵守的交往规范。当代社会是一个利己和利他的世界，理解和善待他人，理解和善待自己，遵从道德的呼唤，遵守法律的规定，才能共享生活的美好。

《教育——财富蕴藏其中》一书在前言中提到的未来教育的四大支柱之一——学会做事，最重要的就是将技能转化为能力，这种能力除了实际动手操作的技能，更是指处理人际关系的能力、社会行为、集体合作态度、主观能动性、交际能力、管理和解决矛盾的能力等一切人际交往的能力，这种交往能力、与他人共事的能力在社会活动中的作用越来越重要①。在当今世界，交往能力的形成和发展是人的生存和发展的重要保障，是新的课程教学改革的重要内容和方向，必须引起足够的重视。《幼儿园教育指导纲要（试行）》和《3—6 岁儿童学习与发展指南》里均提到要发展儿童的社会性，健全儿童的人格，要促进儿童良好的社会关系和人际关系发展；《中小学公共安全教育指导纲要》《中小学健康教育指导纲要》《中小学心理健康教育指导纲要》里也多次强调要帮助中小学生正确处理个体生命与自我、他人、社会和自然之间的关系，遵守社会生活中人际交往的基本规则以及公共场所的安全规范等。交往的重要意义无须多言，但是在中小学教育过程中如何秉承和吸收传统蒙养读物中这些关于培养儿童社会交往能力的精髓将是广大教育工作者必须面对的话题。

颜之推在《颜氏家训·勉学》中指出：“人生小幼，精神专利，长成已后，思虑散逸，固须早教，勿失机也。”可见，“早教”的重要性不言而喻，在儿童成长发展的关键期给予人生态度、为人处世、待人接物的教育

① 联合国教科文组织总部．教育：财富蕴藏其中［M］．北京：教育科学出版社，1996：2.

和影响，是养成教育的重要基础。而人之初是人生的原点，拥有极强的记忆力、模仿力和执行力，正如颜之推在《颜氏家训·教子》里所说的，“吾见世间，无教而有爱，每不能然；饮食运为，恣其所欲，宜诫翻奖，应诃反笑，至有识知，谓法当尔。骄慢已习，方复制之，捶挞至死而无威，忿怒日隆而增怨，逮于成长，终为败德”。儿童时期是人生的初始阶段，儿童日日诵读这些蒙学经典，必然会长记这些社交的禁忌和要领，并践行之，成为推动社会发展和进步的促进者。作为一种行之有效的教化方式，传统童蒙读物在培养儿童社会交往技能的过程中形成了较为成功的一套经验，在某种程度上反映了社会教育的一般规律，对于今天中小学进行社会教育，培养中小学生的社会交往技能，具有重要的借鉴和启发意义。

［原文刊载于《广西社会科学》2018年06期（田茂　王凌皓）］

我国古代蒙学仪式教育的社会教育功能及启示

童蒙教育中的“礼”通过各种有形的隆重而严谨的仪式和典礼表现出来，仪式教育和各种典礼是童蒙教育“礼”的形象化和具体化，这既形成了我国尊师重教的传统文化风俗，也是国家实行社会教化的重要形式和实践基地，很好地发挥了蒙学的社会教育功能。

一、我国古代蒙学仪式教育历史源远流长

我国古代蒙学的仪式教育是一种制度，在学校中，蒙学以礼仪治学，久之即成礼仪制度；学礼、知礼、懂礼、讲礼、行礼也是蒙学的重要教育内容，并形成蒙学礼仪的庞大体系。具体说来，春秋以后，各朝各代的蒙学都非常重视学校的教育仪式，有释奠礼、启蒙礼等，还有一些日常的教育仪式（主要以学规的形式存在）等。

（一）释奠礼

《荀子·礼论》说：“礼有三本：天地者，生之本也；先祖者，类之本也；君师者，治之本也。故礼……尊先祖而隆君师。是礼之三本也。”认为师长是治理国家的本源，对祖先和师长的尊重是礼仪的根本。《礼记·文王世子》就曾记载：“凡学，春，官释奠于其先师，秋冬亦如之。凡始立学者，必释奠于先圣先师……凡始立学者，必释奠于先圣先师。”可见，在周代就有天子释奠于先师，表示尊敬先圣先师的礼仪传统，释奠即是陈设美酒佳肴，祭祀先师，后经过历代发展，特别是西汉“罢黜百家、独尊儒术”之后，释奠礼这个原本为古代学校的祭祀典礼也逐渐演变为孔庙祭奠中规格最高的一种大型礼仪。

释奠礼一般一年两次，由皇帝亲临或派遣钦差主持，并逐渐形成一个全国性的祭祀活动，典礼规格严谨规范，比如清时期文庙祭孔的规格上升为上祀、奠帛、读祝文、三献、行三跪九拜大礼，孔子享受同天、地、社稷和太庙同样的规格。礼仪对学童具有教化和训导作用，所以释奠礼通过

一系列的祭祀仪式，不仅有助于形成尊师重道的社会文化风俗，更可以帮助统治者实现文明教化和社会纲纪，是古代一种重要的社会教化形式。

（二）释菜礼

释菜礼源于孔子周游列国时困于陈蔡的掌故。相传孔子带领弟子周游列国时，曾受困于陈国和蔡国之间，前路歧途，水断粮绝，弟子子路、子贡等人认为此行已至穷途末路的绝境，但颜回仍每天“释菜于户外”，每天采摘野菜放在孔子住所门口，表示尽管老师身处绝境，但自己仍然要跟随老师学艺，表达礼敬师尊之意。因此，后世在祭奠孔子时也对颜回行祭奠之礼，即是对他尊师的颂扬。可见，释菜礼举行的目的就是对刚入学的学童进行尊师教育，以颜回为尊师的榜样并礼遇之。

释菜礼是表达尊师重教的一种仪礼，释菜又称“舍采”“择菜”，用美酒、水芹、红枣、栗子等菜蔬祭奠先师，敬奉教师，表示从此跟随老师拜师学艺。民间举行释菜礼时陈设少许菜蔬即可，官方则要隆重得多，如清朝顺治就下令农历每月初一举行释菜礼，设酒、芹、枣、栗等献与孔子及其位前“十哲”的弟子，配备文武百官，音乐舞蹈，并行三跪九叩之大礼。释菜和释奠的区别在于，前者没有杀牲供奉，仅有菜蔬若干，所谓“礼之轻者”，但礼轻情义重，均表达的是对老师的怀念、感激和尊敬。

（三）启蒙礼

中国古代童蒙教育对儿童进行启蒙教育的另一重要形式是启蒙礼，也称开笔礼或破蒙、破学、开书，相当于今天的开学典礼。《礼记·王制》记载：“命典礼考时月，定日，同律、礼、乐、制度、衣服，正之。”典礼所用的音乐、服装等应按照规定的礼数来一一遵循，所以古代童蒙教育中的启蒙礼由正衣冠、净手净心、朱砂开智、拜笔师等环节组成，烦琐而隆重，目的是想通过系列的活动对儿童进行关于尊师重教、孝顺父母、读书求学等方面的教育，启迪智慧，是古人最重要的四大礼之一。

启蒙礼的第一步是“正衣冠”。之所以把正衣冠放在第一位，因为古人相信衣冠能“正容体，齐颜色，顺辞令”，“先正衣冠，后明事理”，仪容整洁、肃穆是启蒙礼的第一步，一般家长会给学童准备新衣服和红鞋子，学童的衣冠和站姿要经过老师的逐一检查后，才可排队进入学堂。第二步是行拜师礼。拜师礼也有着严格的程序，进入学堂后，学童首先要双膝跪地九叩首拜孔子神位，接下来三叩首拜老师，最后是向老师赠送礼物，礼物一般被称为“六礼束修”。六礼皆有讲究，芹、莲、红豆、枣、桂圆、束脩。芹菜之“芹”意为“勤”，勤奋、好学；莲子内心苦，意为苦心教育；红豆意为鸿运高照；红枣之“枣”，意为早日高中；桂圆之“圆”，意为功德圆满；束脩是弟子向老师表达敬意，源于孔子。第三步是净手净心。开学典礼的净手不同于普通的洗手，学童要按照老师的要求将手放在水中，正反各洗一次并擦干净，寓意洗净杂念，方能心无旁骛专心学习。第四步是“朱砂开智”。“痣”和“智”谐音，所以朱砂开智就是用毛笔蘸上朱砂，为刚入学的学童在额头中间点一个红点，谓之“开天眼”，表达希望学童从此开启智慧之眼，心明眼净，好好用功读书的美好愿望。第五步是写“人”字。学童在老师的指导下，用毛笔蘸上朱砂，书写人生中的第一个字：“人”，也称描红开笔。“人”字虽简单易写，但字形顶天立地，蕴含着古人希望学童在入学第一天起就要学习和树立正确人生观，学习如何做一个堂堂正正的“士子”。有的入学礼还包括拜笔师。启蒙礼除了以上的诸多仪式，某些地方还会在学童入学第一天精心准备四道早餐，意为“食长进”。猪肝炒芹菜，寓意勤奋好学；蒸全尾鲮鱼，寓意跳入龙门；豆腐干炆葱，寓意聪明伶俐；两个红鸡蛋，寓意两种双元。启蒙礼结束后，学童便可在学堂安心读书，开启了作为读书士子新的人生篇章。

（四）束脩礼

束脩礼在童蒙教育中备受重视，而且有着严格的礼仪制度。唐代就曾规定学童第一天入学时须备齐以下物品：束帛一篚（用红线捆绑的五匹帛）、酒一壶（二斗美酒）、脯（五脡干肉），作为第一次的见面礼。束脩礼也有严格的程序，行束脩礼当天，学童须穿戴青衿学服，携带如上礼物去学校拜会老师。来到校门后先站在台阶下，老师站在学堂的台阶上，派人问询学童此来的理由。待学童表达自己拜师求学的意愿后，老师应谦称自己学问浅薄，唯恐误人子弟。学童则再三表示自己拜师的决心，恳求老师收徒。老师见学童求学态度坚决，就走下台阶，意味着同意学童入门，学童即行跪拜礼，随后将礼品摆放在老师面前，恳请老师收下，老师答应收下礼物即意味着束脩礼结束。这看似烦琐的礼仪其实是师生之间以礼相待的体现，也是中华民族的传统美德。

（五）其他日常教育仪式

开学典礼是庄严、规范的教育仪式，自学童入学第一天起就以肃穆的仪式来影响和教育之，除此之外，古代蒙学中承担着更多教育功能的是日常的一些教育仪式。比如《弟子职》中就对稷下学宫学生必须遵循的学生守则进行了详尽的论述，《弟子职》第一章节就论述了学生应持有的学习志向、态度与品德修养，并对早作、授业、对客、馔馈、用餐、洒扫、执烛、请衽及复习等学生必须遵循的行为规范进行了具体阐释。

蒙学的日常教育仪式还表现为一些学规，学规是学童入学受业、事师必须遵循的礼仪。蒙学学规的语言浅显易懂，关注的是儿童道德训练和日常教学，各种名目繁多的学规是为了使学童在常年的坚持中养成良好的行为习惯和道德观念，为出仕为官、做人奠定知识和道德基础，并作为中国传统教育的独特记忆，至今仍被一些学校所遵循。

二、古代童蒙教育仪式的社会教育作用

（一）对个体而言——人格塑造

蒙学中的各种仪式教育是一种蒙学生活化、常态化的教育方式，实现了将道德教育从抽象到具体、从复杂到简单、从说教到行为方式演练的转变，使得学童从入学第一天起就在一套严谨的仪式中受到明显或潜在的影响。蒙学中的仪式教育作为一种规范的教育秩序，通过让学童学会和遵守学堂的各种礼节、仪式和规矩，从而获得稳定的教育秩序，在这个过程中，仪式教育变成一种内在的需求，个体将仪式教育内化为儒家倡导的道德品格，自律且自爱，塑造一种为世俗所接受、尊崇的，并能提升个体修养的儒家人格。如《童蒙须知》中第一个内容就是：“夫童蒙之学，始于衣服冠履，次及语言步趋，次及洒扫涓洁，次及读书写文，及有杂细事宜，皆所当知。”从学童整齐穿戴衣服、鞋帽，说话、走路的规矩，打扫房屋书桌，对待长辈的姿态、书写的公正要求，对书和读书的态度等方面对学童进行要求，这是要求学童在这些日常的仪式中养成良好的生活、学习习惯，激发个体对教育仪式的内在需求，使得个体的行为更加文明，从而形成优良的个性品质。

（二）对教育而言——尊师重道

蒙学的仪式教育看似烦琐，却在整个古代社会中形成了尊师重道的优良社会风气，也是中国传统教育中优良学风和教风的承载。

蒙学中的仪式教育首先对教师而言就是一种激励和鞭策，在享受学生

的跪拜敬意的同时，教师自身必须先有值得学生尊敬的人格和为人称颂的师德，形成了中国传统教育中的优良“教风”。先师孔子“自行束脩以上，吾未尝无悔焉”，将一生大半时间都用于传道授业，有教无类，致力于文化的传播。后世历代从教者，无论是位高的太学博士、书院山长还是身份卑微的塾师，皆能向学生倾授为学、为人之道，为后世留下诸多值得颂扬的“逊业”典范。蒙学中的仪式教育对学童而言，也从第一天开始就潜移默化地影响学童，促使他们形成兢兢业业、恭敬于学术，严谨认真的为学之道，即传统士子的“学风”。《弟子规》中对于日常仪式教育中的为学和求学有过此类的论述，训导学童怎样读书，怎样做学问。开学典礼中的“净心净手”等仪式也让学童知晓抛开纷扰、专心读书的重要性；释菜礼、束脩礼中父母准备的菜肴和礼物中也能看出社会对于学童求学的殷切希望和祝愿，这对于初入学校的学童养成敬业认真的学习风气大有裨益。

（三）对社会而言——文化礼制的传播

礼是中国传统教育中最重要的内容之一，所以蒙学不仅教“礼”，以一系列仪式教育作为日常的教育内容，如怎样对待师长、怎样对待知识、怎样对待长辈等；同时将“礼”作为承载其他教育内容的重要载体，蒙学是学童学习儒家文化的场所，一些重要的典礼也在学堂中举行，是习礼和演礼的重要基地，为学童提供了学习和实践礼的机会，如释奠礼、释菜礼、束脩礼、视学礼等都在学校举行，学童作为主要参加者，对此类仪式的礼制等从有学校的那天开始就耳濡目染，身体力行，并将之践行到社会生活中，对于文化礼制的传播做出了必要的贡献。

三、对当代中小学仪式教育的启示

蒙学中的仪式教育将儒家文化中无形的文化、教育礼仪等转化为有形的物质载体，以有形的方式对学童进行知识、情感体验等的教育，发挥仪式教育的作用。

（一）发挥仪式教育的教育功能

从小学一年级开始，个体就开始了长达 12 年的中小学生活，在这个漫长的教育阶段，每年、每学期、每星期，甚至每天都会面临各种规模、不同程序的仪式。仪式教育是中小学生不能忽略的重要教育内容和教育形式，发挥好仪式的教育作用，不仅能传播知识，还能交流感情，通过系列的言行和过程展示，潜移默化、循序渐进地影响中小学生，所以正确发挥仪式教育的教育功能是中小学常规教育的重要方式之一。

（二）发挥仪式教育的传承功能

被古人推崇为人生四大礼的拜师礼、成人礼等在中小学中日益少见，每年的开学仪式、毕业典礼、每周的升旗仪式等大多在走过场，组织的人不重视，参加的人不认真，很难发挥仪式教育的传承功能，而传承功能恰恰是仪式教育的精华所在。仪式作为一种文化的具象，会在恰当的时机不断强化人们的历史记忆，对在历史中沉淀下来的文化精髓以主流、积极、成熟的形式不断加以重复和传承，是保存中华民族优秀历史文化传统非常重要的形式。

（三）发挥仪式教育的导向功能

蒙学仪式教育中的释菜礼、束脩礼，让学童对老师行大礼、送吉菜，希望学童在入学第一天就知道尊重老师和尊重知识，倡导被社会认可的主流意识，这使得仪式教育具有明显的积极导向功能，使学童甚至是旁观者被这种仪式的氛围所影响，关注仪式中倡导的人和事，发挥仪式教育的导向功能。学生对于学习、知识、老师的尊重很多时候是源于社会、学校和家庭对于学习、知识和老师的态度，例如中小学每堂课开始前向老师行礼，这本是严肃和认真的仪式，但在部分初中、高中，老师为节约上课时间，把这个重要的仪式简化甚至拿掉了，转而在课堂上要求学生尊师重道，试问：学生何以尊师重道？古代蒙学学堂中，学童要进入老师门下求学，须先拜万世师表孔子，再行三叩礼于老师，出入进退，皆有规矩，在生活和学习中的每个细节处都对学生进行潜移默化的影响，很好地发挥了仪式的导向功能，而这恰恰是今天中小学缺乏的。

（四）发挥仪式教育的约束功能

社会中常有对中小学生的各种批评，认为缺少秩序感，缺乏集体意识是中小学生突显的一个缺点。培养中小学生的秩序感和集体意识不是一次或一门思想政治道德教育课程能完成的，这需要常年的坚持，而这种坚持也不是说教就能达成的任务，必须将这些无形的要求外化成有形的、具有可操作性的教育内容，仪式教育就能很好地承担这个任务。例如，中小学本来每星期都要有升旗仪式，这本是很好地进行爱国主义教育的方式，但是很多学校以天气、场地等各种理由取消或减少了，殊不知，升旗仪式以自身特殊的程序、步骤、规则，要求老师和学生严肃认真地完成每个步骤，让所有参加者在严格的约束过程中形成集体意识。

(五) 发挥仪式教育的激励功能

古代视学礼是天子为了表达对于教育、教师、学生和知识的重视而举行的，对先师孔子进行祭拜，天子亲临讲堂视察讲经、议经等，给予教师和教育极高的待遇，教师、学生甚至是旁观者感受来自最高皇权对于读书的敬意，这本身就是对士子的激励，激励他们好学为师、严谨为学。中小学生正处于人生发展的起步阶段，受暗示性强，某些积极的仪式教育就可以适机开展，比如被大多数中小学甚至是高校忽略的毕业典礼，不接地气的校长致辞、教科书一样的老师发言和空喊口号的学生演讲已经完全背离了毕业典礼本身的宗旨，更谈不上发挥仪式的激励作用。学生从进入小学到高中毕业，会经历大大小小无数次仪式典礼，能真正走进学生内心，让学生有所触动的，能铭记的恐怕不多，而这被忽略的仪式教育恰好是能弥补其他教育缺点的“补药”。

古代蒙学在发展过程中存在诸多缺憾，但是其仪式教育在当时社会形成尊师重道的社会风气和良好学风、教风的教育传统中发挥了巨大的作用，可以说，仪式教育激励和约束的不仅是学生，更是老师，有必要将仪式的影响辐射到更大的范围内，进行知识、情感的教育，而这种已经存在上千年的优秀教育方式如今还没有引起足够的重视，值得深思。仪式，何其重要，仪式教育，何其重要。

[原文刊载于《学术探索》2016年12期（田茂　王凌皓）]

参考文献

[1] 王文锦. 礼记译解 [M]. 北京：中华书局，2013.

[2] 中国国学文化艺术中心. 弟子规 [M]. 北京：人民教育出版社，2013.

[3] 顾明远. 中国教育大系·历代教育制度考 [M]. 武汉：湖北教育出版社，1994.

[4] 金良年. 论语译注 [M]. 上海：上海古籍出版社，2004.

[5] 王凌皓. 中国教育史纲要 [M]. 北京：人民教育出版社，2005.

[6] 王凌皓，田茂.《论语》《孟子》《荀子》教育章句导读 [M]. 长春：吉林文史出版社，2014.

唐代家训诗的教育价值取向研究

以诗歌为载体，由长辈对晚辈进行的带有诗意的教诫即谓家训诗。家训诗是我国传统家训文化的重要组成部分，它在唐代迎来了发展的高峰。对唐代家训诗及其教育价值取向的分析，有助于深刻理解并创造性地继承中国古代家训的文化意蕴，这也是研究我国传统家训文化的必然要求。本文从国家本位、家族本位和个人本位三方面分析唐代家训诗的教育价值取向及其影响因素，以期为当下的家庭教育提供参考借鉴。

家训是我国古代家庭教育的重要载体。朱明勋在《中国家训史论稿》中对“家训”做出了如下定义：“家训，就是某一家庭或家族中父祖辈对子孙辈、兄辈对弟辈、夫辈对妻辈所做出的某种训示、教诫，教诫的内容既可以是教诫者自己制定的，也可以是教诫者取材于祖上的遗言和族规、族训、俗训或乡约等文献中的有关条款，或者具有劝谕性，或者具有约束性，或者两者兼具。”

中国传统的家训形式多种多样，既有口头训诫、墓志碑文，也有行文成书的教子著述。最早的家训文化可以追溯到远古时期的长老训诫，在文字产生以后，人们便将训诫以文字的形式记录下来，以教导后人。据《尚书》记载：我国最早通过文字记录下来的家训是始于周公的《诫伯禽书》和《诫侄成王》两部作品。至魏晋南北朝时期，颜之推的《颜氏家训》问世，标志着中国古代的家训文化高度成熟。到了唐代，中国的家训文化进一步发展，形式更是多种多样，尤其是随着唐诗的蓬勃发展，家训诗也异常丰富。徐少锦、陈延斌在《中国家训史》中写道：“唐朝是我国古代诗歌发展的鼎盛时期，涌现出了李白、杜甫、白居易等许多蜚声中外的伟大诗人；唐代又是中国传统家训成熟时期，上至帝王、世家豪族，下至文人学士甚至是出家僧人，都重视对子弟的教育，把这两者结合起来，便成为脍炙人口的家训诗。”所谓家训诗，是以诗歌的形式，结合具有劝诫或劝谕性质的内容，由长辈对晚辈所进行的训诫。

唐代家训诗具有主题鲜明、内容丰富、体裁多样、价值多元的特点。

本文重点探讨唐代家训诗的教育价值取向，以此增益对唐代家训诗的理解。教育价值取向是教育者对教育思想或教育活动的价值判断或选择，反映教育者的教育价值偏好，影响着教育活动的性质和方向。家训诗的教育价值取向即创作主体在创作过程中所持有的价值倾向或价值偏好。

一、国家本位的教育价值取向

国家本位的教育价值取向是指唐代家训诗创作主体的价值偏好倾向于保家卫国，报效国家。《旧唐书》卷一三四《马燧传》中写道："天下将有事矣，丈夫当建功于当代，以济四海……"唐诗，尤其是唐代家训诗中有大量的作品是抒发爱国情怀，表达爱国志向的。

（一）"谋策赴边庭"

出征边塞，保境安民，是属于唐人的赤诚之心。安史之乱揭开了唐代由盛转衰的序幕，在内忧外患之际，具有赤子之心的唐人以保家卫国作为自己的人生志向和家庭教育的价值判断与选择。

孟浩然早年仕途困顿，后潜心修道养性，但当国家面临危难之时，他依然选择告诫晚辈子弟们必须为国效力。他曾作诗《送莫甥兼诸昆弟从韩司马入西军》，诗中写道："饰装辞故里，谋策赴边庭。壮志吞鸿鹄，遥心伴鹡鸰。"诗文体现了孟浩然希望外甥及兄弟们既要有报国的"鸿鹄"之志，又要有"谋策"戍边、保家卫国的文治与武功。

诗仙李白为勉励外甥郑灌树立雄心壮志，英勇杀敌以报效国家，作诗《送外甥郑灌从军》："丈夫赌命报天子，当斩胡头衣锦回。"李白认为大丈夫的人生价值应在杀敌立功中实现。他在《送族弟绾从军安西》中，勉励族弟要驰骋疆场，立志报国。诗中写道："汉家兵马乘北风，鼓行而西破犬戎。尔随汉将出门去，剪虏若草收奇功。"李白鼓励族弟要立志西行，英勇杀敌。

李商隐在《骄儿诗》中写道："儿慎勿学爷，读书求甲乙。穰苴司马法，张良黄石术。便为帝王师，不假更纤悉。"李商隐告诫儿子不要效仿自己，读书数十载，却只是为博取功名，而是要学习司马和张良，习武练功，立志报国。

唐朝末年，由于战争频繁，许多诗人常常居无定所，颠沛流离。生活在战乱中，读书学习成为最普通却也是最难实现的愿望。韦庄感慨于生活在乱世的无奈与彷徨，以《勉儿子》诗来教诫儿子弃文从戎。"养尔逢多

难，常忧学已迟”就是韦庄对于儿子出生及生长在乱世，错过了读书学习的良好时机而引发的无奈感慨；“辟疆为上相，何必待从师”，则表达了韦庄鼓励儿子要有弃笔从戎，为国建功立业的志向和情怀。

（二）“立政思悬棒”

“历览前贤国与家，成由勤俭败由奢。”清正廉洁、克己奉公是唐人赤诚之心的真诚表达。亭亭山上松，瑟瑟谷中风。风声一何盛，松枝一何劲！为官清廉，不惧风霜，终年端正。

韦应物为劝诫儿子要清廉为政，在《示从子河南尉班》一诗中写道：“立政思悬棒，谋身类触藩。”韦庄自晚年入蜀地为仕后，一心以改善民生为己任，力行避免战争以危害百姓生活，被赞良臣。韦庄作此诗劝诫儿子要为官清廉正直，所谓“立政思悬棒”，就是要在头上悬一警示之棒，有如达摩克利斯之剑时刻高悬，以时刻警诫自己遵纪守法，为官清廉。韦应物又作诗《送端东行》：“世承清白遗，躬服古人言。从官俱守道，归来共闭门。”劝诫弟弟为官要恪守正道，以清白立世，勤勉敬业。

诗人邵谒在《送从弟长安下第南归觐亲》中写道：“为文清益峻，为心直且安。芝兰未入用，馨香志独存。”告诫弟弟写作要清新秀美，心胸要正直坦荡，不要因为一时的失利而心灰意冷。诗人以芝兰为喻，告诫弟弟即使科举不中，也要像芝兰一样馨香志存。诗人鼓励弟弟“在鸟终为凤，为鱼须化鲲”，立志高远，不能因为些许失意而失去自己的远大抱负，同时忠告弟弟“富贵岂长守，贫贱宁有根。丈夫志不大，何以佐乾坤”，强调立大志，佐乾坤。

杜甫生逢乱世，在《敬寄族弟唐十八使君》中写道“在今气磊落，巧伪莫敢亲”，对族弟今日的光明磊落、奸巧之人不敢亲近自己的行为表示赞赏；借“物白讳受玷，行高无污真”表达了自己对志节清高的族弟高尚志节的赞赏和被流放后的同情，同时安慰族弟不要因为一时被流放就失去了自己的清风高节。被誉为“唐宋八大家”之一的柳宗元在《别舍弟宗一》中写道“桂岭瘴来云似墨，洞庭春尽水如天”，借山岭瘴烟与洞庭春色的对比来劝谕弟弟，不要因为政局的昏暗和暂时的被贬就失去清廉为官的志向。诗人教诫子弟的价值取向明确易知。

李白与王昌龄一同送别族弟，曾作诗《同王昌龄送族弟襄归桂阳》，借“相期乃不浅，幽桂有芳根”告诫族弟要清廉自律，不要与小人同流合污。此外，李白在《单父东楼秋夜送族弟沈之秦》中写道：“一朝复一朝，发白心不改”，既表达自己初心不改、赤诚为国的决心，也劝谕族弟要不忘初心，忠心为国，廉政为官。

二、家族本位的教育价值取向

徐杨杰先生称：“家族即宗族。”在唐代家训诗中，我们经常能看到舍弟、弟侄、外甥等称谓，这也从侧面反映了唐代家族的包容性，凡是带有血缘关系，皆可视为家族中的一员，皆是教育的对象。在唐代家训诗的教育主题中，我们不乏以劝诫弟弟、子侄、外甥和女儿等晚辈要齐心治家，力求取仕以光耀门楣，传承家学，继承和弘扬家族文化，注重家庭亲情关系等教育价值偏好的诗句。

（一）“上和下睦同钦敬”

家庭伦理教育是我国传统家庭教育的重要内容，也是家训文化的重要组成部分。唐代社会，无论是帝王还是平民百姓，都十分注重对家族晚辈进行家庭伦理道德教育。

唐初著名的白话诗僧王梵志善于作白话诗文来教诫晚辈。他在《兄弟须和顺》中写道“兄弟须和顺，叔侄莫轻欺。财物同箱柜，房中莫蓄私。”其诗虽为浅显白话，却是颇有内涵的。王梵志作诗告诫家族成员之间一定要和睦相处，叔侄间也不要相互欺瞒；财产均放在公共箱柜中，切勿私藏，有损家族成员之间的彼此信任和相互亲近和睦。王梵志另作“好事须相让，恶事莫相推”，劝诫晚辈不可自私自利，家族兄弟之间应该互相谦让，以善相劝，共担责任。

唐代家训诗中也不乏教诫女性晚辈要立德为家的教育内容。白居易在《赠内》中写道：“妻敬俨如宾”，告诫妻女要勤俭持家，夫妻之间要相敬如宾。在白居易看来，人们“所须者衣食，不过饱与温。蔬食足充饥，何必膏粱珍？缯絮足御寒，何必锦绣文？”白居易力倡勤俭持家，认为居家生活需要的不过是衣食温饱，粮食蔬菜足以充饥，无须山珍海味；棉絮足以御寒，又何必需要锦绣衣裳。白居易劝诫妻女要恪守妇道，切勿贪图荣华富贵，锦衣玉食。在诗歌结尾，他以“庶保贫与素，偕老同欣欣”告诫妻女保持清贫朴素，与夫君相伴偕老，这是人生最大的快乐。韦应物在家女出嫁时作诗《送杨氏女》：“贫俭诚所尚，资从岂待周。孝恭遵妇道，容止顺其猷。”韦应物夫人早逝，女儿与其相伴为生，在女儿出嫁之际便作诗告诫女儿：出嫁以后，要以家庭和睦为重，生活节俭，诚实做人，时刻遵守妇道。

唐代敦煌民间诗歌《崔氏夫人训女文》是民间诗人为训诫即将出嫁的女儿所作。诗中写道："在家作女惯娇怜，今作他妇信前缘。欲语三思然后出，第一少语莫多言。"教诫女儿即将嫁作他人妇，嫁到婆家以后说话前要三思，而且"外言莫向家中说，家语莫向外人传"，告诫家女嫁做人妇后，切勿向家人说些外界的闲言碎语，更不要将家中的私事向外人说起。家庭和睦是妇人应守之道。

（二）"家族辉华在一身"

教子勤勉为学历来都是我国家训的主要议题。自隋唐以来，科举考试给予不同家庭出身的读书人以改变自身及家族命运的机会。《唐摭言》云："三百年来，科第之设，草泽望之起家，簪绂望之继世。"唐代诗人张籍"早得声名年尚少，寻常志气出风尘。文场继续成三代，家族辉华在一身"。足见读书、科举在改变家族命运中所具有的重要性。因此，唐代以劝学博取功名，荣耀门庭为主要价值偏好的家训诗极多。

被誉为"唐宋八大家"之首的韩愈，自幼父母双亡，在兄嫂的抚育下长大成人，韩愈自幼便刻苦读书，望能荣耀门庭。韩愈为教诫其子要惜时为学，肩负起荣耀门庭之责任，于贞元十一年作《符读书城南》。韩愈强调读书改变命运的重要性，"三十骨骼成，乃一龙一猪。飞黄腾踏去，不能顾蟾蜍。一为马前卒，鞭背生虫蛆。一为公与相，潭潭府中居。问之何因尔，学与不学欤"。韩愈认为人到中年，即三十岁时，人与人的区别可以大到好似一条龙和一头猪相比。一人成为被鞭打替人卖命的奴隶，一人成为达官显贵，尽享荣华富贵，原因只在于是否勤学努力。他认为："金璧虽重宝，费用难贮储。学问藏之身，身在则有余。文章岂不贵，经训乃菑畬。"文章里自有财富，经训里藏着的是做人做事的根本道理。人没有文化就会行为愚笨，好似牛马穿了人的衣裳一般，为人处世容易身陷困境。韩愈在诗文的结尾处点明作此诗的目的就是希望儿子能够珍惜少年时光，勤奋学习，立身荣家。韩愈的家训诗具有明显的"学而优则仕"的倾向。

杜荀鹤才思敏捷，文采飞扬，一生以诗文立业，却始终壮志难酬。即使仕途坎坷，他依然相信读书可以改变个人及家族命运。他在《喜从弟雪中远至有作》中告诫弟弟："无酒御寒虽寡况，有书供读且资身。"诗人借"昼短夜长须强学，学成贫亦胜他贫"劝诫弟弟要勤奋学习，认为读书人即使贫穷也胜过浅见寡识的贫穷。唐代科举注重以诗赋取仕。杜荀鹤在《入关历阳道中却寄舍弟》中写道："求名日苦辛，日望日荣亲"，表述了自己科举求名之路的艰辛坎坷，却也希望一朝及第能荣家荣己。一句"晨昏知汝道，诗酒卫吾身"，更体现出诗人对夺取科举功名的坚定信心，同时劝诫家族晚辈要以诗赋立身，荣耀家族。杜荀鹤在与弟弟离别之际作诗《入关因别舍弟》云："吾今别汝汝听言，去住人情足可安。百口度荒均食易，数年经乱保家难。莫愁寒族无人荐，但愿春官把卷看。天道不欺心意是，帝乡吾土一般般。"诗人告诫弟弟要勤奋为学，不要因为家境贫寒，忧愁无人举荐自己就放弃科举及第的志向，在他看来，只要勤奋努力，天道自然酬勤。

中举及第虽是光耀门庭的重要途径，却不是唯一的途径。杜甫出生在一个世代"奉儒"的家庭，家学渊博，一生作诗约一千五百多首，其中不乏传诵千古的名篇佳作，被誉为"诗圣"。杜甫为劝诫其子恪守家学，荣耀门庭，作诗《宗武生日》，告诫儿子应保持世传家学，延续诗学渊源。"诗是吾家事，人传世上情。熟精文选理，休觅彩衣轻。"杜甫希望儿子宗武能够熟读《文选》，深明其理，成为文章宗匠，传承家学。

（三）"眷属幸团圆"

"望阙云遮眼，思乡雨滴心。"亲情教育、思乡教育始终是唐代家训诗的重要主题。无论是李白诗中的"戍客望边色，思归多苦颜"的戍边英雄，还是崔涂诗中"在处有芳草，满城无故人"中的取仕学子，乃至孟郊诗中"慈母手中线，游子身上衣"的他乡游子，对于故乡和亲人的思念于诗人而言总是无法忘却的。

杜荀鹤曾长年在外读书赶考，多年漂泊不定的生活让诗人更加懂得珍惜家人团聚的时刻。因此，他在《和舍弟题书堂》中写道："团圆便是家肥事，何必盈仓与满箱。"告诫弟侄们家人团圆是阖家幸福美满之事，不必过分在乎身外之物，也表达了作者劝诫弟侄们要以家族亲情为重的教育价值取向。白居易在《自咏老身示诸家属》中写道："粥美尝新米，袍温换故绵。家居虽濩落，眷属幸团圆。"他把家人团圆视作幸福之事。诗人王建在《留别舍弟》中也曾写道："岁暮当归来，慎莫怀远游。"告诫家弟无论贫富与否，都要长归故里。

由来征战地，不见有人还。唐朝边疆战争不断，戍边的将士们不得不忍受离乡思念亲人的痛苦，这也使得诗人们更加重视亲人团圆的时刻。李

白在《送外甥郑灌从军三首》的结尾写道："月蚀西方破敌时，及瓜归日未应迟"，告诫外甥功成事立后，不要忘记早日归家，与亲人团聚。唐代诗人杨牢作《赠舍弟》："秦云蜀浪两堪愁，尔养晨昏我远游。千里客心难寄梦，两行乡泪为君流。"表达了自己与弟弟情意深厚，不舍离别的手足之情，同时劝诫弟弟要珍惜家族骨肉之情。

杜甫在送弟弟赴齐州时作《送舍弟颖赴齐州三首》，以叙离别之情。"兄弟分离苦，形容老病催。江通一柱观，日落望乡台"，此诗道尽了诗人难忍离别之苦；"诸姑今海畔，两弟亦山东。去傍干戈觅，来看道路通"说出了诗人期待与兄弟早日相见的思念之情。

三、个人本位的教育价值取向

唐代家训诗中不乏以实现个人诉求为本位的诗作，这类诗作主要表达的教育主题便是"立志"与"达德"。"立志"博取功名以实现自身的价值和抱负，"达德"则是指教诫子弟在社会生活中如何对待名利观以及如何与他人相处，以求更好的处世之道。

科举给了唐人以改变自身命运的机会，这也是唐人"立志"为学的主要方向。自隋炀帝大业二年创立科举制以来，到唐代，科举制度进一步发展，使得唐代平民百姓有了改变自身命运的机会。因此在唐代社会，体现个人本位价值取向的诗作亦不断问世。

（一）"立身世业文章在"

"昔日龌龊不足夸，今朝放荡思无涯。春风得意马蹄疾，一日看尽长安花。"此诗是唐代诗人孟郊于贞元十二年及第时所作，彼时作者已四十六岁。风雨兼程，数十载的寒窗苦读，只为一朝及第，实现自己的人生抱负。出门便作焚舟计，生不成名死不归更是体现了唐人矢志科举的坚定志向，以功名利禄劝学也是唐代家训诗的重要特点。

杜牧为教诫侄儿刻苦读书，力求取仕，作《冬至日寄小侄阿宜诗》，劝诫小侄"经书括根本，史书阅兴亡"，读书当读儒家经典及史书；又道："愿尔一祝后，读书日日忙。一日读十纸，一月读一箱。朝廷用文治，大开官职场。愿尔出门去，取官如驱羊。"诗人表达了自己希望小侄珍惜时间学习，立志为官。诗人吴融送弟东归回乡，在《送弟东归》中写道："谩劳筋力趋丹凤，可有文词咏碧鸡"，嘱咐弟弟要坚定自己心中所想，要有韦编三绝的精神，立志为学，终有一日会名满丹凤城（古代丹凤城是指长安，后常用来指京城）。诗人方干在《送弟子伍秀才赴举》中写道："由来不要文章得，要且文章出众人"，鼓励弟子和家族晚辈要孜孜不倦，业精于勤，立志写好文章，实现及第折桂的愿望。

丘为在弟弟赴京时，为其作诗《冬至下寄舍弟时应赴入京》："男儿出门事四海，立身世业文章在。"唐代诗人杨巨源在《赠从弟茂卿》中以"海内方微风雅道，邺中更有文章盟"，告诫弟弟茂卿要立志以文章为立身之业。

尤为难能可贵的是唐代还有民间诗人或是妇女所作的打油诗以教诫子侄珍惜时间，刻苦勤学。唐代民间诗人坎尔曼作《教子诗》："小子读书不用心，不知书中有黄金。早知书中黄金贵，高照明灯念五更。"告诫家中晚辈书中自有黄金，要珍惜时间，为学苦读。由此可见，唐代借以功名利禄作为取仕立身立世为唐代家训诗的重要价值取向。

（二）"所要无多物"

自魏晋以来，人们逐渐走出儒家思想的束缚，更加注重个人的精神世界的发展，对于名与利的看法也与前朝略有不同。唐代的文人学者受佛、道二教思想的影响，以佛学治心，将自己的入世经验以及名利观念写进诗篇，用以教子，形成了与以功名利禄劝学恰恰相反的家训诗。

白居易自中年以后，一直奉行着"以儒治世，以佛治心，以道治身"的人生信条，并以家训诗的形式教育晚辈，其名作便是《狂言示诸侄》。诗人借自己的"狂言"警示侄子要懂得知足。"世欺不识字，我忝攻文笔。世欺不得官，我忝居班秩。人老多病苦，我今幸无疾。"白居易表明世人多欺负不识字的人，我却很荣幸是能够识字写文章的人；世人多欺负那些不做官的人，我却很荣幸地成为有官位品级的人；人老了之后就会经常生病，我却很庆幸我并没有疾病缠身，表达出了诗人知足常乐的价值取向。"况当垂老岁，所要无多物。一裘暖过冬，一饭饱终日。勿言舍宅小，不过寝一室。何用鞍马多，不能骑两匹。"白居易劝诫诸位侄儿道：人到了年纪大的时候，想要的东西也就没那么多了；冬天只要能够穿衣保暖能过冬，一日中能吃饱饭便可；不要埋怨住宅的房屋小，睡觉所需要的地方不过一间就足够了；马匹再多又有什么用呢，一个人又不能同时骑两匹。作者在诗的结尾点名了全诗的主题"知足常乐、心怀感恩"，以教诫晚辈勿要爱慕荣华，贪图富贵。白居易在《新构亭台，示诸弟侄》中写道："仰摘枝上果，俯折畦中葵。足以充饥渴，何必慕甘肥。"白居易在《闲坐看书，贻诸少年》中写道："多取终厚亡，疾驱必先堕。劝君少干名，名为锢身锁。劝君少求利，利是焚身火。"表达了淡泊名利的教育价值取向。

小隐于山林总会有些许孤寂，大隐于朝市亦会伴随着喧嚣，白居易却圆滑地选择了一条"中隐"的道路。正如其诗《中隐》所言："人生处一世，其道难两全。贱即苦冻馁，贵则多忧患。唯此中隐士，致身吉且安。"人生在世，两全总是难求，过分贫贱或过分富贵都会有所忧患，唯有中隐之士，终将身吉且安。白居易这首《中隐》所体现出的"中和保全"之道，对其家族后辈也有着潜移默化的影响，不啻为一首经典的家训之作。

唐诗之所以能传芳千古，与其语言形式精练简短，蕴含的思想丰富深刻，且易读易诵有着极为密切的关系。家训诗作为唐诗的一部分，教育主题鲜明，内容丰富，其教育价值取向也有着多元化的特点。家训诗作为唐代家庭教育最主要的形式载体之一，其教育价值取向的形成也是受到诸多因素的影响。无论是以国家、家族还是个人为本位的教育价值取向，其背后的影响因素也是多方面的，值得我们更进一步的分析与研究。

[原文刊载于《蒙养文化研究》第四卷（王凌皓　刘静）]

宋代蒙学礼仪教育研究

宋代是中国古代童蒙教育蔚为发展的兴盛时期，其在礼仪教育方面所取得的成就尤其值得关注。本文拟从梳理宋代蒙学礼仪教育的历史传承脉络，解读礼仪教育内涵，深刻分析宋代蒙学阶段礼仪教育的典型特征入手，以为当下加强礼仪教育，提高学生素养提供参考借鉴。

一、宋代蒙学礼仪教育的历史传承及内涵解读

《周易・蒙卦》云："蒙以养正，圣功也。"《周易・序卦》也明确地对"蒙"字进行了解释，"蒙者，蒙也，物之稚也"，强调"蒙养"就是在儿童物欲未染的懵懂时期对儿童进行正确的启蒙教育，以为将来的成才达德打下基础。既然蒙养教育是针对特定年龄阶段的儿童进行的奠定基础的启蒙教育，那么所谓的特定年龄阶段是指哪一个阶段呢？在古代，一般将8岁到15岁，即古代小学教育阶段称为蒙学教育阶段，即蒙养阶段，相当于现在的小学至初中阶段，但事实上，中国古代的蒙学教育似乎开始得更早，儿童六七岁就可能进入蒙学，接受启蒙教育。

就蒙养教育的产生而言，中国古代的蒙学教育应该肇始于殷商时期贵胄子弟的教育，确切地说是源于西周时期的小学，西周时期的小学把"六艺"中的"书数"称作"小艺"，作为贵族子弟学习的主要内容。春秋战国时期民间则逐步出现了对儿童进行启蒙教育的机构，到了汉代，蒙学教育体系日渐发达，逐渐成熟。但是总体来说，宋代以前，蒙养教育隐含于一般意义的小学之中，自身特色并不凸显，并且教育对象多为贵族子弟。直至宋代，在社会经济文化的繁荣发展以及理学家的积极推动下，蒙学教育逐渐庶民化，蒙学教育迎来了发展的全新阶段，逐步下移、完善、正规。关于蒙学教育，宋代的教育家们特别强调"蒙以养正，圣功也"，他们对蒙学教育做出了自己的解释，比如"二程""未发之谓蒙，以纯一未发之蒙而养其正，乃作圣之功也"。宋代教育家们关于蒙学教育的最终目标始终与其"修身、齐家、治国、平天下"的社会理想联系在一起。蒙养

教育最终要培养的就是“尊礼贵德”的“正人君子”。蒙学阶段属于基础阶段，因此教育内容也更加贴近儿童生活实际，主要为教儿童以洒扫、应对、进退之节等，使儿童在规范的约束中形成良好习惯，塑造优良品质，打下圣贤根基。

中国的礼仪教育最早起源于原始的宗教祭祀活动，《说文解字》中就明确指出“从示，从豊，履也，所以事神致福也”，后逐渐扩充到吉凶等各种仪式。后来随着文明的不断进化，礼仪教育逐渐成为文明社会的一种行为规范，一种规范人们言行、规范社会秩序的准则，而这种行为规范中掺杂着伦理、道德、教育的基本精神。“从一定的角度来说，世界文化可以看作两大单元：一是原生道路的文化单元，一是次生道路的文化单元。”中华文明作为源远流长、从未中断的文明，代表中华文明精神的中国古代的“礼”自周礼建立以来，也一直坚持着自己的原生道路不断地完善、发展，从未间断，其自身体系也不断地充实，成为集政治、法律、宗教、习俗、文学等各个方面于一身的总名。自西汉时期儒学在政治上确立正统地位以来，历朝历代的礼仪教育都为维护封建君权、稳固政权做出了一定的贡献。

宋代的礼仪教育较之前代达到了一个新的高度。首先，程朱理学的兴起为宋代“礼仪教育”寻找到了本体论依据。在“以理为纲”的指导思想下，教育方法也随之发生了改变。一方面是程朱理学主张社会控制论，所以其礼仪教育深入到社会生活的方方面面，从个人、小家庭到大家族，再到全社会都十分崇尚礼仪。王凌皓、王晶在《“礼治秩序”建构视阈下的先秦儒家礼教思想价值》中指出：“儒家礼教经历世俗化的过程，最终融入民众生活，使之成为中国传统社会的一种生活模式、心理定式和情感取向，从而实现了传统儒家礼教思想与现实生活世界的高度统一。”程朱学派的社会控制论就是将传统礼教思想与现实生活世界相结合，实现了礼教为社会、为人民服务。陆九渊的心学则直击人的心灵，注重人内心的体悟，摆脱了更多外在的条条框框的束缚，直指礼仪的自身践履以及通过自身对“礼”的恪守最后“成圣”的可能。殊途同归，无论是理学还是心学，都重视礼仪教育，并把“理”作为礼仪教育之归宿，主张通过礼仪教育为纲常伦理、道德价值以及个人修养的提升服务。理学家、心学家们对礼仪教育的看法以及各自设计的相对系统的礼仪教育的方法，使得他们又是实践的教育家。众所周知，宋代以前，“礼”多与官僚阶级、世家旧族相联系，蒙学礼仪教育也多由上层阶级掌握，下层民众尽管在某些方面有着“尊礼崇德”的行为，在无形之中对儿童的教育也遵循着“礼”的要求，但是他们对“礼”以及“礼仪教育”的概念模糊不定，在很多具体的规范方面缺少文本支撑。宋代的礼仪教育家们缘世俗人情而制礼，将礼学、礼教下移，成为百姓看得见、摸得着的日常行为规范，极大地推动了宋代蒙学教育的兴盛与繁荣，“尊礼、崇礼、敬礼、守礼”在宋代蔚然成风。

宋代蒙学礼仪教育的内容也十分广泛。首先，从伦理关系来说，宋代的童蒙礼仪教育注重对儿童进行以五伦纲常为核心的伦理道德教育。“君臣、父子、兄弟、夫妇、朋友、长幼、主仆”等各种人际关系的交往都有着各自应该遵守的准则，强调“君之所贵者，仁也。臣之所贵者，忠也。父之所贵者，慈也。子之所贵者，孝也。兄之所贵者，友也。弟之所贵者，恭也。夫之所贵者，和也。妇之所贵者，柔也”，君为臣纲、父慈子孝、夫妻和睦这不仅是宋代社会秩序稳定的基础，也是对儿童进行礼仪教育的重要内容。其次，宋代童蒙礼仪教育注重对儿童个人品行与修为的培养。“修身、齐家、治国、平天下”是自古以来君子修炼品格、追求人生价值的标准，宋代童蒙礼仪教育也十分注重对儿童进行个人品格修养与人生价值追求的培养。值得一提的是，宋代童蒙礼仪教育最突出的特点就是生活化，将礼仪教育细化到生活中的各个环节，在婚丧嫁娶、居家杂仪、更衣盥洗、洒扫应对等各个层面都提出了具体明确可操作的标准，将生活中的仪式规范做了详细的规定。如在迎宾接客时，先迎主礼人，其次为众宾；迎亲由男方亲自到女方家中，时间定在“昏时”等。宋代蒙学在多个方面对儿童进行礼仪教育，内容广泛。

作为儒家思想体系核心之一的“礼”，在中国古代封建社会显示了强大的生命力。“礼”作为中国封建社会精心制定、严格执行的道德规范与行为准则，为历朝历代统治者所重视推崇。尽管以“礼”为核心的礼仪教育不可避免地打上了统治者意志的烙印，体现着统治阶级的意志，但是也对人们的行为修养发挥了不容置疑的积极作用，值得深入研究。

二、宋代蒙学礼仪教育的基本特征

朱熹曾经指出：“后有圣贤者出，必须别具规模，不用前人硬本子。”宋代的教育家多注重创新，因此宋代蒙学礼仪教育则呈现出了自己独到的特色。

（一）注重早教：培养“圣贤坯模”

先秦时期墨子曾经指出，“染于苍则苍，染于黄则黄”，强调儿童宛如一张白纸，而成年人以及社会对他的浸染则像是一个“大染缸”，所以对于儿童的教育要及早入手，先入为主，同时要做到“慎染”。儿童自幼就要养成良好的行为习惯，举止要文雅，待人接物处处“以礼”相约，礼让兄弟姐妹，礼孝父母长辈，礼待朋友。儿童的识字率相对较低，对于礼仪文本的解读未必透彻，因此对于儿童的教育要从日常生活处着手，简单易行，并且不断重复、巩固，从而使礼仪规范在儿童行为中成为习惯。

《学记》曾经指出，“时过然后学，则勤苦而难成”，恰当地把握教育时机，对于儿童后续的发展至关重要。对于儿童的教育要把握“关键期”。宋代的教育家谨记先贤的教诲，他们重视蒙养教育，强调把握最佳教育时机。如张载作为“以礼为教”的重要代表，强调尊礼重德，其《正蒙》篇中明确地指出：“勿谓小儿无记性，所历事皆不能忘。故善养子者，当其婴孩，鞠之使得所养，全其和气，乃至长而性美。”张载告诫人们不要因为儿童年少，就把他们当作大人的附属品，儿童有自己的思想意识，也有自己的记忆系统，善于教育孩子的家长一定十分注重对儿童早期教育，并使教育前后连贯，始终如一，因为只有年少时期“始正”，打下“圣贤坯模”，日后才能成圣成贤。

（二）三位一体：“国礼、家礼、庶民之礼”相辅相成

宋代重视教育的社会风气极大地促进了宋代童蒙礼仪教育的兴盛与繁荣。宋代官学的发达是推动童蒙礼仪教育兴盛发展的重要原因之一。国家专门为培养统治人才设立的贵胄小学以及各级各类官学培养的主要是“翩翩君子”，能文能武的“精英”，官学对于上层子弟的礼仪教育多为如何应对、处理国家事务之“大节”。

我国是典型的农业大国，土地是人们最基本的生产生活单位，人们附着在土地之上，世世代代，以耕地为生，这就形成了以血缘关系为纽带的家庭和家族，家庭、家族充当着儿童礼仪教育的重要角色，在家庭教育中，“孟母三迁”等家教故事广为流传。家庭是孩子启蒙的第一场所，父母是孩子的第一任“老师”。宋代的童蒙教育家也多看到家庭中父母对于孩子实施教育的重要意义。因此“家庭礼仪”兴盛繁荣。诞生于宋代的《三字经》明确提出“养不教，父之过”的教育观点，家庭中父母等长辈

承担着教育子女的重要责任。家庭承担着对于儿童实施礼仪教育的重任，那么家庭成员该从哪些方面着手去教育儿童呢？主要强调的是对儿童进行日常行为规范的训练，生活中的洒扫、进退之节均遵守礼仪，《温公家训》以及《袁氏世范》等家训文化中皆有对儿童生活起居、日常规范以及伦理道德训练的明确要求。

宋代除了国礼与家礼的兴盛繁荣，“庶民之礼”也十分丰富。宋代广泛设立的义学（或义塾）、家塾、村塾、冬学等，在启发民智、移风易俗中发挥了重要作用。这些教育机构多教儿童应对日常生活中之“小节”，如洒扫进退之节、应对父母之节等。除此之外，宋代以“宗约”“义约”和“讲史”为主要内容的社会教化也对童蒙礼仪教育的发展做出了突出的贡献，宋代的社会教化以其平易近人、贴近生活等特点成为推动蒙学教育的重要力量。比如“讲史”活动就博得了广大市井民众的喜爱。《东坡志林》中曾记载：“王彭尝云：‘涂巷中小儿薄劣，其家所厌苦，辄与钱，令聚坐，听说古话。’”宋代商品经济的繁荣促进了市井文化的兴起，这种市井文化活动为人们喜闻乐见，将伦理道德、行为守则、文化知识、史学经典、礼仪规范杂糅为一体，将其渗透于童蒙教育之中，对于宋代童蒙礼仪教育做出了突出贡献。

宋代“国礼”与“家礼”“庶民之礼”遥相呼应，使得礼仪教育全面开花，“尊礼崇礼”蔚然成风。

（三）贴近民众：“缘人情而制礼”

教育要贴近大众生活。宋代教育家虽多为接受传统高深文化精义的读书人，但是他们以高度的文化自觉和普世的文化传播理念走出书斋，走向社会，走出庙堂，走向民间，将礼仪教育寓于生活之中。童蒙教育的生活化、日常化、大众化使得原本深不可测的儒家精义变成了口口相传、通俗易懂的民间学问。礼仪教育的生活化、日常化使得其可以被凡夫俗子、黄齿小儿口诵相传，成为一种广泛的民间教育形式。朱熹是宋代理学的集大成者，也是宋代著名的童蒙教育家。朱熹十分注重“儒家之礼”的传承，除了“国家之礼”与“贵族之礼”，还特别注意“地方之礼”与“庶民之礼”。朱熹的童蒙教育也本着这一原则，将童蒙的礼仪教育日常化、平民化。朱熹《小学》内篇中则从晨起、盥洗、衣物、配饰等个人仪表入手，进而到洒扫等家庭整洁，再推及对待父母亲人的恭敬以及进退之节，章章节节，字字珠玑，始终有伦理本体、礼义内涵贯穿其中，并将其外化于童蒙的言行举止之中。这些日常行为规范、礼仪尺度表面上是为了让儿童在日常生活中领悟尊敬父母长上之事理，遵守行为规范守则，实际也在本质上为“忠”打下了基础，成为“礼”之本源。

宋代蒙学礼仪教育日常化的另一个表现是注重儿童自身的兴趣。兴趣是最好的老师，总是以“正襟危坐”的面孔训诫儿童，儿童就会敬而远之；总是将高深莫测的知识灌输给儿童，儿童就会丧失兴趣。程颐曾经指出：“教人未见意趣，必不乐学。”宋代蒙学教育与生活实际的结合，使得礼仪知识通俗易懂、简单可行。儿童在实际生活中就能将施行礼仪，不必像古代读书人那样“闻鸡起舞”、彻夜苦读，而是在生活中体味快乐，意蕴无穷。

总之，宋代蒙学礼仪教育的日常化生活化是宋代蒙学礼仪教育的重要特征。这一特征使得宋代蒙学礼仪教育更加生动具体，简便易行。

（四）有所依托：“不会多为所惑”

宋代有大量经典蒙养教材问世，这使得宋代蒙学礼仪教育有所依托。宋代以前的蒙养教材虽然也已经开始分类编写，但基本以识字类为主。宋代以来，蒙养教材可谓达到了全盛时期，不仅数目骤增，而且类型也丰富多彩。宋代蒙养教材的分类化使得宋代蒙养教育达到了较高水平。宋代的蒙学礼仪教育内容就是渗透在不同类型的蒙养教材之中的，如识字类蒙养教材《三字经》将礼仪教育通过经典的道德故事进行传承；道德类蒙养教材如朱熹的《小学》《童蒙须知》等不是传统意义上的说教，而是着眼于儿童道德观念的形成和日常行为习惯的训练，将礼仪教育落到儿童生活的实处，告诫儿童“一屋不扫何以扫天下”，从小事做起，细节决定成败；历史类蒙养教材则借古喻今，榜样总是集德行、礼仪等各种美德于一身；名物制度和自然常识类教材则是教儿童了解生活，顺应自然规律，是“自然之礼”的一种表现。

总之，宋代的蒙学礼仪教育十分注重依托教材，借助生活，有的放矢，注重实效。

三、宋代蒙学礼仪教育的启示镜鉴

宋代蒙学礼仪教育既借鉴了前人的教育经验，又将其提升发展，推向高潮。宋代蒙学礼仪教育的某些做法、经验可以为当下提升中小学生的核心素养提供有益的参考镜鉴。

(一) 基础教育要注重培养儿童的角色规范意识

苏格拉底曾经说过:“认识你自己”,儿童如何定位自己,了解自己在学校、社会、家庭中分别扮演的角色,是基础教育的一个重要任务。儿童在基础教育阶段由于其懵懂等不成熟的心理特点,使得儿童对于自己的角色始终存在着“错乱的认知”。心理学中指出:儿童在12—18岁之间,处于角色同一与角色对立混乱阶段,但是这个阶段是儿童树立远大理想、成人成才的“关键期”。在基础教育阶段,学校、社会、家庭如何对儿童进行礼仪教育?培养儿童的角色规范意识?由于规范意识的欠缺,现在的某些儿童不能清楚地认识自己在不同场合中扮演的角色,以及角色背后所赋予的意义。某些儿童轻则是家里的“小公主”和“小王子”,重则是家里的“小霸王”,违背了“孝”的礼仪规范;在学校里,打骂同学,顶撞老师,违背了“和”的礼仪规范;在社会中,他们不遵守社会公德,乱丢垃圾、在公共场合大声喧哗,违背了“忠”的礼仪规范。面对这种“失范”的情况,学校、社会、家庭等应该如何去培养学生的规矩、重新建立起“礼仪”是值得人们深思的。有鉴于宋代的礼仪教育,我们认为学校应该教会学生们遵守正当的“规定”。学校是面向大多数学生的教育,提供的是一个有标准的课程体系、统一的进度安排的“公共教育”,因此制定一系列行之有效的“规定”显得必不可少。儿童们在遵守“规定”中树立起尊敬师长、团结同学的规范意识和交往能力,从而形成“和谐”的校园文化。其次,家庭要教会儿童遵守“规矩”,俗话说“没有规矩,不成方圆”。家庭是儿童成长的最初始的场所,儿童在这里感受温暖,也在这里学会“规矩”。家长应该教导儿童如何对待长辈、孝敬长辈,重视对孩子规矩的养成教育。社会应该教会儿童遵守规则。社会中有很多“有形的规则”和“无形的规则”,既要发挥“有形规则”的强制作用,也要发挥“无形规则”的道德约束作用,让儿童在遵守规则中培养规则意识,塑造良好品德。

(二) 生活中注意对“礼”的践履

“行”是“知”之始,是知识的“源头之水”。宋代许多童蒙教育家之所以创作出了许多童蒙教育的经典教材,积累了极为丰富的蒙养教育经验,形成了蒙养教育的丰富理论,就是因为他们注重蒙养教育的躬身实践,注重从生活中总结礼仪教育的经验,指导儿童生活的实际。

学校、社会、家庭可以根据前人的丰富成果去指导儿童学习、领会礼仪教育的内涵，但是更重要的是要让儿童置身于礼仪教育的实践，让他们把对礼仪教育的理解落到日常生活的实处。那么，如何让儿童在生活实践中领会、应用礼仪规范呢？第一，要让儿童从生活中的点滴细节入手，“勿以恶小而为之，勿以善小而不为”，不忽视细节。第二，创造让儿童参加“礼仪教育”大型活动的机会，儿童在参加活动中将礼仪规范上升为自己自身的“使命感”，在潜移默化中将“礼仪”牢记于心，这是实施礼仪教育的重要途径。在各种活动中涌现出的楷模正是儿童最好的模仿对象。总之，知行统一的践履观是将礼仪教育落到实处最行之有效的方法论，通过实践将礼仪教育的理论升华，并且用不断完善的礼论再去推动儿童礼仪教育的实践。

（三）儿童礼仪教育要有据可依

教材是支撑礼仪教育的重要文本，没有教材的支撑，礼仪教育就很难有确定的标准，就无据可依。那么，关于儿童礼仪教育教材的编写有哪些具体的要求呢？首先，礼仪教育教材的编写应该与传统一脉相承，从古代礼仪教育的文本中汲取精华。宋代的童蒙教育家都看到了这极为宝贵的一点，因此他们都极其注重吸取前人经验。如朱熹作为宋代儒学的集大成者，其思想与古代儒学的发展一脉相承，他的童蒙教育思想最基本的“内核”，并没有脱离儒学的精义。孝悌、仁义、忠君、爱国等思想都体现在他的童蒙教育思想中，使其具体化、可操作。当代的儿童礼仪教育也不能抛弃传统。其次，礼仪教育教材的编写应该注重“创新”，创新是进步之光。宋代的童蒙教育家也在借鉴前人思想的基础上积极创新，在具体的方法论上突破前人的条框，如将儿童的礼仪教育生活化、平民化等，如“二程”、张载等人提出要注重儿童之意趣，朱熹则注重涵养，注重生活。现代的礼仪教育教材的编写也应该结合时代的要求不断创新。儿童礼仪教育教材的编写要注重继承与创新相结合，从而创造出符合时代特点的礼仪教育的内容。

童蒙阶段是教育之起始阶段，礼仪是做人之基本准则。注重对儿童进行礼仪教育是现代社会的必然要求，而宋代作为童蒙教育的兴盛繁荣阶段，其在儿童礼仪教育中取得的经验值得今天强调中小学生核心素养提升的现代教育参考镜鉴。

［原文刊载于《蒙养文化研究》第四卷（王凌皓　于静滢）］

第六章

汉代太学、明清国子监和两宋书院

汉代太学如何培养治国安邦之才

太学之名始于西周。《大戴礼记·保傅》记载："帝入太学，承师问道。"西周时期的太学是周天子"承师问道"的场所，具有政教合一、学在官府的特点。汉代太学在继承西周太学办学传统的基础上，结合汉代政治、经济、文化发展的实际情况做出了符合中国封建社会蓬勃发展需要的重大调整，使得汉代太学成为中国封建社会官学发展的样板。

一、两汉太学的初创和兴盛

汉代太学创设于汉武帝元朔五年（公元前124年），它的建立使国家有了培养统治人才的正式官立大学，标志着中国封建官立大学制度的确立。汉代太学是适应"文景之治"之后汉代政治经济发展需要而产生的。汉初，经济凋敝、百废待兴，国家无力创办官学，经过"文景之治"，至汉武帝时，生产恢复、经济发展、政治安定、国家统一，具备了创办太学的条件。为了巩固统治，汉武帝实行"推恩法"，规定各诸侯王分土不治民，国家大小官吏皆由朝廷直接任命，但当时人才匮乏，人才来源问题亟待破解。如此一来，培养和造就一大批具有强烈国家观念，能够忠实履行职责的官吏就显得十分必要。

汉代太学的创办，得力于两位治《春秋》的儒家学者：董仲舒和公孙弘。董仲舒在《贤良对策》中从理论高度阐发了求贤必先养士的道理，建议汉武帝兴建太学，以培养人才，并以此作为教化天下、提高吏治水平的基础。汉武帝采纳了董仲舒的建议，并责成丞相、太常等贯彻实施。元朔五年（公元前124年），公孙弘拟订了创办太学的具体方案并得到了汉武帝的批准，该方案在当年贯彻实施。自此，汉代太学正式建立。西汉太学在长安，东汉太学在洛阳。

汉代太学初创时规模很小，只有几位经学博士和博士弟子50人。汉昭帝时，太学的人数增至100人，到汉宣帝时增至200人。西汉后期，"元帝好儒……更为设员千人"。据《汉书·儒林传》记载："成帝末，或言孔子布衣养徒三千人，今天子太学弟子少，于是增弟子员三千人。”到汉平帝时，王莽执政，采取有力举措扩建太学，仅为太学修建校舍就达“万区”。

东汉时期，光武帝与明帝注意整顿吏治，社会比较安定，太学得到了正常发展。建武五年（公元 29 年），刘秀在洛阳重建太学，形成太学“内外讲堂，诸生横巷”的盛况。至明帝时，又建成了明堂、辟雍、灵台，即“三雍”，明帝亲临行礼，以示尊师重道之意。值得一提的是，明帝本人崇儒好学，他精通《春秋》和《尚书》，永平二年（公元 59 年）亲临太学讲经论道，以身示范，褒扬儒学。《后汉书·儒林列传》记载了他讲学时的盛况："帝正坐自讲，诸儒执经问难于前，冠带缙绅之人，环桥门而观听者盖亿万计。”永平十五年（公元 72 年），汉明帝再次“亲御讲堂，命皇太子、诸王说经”，北方匈奴族就是此时派遣子弟来京师太学留学的。过去史学家们谈及永平年间的教育，常常誉之为“济济乎，洋洋乎，盛于永平矣!”汉章帝以后，东汉政治陷入黑暗时代，太学教育跌入低谷。据说到汉安帝时，太学“博士倚席不讲，朋徒相视怠散，学舍颓敝，鞠为园蔬，牧儿荛竖，至于薪刈其下”。汉质帝时，梁太后临朝，为平衡统治阶级内部各派势力，以巩固其政权，她极力推崇儒学，广招太学生，太学生多至 3 万人，此种盛况一直延续到东汉末年。

二、严于择师：太学博士的遴选、职责与擢升

汉代太学的教师称“博士”，其主要职责是“掌教弟子”，以教学为主。但“国有疑事，掌承问对”，即政府遇到疑难问题时，博士也要提供咨询意见，他们不仅要参加朝廷的政治、学术讨论，还要承担巡视地方政教的工作。

汉代每一经设一名博士，西汉初置五经（五经即《诗》《书》《礼》《易》《春秋》)博士各一人，至元帝时增加到 15 人；平帝时，王莽增五经为六经，每经设博士 5 人，共置博士 30 名。汉代在博士之上设有首席长官，西汉时博士首席称“仆射”，东汉时改称“祭酒”。祭酒由太常“差选有聪明威重”的博士担任，是后来大学校长的前身。

汉代太学素有“严于择师”的传统。西汉的博士多由学术名流担当，采用征拜或举荐的方式选拔；东汉的博士不仅要经过考试，还要写“保举状”。《汉书·成帝纪》对遴选博士的标准做了明确的规定，提出博士必须德才兼备，既要有“明于古今”“通达国体”的渊博学识，又要有“温故

知新”的治学才能，还要有“尊道德”、为人师表的人格魅力。东汉的“保举状”对博士的要求更为严格，被保举的博士必须德才兼备、身体健康，有丰富的教学经验。后来东汉皇帝颁发的诏书又对博士年龄进行了限制，规定博士之选，年龄须在 50 岁以上。但此项规定并非一成不变，对学行卓著者，可有变通。比如东汉戴凭为奇葩早发之才，精通《京氏易》，年仅 16 岁就被征为太学博士。经过严格的遴选，在汉代太学执教的博士可谓群英荟萃，如孔安国、戴凭、夏侯胜、夏侯建、欧阳歙、韦贤、匡衡、董仲舒、公孙弘、贾谊、翟方进、卢植、许慎、韩婴、戴德、戴圣、梁丘、京房等，皆是当时博通古今、通体达用、道德高尚的鸿师硕儒，由他们执教太学，对提高太学的教育教学水平起到了至关重要的作用。汉代学者扬雄在《法言·学行》里把“模”与“范”二字连为一词，提出“师者，人之模范也”的光辉命题，既是对太学“严于择师”传统的高度概括，也是东汉及后世太学“严于择师”的理论依据。虽然汉代博士选举也曾出现过“不实”的问题，但从总体上看，“严于择师”始终是主流。

三、汉代太学通过组织重大的选拔考试，引导学生潜心经典，培养了大批优秀人才

汉代太学的学生，西汉称“博士弟子”或“弟子”，东汉称“诸生”或“太学生”。太学生的来源较为复杂，可以由太常补送、郡国荐举，也可以经过考试选拔，还可由“父任”而升入太学，但主要来源有两个：一是由太常在京师和地方直接挑选，挑选条件是“年十八以上，仪状端正者，补博士弟子”；二是由郡国道邑等地方举送，其条件是“好文学，敬长上，肃政教，出入不悖”。汉代太学招生，没有严格的年龄限制，公孙弘拟定的方案中虽有 18 岁入学的规定，但实际上，汉代太学生既有 60 岁以上的白首翁，也有 12 岁即显名于太学的“任圣童”。由太常选送的太学生为正式生，享有俸禄；由其他途径入学的太学生则费用自理。家境贫寒无力支付学费的太学生可以半工半读。比如倪宽、匡衡、翟方进、公沙穆等，都是靠自己或家人做佣工来支付学习费用的，倪宽靠学习之余为同学烧饭自给；翟方进家贫无资，母亲跟随他到了长安，靠织布、做鞋挣钱供他上学。无论是正式生，还是非正式生，均享受免除赋税、免徭役的待遇。

汉代太学生毕业后的出路各有不同，有的学成而为卿相，有的任官为吏，有的授徒讲学而为师，也有学而无成白首空归的。在汉代，除大将

军、大官僚的子弟可以不凭借太学的资格入仕外，一般官员及平民子弟入仕的主要途径就是入读太学，走“学而优则仕”的道路。汉代统治者设立太学的根本目的是提高官吏素质，巩固统治。为达到这一目的，汉代太学实行了养士与选才相结合的管理措施。与此同时，又改革了文官补官与晋级的规定，将太学生的考试成绩直接与仕途挂钩，太学会定期举行考试，随时选拔优秀人才。

汉代太学很注重考试，制定了严格的考试制度。太学的考试有两大作用：一是通过考试发现人才，选拔人才，充实官吏队伍；二是督促学生学习儒家经典，补救教师少、学生多带来的教育管理上的某些缺点和不足。汉武帝开创太学时，规定太学每年考试一次，称为“岁试”，东汉改为每两年考试一次。考试方法有射策、策试和口试，这些考试方法一直推行到西汉末年。汉代太学通过考试选拔官吏的方式对隋唐科举制的产生有直接影响。

汉代太学通过组织重大的选拔考试，吸引学生潜心经典，培养了大批优秀人才。比如布衣丞相匡衡、翟方进，御史大夫倪宽，唯物主义思想家王充，著名数学家崔瑗，杰出科学家张衡，“括囊大典，网罗众家”的经学大师郑玄等。兼教学机构与国家考试机构于一身的太学，不仅引导校内学生专心攻读，而且鼓励青年自学，校外人员参加太学考试也可以获得一定的资格和荣誉，这促进了汉代教育事业的发展，有助于在全社会形成崇教乐学、尊师重道之风。

四、两汉太学在教学组织形式上有许多新的创造

汉代太学以五经为教材，进行经学教育，国家对教材和教学内容进行较为严格的审定。太学只允许传授今文经学，古文经学则被拒之门外。太学十几位博士均为今文经学大师，他们所传授的专经，就是太学设置的专业学科。

汉代对教材实行统一管理，颁行统一教材，确定研究经学的标准。西汉宣帝时，曾经专门召集太学博士和名儒在石渠阁论经；东汉章帝时，又专门召集太学博士和名儒学者在白虎观开会，讨论五经达数月之久，章帝亲自奉陪。会后，班固奉命将白虎观讨论五经的各家见解编撰成《白虎通》。《白虎通》不同于个人的学术著作，是钦定的会议决议，具有法典的作用。灵帝时，为进一步统一经学标准，蔡邕等人奉命评定今文五经及《春秋公羊传》和《论语》的文字，约 20 万字，用古文、篆、隶三种字体写好，刻在石碑上，立在太学门外，作为太学的统一教材，这就是《熹平

石经》。《熹平石经》是我国古代由政府统一颁布的第一套标准教材，是经学发展史上第一部公之于世的官定经书。《熹平石经》刊刻之后影响极大。据《后汉书·蔡邕传》记载："于是后儒晚学，咸取正焉。及碑始立，其观视及摹写者，车乘日千余辆，填塞街陌。"

两汉太学在教学组织形式上有许多新的创造，归结起来主要有以下三点：一是大班上课。经师讲学是汉代太学的主要教学形式，有专门的讲堂。据说洛阳太学的内外讲堂"长十丈，广三丈"，能同时容纳数百名学生听课。太学博士多为社会名流，他们对儒经有专门的研究，他们说经，具有很强的讲学性质，这使我国封建社会的大学在初创阶段就具备了很高的学术水平，体现了太学教育与教师学术研究的一致性。二是高足弟子相传。汉代太学师生比例相差悬殊，始初时几个博士教几十、几百个学生，后来太学发展，太学博士最多时也只有 30 人，学生却多至几千人，高峰时达 3 万人。在这种情况下，仅靠大班上课很难满足学生求学的要求，于是太学教育采取弟子相传，即高才生、老学生教新学生的形式，以弥补教师短缺之不足。董仲舒和马融在太学讲学时，皆采用弟子相传的教学方式。三是集会辩难。集会辩难是汉代太学经学教育教学的重要方式，有时在学校内部进行，有时由统治者提倡，在某个名胜之地，或在朝廷中进行。比如东汉光武帝刘秀就曾多次召集公卿、博士和名流讨论经义，公开辩论学术得失，甚至在朝会上建立了按"讲通经义"来排座次的礼仪。问难论辩，是汉代太学对经学博士讲经的基本要求。汉代有的君主还亲临太学，令博士们相互质疑问难，对善论辩者"特加赏赐"。汉朝统治者提倡相互论辩、质疑问难，从其主观意旨来看，主要是为了统一思想。如何使具有独尊地位的儒学服从统一的政治原则，发挥指导思想的作用，是较为复杂而艰巨的任务。孔子死后，儒分为八，这种状况不利于统一思想。对此，汉代统治者没有采取简单粗暴的方法来解决儒家内部的学术分歧，而是依靠在全国最有影响力的太学中任教的儒学大师之间的相互驳难，用求同存异的方式加以解决，具有良好的效果。

汉代太学提倡自学，允许自由研讨，造就了一大批学识渊博、思路开阔、研究能力强的高才生，对于改革当下的大学教育仍有启发意义。

［原文刊载于《人民论坛》2018 年 21 期（王凌皓）］

参考文献

［1］班固．汉书［M］．北京：中华书局，2016．

［2］范晔．后汉书［M］．李贤，等注．北京：中华书局，1965．

汉代太学教育管理述评

太学是中国古代官立的高等学府，以传授、研习儒家经典为主。从太学的名称看，西周已有太学之名。《大戴礼记·保博》记载："帝入太学，承师问道。"在中国教育发展史上，一般认为中国封建社会的太学始于汉武帝元朔五年（公元前 124 年）。该年汉武帝设五经博士，置博士弟子 50 人，这是西汉太学建立之始。至东汉，太学大为发展，质帝时，太学生达 3 万人。太学在汉代发展演进的过程中形成了许多独具的特色，有许多值得研究与借鉴的地方。本文旨在对汉代太学的发展演进及其教育管理的基本情况做初步研究与探讨，以求对今日的高校改革有所裨益。

一、汉代太学的创设与演进

汉代太学创设于汉武帝元朔五年，即公元前 124 年。太学的建立，使地方阶级有了培养统治人才的正式官立大学，它标志着中国封建官立大学制度的建立。

（一）太学产生的动因

汉代太学是在汉代政治经济基础之上，适应社会进一步发展的需要而产生的。汉初，经济凋敝，百废待兴，汉高祖刘邦竟然配不起四匹同样颜色的马驾车，将相大臣有的只能乘坐牛车上朝，在这种情况下，国家无力创办官学。经过"文景之治"，至汉武帝时，生产恢复、经济发展、政治安定、国家统一，具备了创办太学的条件。

为了加强中央集权，汉武帝实行"推恩法"，规定各诸侯王分土不治民，国家大小官吏由朝廷直接任命，建立统一的官僚机构。汉武帝深知，封建国家的巩固，在很大程度上取决于朝廷对官僚机构的调控力度；取决于各级官僚机构能否把朝廷的方针政策及时地贯彻到辖区，实现上情下达；取决于各级官僚机构能否真实地反映民众的疾苦与呼声，实现下情上传。这样培养和造就一大批具有强烈国家观念，能够忠实履行职责的官

吏，以充实各级官僚机构，进而维护和巩固中央集权就显得十分必要。但当时人才极端匮乏，因此急需统治者解决人才来源问题。也就是说，要建设有效的吏治，必须培养合格的人才，这是创办太学的强大动因。

（二）太学创办的过程

汉代太学的创办，得力于两位治《春秋》的儒家学者：一位是有“汉代孔子”之称的董仲舒献策于前，一位是通达干练的公孙弘以丞相之职贯彻于后。董仲舒在贤良对策中从理论高度阐发了求贤必先养士的道理，他说：“夫不素养士而欲求，譬犹不琢玉而求文采也。”建议兴建太学以培养人才，并以此作为教化天下、提高吏治水平的基础。汉武帝采纳了董仲舒的建议，并责成丞相、太常等贯彻实行。

元朔五年，公孙弘拟订创办太学的具体方案：（1）建立博士弟子员制度，即在原有博士官的基础上创立太学；（2）规定博士弟子的限额、身份及选送办法；（3）提出太学管理及博士弟子出路的建议。公孙弘建议，太学生一年要进行一次考试，成绩中、上等者可以任官，成绩下等者以及不勤学的黜令退学。公孙弘的提案体现了注重考试的思想，并把育士与选才紧密结合。公孙弘拟定的具体方案得到汉武帝的批准，并在当年贯彻实施，自此，汉代太学正式建立。

（三）两汉太学的发展

西汉太学设在长安。东汉太学设于洛阳。汉代太学初创时规模很小，只有经学博士几人和博士弟子 50 人。汉昭帝时学生人数增至 100 人，到汉宣帝时增至 200 人。“成帝末……于是增弟子员三千人。”到汉平帝时，王莽执政，采取有力举措扩建太学，为太学修建校舍“万区”；增设博士名额；增加招生人数，扩大毕业任官名额等。虽然，王莽扩建太学怀有强烈的个人目的，但客观上促进了教育事业的发展。

东汉时期，统治集团内部逐渐形成外戚、宦官和官僚三股势力之间的联合、妥协和斗争，并直接影响当时的政治形势和文化教育的发展。东汉前期，光武帝与明帝执政，外戚和宦官还不敢公开分裂朝廷，皇权比较稳固。光武帝与明帝又注意整顿吏治，严惩不法官吏，减轻人民负担，社会比较安定，太学也得到了正常发展。建武五年（公元 29 年），刘秀在洛阳重建太学，形成太学“内外讲堂，诸生横巷”的盛况。汉明帝为了加强吏治，十分重视发展教育。他继光武帝刘秀之后建成了明堂、辟雍、灵台，即“三雍”，明帝亲临行礼，以示尊师重道之意。值得一提的是，明帝本人崇儒好学，他精通《春秋》和《尚书》。永平二年（59 年）亲临太学讲经论道，以身示范，褒扬儒学。汉章帝以后，东汉政治陷入黑暗时代，太学教育跌入低谷。汉质帝时，梁太后临朝，为平衡统治阶级内部各派势力，以巩固其政权，她极为推崇儒学，广招太学生，使太学生多至 3 万人，此种盛况一直延续到东汉末年。汉代太学生人数的增加，原因固然是多方面的，诸如政治稳定、经济发展，以及“独尊儒术”文教政策影响下，“劝以官禄”的鼓励和允许自费求学、“广开学路”等等举措，皆促进了东汉太学的空前发展与繁荣。但必须指出的是，太学生人数剧增，给教育管理和教学管理带来了许多新的问题，它也造成了教学质量的下降。《后汉书·儒林列传》对此提出中肯批评：“自是游学增盛，至三万余生。然章句渐疏，而多以浮华相尚，儒者之风盖衰矣。”

二、太学博士（教师）的遴选

汉代太学的教师称博士，其主要职责是“掌教弟子”，以教学为主。但“国有疑事，掌承问对”，即政府遇到疑难问题，博士要提供咨询意见，博士要参加朝廷的政治、学术讨论。此外博士还要承担巡视地方政教的工作。

汉代每一经设一名博士，西汉初置五经博士各一人（五经即《诗》《书》《礼》《易》《春秋》），到元帝时增至 15 人。平帝时，王莽增五经为六经，每经设博士 5 人，共置 30 名博士。

汉代太学素有“严于择师”的传统。西汉的博士多由学术名流充当，采用征拜或举荐的方式选拔。《汉书·成帝纪》对遴选博士的标准进行了高度概括：

“古之立太学，将以传先王之业，流化于天下也。儒林之官，四海渊源，宜皆明于古今，温故知新，通达国体，故谓之博士。否则学者无述焉，为下所轻，非所以尊道德也。”

这段引文是汉成帝的诏书，它明确提出博士必须德才兼备，既要有“明于古今”“通达国体”的渊博学识，又要有“温故知新”的治学才能，还要有“尊道德”，为人师表，被学者所述，即成为学生榜样的人格魅力。东汉选择博士，不仅要考试，还要基层单位写“保举状”。“保举状”对博士的要求更为严格，被保举的博士必须德才兼备，身体健康，有丰富的教学经验。后来东汉皇帝颁发的诏书又规定博士的年龄限制，规定博士之

选，年龄须在 50 岁以上。但此项规定并非一成不变，对学识卓著者，可有变通，比如东汉戴凭为奇葩早发之才，精通《京氏易》，年仅 16 岁就被征为太学博士。经过严格的遴选，在汉代太学执教的博士不乏鸿师硕儒，例如孔安国、戴凭、夏侯胜、韦贤、匡衡、董仲舒、公孙弘、贾谊、翟方进等，他们皆是当世博通古今、通体达用、道德高尚的鸿师硕儒。由他们执教太学，对提高太学的学术水平、教学质量起到关键作用。

汉代太学还形成了尊师的传统，太学博士享有较高的政治、经济待遇，博士地位很高，属于高官厚禄之爵。太学建有“博士舍”供博士居住，朝廷还为他们特别制作衣冠。朝廷又经常赏给博士酒肉“劳赐”，表示尊师重道。加之汉代太学博士负有参政、议政、奉使、巡行等职责，汉代太学博士因政治地位高、生活待遇优厚而成为受人仰慕的职位。这些都是教师管理过程中值得借鉴的宝贵经验。

三、太学生的考核擢升

汉代太学的学生，西汉称“博士弟子”或“弟子”，东汉称“诸生”或“太学生”。太学生的来源较为复杂，可以由太常补送，可以由郡国荐举，也可以经过考试选拔，还可以由“父任”而升入太学，但主要来源有两个：一是由太常在京师和地方直接挑选。挑选条件是“年十八以上，仪状端正者，补博士弟子。”二是由郡国道邑等地方举送，其条件是：“好文学，敬长上，肃政教，出入不悖”。汉代太学招生，没有严格的年龄限制，公孙弘拟定的方案中虽有 18 岁入学的规定，但实际上，汉代太学生既有 60 岁以上的白首翁，也有 12 岁即显名于太学的“任圣童”。由太常选送的太学生为正式生，享有俸禄。由其他途径入学的为非正式生，费用自理。家境贫寒无力支付学费的太学生可以半工半读。比如倪宽、匡衡、翟方进、公沙穆等都是靠自己或家人作佣工来支付学习费用的，倪宽靠学习之余为同学烧饭自给；翟方进家贫无资，母亲跟随他到长安，靠织布、做鞋挣钱供他上学。无论是正式生，还是非正式生，均享受免除赋税、徭役的待遇。

汉代太学生毕业后的出路各有不同，有的学生而为卿相，有的任官为吏，有的授徒讲学而为师，也有学而无成白首空归的。在汉代，除大将军、大官僚的子弟可以不靠太学的资格做官外，一般官员及平民子弟入仕的主要途径就是就读太学，走“学而优则仕”的道路。汉代统治者设立太学的根本目的是提高官吏素质，加强中央集权。为达到这一目的，汉代太学实行了养士与选材相结合的管理措施。与此同时又改革了文官补官与晋级的规定，使之与太学的选材相结合，把太学生的考试成绩直接与仕途挂钩，完善了太学生的考核擢升制度。

汉代太学很注重考试，制定了严格的考试制度。汉代太学的考试有二大作用：一是通过考试发现人才，选拔人才，充实官吏队伍；二是督促学生学习儒家经典，补救教师少、学生多带来的教育管理上的某些缺点和不足。因此，从这种意义上说，汉代太学既是培养人才的最高学府，也是选拔官吏的考试机关。汉武帝开创太学时，规定太学每年考试一次，称谓“岁试”。东汉改为每两年考试一次。汉代太学考试方法有以下几种：

（一）射　策

“射策”是汉代太学常用的一种考试方法，这种考试方法类似于后世的抽签考试。考试内容侧重于对儒家经典的解释与阐发。主考官根据学生答题的情况判定成绩，成绩合格者被授予相应的官职。但每科规定的取官名额均很少。

（二）策　试

所谓“策试”类似于今天的论述题，就是教师事先按照师法、家法、章名分科出好 50 个题目，学生凡是回答得多且好者被评为“上等”，“五经各取上第六人”，张榜公布，作为政府录用官员的依据。

（三）口　试

所谓“试通说”就是通过口试考察学生的能力和水平。

以上这些考试方法一直推行到西汉末年，王莽执政时稍有改动，仍是每年考试一次，增加了录取名额。随着太学的发展，太学规模的扩大，太学的考试制度也不断改进。

汉代太学通过组织重大的选拔考试，吸引学生潜心经典，培养了大批人才。比如布衣丞相匡衡、翟方进，御史大夫倪宽，唯物主义思想家王充，著名数学家崔瑗，杰出科学家张衡，“括囊大典、网罗众家”的经学大师郑玄等等，都曾是太学生。汉代太学的考试制度在选拔人才方面确实起过积极作用。作为兼教学机构与国家考试机关于一身的太学，不仅吸引校内学生专心攻读，而且鼓励青年自学，校外人员参加太学考试也可以获得一定的资格和荣誉，这促进了汉代教育事业的发展，有助于在全社会形

成崇教乐学，尊师重道之风。但也必须指出的是，汉代太学教学制度不甚严格，教学管理一味依赖考试，也造成了很多弊端。汉代太学通过考试鼓励学生研究经学，并将其引入仕途，这使得广大青年学子一头钻进经学圈里，把毕生心血都浇注在经书上，而经学那烦琐的章句，强调“师法”“家法”的门户之见，不仅束缚了知识分子的头脑，也限制了学术的发展，使得汉代太学满门经风。

四、太学的教学内容与方法

汉代太学以五经为教材，进行经学教育。国家对教材和教学内容进行较为严格的审定。

汉代对教材实行统一管理，颁行统一教材，确定研究经学的标准。西汉宣帝时，曾经专门召集太学博士和名儒在石渠阁论经，东汉章帝时又专门召集太学博士和名儒学者在白虎观开会，讨论五经达数月之久，章帝亲自奉陪。会后，班固奉命将白虎观讨论五经的各家见解编成《白虎通》。《白虎通》是班固奉旨撰集的，它不同于个人的学术著作，是钦定的会议决议，具有法典作用。至灵帝时，命蔡邕等人评定今文五经及《春秋公羊传》和《论语》的文字，约 20 万字，用古文、篆、隶三种字体写好刊刻在石碑上，立于太学门外，作为太学的统一教材，这就是“熹平石经”。熹平石经是我国古代由政府统一颁布的第一套标准教材，是经学发展史上第一部公之于世的官定经书，是书法被视为一门艺术的重要标志。

两汉太学在教学组织形式上有许多新的创造，归结起来主要有以下三点：一是大班上课。经师讲学是汉代太学的主要教学形式。经师讲学有专门的讲堂。据说洛阳太学的内外讲堂“长十丈，广三丈”。能同时容纳数百名学生听课。太学博士多为社会名流，他们对儒经有专门的研究，他们说经，具有很强的讲学性质，这使我国封建社会的太学从初创阶段，就具有很高的学术水平，体现太学教学与教师学术研究的一致性。太学博士注重讲经的艺术性，不断提高讲经水平，涌现了许多出类拔萃的传经大师。比如有“《五经》纷纶井大春”“殿中无双丁孝公”。井大春和丁孝公的教学造诣极受嘉许。二是高足弟子相传。汉代太学师生比例相差悬殊，始初是几个博士教几十、几百个学生，后来太学发展，太学博士仅有十几人，最多时也只有 30 人，学生却多至几千人，高峰时达 3 万人。在这种情况下，仅靠大班上课亦很难满足学生求学的要求，于是采取弟子相传，即高才生、老学生教低材生、新学生的教学形式，以弥补教师短缺、教学效率不高之不足。董仲舒和马融在太学讲学时，皆采用弟子相传的教学方式。三是集会辩难。集会辩难是汉代太学经学教育的重要主式方法，它有时在学校内部进行，有时由统治者提倡在某个名胜之地，或在朝廷中进行。比如东汉光武帝刘秀就曾多次召集公卿、博士和名流讨论经义，公开辩论学术得失，甚至在朝会上建立了按“讲通经义”来排座次的礼仪。据说侍中戴凭因为善于讲辩“重坐五十余席”，并获得“解经不穷戴侍中”的美誉。问难论辩，是汉代太学对经学博士讲经的基本要求。

汉代有的君主还亲临太学，令博士们相互质疑问难，对善论辩者“特加赏赐”。汉朝统治者在讲学论道过程中的相互争辩，质疑问难，从其主观意旨来看，并非为了繁荣学术，而是为了统一思想。因为“罢黜百家，独尊儒术”只是统一思想的第一步，如何使具有独尊地位的儒学服从统一的政治原则，发挥指导思想的作用，则是更为复杂的艰巨的任务。孔子死后，儒分为八，这种状况不利于统一思想。对此，汉代统治者没有采取简单粗暴的方法来解决儒家内部的学术分歧，而是在皇权的干预下，依靠在全国最有影响力的太学中任教的儒学大师之间的相互驳难，用求同存异的方式加以解决。自汉武帝到汉章帝，经过两百余年的努力，终于完成了统一儒学的任务。统一后的儒学以三纲五常为核心，以宗教神学为形式，具有强化君主专政的政治职能。汉代统治者运用集会辩难的方式解决学术分歧，不仅达到了统一思想的目的，而且把其固定为太学教学的主要方式，也活跃了太学的教学气氛，形成了太学质疑辩难的学风。虽然，汉代太学的集会辩难不同于春秋战国时期的“百家争鸣”，它不是各派之间的自由论辩，而是在王权干预下的儒家内部的论辩；它也不同于宋明之际创新说、立新意的书院讲会，却远胜于欧洲中世纪那种死板僵化的神学教育，汉代太学教学中质疑辩难的教学形式，活脱映现出新兴地主阶级上升时期那种积极进取的飒爽英姿。

汉代太学在重视博士讲学的同时，积极鼓励和引导学生自学。太学生有充裕的时间自学。太学允许学生自由研讨学问和向社会名流学者就教。提倡自学、允许自由研讨，使汉代太学造就了一大批学识渊博、思路开阔、研究能力强的高才生，诸如“博通众流百家之言”的王充、“出入于今、古文经学之间”的郑玄等等。汉代太学提倡自学、鼓励自由探讨，褒

奖学成通材的教学方法，对于改革我们今天的大学教育，培养学识渊博，具有研究能力的创造性人才，仍有启发意义。

［原文刊载于《北京科技大学学报》（社会科学版）2000 年 03 期（王凌皓 郑长利）］

参考文献

［1］毛礼锐，沈灌群．中国教育通史：第二卷［M］．济南：山东教育出版社，1988.

［2］王凌皓．太学［M］．长春：吉林人民出版社，1996.

［3］班固．汉书［M］．北京：中华书局，2016.

明代国子监教学管理的特点

教学管理是学校管理的核心，它是实现教育目的的基本途径和手段，学校必须采取各种科学的管理措施和方法，保证通过教学工作实现培养人才的目的。如何对教与学进行科学的管理，建立良好的教学秩序，充分发挥教师集体的作用，使各门学科之间互相融合，不同年级之间的教学内容相互衔接，从而提高教学质量，形成高效率的教学过程，这是教学管理的重要职责，也是现代教学面临的重大课题和难题。明代国子监在教学管理过程中积累了宝贵的经验，给我们以诸多有益的启迪。

明代国子监创设于明初。明统治者在“治国以教化为先，教化以学校为本”文教政策指导下，早在明建国之前的元至正二十五年（1365 年）就将原应天府学改为国子学，创建了中央最高学府。明洪武元年（1368 年），“令品官子弟及民俊秀通文义者”入学肄业。到洪武四年（1371 年）学生已达 2728 人。洪武十四年（1381 年）又在南京鸡鸣山下改建国子学，次年改国子学为国子监，设祭酒、司业各 1 人，监丞、典簿、掌馔各 1 人，博士 3 人，助教 16 人，学正、学录各 3 人，史称“南京国子监”，也称“南雍”。明成祖迁都北京后，于永乐元年（1403 年）另立北京国子监，即京师国子监，亦称“北雍”，与旧都南京国子监并存。

明代国子监是明代中央最高学府，它在教育管理上对全国各级各类官学具有样板作用，具有极强的示范性。尤其是在教学管理过程中，明代国子监在集历代教学管理经验之大成的基础上，锐意改革，探索革新，形成独特的教学管理模式。

一、稳定协调的教学秩序

建立稳定协调富有活力的教学秩序是中国古代历代官学教育的一个重要特点，明代国子监亦无例外。明代国子监在吸收唐宋官学教学管理经验的基础上，在建立稳定协调的教学秩序方面颇有作为，令世人刮目。

首先，明代国子监创设了完备的教学管理机构，并在设立的管理机构内配备了各司其职的教学管理人员，这是保证明代国子监正常教学秩序的必要组织保证和人才准备。明代国子监设有五厅六堂，全面负责国子监内的教育教学工作。五厅分别是绳衍厅、典籍厅、典簿厅、掌馔厅、博士厅。绳衍厅掌管国子监纪律，典籍厅掌管书籍资料之供应，典簿厅掌管财务，掌馔厅分管伙食，博士厅掌管教学。在五厅中，博士厅最为重要，它是国子监内最重要的教学管理机构，其他各厅都是围绕教学这个中心而设置的。《明会典・国子监・监规》规定：博士厅设博士 5 人，讲授四书五经，他们的具体职责是“掌分经教授，而时其考课。凡经，以易、诗、书、春秋、礼记，人专一经，大学、中庸、论语、孟子兼习之”，又曰博士“职专教诲，务在严立工程，用心讲解，以臻成效。如或怠惰不能自立，以致生员有决规矩者，举觉到官，各有责罚”。六堂是具体的教学机构，相当于我们现在的教学班。国子监的教学活动是在六堂中进行的，六堂分别是率性堂、修道堂、诚心堂、正义堂、崇志堂、广业堂。六堂设助教 15 人、学正 10 人、学录 7 人，他们是博士属下的教学及教辅人员，他们共同负责“六堂之训诲”，对监生“讲说经义文字，导约之以规矩”。据大量的史料记载，这些教官都是经过严格的考绩与考察而被选任的，他们工作勤苦，兢兢业业，以身作则，为人师表，对提高国子监教学管理效能，形成良好的学风、士风和校风曾产生过重大影响。

其次，明代国子监制定了详细的教学计划和周密的课程安排，这是建立稳定教学秩序的关键环节。据《明史・职官志》记载：明代国子监要求对监生“造以明体达用之学，以孝悌、礼义、忠信、廉耻为之本，以六经、诸史为之业”。学生所习主要是四书五经，明代永乐年间特订《四书五经大全》作为国子监的主要教材。学生进入国子监肄业就是为了入仕为官，因而明政府明确要求监生必须学习本朝律令，这样《大明律令》和朱元璋所撰《御制大浩》当为必修，又由于刘向《说苑》“多载前言往行，善善恶恶，昭然于方册之间，尝于暇时观之，深有劝戒”，因此明令加授刘向《说苑》。除以上教学内容外，明代国子监亦设习射、习字二科，规定每月朔望须习射，对成绩优异者奖；习字以“二王”、智永、欧、虞、颜、柳诸贴为蓝本，每日习 200 字以上。与此同时，明代国子监制定了严格的作息时间表和课程表。国子监规定：除每月朔望两天例假外，每天皆有课，生员无故不得擅自离堂，遇有特殊事由必须向国子祭酒请假方可离校。国子监上课分早晚两次：晨旦举行上午课业，由国子祭酒、司业率领属官全体出席。祭酒主讲，并与司业端坐在堂上，其他属官监垂、博士、助教、学正、学录等依次序立，生员均须拱立静听。午后进行下午课业，博士、助教等指导学生进行会讲、复讲、背书、论课。为了充分利用课余时间、督促学生勤学不怠，国子监布置较多的家庭及课外作业：其一，每日要背熟经书一百余字；其二，习字二百余字；其三，课外作文每月登记修改一次，完不成者受罚。由此可见，明代国子监对课堂教学高度重视，课程安排详细周密，具体执行严格谨慎，形成了忙而不乱、有条不紊的教学秩序。

二、严格公正的积分晋升制度

明代国子监在继承元代国子学积分法的基础上，创立了严格公正的积分晋升制，或曰积分淘汰制，以激励学生迅速成才，早日入仕。比如明代国子监分为六堂三级进行教学：正义、崇志、广业三堂为初级，修道、诚心二堂为中级，率性一堂为高级。国子监根据学生的知识水平将其编入各堂肄业，然后逐级递升。比如国子监规定凡生员仅通四书而未通五经者，在初级的正义、崇志、广业三堂肄业，学习期限为一年半；学习期满，经考核文理条畅者则可升入中级的修道、诚心二堂学习，修业一年半以上，文理俱优，经史皆通者，则可升入高级的率性堂就读；升至率性堂后，便采取积分法，即通过考试累计学分的方式决定学生能否毕业。国子监规定每年考试 12 次，每个季度考试 3 次：孟月试本经义 1 道，仲月试论 1 道、诏诰表章内科 1 道，季月试经史策 1 道、判语 2 条。每次考试成绩分为三等：文理俱优者为上等，得 1 分；理优文劣者为中等，得 0.5 分；文理纰缪者为下等，不得分。一年内获得 8 分为及格，及格者由政府发给“资格证书”，凭此可以充任相当的官职，不到 8 分者为不及格，不及格者仍留堂肄业。与此同时，本着统一性与灵活性相结合的原则，明代国子监还特别规定：如果监生天资聪颖、学业出类拔萃，可以不拘年限，奏请皇上，被朝廷破格录用。

14 世纪以后明代国子监所实行的这种积分晋升制，类似于 19 世纪后欧美各高校所实行的学分制。它们的共同特点是把学生看成学习及自我发展的主体，鼓励学生积极进取，努力勤学，迅速成才，这是教学过程中提高教学效率、保证教学质量的重要举措。二者略有不同的是，明代国子监所实行的积分晋升制侧重于学生的学习成绩，它是在大学的高年级，按学生在一年内学习某门学科成绩的优劣给予 1 学分、0. 5 学分或 0 学分，累计 8 学分，不计周学时；而 19 世纪欧美各大学所实行的学分制则以学生

在一学期内学习某门课程，按每周上课的周学时数计算学分。比如，学生在一学期内学习某一门课程，周学时为 1，经考试合格则得 1 学分，不及格者不得分，各学科累计 120 学分左右方可毕业。昨天的历史是今天现实的源头，我国近现代大学所实行的学分制，是在弘扬民族文化传统—明代国子监积分晋升制的基础上，以西方文化——欧美的学分制为参照系而建立发展起来的教学管理制度。

三、明体达用的实习历事制度

明代国子监生员在率性堂积满学分后，仅获得为官从政的资格，只有实习历事合格才有从政为官的权利。所谓“实习历事”也叫“监外历练政事”，实际就是教学实习。明代“实习历事”制度创立于洪武五年（1372年），首开中国教育史上教学实习制度之先河。明代为了培养经世致用的封建官吏，提高官吏队伍的文化素质和实际的治事能力，首次在国子监内创立了教学实习制度，即实习历事制度。此制的具体规程为：把在监外历事的实习生统称为“吏事生”，按规定，吏事生“轮差于内外诸司，俾其习于政事，半年回学。昼则趋事于各司，夕则归宿于斋舍。……廪食学校，则俾其习经史；历事各司，则俾其习政法”（《古今图书集成・选举典》卷十四）。也就是说，学生在国子监内学习到一定年限，都要分派到政府各机关“先习吏事”，即进行教学实习。在实习期间，学生轮流在中央和地方各部门当差，主要任务是学习处理各种政事。实习时间以半年为限，在这半年内，学生白天在学习机关实习政事，晚上回国子监读书休息。回监读书是为了不中断文化课的学习；在各司实习则有益于对实际工作能力的培养。实际上，据记载，当时学生实习的具体时间长短不一，3月、5 月、1 年不等，甚至还有更长的。吏事监生除被分配到政府各部门外，也有被分派到地方的州和县，或清理粮田，或督修水利等。最为难能可贵的是，明代国子监确定了严格的实习考核办法，明代在建文年间（1399—1402 年）明确规定，监生在监外历事和监内读书一样，必须参加考核，且将考核成绩与任官直接结合。考核的具体办法是：“定考核法上、中、下三等。上等选用，中下等仍历一年再考，上等者依上等用，中等者不拘品级，随才任用，下等者回监读书。”（《明史》卷六十九《选举志一》）明政府十分重视国子监生员实习历事制度的贯彻实施，每次实习之前，都先将历事监生人数通知各机关。据《明会典》记载，各机关接收吏事生人数是相对固定的：“吏部四十一名，户部五十三名，礼部一十三名，兵部二十五名，刑部七十名，工部二十四名，都察院六十三名，大理寺二十八名，通政司五名，行人司四名，五军都督府五十名。”接收吏事生的各机关要教之政事，并且有责任考察其勤惰。吏事生历事期满经考核达标，便可奏请吏部附选，“遇有缺官，挨次取用”(《明会典》卷二百二十《国子监·拔历》)为正式官吏。

明朝统治者选派监生历事的起因是为了弥补明初官吏之不足，然而监生通过实习历事，可以广泛地接触实际，获得从政的实际经验，有利于学生增长才干。明代国子监在教学过程中将学习理论与为官实践紧密结合，注意监生实际操作能力的培养，在中国教育发展史上具有重大意义，它比宋代太学那种闭门造车的培养人才方式的确要高出一筹，明代监生的实际能力也是宋代那种“唇腐舌敝”，只知“死读书，读书死”，“率至亡国而莫可救”的太学生所不可及。历史的成功经验诏示后世，将理论学习与实际锻炼紧密结合是培养经世致用人才的必由之路。但也必须指出的是，到了明代后期，国子监生员逐渐增加，导致历事生人数激增，这使得监生历事安排相当困难，历事考核亦形式化，有的历事生甚至在北京崇文门、宣武门、朝阳门、德胜门历事守门，这是应该引以为戒的。

［原文刊载于《吉林教育科学》1994年12期（王凌皓）］

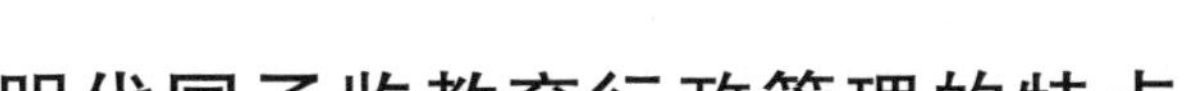

明代国子监教育行政管理的特点

在中国古代教育史上，明代国子监内部教育行政管理最具代表性，也最能代表我国古代学校教育管理的水平，本文拟就明代国子监教育行政管理的几个特点进行简要的评述。

一、完备的教育行政管理体制

明代国子监作为明代最高学府，它创立于明初，原名为国子学。明代国子监有南北两监之分，南京国子监位于南京鸡鸣山，亦称“南雍”；京师国子监位于北京，亦称“北雍”。据《南雍志》记载，明代国子监教育行政管理“规制之备，人文之盛，自有成均，未之尝闻也”。从当时国子监教育行政管理体制来看，国子监已经形成了层次分明、职权明确的指挥系统，建立了分级管理、分权指挥的教育行政管理体制。明代国子监完备教育行政体制的确立，不仅为明代高等教育的发展做出了重大贡献，而且为后世所继承。清代国子监教育行政管理体制就是明代国子监教育行政管理体制的翻版。

二、各司其职的教育行政职官

明代国子监内设置了各司其职的教育行政职官，负责国子监的教育与教学管理工作。明代国子监内设祭酒、司业各一人，国子祭酒是国子监最高教育行政长官，专门负责掌管国子监教令的贯彻实施，相当于大学校长。《明会典·国子监·监规》规定，国子祭酒的主要职责是总理国子监内的一切事物，制定教育法规，整顿校风校纪，并以身作则，为人师表。司业是国子祭酒的副手，其职责是协助祭酒处理国子监内事物，相当于副校长。监丞是绳衍厅的负责人，相当于人事处长和学生工作处处长。博士是博士厅负责人，掌分经讲授，相当于教务处长。而助教、学正、学录等官员共同负责“六堂之训诲”，对本堂学生“讲说经义文字，导约之以规矩”，是博士手下的教学或教辅人员。国子监对典籍、典簿、掌馔诸教官的职责也做了明确规定：典籍是典籍厅负责人，相当于图书馆馆长；典簿是典簿厅行政长官，集教务财务于一身，负责文书及经费；掌馔是掌馔厅负责人，相当于总务处长，主要负责伙食管理。

以上可见，明代国子监确实形成了以国子祭酒为核心的职责分明、分工明确、各司其职的教育管理系统。从某种意义上讲，明代国子监的教育行政指挥系统与现代大学由校长、副校长、教务处长、人事处长、财务处长、总务处长等组成的教育行政指挥系统基本相同。在这里，尤其需要指出的是，明代对教育行政职官的管理极为严格，对学校教职人员的选择与任用相当谨慎，特别是对祭酒和司业的选择更是一丝不苟。这对提高教育行政管理人员的素质，充分发挥管理职能，确保教育质量是极为有利的。

三、缜密周详的教育管理法规

缜密周详的教育法规是保证国子监教育教学秩序的法律依据。明代国子监的监规就是国子监进行教育行政管理的法规。国子监中的绳衍厅就是国子监的执法机构。

国子监是皇家训练官吏的场所，所以明朝统治者对教官提出了严格的要求。它不仅用“礼法”和“纲纪”来约束教官，还用“尊卑之分”“爵级之位”等来控制教官，对教官的德行和业务“钳束甚谨”，要求教官对上要“谒忠”老成，对监生要以身作则，对教事要“严立课程，用心讲解，以臻成效”，如有怠惰失职，以致使监生有戾规矩者，皆要“依律问罪”。为了进一步强化对教官的管理，明代还建立了定期对教官进行检查的考绩制度和不定期进行监察的监察制度。

国子监在依法对教官进行严格管理的同时，更建立健全了十分严密的教学管理规章，在此有两点特别值得提倡，对后世影响也最大。一是实行考课积分制。如前所述，明朝国子监分为六堂三级：正义、崇志、广业三堂为初级；修道、诚心二堂为中级；率性一堂为高级。监生按其程度进入各堂肄业，然后逐级递升。凡仅通《四书》而未通《五经》者，居正义、崇志、广业三堂肄业。学习一年半以上，文理通畅者，升入修道、诚心二堂肄业。再学习一年半，经史兼通，文理俱优者，则升入率性堂肄业。升至率性堂后，便采用积分法，一年内积满八分，由政府发给“资格证书”，获得做官资格，否则仍留监肄业。二是创立监生历事制度。明代国子监规定，监生获得做官“资格证书”后，还必须经过实习吏事，才有做官的权利。所谓“实习吏事”，就是在国子监外进行教学实习。监生在国子监内学习到一定年限，分配到政府各部门“先习吏事”，他们“昼则趋事于各司，夕则归宿于斋舍”，除中央政府各部门外，历事监生（实习生）也被分配到州、县清理粮田、督修水利等。监生历事的具体时间三月、半年、一年不等。建文时（1399—1402 年）确定考核办法，并将考核成绩与任官直接结合：监生历事期满，经考核，分为上、中、下三等，上等者送吏部铨选授官，中下等者仍历一年再考，上等者依上等用，中等者不拘品级，随才任用，下等者回监读书。明代国子监为培养合格官吏，重视监生“实习吏事”，将理论学习与做官实践紧密结合，首开中国教育管理史上实习制度之先河，它比宋代太学生“唇腐舌敝”地一味读书，“率至亡国而莫可救”，的确要高出一筹。它告诫后世，将理论与实践联系起来是培养经世致用人才的必由之路。

［原文刊载于《行政与法》（吉林省行政学院学报）1994 年 04 期（王凌皓）］

南宋四大书院之教学艺术美

清代全祖望在《鲒琦亭集外篇》中说："四家之徒遍天下，则又南宋之四大书院也。"这里所说的四大书院，指的是白鹿洞书院、岳麓书院、象山书院和丽泽书院。而四家之徒，指的就是学派①。各学派的带头人则是主持或兴办四大书院的一代宗师，分别是朱熹、张栻、陆九渊、吕祖谦等。他们在各自书院的教学中侧重于教学技巧和方法的运用，积累了丰富的实践经验与技能技巧，尽管并没有明确提出"教学艺术"这一概念，却在各自的教学实践中蕴含着对个性、情感、审美、愉悦等方面的追求，体现着审美性的特点。南宋书院的教学艺术也正是在这些名师巨儒的教学实践中以"美"的形式产生并积淀下来。

一、山泉林胜、优游暇豫的教学意境美

教育活动需要优美、清静的环境，南宋书院受禅林影响较深，为避免外界干扰，多依山林胜地、田园风光之处建造。

白鹿洞书院建于江西庐山五老峰下，占尽地利，有林泉之胜。朱熹在书院讲学期间，常常将讲说和启迪寓于休息游乐之中，这与《论语》所载"仁者乐山、智者乐水"和《学记》所称"君子之于学也，藏焉、修焉、息焉、游焉"的说法相投相合。或许朱熹还认为庐山幽雅的环境可以绝其尘昏，存其道气，有益于收敛精神，潜思进学，归于持敬与主一。《宋史·本传》载其教学情况："每休沐辄一至，诸生质疑问难，诲诱不倦。退则相与徜徉泉石间，竟日乃返。"

岳麓书院位于湖南西岳麓山抱黄洞下，背陵向壑，木茂泉洁。乾道元年（1165 年），张栻因"爱其山川之秀，栋宇之安，徘徊不忍去，以为会友讲习，诚莫此地宜也"，欣然接受主教岳麓的任务。主教期间，人才雅

① 章柳泉. 中国书院史话：宋元明清书院的演变及其内容［M］. 北京：教育科学出版社，1981.

集，“一时从游之士，请业问难至千余人，弦诵之声洋溢于衡峰湘水”。张栻特别提倡平心易气、优游玩味的治学方法，对生机盎然的景象比较敏感，善于创造恬淡幽远的教学意境。

象山书院位于信州贵溪（今属江西）应天山。应天山岭高谷邃，林茂泉清，且有良田清池，蟠松怪石。淳熙十四年（1187年），陆九渊应门人彭世昌之请，“登而乐之，乃建精舍”讲学，其间，经常率学生寻访山川名胜，陶冶情操，开阔视野。

吕祖谦尝言：“儒生往往依山林，即闲旷以讲授。”由他主教的丽泽书院设置在浙江金华的明招山中，古林荫翳，也是颇有风景的。

如果说南宋书院选址的优美营造了轻松和谐、劳逸结合的教学环境美，那么在其自身的建设与完善中，又在制度和文化层面渲染了浓厚的教学情境美。例如，在《白鹿洞书院揭示》的影响下，各书院纷纷创建了自己的规条、学约，这些规约大多规定的是各自的办学宗旨、教学方针、生徒行为规范、读书修养方法等，它们倾注着名师巨儒们无私奉献的心血，凝炼着他们幽远深邃的智慧，以简约优美的内容、自然流畅的形式感召着天下诸多英才。书院还通过箴碑、门楹、堂联和斋舍的命名来教育学生，岳麓书院就有门楹“地接衡湘，大泽深山龙虎气；学宗邹鲁，礼门义路圣贤心”，学生耳濡目染这些文化气息，受益颇多。另外，在各书院皆有供祀先贤的现象，这固然有其纪念本师、推崇学统的用意，然而更多的意义则在于加强教导、砥砺后学，所谓“入其堂俨然若见其人”，从而使后学者感发兴起并以先贤为榜样，做到见贤思齐、奋发自强。

二、科学严谨、博大精深的教学内容美

南宋书院的教学内容多以理学教育为主，但由于当时是朱学、陆学、吕学三家鼎峙时代，学派基本主张的分歧，决定了各派教学内容侧重点的不同，但无论何派何家，其教学内容都是相对独立并自成体系的。

朱熹在恢复白鹿洞书院之后，就“讲了《中庸首章》，还讲了《大学或问》，并将《四子书》作为基本教材，除《大学》《中庸》讲义外，尚在南康军刻印了《论孟精义》作为书院教材”[①]。朱熹主张以传统儒家经典为教本，他说：“古之圣人作为《六经》以教后世。《易》以通幽明之故，《书》以纪政事之实，《诗》以导情性之正，《春秋》以示法戒之严，《礼》

① 李国钧. 中国书院史［M］. 长沙：湖南教育出版社，1994：185.

以正行，《乐》以和心。其于义理之精微，古今之得失，所以该贯发挥，究竟穷极，可谓盛矣。”(《朱文公文集·卷七十八》)对于《易》《礼》《诗》《春秋》等，朱熹都有分析、指导，以便于学生阅读。朱熹虽然“很欣赏古人的六艺之教，但又不局限于此，他进而提出天文、地理、礼乐、制度、军旅、刑罚等内容”[①]。当然，朱熹也知道尽管天下万物、万物之理都应当理会，但人的精力毕竟有限，所以要恰当地选择教学内容。他批评了当时学者“惟书之读”“不知学之有本”的现象，并根据儒家传统的教学思想以及自己多年积累的教学实践经验，提出读书要考虑先后次序，指出要“先看《语》《孟》《中庸》……先读《史记》，《史记》与《左传》相包。次看《左传》，次看《通鉴》，有余力则看《全史》”(《朱子语类·卷十一》)。

张栻在教学内容方面也强调以儒家经典作为基本教材，很重视《大学》和《孟子》的讲授，亲自编写《孟子说》作为岳麓书院的教学讲义，在其序中说：“学者潜心孔孟，必求门而入，愚以为莫先于明义利之辨。”在教学程序上，他主张循序渐进，由浅入深，由低到高，学生首先要学习“小学”“六艺”的内容，通过“洒扫应对”等日常锻炼，履行弟子职责，“习乎六艺之节”，参与各种儒家祭祀和实践活动；然后加以“弦歌诵读”，达到高级阶段；最后研修深造，进入“格物”“致知”阶段。可见，这套教学程序不仅涵养了知识教育，同时将道德教育和道德修养也纳入其中。重视学生的品德培养是张栻教育思想的一个重要特点。

吕祖谦十分重视“讲明正学”，所谓“正学”就是孔孟的儒学和宋代的理学。为落实“讲求经旨，明理躬行”的主张，亲自为丽泽书院编著《东莱左氏博议》《近思录》等教材。他认为，学业修养要有一个由浅入深的过程，并结合教育实践，提出了学习阶段性的划分理论：“一年视离经辨志，三年视敬业乐群，五年视博习亲师，七年视论学取友。”(《礼记·学记》)在吕祖谦看来，任何一个人的学业进步和修养成熟都有一个发展过程是不可否认的。

三、教亦多术、虚实相生的教学方法美

南宋书院的一代宗师对“教人未见意趣，必不乐学”(《小学集注》)有着深刻的认识，在遵循教有成法的同时，也承认教无定法，注重在“得天

① 王炳照. 中国教育思想通史：第三卷［M］. 长沙：湖南教育出版社，1990：270.

下英才而教育之”的乐教情境下，创发或采用多种教学方法使学生达到乐学的境界和效果。

在南宋传习理学的书院里，学生以自学为主，而自学主要通过读书来进行。朱熹也十分重视读书，主张学生通过阅读典籍，找到分析问题的理论框架，逐步形成思考问题的能力，从而培养学生的思维方式和创新能力。他主张，“为学之道，莫先于穷理；穷理之要，必在于读书；读书之法，莫贵于循序而致精；而致精之本则在于居敬而持志。此不易之理也”。“读书成诵”是朱熹读书法中的一个重要要求。“成诵”就是能把所读的书记得烂熟以至脱口而出。他提倡读书要记遍数，主张“诵数以贯之”，徧数愈多愈好，如他所说：“但百徧时自是强五十徧时，二百徧时自是强一百徧时。”当然，朱熹要求诵后要“玩索”，而不是盲记。

即便是反对泛观博览的陆九渊，也并不是废书不读，只是在读书方法和态度上有不同的见解，不赞成苦思力索，一味专注于章句、传注之间罢了。他主张读书要以精熟为贵，以意旨为的，所谓“书亦正不必遽而多读，读书最以精熟为贵”（《象山全集·卷三十四》）。在读书方法上，认为“许是平平淡淡去看，仔细玩味，不可草草，所谓优而柔之，厌而饫之，自然有涣然冰释，怡然理顺的道理”（《陆九渊集语录》），即读书要心平气静，仔细玩味，切忌浮躁草率，要从简易入手，不要看得太难，也不要拉得太远，要多在日用生活上体察，用力久了，难者自然就能融会贯通、涣然冰释了。陆九渊在重视生徒自己学习、独立钻研的同时，并不忽视面向学生群体的讲授或讲说。据《陆九渊集》卷三十六《年谱》中记载：每旦升讲坐，容色粹然，精神炯然。学者又以一小牌书姓名年甲，以序揭之，观此以坐，少亦不下数十百，斋肃无哗。首诲以收敛精神，涵养德性，虚心听讲，诸生皆俯首拱听，非徒讲经，每启发人之本心也。间举经语为证。音吐清响，听者无不感动兴起。初见者或欲质疑，或欲致辩，或以学自负，或有立崖岸自高者，闻诲之后，多自屈服，不敢复发。其有欲言而不能自达者，则代为之说，宛如其所欲言，乃从而开发之。至有片言半辞可取，必奖进之，故人皆感激奋砺。”从中不难看出，陆九渊在当时的讲说中已经很好地运用了“容色粹然”“精神炯然”的教学形象艺术、“音吐清响”的教学语言艺术、“启发人之本心”的教学启发艺术、“间举经语为证”的教学节奏艺术等等，“故人皆感激奋砺”。

张栻在书院教学中强调知行结合，主张“知行并发”，既注重知识的日积月累，又讲求知识在现实中的运用，认为知和行二者的结合是教学必须贯彻的重要原则和方法。他在《论语解·序》中指出:“始则据其所知而行之,行之力则知愈进,知之深则行愈达,行有始终,必自始以及终”,“盖致知以达其行,而行精其知”。知行属于同一个认识过程,二者相即不离,行必须以知为指导,而知有行才能深化,知可促进行,行亦可促进知。

吕祖谦强调学生要善于提出疑问,要有当仁不让于师、师弟朋友相与析疑问难,以求义理之精当的精神,认为“学者……欲进之则不可有成心,有成心则不可进乎道矣。故成心存则自处以不疑,成心亡,然后知所疑,小疑必小进,大疑必大进”[①]。吕祖谦所指的“成心”就是某种条条框框。他认为如果有了“成心”,读书时就不会存疑,不会生问,就会一味信奉书本,也就不会深入去探讨书中的精义或者发现书中的谬误,只有消除了“成心”,才能对书本产生疑点。吕祖谦还继承并发扬了中国古代教育史上的一个重要教学思想和教学方法———因材施教、随人指授。他认为:“学者气质各有利钝,工夫各有浅深,要是不可限以一律。正须随根性,识时节,箴之中其病,发之当其可乃善。固有恐其无所向望而先示以蹊径者,亦有必待其愤悱而后启之者。”“大凡人之为学,当于矫揉气质上做工夫,如懦者当强,急者当缓,视其偏而用力。”[②]

四、兼收并蓄、求同存异的治学态度美

南宋时学术繁荣,学派林立,各书院的名师巨儒各执一说,时有交锋,论辩激烈,但这种在学术思想上的“论敌”关系,并未阻碍各家之间的沟通与交流。相反,他们在坚守自家言论的同时,能够取他家之长为己所用。这种兼容并包、求同存异的治学态度倒是催生了新的学术思想的萌生与成长。

朱熹和陆九渊各为一派宗师,学术观点明显不同。黄宗羲也说:象山之学,以“尊德性为宗”,紫阳之学,以“道学问为主”(《吕东莱文集·杂说》)。两人在论《太极图说》时,论点亦各异其趣。但据记载,淳熙八年,朱熹在主持白鹿洞书院时,却请陆九渊就“君子小人喻义利”章升堂讲说,当时听讲的很多人都感动落泪,朱熹也认为陆九渊讲得好,离席时说“熹当与诸生共守,无忘陆先生之训”,又称此次演说可谓“切中学者隐微深痼之病”,并对自己过去在这个问题上没有讲得这么深刻感到惭愧。

① 李如密.教学艺术论[M].济南:山东教育出版社,1995.

② 李如密.教学艺术论[M].济南:山东教育出版社,1995.

为了扩大这次讲演的影响，他又请陆九渊将讲稿书写下来，刻石于书院门前，这就是有名的《白鹿洞书堂讲义》，以便时刻激励后学。再如，淳熙二年，吕祖谦邀请朱熹、陆九渊、陆九龄参加在江西信州鹅湖寺举行的讲会，即历史上著名的"鹅湖之会"。此间，朱陆两人观点针锋相对，为诗讥讽，后又各自检讨。陆九渊自责"粗心浮气，徒致参辰，岂足酬义"。朱熹则写道："迩来日用工夫颇觉有力，无复向来支离之病。"可见，朱熹和陆九渊非但不排斥、不拒绝不同学派与不同观点的人，还主动请其讲学，承认人之所长、己之所短，这种虚怀若谷的精神实在难能可贵。

从小接受儒家传统思想熏陶的张栻，与朱熹在学统上同宗"二程"，两人可说是志同道合。朱熹对张栻的评介是"名质甚敏，学问甚正"（《宋元学案》）。张栻受湖南安抚使刘珙之聘，主岳麓书院教事时，朱熹曾专程造访。此后十多年中二人经常以书函往来的方式相互切磋。从学术政见到品评人物无所不论，特别是对《大学》《中庸》《论语》《孟子》等儒家经典，从理解到字义、词章，都反复交换意见。朱熹认为张栻对自己"多有启益"，并且"所见卓然，议论出人表"。另一方面，张栻的"格物致知"论，虽然与程朱有共同之处，但又有所离异，却同主观唯心主义者陆九渊思想基本相同，从中可见张栻对各家之长的吸收与包容。

吕祖谦在理学思想上有"驳杂"的特点，在哲学本体论上既崇"天理"，又尚"本心"，而这反映在治学态度上就是"朱学以格物致知，陆学以明心，吕学则兼取其长"（《朱文公续集·答罗参议》）。他主张做学问的人要慎重对待不同的学术观点，并认真研究，如果只依据自己一派的观点或利益来决定向背，就开拓不了眼界，也不能与其他学派的人交往相处，学者都应以同志的态度和精神互相对待。他还认为能否与众多意见不合者相处平和，实际是检验自己学力的一种方法。《东莱学案》中说，吕祖谦"文学术业，本于天资，习于家庭，稽诸中原文献之所传，博诸四方师友之所讲，融洽无所偏滞。"因此，他在书院教学中主张"大抵为学须当推广大心，凡执卷皆是同志"。

五、迥异不同、各有千秋的教学风格美

南宋四大书院的各派宗师，在知识结构方面，有着严谨宽厚的理论体系，这为教学过程中的旁征博引和深刻论证提供了必要条件，而在思维特点和个性特征上的差异，又构成了他们在教学风格上所表现出的独具异彩这一特点的两个重要方面。他们当中有的偏向形象具体思维，有的偏向抽

象逻辑思维，有的庄重肃然，有的温和谐悦，这些资质气象等主体条件的不同，形成了各自迥异的教学风格。

朱熹自幼接受正统的儒家教育，封建伦理道德规范是他所尊崇和倡导的主要学习内容。他为学严谨，为人严肃，平时对生徒方刚威仪，色庄言厉，求学者无不庄肃敬畏。尽管朱熹对学生的态度以威严见长，但他有一定的学养，在教学技巧和手段上的娴熟运用，不能不让生徒为之折服。厚重的文化底蕴和严肃沉静的个性特征成就了朱熹理性、思辨的逻辑思维，他为自己所主张的观点提供着深刻的阐述和论证，对他家之言进行着有理有力的评判与争辩，对生徒的质疑问难给予适时的启发和诱导，正是这种理智思辨的教学艺术风格吸引着天下英才不远千里奔赴求学。

同样是从小接受儒学思想，以宣扬理学为教学内容的教育家张栻，在教学风格上与朱熹却有着显著的不同。张栻主张实学，以“承衍道统，经世致用”为培养人才的终极目标。这种“传道济民”的教育理念在科举盛行的时代是别具一格的，它拂扫着迂腐功利之气，为当时教育界注入一股清新之风。另外，张栻喜好作诗，他的风景之作有的写得生动活泼，有的寄意深微，有的清新流畅，有的细腻自然。他最推崇陶渊明，认为“陶靖节人品甚高……读其诗可见胸次洒落，八窗玲珑，岂野马游尘所能栖集也”(《东莱文集·史说》)。从中可见张栻心胸之高远，气质之雅淡，这使得他在教学风格上不仅体现出理智型的特征，也有其情感型的特征。

陆九渊主张在优游暇豫、发明本心的教学环境中传经授道。他为人和易，温而不厉，对学生和善亲近，擅长以真挚的感情色彩营造浓重的教学氛围，常常使学生感到自由自在、心情舒达，毫无拘谨约束之感，因此，求学者都乐于接近他。当然，陆九渊这种轻松平和、富于强烈感受力的教学风格和形式并没有降低学者对陆九渊的敬仰之心，结合他所具有的善于分析推理、结构严谨明快的特点，使得他的教学能让学生晓之以理，动之以情。

尽管吕祖谦拙于言辞，自谦“天资涩讷，交际酬酢，心所欲言，口或不能发明”，但他在学业上所体现出来的那种宽宏涵容和兼收并蓄的精神，使他在教学风格上独树一帜。清代学者全祖望在校补《宋元学案》的过程中，很能发现吕祖谦为学的特点。他说：“小东莱之学，平心易气，不欲逞口舌以与诸公角，大约在陶铸同类以渐纪其偏，宰相之量也。”这确是吕祖谦的为学特点和教学风格。

［原文刊载于《现代教育科学》2009年11期（王晶　王凌皓）］

第七章

中国现当代的教育思想及教育实践

邓小平的人才观

人才，《辞海》释义为“有才识学问的人；德才兼备的人”。可以说，古往今来，重视人才、求贤若渴的伯乐并不少见。但是，像邓小平那样形成了完整、系统的人才观，并将其付诸大规模实践的不多见。在一定意义上讲，从确定人才标准，到把人才看成经济体制改革、政治体制改革、科技进步、教育发展以及治国安邦的关键，并对人才的发现、培养、使用与合理待遇加以通盘考虑已成为邓小平思想中的一个重要组成部分。因此，研究邓小平的人才观，对于我国改革开放事业的迅猛发展，对于我党的兴旺发达，对于我国教育体制的改革均有极其重要的指导意义。

一、从战略高度对人才定位

重视人才是我党的优良传统。但是，“四人帮”的干扰和破坏，不仅影响了人才的培养，还使一大批党和国家的宝贵财富——人才横遭迫害。粉碎“四人帮”后，邓小平重返中国政坛，力挽狂澜，主动抓科技，抓教育，抓人才培养，并把人才的地位和作用提高到前所未有的战略高度加以阐述。

其一，他强调人才是实现四个现代化的关键。早在 1977 年，邓小平就明确指出，靠空讲不能实现现代化，必须有知识，有人才。没有知识，没有人才，怎么上得去?① 因此，“一定要在党内形成一种空气，尊重知识，尊重人才”②。只有“抓紧培养、选拔专业人才”，“才能搞好四个现代化”。对于实现四个现代化，邓小平认为，“关键是科学技术的现代化”。他曾经反复多次地强调“科学技术是生产力”，而且是第一生产力。他说，“将来农业问题的出路，最终要由生物工程来解决，要靠尖端技术。对科学技术的重要性，要充分认识”。为使中国于 21 世纪在世界高科技领域占

① 邓小平. 邓小平论教育［M］. 北京：人民教育出版社，1990：24.

② 邓小平. 邓小平论教育［M］. 北京：人民教育出版社，1990：25.

有一席之地，他指出："过去也好，今天也好，将来也好，中国必须发展自己的高科技。"他深刻而清醒地认识到，科技的进步在人才，"科学的未来在于青年，青年一代的成长，正是我们事业必定要兴旺发达的希望所在"[①]。所以，只有"打破常规地去发现、选拔和培养杰出的人才"，"尽快地培养出一批具有世界一流水平的科学技术专家"，才能彻底扭转我国科研队伍薄弱的状况；只有科技队伍迅速壮大，各级各类专门人才迅速成长，高科技成果不断问世，才能根本改变我国科学技术长期落后的局面，迅速赶上甚至超过发达国家的水平。邓小平说："革命事业需要有一批杰出的革命家，科学事业同样需要有一批杰出的科学家……也只有有了成批的杰出人才，才能带动我们整个中华民族科学文化水平的提高。"[②] 在从战略高度对人才问题进行定位的同时，他指出了"人才培养的基础在教育"，并高瞻远瞩地提出"要千方百计，在别的方面忍耐一些，甚至牺牲一点速度，把教育问题解决好"。

其二，邓小平把培养数以亿计的各级各类人才，作为我国的经济到新中国成立一百周年时，可能接近发达国家水平的主要根据之一。改革开放以来，党中央确定了发展经济的政治目标，即第一步是实现 20 世纪末翻两番，国民生产总值按人口平均达到八百美元，人民生活达到小康水平。第二步是在上述基础上，再发展三十到五十年，力争接近世界发达国家水平。为实现这一宏伟目标，在坚持对内搞活、对外开放政策的基础上，邓小平从战略的高度出发，明确指出："我们国家国力的强弱，经济发展后劲的大小，越来越取决于劳动者的素质，取决于知识分子的数量和质量。一个十亿人口的大国，教育搞上去了，人才资源的巨大优势是任何国家比不了的。有了人才优势，再加上先进的社会主义制度，我们的目标就有把握达到。"[③]

其三，邓小平将人才视为我国改革开放政策能否得以坚持，国家能否兴旺发达的关键。1985 年，邓小平指出："改革经济体制，最重要的，我最关心的，是人才。改革科技体制，我最关心的，还是人才。"[④] 1992 年，邓小平在南方视察时再次指出："中国的事情能不能办好，社会主义和改革开放能不能坚持，经济能不能快一点发展起来，国家能不能长治久安，

---

① 邓小平. 邓小平论教育［M］. 北京：人民教育出版社，1990：54.

② 邓小平. 邓小平论教育［M］. 北京：人民教育出版社，1990：55.

③ 邓小平. 邓小平文选：第 3 卷［M］. 北京：人民教育出版社，2001：120.

④ 邓小平. 邓小平文选［M］. 北京：人民教育出版社，2001：108.

从一定意义上说，关键在人。”[①] 鉴于帝国主义把和平演变的希望寄托在中国的第三代、第四代身上，邓小平明确提出“要注意培养人”[②]，要进一步找年轻人进班子，要注意对下一代接班人的培养。因此，邓小平把按照“革命化、年轻化、知识化、专业化”[③] 的标准选拔德才兼备的人进领导班子作为“我们党的基本路线要管一百年，要长治久安”[④] 的重要保证。

二、德才兼备的人才标准

可以这样说，中华人民共和国成立后，在不同历史时期，人才标准的内涵与外延并不完全相同。关于人才标准，从总体上讲，就是如何看待红与专、德与才的关系，它具体体现在对教育方针的阐发上。1957 年毛泽东提出：“我们的教育方针应该使受教育者在德育、智育、体育几方面都得到发展，成为有社会主义觉悟的有文化的劳动者。”[⑤] 强调人才必须又红又专、德才兼备。直到“文化大革命”前夕，这一人才标准一直是指导我国教育战线乃至各条战线培养、选拔人才的指南。但在“十年内乱”期间，由于“四人帮”的干扰破坏，又红又专的方向发生了只向所谓的“红”倾斜的倾向。“四人帮”打着反对“白专道路”的幌子，排挤德才兼备的专业人员，扶植像张铁生这样“文盲加流氓”式的白卷先生，其结果是造成中国科技人才的巨大浪费与严重断层。粉碎“四人帮”之后，邓小平亲自主持科教工作，做了大量的拨乱反正的工作；在人才标准上，不仅理顺了红与专的关系，而且对又红又专、德才兼备的人才标准从更高层次上做了具体的论述。关于红与专、德与才的关系，他强调又红又专、德才兼备。他说：“毫无疑问，学校应该永远把坚定正确的政治方向放在第一位。”[⑥] 他强调红即德，是方向，是动力。学生“政治觉悟越高，为革命学习科学文化就应该越加自觉，越加刻苦”[⑦]。他又指出，“学生把坚定正确的政治方向放在第一位”，并不排斥学习科学文化。“掌握和发展现代科学文化知识和各行各业的新技术新工艺”，这本身“就是无产阶级政治的要

① 邓小平．邓小平文选［M］．北京：人民教育出版社，2001：380.
② 邓小平．邓小平文选［M］．北京：人民教育出版社，2001：380.
③ 邓小平．邓小平文选［M］．北京：人民教育出版社，2001：381.
④ 邓小平．邓小平文选［M］．北京：人民教育出版社，2001：380.
⑤ 毛泽东．关于正确处理人民内部矛盾的问题［M］．北京：人民出版社，1957.
⑥ 邓小平．邓小平论教育［M］．北京：人民教育出版社，1990：59.
⑦ 邓小平．邓小平论教育［M］．北京：人民教育出版社，1990：59.

求”。[①] 因此，红与专、德与才是相辅相成、辩证统一的关系。在理顺了红与专、德与才的关系后，邓小平根据改革开放的新形势，在新的历史条件下，对新时期的人才标准提出了新的更高的要求，即“有理想、有道德、有文化、有纪律”。1987 年邓小平在会见美国国务卿舒尔茨和加蓬总统邦戈时，再三强调“我们历来提倡有理想、有道德、有文化、有纪律”[②]，“我们要教育我们的人民成为‘四有’人民，教育干部成为‘四有’干部”[③]。他强调有理想、有纪律是最重要的，而所谓理想就是“社会主义现代化”，就是“社会主义、共产主义理想”。为此，他强调一定要在人民中间、在青年中间进行有理想、有纪律的教育。他认为，“没有理想和纪律，建设四化是不可能的”[④]。与培养四有新人相适应，邓小平又提出“教育要面向现代化、面向世界、面向未来”的口号，即要求教育要培养“面向现代化、面向世界、面向未来”的人才，必须立足现在，具备为实现四化建功立业的理想、信念、品德和智能。所谓“面向世界”，邓小平强调，只有立足本国，才能放眼世界，而放眼世界的人才必须善于吸收和借鉴世界各国的文明成果，用以发展自己，创造新的世界文明，为人类做出更大的贡献。所谓“面向未来”，就是为把我国建成繁荣富强的国家，为祖国和民族的未来发展打下坚实的基础，用今天的努力为“明天的科技，后天的经济”创造发展前景，培养面向 21 世纪的人才。

从长远看，未来世界科技现代化将进入更高的发展阶段，科技和经济竞争将更为激烈，生存与发展将成为世界人民普遍关注的问题。所以，我们培养的人才，必须既立足于中国现实的现代化建设，又放眼世界，展望未来。中国是中国人的中国，中国的繁荣富强必须依靠爱祖国、爱人民、有理想、有胆识、有本领，敢于迎接各种挑战，能够参与当前和今后国际国内政治竞争、经济竞争、科技竞争的中国人自己来实现。所以，从这个意义上讲，邓小平所规划的人才标准，与其说是在为中国新时期的人才标准下定义，毋宁说是在为中国的四个现代化建设，为中国的生存和未来发展找出路，为中国的教育改革找方向。

---

① 邓小平. 邓小平论教育［M］. 北京：人民教育出版社，1990：59.

② 邓小平. 邓小平文选：第 3 卷［M］. 北京：人民教育出版社，2001：209.

③ 邓小平. 邓小平文选：第 3 卷［M］. 北京：人民教育出版社，2001：205.

④ 邓小平. 邓小平文选：第 3 卷［M］. 北京：人民教育出版社，2001：190.

三、系统、科学的人才管理思想

邓小平就人才的管理问题做了系统的科学的论述。及时地发现、选拔人才，大胆地使用人才，以及创设合理的奖励机制是邓小平人才管理思想的核心。

首先，邓小平十分重视人才的发现。他强调："我们并不是没有人才，好多人才没有被发现……他们的作用不能充分地发挥出来。"为此，邓小平指出："必须打破常规"[①] 去发现、选拔人才。在如何发现、选拔人才的问题上，邓小平提出要以"革命化、年轻化、知识化、专业化"作为各级各类党政机关、科研教学单位选拔和使用人才的标准，要抛弃一切成见、抛弃个人恩怨来选择人。他说："我诚恳地希望在选人的问题上，要注意社会公论，不能感情用事。要用政治家的风度来处理这个问题。"[②] 与此同时，邓小平反复强调，老同志要勇当伯乐，甘做人梯。他要求各级领导，尤其是工作多年的老同志一定要"注意发现人才"；要求老同志在这个问题上，不仅要"解放思想"，要"多顾多问"，而且要"把位子腾出来"，主动让贤、用贤。他反复告诫老同志要有这样的觉悟："不要看不起年轻人，总觉得年轻人不如我们行。"[③] 他指出，老同志在发现人才的问题上，"要开明一点，要从大局着眼，要从我们事业的前途着眼，有能干的人，我们要积极地去发现，发现了就认真帮"[④]。他说："老同志最主要的任务，第一位的任务，是提拔年纪比较轻的干部，别的事情搞差一点，这件事情搞好了，我们见马克思还可以交得了账，否则是交不了账的。"[⑤] 而且，我们的事业也是"难以为继"的。除此，邓小平指出："善于发现人才、团结人才、使用人才是领导者成熟的标志。"[⑥]

其次，在人才使用上，邓小平提出了一系列卓有见地的主张。他认为，"对人才合理使用，并且使用得当，是个很大的问题"[⑦]。他指出："我们不是没有人才，问题是能不能很好地把他们组织和使用起来，把他们的

① 邓小平. 邓小平论教育［M］. 北京：人民教育出版社，1990：55.
② 邓小平. 邓小平文选：第3卷［M］. 北京：人民教育出版社，2001：190.
③ 邓小平. 邓小平论教育［M］. 北京：人民教育出版社，1990：110.
④ 邓小平. 邓小平论教育［M］. 北京：人民教育出版社，1990：110.
⑤ 邓小平. 邓小平论教育［M］. 北京：人民教育出版社，1990：110.
⑥ 邓小平. 邓小平论教育［M］. 北京：人民教育出版社，1990：107.
⑦ 邓小平. 邓小平文选：第3卷［M］. 北京：人民教育出版社，2001：300.

积极性调动起来，发挥他们的专长。”① 为此，邓小平建议，建立一整套合理使用人才的机制，以充分发挥人才的作用。第一，邓小平强调要对人才大胆使用，放手提拔，要把年轻人放到第一线压担子，在使用中使人才成长起来。第二，在人才使用上，邓小平认为“人才难得”②，“觉得是人才的，即使有某些缺点弱点，也要放手用”③，不要因为他们不是全才，不是党员就埋没他们。第三，邓小平主张向外国学习，注意更新科研队伍，补充思想灵活的人进来，逐渐形成科研人员流动、更新的制度。第四，要创造环境，使年轻人脱颖而出。要选拔人才，人才挑选出来后，就为他们创造条件，让他们专心研究工作。对留学生，邓小平指出，创造他们回国的工作条件很重要。

最后，在创设合理的人才奖励机制问题上，邓小平说：“我们要开一条路出来，让有才能的人很快成长，不要老是把人才卡住。”④ “要创造一种环境，使拔尖人才能够脱颖而出。”为实现这一目标，邓小平提出了一系列可行性的方案与设想，一是要提高知识分子的政治地位，“把‘文化大革命’时的老九提到第一”。二是要改善知识分子的生活待遇。他说：“要提高专门人才——教授、工程师的工资，要注意解决好极少数高级知识分子的待遇问题，调动他们的积极性，尊重他们，会有一批人做出更多的贡献。……知识分子的待遇问题，要分几年解决，使他们感到有希望。在一个学校里，好的教授的工资可以比校长高，这样才能鼓励上进，才能出人才。”⑤ “我们就是要建立这样一套制度，使那些有专业知识的，年富力强的人，被选拔到能够发挥他们才干的工作岗位上来。”⑥ 三是要创设奖惩制度。他强调“重在鼓励，重点在奖”。要对科学研究上有成就，对我们国家做出重大贡献的各种人才，实行精神及物质上的奖励，同时必须形成一套完整的职称评定制度。在进行职称评定的时候必须体现一个原则，即“在学术上，只要有创造、有贡献，就应该评给相应的学术职称，不能论资排辈”⑦。只有这样，才能培养出一批具有世界第一流水平的科学技术专家。四是要在全党全社会形成一个尊重知识、尊重人才的风气。在这个

---

① 邓小平. 邓小平文选：第3卷 [M]. 北京：人民教育出版社，2001：17.
② 邓小平. 邓小平文选：第3卷 [M]. 北京：人民教育出版社，2001：17.
③ 邓小平. 邓小平文选：第3卷 [M]. 北京：人民教育出版社，2001：309.
④ 邓小平. 邓小平文选：第3卷 [M]. 北京：人民教育出版社，2001：309.
⑤ 邓小平. 邓小平论教育 [M]. 北京：人民教育出版社，1990：89.
⑥ 邓小平. 邓小平论教育 [M]. 北京：人民教育出版社，1990：89.
⑦ 邓小平. 邓小平论教育 [M]. 北京：人民教育出版社，1990：88.

问题上，邓小平认为从党和国家的角度号召尊重知识、尊重人才固然重要，而且刻不容缓；但同时，他也要求知识分子奋发有为，能够用自己的聪明才智为祖国的繁荣富强、人民的富裕幸福做出更大贡献。邓小平指出，科技工作“做得越好，越有成绩，就会使全国人民越加懂得知识的可贵，推动大家来尊重知识、学习知识、掌握知识”[①]。他说：“人们正在通过你们的工作，来评价科学技术在现代化建设中的地位，评价科学技术人员的作用。”[②] 这实际上也是对知识分子提出了更高的要求与希望。他希望广大知识分子奋发图强、自强不息，不辜负党和人民的重托和希望。

［原文刊载于《长白学刊》1994 年 06 期（王凌皓）］

① 邓小平．邓小平文选：第 3 卷［M］．北京：人民教育出版社，2001：18.

② 邓小平．邓小平文选：第 3 卷［M］．北京：人民教育出版社，2001：308.

中国现代学者的教学风格

教学是教师的教和学生的学相互作用的过程，教学不仅是一门科学，也是一门艺术。正如在艺术中“有风格的作品才是最美的”，同样，在教学中，有风格的教学才能给学生留下深刻的印象。教学风格是教师在长期教学实践中逐步形成的富有成效的一贯的教学观点、教学技巧和教学作风的独特结合和表现，是教学工作个性化的稳定状态之标志。教学风格总是因为打上教师独特的印记而显示出独特的风采，而这一点在为中国现代高等教育授课的学者身上表现得尤为突出。

探讨中国现代学者鲜明各异的教学风格，对于提高高校的教学质量，改变高校教师过分依赖现代化教学手段所形成的“多媒体依赖症”具有重要的启发意义。

一、迥然不同的教学风格

（一）清新自然的名士风格

名士风格的主体是名士。名士风格的最大特点是清新自然，超凡脱俗。具有名士教学风格的教师在教学中“散发着一种落拓不羁、飘逸不群的神仙风味”。“这样的教师与其说是主要传知识予学生，不如说主要传诗风予学生。”闻一多、梁启超、徐志摩是这种风格的代表。据闻一多的学生追忆，闻一多讲课，就像他写诗那样，有独创性。他不喜欢重复别人的话，对于通行的学术见解，也喜欢质疑，有所突破。所以，他的课有利于启发学生思考、善于思索的学生听他的课总能得到新鲜的东西。闻一多讲《楚辞》，以丰富的历史文化知识和独到的见解，旁征博引，借题发挥，将民俗学、宗教学、神话学引入楚辞研究之中，不仅让学生读懂《楚辞》，更让学生读懂一个辉煌的时代，让学生了解中国，了解自己民族的本源。多年的研究心得，才会形成独特的个性。闻一多的学生冯夷在《混着血丝的记忆》中这样回忆闻一多在清华大学讲课时的情景：

记得是初夏的黄昏，马樱花正在盛开，那桃花色绒线穗儿似的小花朵，正发放轻淡的香味。七点钟，电灯已经来了，闻先生高梳着他那浓厚的黑发，架着银边的眼镜，穿着黑色的长衫，抱着他那数年来钻研所得的大叠大叠的手抄稿本，像一位道士样地昂然走进教室里来。当学生们乱七八糟地起立致敬又复坐下之后，他也坐下了；但并不即刻开讲，却慢条斯理地掏出自己的纸烟盒，打开来，对着学生露出他那洁白的牙齿作蔼然地一笑，问道："哪位吸？"学生们笑了，自然并没有谁坦直地接受这gentleman风味的礼让。于是，闻先生自己擦火吸了一支，使一阵烟雾在电灯下更浓重了他道士般神秘的面容。于是，像念"坐场诗"一样，他搭着极其迂缓的腔调，念道：

"痛——饮——酒——

熟读——离——骚——

方得为真——名——士！"

这样地，他便开讲起来。他像中国的许多旧名士一样，在夜间比在上午讲得精彩，这也就是他再三与学校交涉，要把课移到黄昏以后的道理。有时，讲到兴致盎然时，他会把时间延长下去，直到"月出皎兮"的时候，这才在"凉露霏霏沾衣"中回到他的新南院住宅。

闻一多的教学反衬着一位诗人进入教学领域的特色，而这种特色在徐志摩的身上表现得更是淋漓尽致。徐志摩的学生卞之琳回忆："他给我们在课堂上讲英国浪漫派诗，特别是讲雪莱，眼睛朝着窗外，或者对着天花板，实在是自己在作诗，天马行空，天花乱坠，大概雪莱就融化在这一片空气里了。"追求"体魄与性灵，与自然同在一个脉搏里跳动，同在一个音波里起伏，同在一个宇宙里自得"的徐志摩，讲课也像写诗，独抒性灵，不拘形式。有时他干脆把学生带到教室外，在青草坡上杂乱躺坐，听着小桥流水，望着群莺乱飞，随他遨游诗国。徐志摩的教学可谓符合他一生坚持不懈的美学追求。

名士风格的教法最感人处就在于他的独立不羁、清新自然、超凡脱俗。梁实秋在《记梁任公先生的一次演讲》中回忆梁启超先生在清华大学讲学时的情景：

我记得清清楚楚，在风和日丽的下午，高等科楼上大教堂里坐满了听众，随后走进了一位短小精悍秃头顶宽下巴的人物，穿着肥大的长袍，步履稳健，风神潇洒，左右顾盼，光芒四射，这就是梁任公先生。

他走上讲台，打开他的讲稿，眼光向下面一扫，然后是他的极其简短的开场白，一共只有两句，头一句是“启超没有什么学问”，眼睛向上一翻，轻轻点一下头：“可是也有一点喽！”这样地，他便开讲起来，先生博闻强记，在笔写的讲稿之外，随时引证许多作品，大部分他都能背诵得出。有时候，他背诵到酣畅处，忽然记不起下文，他便用手指敲打他的秃头，敲几下之后，记忆力便又畅通，成本大套地背诵下去了。他敲头的时候，我们屏息以待，他记起来的时候，我们也跟着他欢喜。先生的讲演，到紧张处，便成为表演。他真是手之舞之足之蹈之，有时掩面，有时顿足，有时狂笑，有时叹息……悲从中来，竟痛哭流涕而不能自已，情绪转好之后又在“涕泗交流之中张口大笑了”。

（二）严谨认真的乾嘉风格

乾嘉风格是指清代以来的考据学派在教学中所形成的严谨认真、一丝不苟的教学风格，这种教学风格也被称为经院风格。经院风格是指欧洲古典大学中注重经院哲学教学与研究的风格。二者重在理性的思辨，引经据典。乾嘉风格或经院风格得在审慎周密、严谨认真、一丝不苟、失在古板、迂执、欠缺发明、较少启发。这种风格的教师在讲课之前，准备好完整的讲稿，届时上台一字不易地进行宣读，据说徐志摩刚从剑桥大学留学归来即采用这种教学风格进行教学，碰壁之后才挣脱桎梏自抒性灵的。资料显示，大部分从旧时代、旧学问中过来的学者或留洋归来的学院派，在教学中充溢着这种风格。曹聚仁回忆他听单不庵先生的课：

单师在治学方面，可以说是清代考据学的正统派。他考据之精审，一时无两……他教我们的国文，单讲邱迟《与陈伯之书》，就整整讲了两个月，黑压压地写了几十黑板的参考注释，不用片纸，都是信手写出来的……我们的单师颇有领导群伦的声誉。

另外，如钱玄同、黄侃、刘师培、刘大白、刘半农、梁漱溟、吴宓等皆是以注重考证、引经据典、审慎周密而闻名的。

曾经任北大国文系教授、辅仁大学教务长的刘半农留欧六年，专心致力于实验语音学，他在教学中强调实验，注重考据，精微繁密，主张“借着科学上的死方法，来研究不易凭空断定的事”。刘半农在教学和研究的过程中尤其注意方法上的指导，他告诫学生做学问不能贪多求大，而应“在小事上用水磨功夫”，要用“死方法去驾驭活事”。值得一提的是，强调治学要注意方法的刘半农在讲授语音学的过程中亦“谈笑风生，庄谐杂出”。

据说吴宓的教书是典型的牛津式的经院派。

考据式或经院派教学风格确实在“启发灵感”上略显不足，但是教学毕竟是一个严谨认真的工作，学术研究或思想传承，毕竟不是写散文、小说或作诗，它需要耐得住寂寞，坐得住冷板凳，立志做学问的是不得不沿着这条路走下去的。当然，对于青春期好动的热情洋溢的青年，乾嘉学派或牛津学派的教学风格往往是费力不讨好。据说吴虞受聘到北大教书，学生闻风而至，但是时日不多，课堂几乎成为空城，学生埋怨“援引过多”。

（三）循循善诱的启发风格

这样的教学风格一般体现在那种有博大精深思想体系而每每以某个学问专题出之的思想家、社会革命家的教学过程中，表现为启发思考、循循善诱。李大钊、陈独秀、鲁迅、胡适等皆是这种教学风格的典型。

李大钊是振臂一呼，应者云集式的思想家、革命家，他在教学中温文尔雅，循循善诱，启发后学在北大和上海大学等是出了名的。1918 年，李大钊经章士钊推荐，担任北京大学图书馆主任，后兼经济学教授，参加《新青年》编辑部，他充分利用图书馆、课堂和报刊，大力宣传马克思主义，搜集了许多马克思主义书籍，向进步学生推荐，开辟了介绍十月革命经验的专题阅览室，指导青年“本科学的精神为社会的活动，以创造少年中国”，引导青年对中国历史与中国社会的思考。

鲁迅在教学中注重教学方法，自编讲义，强调实验是出了名的。他教生理学课时，设计了中国近代生理学教学中最早的 14 项实验；他在教植物学时领着学生到山上采集植物标本。1920—1926 年，鲁迅先后在北京的 8 所大中学校任教。鲁迅讲课，教室里两人一排的座位上总是挤三四个人，在门旁走道里都站满了校内校外的正式的和旁听的学生。他的讲演十分精彩，他的《再论第三种人》的讲演在呼啸的北风中吸引了两千多听众，演讲的地点也由大教室移至露天操场。他平时的讲课也能启发后学，催人思考。无论是讲《中国小说史略》还是讲《魏晋风度与药及酒之关系》等，都能纵横捭阖，影射现实，不囿于题而题自深，学生所得，已远远超过了课堂之内的东西。鲁迅在中山大学任文学系主任兼中山大学教务主任时引导青年要正确处理读书与革命、后方与前线的关系，勉励青年学生在平静的环境中要努力探求学术。鲁迅在中山大学讲授“文艺论”“中国文学史（上古至隋）”“中国小说史”三门课程。他讲文艺论，以他翻译出版的《苦闷的象征》《出了象牙之塔》为教材，结合中国的文艺现象，给予辩证唯物主义阐释与解说。他讲中国文学史，“发前人之所未发，言前人之所未言”。他讲《中国小说史略》，完全是他新开拓的领域，他的教学“工作量相当大，选修的人盛况空前，不仅文学系的学生都去听，外系的学生也去听，以至白天在课室上无法容纳，只好晚上搬到大礼堂去上，连四周的窗台也坐满了人，还有不少站在窗外旁听”[①]。不但有校内的学生，而且助教和校外的记者也有常来听讲的。“他所讲的，并不仅限于讲义上所写的。他每每拿文学史上某一时代的代表作品，或代表人物，来作为研究讨论的中心；然后围绕着这个中心题目，旁稽博采，详加分析、批判。”学生回忆鲁迅讲课，“有时口若悬河，滔滔不绝；有时如清泉入涧，清晰动听；有时又慷慨淋漓，感人肺腑”。鲁迅的语言“缓慢清晰”，声音不高却被静穆所衬，间而诙谐引起欢笑，笑过之后品思更深。

胡适也是思想大师式教学风格的典型。他在《留学日记》中写道：“适以为今日造因之道，首在树人，树人之道，端赖教育。胡适近来别无奢望，但求归国后能以一张苦口，一支秃笔，从事于社会教育，以为百年树人之计。”他非常重视高等教育，希望把高等教育办成国家学术研究的中心。回国后，本着要使北京大学成为最新尖端科学研究中心的愿望，积极推动北京大学的改革。1917 年他应蔡元培之邀，任北大文科教授，致力于教学改革的研究，提出设置各科研究所，实行选科制，提倡教授治校，这些意见与建议皆被蔡元培先生采纳并付诸实行。他 1919 年为北大代理教务长，1920 年转为正式教务长，把主要精力投入办大学和研究上。胡适在 1920 年曾与李大钊发生“问题与主义之争”，主张“多提出一些问题，少谈一些纸上的主义”[②]。胡适在教学中格外注重讨论的方法。他认为“讨论的益处，使真理格外分明”[③]。在讨论的过程中，他主张“有几分证据，说几分话，有七分证据，不能说八分话”；要求学生“尊重事实，尊重证据”[④]，在指导学生进行研究的过程中提出“大胆的假设，小心的求证”的著名论断；要求学生时时刻刻检讨自己，养成做学问的好习惯，用好的方法，求得好的结果。

中国现代学者的教学风格可谓林林总总，不仅限于我们所归纳的几种类别，而且在上述不同风格之间也不是泾渭分明、彼此不相融的，而是互

---

① 李江. 鲁迅研究：第 8 辑 [M]. 北京：中国社会科学出版社，1983：294.
② 胡适. 胡适教育论著选 [M]. 北京：人民教育出版社，1994：97.
③ 胡适. 胡适教育论著选 [M]. 北京：人民教育出版社，1994：106.
④ 胡适. 胡适教育论著选 [M]. 北京：人民教育出版社，1994：248.

有交叉，相互渗透的。中国现代文人学者的教学风格对激发学生探求真理、献身学术的热情产生了极为重要的影响。

二、制约教学风格形成的因素

教学风格是教师在长期的教学实践中不断学习、潜心探索、努力创新的结果，它与学者的知识结构、教学态度等主观追求和社会学术氛围构成的教学环境等因素休戚相关。

（一）良好的个人素质

博大精深的知识储备。苏联教育家苏霍姆林斯基说过："教师所知道的东西，要比他在课堂上要讲的东西多十倍、多二十倍，以便应付自如地掌握教材，到了课堂上，能从大量的事实中挑选最重要的来讲。"教师所具有的知识素养，包括知识的储存量，知识的广度、深度，知识结构等是教师在教学中广征博引或深刻论证的基础。中国现代学者（或谓学问家、教育家）式的教师之所以能在课堂上旁征博引、挥洒自如，表现出独特的教学风格，是因为他们有着博大精深的知识储备和合理的知识结构，是因为他们对知识和学问的深刻理解。他们可谓是人人握灵蛇之珠，个个抱荆山之玉。比如某些文学教师不仅国学功底深厚，能够结合史学、经学讲授文学，许多人还能结合音乐、美术来分析古典文学的美感和意境。汪曾祺回忆闻一多讲唐诗："他讲唐诗，不蹈袭前人一语。将晚唐诗和后期印象派的画一起讲，特别讲到'点画派'。中国用比较文学的方法讲唐诗的，闻先生当为第一人。"[①] 闻先生既是诗人，又是画家，而且对西方美术十分了解，因而能够将诗与画联系起来讲解，给学生开辟一个新的境界。著名的陈寅恪先生对于旧学有家传的渊源，而且下过深湛的功夫，对于西洋新观点、科学方法及工具，同样有很深的造诣。单以语言为例，他通晓的有二三十种之多，英、法、德、俄、日……文字自不必说，蒙古文、满文、阿拉伯文、印度梵文、突厥文、波斯文、希腊文、土耳其文、匈牙利文以及许多中亚细亚现存的或已经死亡的文字，他都通晓。对于陈寅恪，吴宓曾说过这样的话："始宓于民国八年，在美国哈佛大学得识陈寅恪。当时即惊其博学，而服其卓识，驰书国内诸友，谓合中西新旧各种学问而统论

① 汪曾祺. 汪曾祺自述［M］. 郑州：大象出版社，2002：97.

之，吾必以寅恪为全国最博学之人。”①

严谨认真的治学态度。严谨认真的治学态度使教师以百倍的热情和充沛的精力投入到教学过程中。常言说“身教重于言教”，教师的治学态度直接影响着学生的学习态度。尽管教师的教学风格不同，但他们形成教学风格的心理基础是相同的。严谨认真的治学态度是形成鲜明教学风格的心理基础。王国维先生说过，古今成大事业大学问者，必须经过三种境界：“昨夜西风凋碧树，独上高楼，望尽天涯路”是第一境界；“衣带渐宽终不悔，为伊消得人憔悴”是第二境界；“众里寻他千百度，蓦然回首，那人却在灯火阑珊处”是第三境界。三种境界实现的共同基础就是执着、忘我、安贫乐道的精神。虽然在授课方式和语言表达的选取上各个学者的表现有所不同，但严谨的治学态度是这些名师大家们共有的特点，他们期望教给学生的不仅仅是知识，还应该包括做人、做事和做学问的精神、品格和态度。陈寅恪在清华大学任教时，虽然身体瘦弱，但绝少辍讲，有人听了他四年课，没记得他请过一次假。曾经有人这样评述过陈寅恪先生的治学态度：“陈先生是一个勤奋的垦荒者，他不多说话，尤其不唱高调，只是一个接着一个地解决历史上的疑案。用很简练的笔法写出来，却是一篇一篇的短论文，登在学术水准很高的杂志上。”到了 20 世纪 30 年代，他“才写出几本小书……文章虽然短小，但是内容的分量不是许多‘大书’所能望其项背”②。朱自清在清华也以严谨治学而著称，在他的名篇《荷塘月色》中，有“这时最热闹的，要数树上的蝉声和水里的蛙声”这样的句子。这蝉声和蛙声其实是他当晚亲耳所闻的。但后来有人写信给他说，“蝉夜里是不叫的”。朱自清马上问了好几个人，都说是不叫的。他又请教昆虫学家刘崇乐教授，刘教授抄了一段书给他看，上面说蝉一般夜里不叫，但也有叫的时候。后来朱自清又不止一次地听到月夜蝉鸣。朱自清想给那位提意见的人写信但又不知道地址，只好写了篇《关于〈月夜蝉声〉》的短文，说明蝉有时确实是在月夜里叫的。可见，先生治学之严谨。朱德熙先生在《悼念王力师》中有这样的记述：“王先生治学态度严谨”，“数十年如一日，每天按钟点进书房跟上班一样，不到吃饭的时候不出来。这种习惯一直到他逝世前几个月还维持不变”。③

---

① 黄廷复. 二三十年代清华校园文化［M］. 桂林：广西师范大学出版社，2000：125，130.

② 黄廷复. 二三十年代清华校园文化［M］. 桂林：广西师范大学出版社，2000：125，130.

③ 朱德熙. 笳吹弦诵情弥切：国立西南联合大学五十周年纪念文集［M］. 北京：中国文史出版社，1988：103-104.

敬业乐群的职业素养。良好的教学风格源于教师的敬业精神。清华国学研究院成立后，梁启超担任了研究院的导师，一住进清华，先生便立即投入到紧张繁忙的教学工作中，一面指导研究生，一面编写讲义，给学生上课。他口敷笔著，昼夜不舍，1926 年春，因便血病加重，入北京德国医院治疗，3 月又转入协和医院，做割肾手术，课程因此停下来。出院后，梁启超曾去北戴河休养一段时间，朋友都劝他在清华告假一年，好好休息，可是他实在舍不得暂离清华。9 月 8 日清华开学，梁启超又如期到校，给学生上课了。由于身体尚虚弱，也为了使家人和朋友放心，他决定这学期每周上课堂讲授仅 2 个小时，这在今天看来也已是不轻松的工作。到清华执教生涯结束前，他曾多次表示极不舍得清华研究院的心情。当年西南联大的有真才实学的教授学者，也以毕生精力从事学术研究和教育工作，任风吹浪打和艰苦生活的折磨，依然坚持在教研岗位上，这不仅使他们赢得了学生的尊重与爱戴，而且使他们的教学风格中注入了极为可贵的精神文化因素，具有巨大的精神感召力。

（二）宽松的环境因素

社会环境对教学风格具有重要影响。19 世纪末 20 世纪上半叶，中国社会正处于急剧变革期，当时是世纪初开，新风若炽，教育改革方兴未艾，教育思潮错落迭起，再加上有一大批开明务实的教育家式的领袖人物主持教育，他们不给教师以条条框框的约束与限制，这就为学者的发挥驰骋提供了自由的空间。

思想自由的学术气氛。20 世纪上半叶，尽管资产阶级教育改革由于政权上的更迭受到了阻碍和破坏，但高等教育要求摆脱军阀政府的控制，反对政治干预，独立自主发展的愿望和要求越来越强烈。许多学者都在探求用新思想和新精神改造传统教育的弊端。当时大学校园里最为流行的自由思想时时激励教师不仅在学术上有所建树，还要在教学中别具一格，因为他们深刻地认识到，要想使有建树的学术思想得以有效的播扬，必须在教学中能够最大限度地吸引学生，赢得受众；否则，即便能在大学中站得住脚，但学术影响的范围将是十分有限的。学术研究与教学之间这种彼此相依的辩证关系促使学者们既注重学术研究，通过学术研究提高教学质量，赢得学生，影响民众，又注意教学风格或对教学法的研究，希望借助于优质高效的教学使自己的学术思想得到广泛播扬，因此他们加倍珍惜教学机会。

以蔡元培为代表的大学校长们所倡导的“思想自由，兼容并包”和“尚自然，展个性”的大学精神则成为教师形成独立教学风格的精神文化基础。比如蔡元培主持北大期间，反对专己守残，注重学术自由、兼容诸家，当时北大教授中广泛地包含了学术上的不同派别。如史学方面，有信古派的陈汉章、黄侃等，有疑古派的钱玄同、胡适等；文学方面，有文言派的黄侃、刘师培等，有白话派的胡适、陈独秀、刘半农、周作人等；在旧诗方面，有主唐诗的沈尹默，尚宋诗的黄节，还有崇汉魏的黄侃……可谓容古、今、新、旧各派于一校。教员中的不同观点也可以唱“对台戏”，如胡适和梁漱溟对孔子的看法不同，蔡元培就请他们各开一课。在“思想自由，兼容并包”方针的引导下，北大讲坛上的学术界精英们各展所长，开设了许多有自己特色的高质量课程，深受学生欢迎。清华大学的校长罗家伦也提出了聘任教师“毫无门户之见，概以学术标准为衡”，也不受政党关系的影响。国立中山大学的校长邹鲁提倡学术自由与活跃学术气氛，主张“树一最高学府，自宜养成学术自由之风气”，“对于每个问题，全校同事同学有发表言论自由之机会”，“让各种理论，形形色色，无不具备，凡能‘持之有故，言之成理’者”，都应“许其畅所欲言，而且极力提倡”，使学术自由研究的精神弥漫全校①。

民主公平的管理机制。民主公平的管理机制为教学风格的形成提供了制度性的保障。1912 年 10 月，北洋政府教育部颁布了由蔡元培起草的第一个《大学令》，其中包括了大学设评议会的规定。大学设评议会是蔡元培先生“教授治校”理念的体现。蔡元培率先在北大设立了“评议会”，评议会成员由全体教授互选，校长为评议长，凡校中章程规则均须评议会通过。文、理、法、预四科都有代表参加评议会。“教授治校”原则在清华得到了比较具体的实现，20 世纪二三十年代的清华对外争取学术独立，对内实行民主和法制管理。在校事管理上，教授会、评议会和校务会议同时存在，在权能分配上各有侧重。在教授会、评议会和校务会议上审议各项章程及其他重要事项时须有个提案，然后对提案进行表决，凡是参加会议的人，都可提提案，都可发表意见，经过充分讨论、表决，多数赞成之后，才能作为会议的议决案。大学教授在系、院及全校行政事务中，均享有相当大的权力，在比较健全的民主组织里，增强了教授们的责任感、使

① 周兴梁. 邹鲁与中大［M］//吴定宇. 中华学府随笔·走近中大. 成都：四川人民出版社，2000：30.

命感，有利于独立教学风格的形成。另外，当时各大学所实行的学分制和选课制则为教师独立教学风格的形成奠定了制度性的基础，在实施学分制和选课制的过程中，教师挂牌上课，学生和学校对教师实行自然淘汰制，这样上课好的教师便格外受学生的欢迎和学校的青睐。“学分制”和“选课制”等的结合，促使教师优胜劣汰，有利于教师不断改进教学。

教学风格是教师个性素质的综合体现，是不断积累和创造的过程。教学过程中，优秀的教师在三尺讲坛勤苦耕耘，犹如琴师理弦，滋润着学生的心田，使学生如沐浴春雨。斗转星移之间，人类已进入新世纪，前辈们的教学风格已成美好追忆。追忆激发我们反思：反思在信息时代过于依赖多媒体技术而使教学真谛退隐和飘零，如果教学只是技术或手段的呈现，那么我们怎样通过教学来涵养人的精神或品格？

［原文刊载于《社会科学战线》2008年05期（王凌皓　周媛　杨子江）］

辛亥革命时期女子教育的发展嬗变及历史影响

受中国传统的女性观，尤其是传统的伦理政治观等的影响，中国古代没有正规的女子教育。女子教育主要是在家庭中围绕着家庭、家事进行，女子教育的主要目的是培养淑女和贤妻良母。教育内容主要是传授文雅的琴棋书画或女工之事。自鸦片战争始，西方教会组织在中国创办了教会女子学校，旨在使更多的中国人醉心于教会事业，以推动基督教在中国的传播，但令其始料不及的是，教会女子学校的创办与发展，对中国自办女子教育起到了一定的推动作用。

中国自办女子教育发端于戊戌变法时期。维新志士既无法蒙受中国女子由洋人来教育的民族耻辱，又看到了发展女子教育的重要性，于是开始自办女子教育。1897 年，在维新思潮的影响下，中国最早的由女性（谭嗣同的妻子李闰、康广仁的妻子黄瑾娱等人）组织发起的女子教育组织“中国女学会”成立，学会以研究和创办女子学堂为使命。为了深入探讨妇女教育、妇女权利、妇女解放等问题，他们创办了“中国女学堂”、《女学报》等，这是中国妇女自我意识的最初觉醒。1898 年 5 月，维新派在上海创办了女子学校“经正女学”，这是中国人自办女子教育的最初尝试，改变了此前洋人包揽中国女子教育的局面。但是，维新派所创办的女子教育仍是以传统伦理道德教育为主，虽然也增加了绘事、医学、体操等西学课程，但只是为了培养更有素养的贤妻良母而已。清政府实行新政之后，维新派所创办的女子学堂纷纷遭到禁封，但国人兴办女子教育的热情没有受到影响，不过办学宗旨仍没有脱离旧习。直到辛亥革命时期，面对愈发积贫积弱的社会现实，中国社会发出了妇女实天下存亡强弱之大原，即无女学，则四万万之民，去其半矣的呼声，有识之士呼吁通过发展女子教育来提高女子的思想觉悟、知识能力与社会地位，女子教育在这一时期获得了长足的发展。这不仅极大地解放了妇女的思想，唤醒了女性的主体意识，重新确立了女子的地位与价值，而且有力地推动了我国的民族民主革命进程，产生了重要的历史影响。

一、辛亥革命时期女子教育的发展嬗变

在辛亥革命的枪声打响之前，资产阶级革命派就已经开始积极筹划创办女子教育。1902 年 4 月，中国教育会创办后不久，蔡元培等即租校舍创立了爱国女学。爱国女学的女生不但不学习传统的三从四德，而且学校规定女子不得缠足、涂脂抹粉、穿戴华丽服装及佩戴首饰等。课程分文科和质科，文科的课程主要有伦理、心理、教育、国文、外国文、算学、历史、地理、法制、经济、家事、图画、体操；质科的课程主要有伦理、教育、国文、外国文、算学、博物、物理、化学、家事、手工、裁缝、音乐、图画、体操。支持民族民主革命的各界人士对中国自办女学表现出了极大的热情，他们中不但有为兴办女子教育事业倾家荡产的，还有为创办女学而殉命的。在这种情势下，女子学堂如雨后春笋般地出现了，如上海的城东女学社、宗孟女学，北京的京师女子师范学堂，浙江绍兴的明道女师、嘉兴的爱国女学社，天津的北洋女子师范学堂、公立女子学堂、高等女学堂、严氏女塾、普育女子学堂，南京的旅宁女学，汉口的淑慎女学，长沙的第一女学堂、周南女塾，浙江的爱华女学，杭州的女子师范学堂等等纷纷得以创办。至 1907 年，全国女子学堂的数量已有 428 所，女子学堂已经遍布全国（当时只有甘肃、新疆和吉林三省尚未设立女子学堂），女学生数量已有 15498 人[①]。资产阶级革命派所创办的女子学堂摆脱了封建礼教的束缚，抛弃了传统的贤妻良母型的教育宗旨与内容，主要传播新思想、新知识，以塑造新女性，在反对封建礼教、提倡女权等方面做出了重要贡献，适应了当时中国民族民主革命的需要，推动了民族民主革命的进程。女子教育的迅猛发展迫使清政府不得不修改和颁布新的教育文件，对办学宗旨、培养目标、课程设置、入学年龄、修业年限等女子教育诸问题做出具体规定和要求，为中国女子享有正规的学校教育准备了必要条件。

1911 年辛亥革命胜利后，中华民国成立。1915 年前后掀起了除旧布新的新文化运动，西方先进的教育思想、教育模式、教育制度大量引进，国内又掀起了新一轮创办女学的热潮。1912 年，湖南长沙创办了第一所女子师范学校，前期创办的周南女塾在这一年更名为周南女子师范学校，

① 王美秀. 中国近代社会转型与女子教育的发展［J］. 北京大学学报（哲学社会科学版），2001（3）.

并且增加了在当时颇具新意的美育教育学级园，强调培养学生的美感，还增设了体育课程，对提高女性的文化教育水平发挥了重要作用。1912 年 2 月，上海女子政法学堂开学，标志着我国的女子教育已经开始培养从政治国的人才。3 月，上海女子护士学校成立。3 月 20 日，中国成立了第一个女子教育领导机构“湖北女子教育总会”，该机构以“扩张女学，补助共和，期达于完全美满之目的”为宗旨。此外，女子中学、各类女子职业专科和私立女子大学也相继成立，表明我国的女子教育已经开始摒弃“贤妻良母”主义，开始培养职业女性①。

辛亥革命之前，尽管资产阶级进步人士在各地创办了各种形式的女子学校，但是在普通教育系统中实行男女合校，还是在资产阶级掌握政权之后。辛亥革命胜利之后，中华民国临时政府于 1912 年 1 月 9 日成立了教育部，1 月 19 日颁布了《普通教育暂行办法》和《普通教育暂行课程标准》。《普通教育暂行办法》的第四条明确规定：“初等小学，可以男女同校。”《普通教育暂行课程标准》规定，初等小学和高等小学可为女生开设裁缝课程，中学和初级师范学堂可为女生开设家政、裁缝课程。民国初年的两个教育文件都强调男女平等，而且开始关注女子教育的特殊性，比较充分地体现了资产阶级的教育②。

继小学阶段男女同校施行之后，高等教育也向女生敞开了大门。在五四新文化运动之前，中国不仅没有自己创办的女子高等学校，而且中国自办的高等大学也不向女生开放，女生接受高等教育，只能到教会大学。1915 年的新文化运动极大地冲击了封建礼教，男女平权的思想进一步深入人心，北京大学在蔡元培的带领下首开中国自办大学男女同校的先河。1920 年 2 月，北京大学首先接收了一批女旁听生，并于当年暑假正式开始招收女生入学，成为我国教育史上第一个实施男女同校的大学。在其影响下，北京、南京以及上海等地的大学也先后开始招收女生。同年 6 月 2 日，南京高等师范学校（南京大学前身）在教务主任陶行知的倡议之下，通过招收特别生的办法向女生开放，即“规定各科各学程有缺额时，得招收男女特别生”。此后，山西大学、南开大学、厦门大学、沪江大学、北京协和医学校等学校相继响应。据中国教育改进社调查统计，到 1922 年，除了特别技能的职业（如交通、税务之类）和两所专门的女子大学外，全

---

① 董卓然. 民国初期的女子教育 [J]. 新疆地方志，2011 (1).

② 中华民国教育法规选编 [C]. 南京：江苏教育出版社，1990.

国的大学都实现了男女同校[①]。

大学施行男女同校，客观上要求女生必须具有同等的知识水平才能被录取，这又引起了中等教育的改革，继大学实施男女同校后，中等学校也采取了男女同校的做法。1920 年 9 月，北京、天津等地各女校共计五百余人到教育部请愿，当时请愿学生推举邓颖超等为代表向教育部递交了申请书，表达了改革中学阶段女子教育的愿望和要求，其中一条就是中学男女同校，使女生和男生有同等的争取高等教育的机会。随即，全国教育联合会第六次大会通过决议，也向教育部递交了中学阶段男女同校的申请。教育当局没有立即批准，但随着思想解放运动的深入以及女性要求中学阶段男女同校呼声的提高，加之当时中学生源的不足，1921 年，各地中学纷纷开始招收女生。1921 年暑假后，北京高等师范附属中学招收了一个班的女生，为其他各地中学男女同校开了先河。随即，广东的执信学校、湖南的岳云中学、上海的吴淞中学、保定的育德中学、南京暨南中学等都相继开始招收女生，这标志着中学男女同校的风气已在全国形成。中学阶段男女同校，是对在中国延续了几千年的“女子无才便是德”“男尊女卑”等旧观念及陈规陋习的又一有力冲击，将中国女子教育的发展推向了一个新阶段。

随着国内女子教育的勃兴和当时留学教育的发展，女子出国留学教育也成为辛亥革命时期中国女子教育发展的一大亮点。早期的女子留学教育多数是受教会派遣或随家人前往，还谈不上谋求女性主体意识觉醒和为民族民主革命积蓄力量。中日甲午战争爆发后，中国掀起了一股留日浪潮，以期“师夷长技以制夷”。在留日浪潮的影响下，中国出现了最早的以自强求富、民族民主为目的女子留日教育，而且自费。据研究考证，1901 至 1903 年，中国自费留日女生已近二十人。辛亥革命前夕，清政府外受帝国主义侵略势力压迫、内受资产阶级革命势力的推动，开始官派公费女学生出国留学，学习国外先进的思想和技术。到 1907 年年底，中国留日女生已达 139 名。她们在日本所学课程主要有教育、日语、历史、心理学、理学、地理、游戏、唱歌、算术、编物、图画、刺绣等[②]。为了兴邦救民，她们不仅勤奋学习，而且以良好的言行举止树立了中华女性的形象，给日本人留下了良好的印象，进而使日本友好人士对中国女留学生教

---

① 中国教育改进社. 中国教育统计概览［C］. 上海：商务印书馆，1924.

② 闫广芬. 我国女子教育近代化进程中的留日女子教育［J］. 日本问题研究，1995 (5).

育给予了更加热情的支持。

游美学务处是在“退款兴学”背景下成立的留美预备校。在民国成立之前，每年所派遣的留美学生有几十人，多时有一百人之多，但是未曾有过派遣女留学生的先例。中华民国成立之后，游美学务处改名为清华学校，并揭开了向美国派遣女留学生的篇章，每隔一年派 10 名女留学生[①]。中国女留学生在国外不仅受到了西方资产阶级启蒙思想的影响，也习得了西方国家先进的技艺，对改变中国女性教育现状产生了重要的影响。

为了积极推进女子教育的发展，辛亥革命前后创办了许多妇女团体。辛亥革命之前，由女子组织创办的各种妇女教育团体就有四十多个，以振兴女子教育、提高妇女思想觉悟为宗旨所创办的团体有“共爱会”“女子兴学保险会”“留日女学生会”“湖北女子教育会”“女界自立会”“女子手工传习所”“女界合群求进会”等，他们号召女子走出家庭，出来学习和工作，这些女子教育团体的创办，在一定程度上破除了男尊女卑的旧观念，推动了妇女解放进程。

通过创办报刊宣传革命思想也是辛亥革命时期发展女子教育的重要举措。早期的知识女性以创建报刊为途径，向几千年来桎梏于封建礼教下的中国妇女宣传新思想，以唤起女性的觉悟。早期中国妇女报刊的主编、主笔都是中国妇女中的最早觉悟者，她们把创办女子报刊作为批判封建主义、传播民主思想、宣传男女平等、指导妇女解放运动以及激发女子爱国热情的重要平台。当时颇具影响的女刊有燕斌创办的《中国新女界杂志》、陈撷芬创办的《女报》、张汉昭等人创办的《神州女报》、秋瑾创办的《中国女报》、丁初我创办的《女子世界》等等。值得一提的是，很多女性报刊是由女留学生创办的，留学的经历与见闻使得她们不仅对女性解放问题的认识与态度更为激进，还强调女性自身的解放和民族的解放要紧密结合。留日归来的秋瑾所创办的《中国女报》就具有明显的民族革命性。虽然《中国女报》只出版两期就因秋瑾被捕而停办，但这份刊物对激发中国妇女的民族独立意识和革命精神产生了深远影响。

二、辛亥革命时期发展女子教育的历史影响

辛亥革命时期，兴办女子教育，使女子和男子享有同等的受教育机会是资产阶级革命派反帝反封建运动的重要课题之一。此间，各种形式的女

① 孙培青. 中国教育史［M］. 上海：华东师范大学出版社，2009：354.

子教育，不仅推动了当时民族民主革命的进程，而且对中国社会的历史发展也产生了重要的影响，其核心是以自我解放为内涵的女性主体意识大大增强。所谓女性主体意识，即女性作为主体对自己在客观世界中的地位、作用及价值的自觉意识。简单地说，就是指女性能够自觉地正确地认识自己并履行自己的社会责任和实现自己的人生价值。辛亥革命前后，一批批接受过西方自由、平等、民主思想教育洗礼的中国女性，不仅对数千年来压制她们的男尊女卑思想进行了无情地揭露与批判，而且积极思考如何通过自身的力量来谋求自身的解放。她们从自身的社会实践和教育实践出发，积极在经济、政治、文化、教育各领域施展拳脚，成为推动妇女解放，发展女子教育，推动社会文明进步的重要力量。辛亥革命前后女子教育的作用或影响主要表现在以下几个方面。

首先，增加了新式教师的比例，促进了教育的发展。伴随着女子教育的发展，人们发现从教乃是女性最“合宜”的职业，女性具有较强的耐心和慈善、勤劳等特性，能担负起培养新国民的职责。于是，女性最初涉足的专门职业领域乃是以教师这一职业为主。同时，政府的政策对女子从教也起到了重要的推动和保护作用。1917 年，第三次全国教育联合会议通过了《推广女子教育案》，对女性从教问题做出了明确规定：“各省已有在女子中学毕业，愿任教员……应于该省区师范学校，筹设第二部，得于短期内成就师资。”[①] 教育部基于女子中学教员缺乏的现实，预备发展高等女子师范教育，并于 1917 年改组北京女子师范学校，旨在为各地女子中学与师范学校的学生以及各地小学教师与管理人员提供进一步提升的机会[②]。“五四”以后，女教师在各地渐趋普及。在北京，最初女教师人数很少，“五四”之后，“各校女教师，有多至与男教师相等的，少者亦不下三四人，简直没有一个学校没有女教师了”[③]。辛亥革命以后，从教已成为知识女性最普遍的职业选择。据统计，到 20 年代中期，华南女子文理学院共毕业 15 人，其中有 11 人从教；金陵女子文理学院共毕业 55 人，有 43 人就业，其中 35 人从事了教育[④]。辛亥革命时期，女教师以其温婉柔韧的天

① 邰爽秋. 第三届全国教育会联合会大会决议案［C］∥历届教育会议决议案汇编. 上海：教育编译馆，1936.

② 璩鑫圭，童富勇，张守智. 实业教师师范教育［C］∥中国近代教育史料汇编［C］. 上海：上海教育出版社，1994.

③ 许君可. 北平小学校中的女教师［J］. 妇女杂志，1928，14（11）.

④ 孙石月. 中国近代女子留学史［M］. 北京：中国和平出版社，1995.

性在教师这一职业领域大放异彩，促进了中国教育的发展。

其次，谋求技艺以求自食其力，为女性自我解放提供了基本的经济保障。辛亥革命时期，先进的中国女性认识到，数千年来导致女子地位卑微的重要原因是女子不能自营生计，于是她们热切关注并身体力行地改造中国传统女性的经济地位。女革命家秋瑾在家乡绍兴主持明道女学时就指出，女子进学堂求学艺是妇女翻身的必由之路。她说："但凡一个人，只怕自己没有志气，如有志气，何尝不可求一个自立的基础、自活的艺业呢？如今女学堂也多了，女工艺也多了，但学得科学、工艺、做教习、开工厂，何尝不可自己呢？也不致坐食累及父兄、夫子了。"当时各种形式的女子教育都注重以西方女性经济独立角色作为参照，积极拓展女性职业教育。不仅普通教育系统中针对女性增设了一定的女工女艺科目，在各界力量的推动下，各种形式的女子职业教育学校、女子实业系统也相继出现。1911 年 6 月，北京女学界重要人士孔劳湘、刘世宜、张绮等人联合创办了工艺研究所。1912 年 4 月，张锡麟创办了桑蚕讲习所，以培养女子从事蚕业。这些女子职业教育机构和实业团体为培养女性自食其力能力做出了积极努力。女子通过接受职业教育，获得了专门的知识和技能，直接提高了职业技能水平和参与社会生活的能力，为其彻底解放奠定了一定的经济基础。1927 年，《生活》杂志在广州的调查表明，女子从业范围非常广泛，如西式女医生三四百人、女产科医生数百人、女牙科医生数十人、女护士千余人，此外，还有女中医、女音乐师、女画师等等。女子由过去的"无才便是德""足不出户"的大家闺秀转变为具有一定经济地位和独立人格的新女性，这是对封建传统观念和习俗的重大突破。

再次，随着思想观念的改变与经济地位的提高，女性逐渐冲破了传统婚姻家庭观念的束缚，在家庭生活中获得了较为平等的地位。知识水平与经济基础的改变，必然会引起女性家庭婚姻观念的变革，中国女性听从"父母之命""媒妁之言"以及"三从四德""一夫多妻"的传统观念发生了根本性的动摇。知识女性渴望恋爱自由、结婚自由、离婚自由。宋庆龄就是把婚姻决定权掌握在自己手中的新式女子。她出身于富贵家庭，当年的她完全可以像其他人家的大小姐一样，过着上层社会的奢华生活。但是，宋庆龄不顾家庭反对和社会舆论，毅然选择了比自己年长 27 岁的革命人士孙中山，到日本举行了简单而新式的婚礼，并且本着男女平等的原则，双方签署了婚姻《誓约书》。宋庆龄与孙中山在一起的幸福生活只有 10 年的时间。孙中山逝世之后，宋庆龄孀居了 56 年。宋庆龄对孙中山的爱意是从对他民族民主革命精神的仰慕而产生的，她把自己的爱情、婚姻、快乐和幸福与中华民族的前途命运紧相联属，体现了知识女性新型的婚姻家庭观。林徽因对婚姻更是有着不同寻常的观念，她对自己的爱情观虽然一直保持着高傲的沉默，但是，人们从她留下来的诗句中，揣测到了她内心的爱意，认为她和梁思成是相濡以沫、志同道合的伴侣，和在英国留学时有过友好交往的徐志摩是志趣契合的性情诗人，和金岳霖则是精神对话的知己①。

最后，妇女积极参政议政，获得了社会政治地位的提高。在封建礼教的束缚下，传统中国妇女参政议政被视为国家的不祥之兆，历史上凤毛麟角的几个有谋略、有作为的女性曾被当作败家丧国的祸乱之源。辛亥革命时期，女子教育中关于反帝反封建问题的探讨使先进的知识女性进一步认识到，仅家庭内的男女平权还不足以体现女性的权利与义务，女性要获得真正的解放，真正实现男女平等，提高女子的社会地位，就必须谋求“女国民”身份，因此，女子纷纷从家庭走向社会，参政议政，踊跃参加到反帝反封建的民族民主革命当中去，通过积极参政议政，获得了社会地位的提高。像爱国女学这样的女子学堂，就旗帜鲜明地将宣传革命理论、培养革命人才作为办学宗旨。留学生中也涌现出了一大批反帝反封建的辛亥革命女英雄。她们积极探讨民族民主革命的思想理论，回国后积极发展女子教育，注重通过教育使女子获得个性解放与人格的独立，进而鼓励女子投身到反帝反封建的革命运动中去，何香凝、陈撷芬、林宗素等留日学生都成为辛亥革命时期的杰出革命人物。黄花岗起义前夕，何香凝回到国内，辛亥革命失败之后，与廖仲恺等人追随在孙中山左右，进行了讨袁和护法斗争。随后，又大力支持孙中山改组国民党，与廖仲恺一道成为联俄、联共、扶助农工三大政策的忠实拥护者和坚定执行者。1924 年 8 月出任国民党中央妇女部长，积极开展妇女运动。1912 年 3 月，陈撷芬与汤国梨和吴芝瑛等各界妇女共 100 余人组织成立了“神州女社共和协济社”，提出了妇女参政议政的愿望和要求，得到了孙中山的高度赞赏与大力支持。林宗素回国后成为上海“中国社会党”的主要成员，在该组织内组织成立了“女子参政同志会”，出任会长。1912 年 1 月 5 日，代表“女子参政同志会”拜会了临时政府大总统孙中山，向其恳切地阐述了女子参政议政的愿望和要求，得到了孙中山的认可。可见，当时的知识女性积极参政议

① 刘玲. 民国时期文化名人五彩缤纷的婚姻观 [J]. 艺术百家，2009 (S1).

政，获得了社会政治地位的极大提高。

可以说，辛亥革命前后中国女子教育的发展是对中国近现代妇女解放运动的激励与推动，为中国妇女走向解放与独立做出了积极贡献。

［原文刊载于《河北师范大学学报》（教育科学版）2011 年 09 期（王凌皓　朱志峰）］

我国女性研究生教育的成就与展望

研究生教育是高等教育的最高层次，分为硕士研究生教育和博士研究生教育两个阶段。研究生教育的程度和水平标志着一个国家高等教育发展的程度和水平。随着我国社会主义市场经济体制的逐步建立和完善，我国女性的教育地位发生了巨大的变化，女性研究生教育获得了前所未有的发展，取得了举世瞩目的成就。总结新中国成立以来女性研究生教育所取得的成就，分析我国女性研究生教育的发展前景，有助于增进我们对我国妇女教育事业的发展状况及其发达程度的了解，有助于较为准确地预测我国教育发展的趋势和走向。

一、我国女性研究生教育的成就

（一）女性研究生教育水平不断提高

研究生教育在我国起步较晚，新中国成立后，从1964年开始培养研究生。但在随后发生的“文化大革命”（1966—1976年）中，初创的研究生制度遭到严重的破坏与摧残，中断了12年。粉碎“四人帮”后，在邓小平的指示下，于1977年10月恢复研究生制度，1978年开始招生。1980年，全国人民代表大会常务委员会通过《中华人民共和国学位条例》，并于1981年1月1日开始实行。1981年国务院又批准了《中华人民共和国学位条例暂行实施办法》。至此我国的研究生教育开始向制度化、规范化发展。1982年开始在高等学校和科研机构招收攻读博士、硕士学位的研究生。1984年开始举办研究生班。1985年开始授予在职攻读博士、硕士学位研究生。

随着学位制度和研究生教育制度的恢复，随着相关法律法规的制定和健全，我国的研究生教育获得快速、健康的发展，我国女性的教育水平显著提高，取得了举世瞩目的成就。

1981年，首次授予硕士学位的总人数是8665人，其中，男硕士7835

人，占 90.4%，女硕士 830 人，占 9.6%[①]。虽然当时被授予硕士学位者可谓是凤毛麟角，这却是我国研究生教育的起步阶段，在中国教育史上具有里程碑式的意义。从此开始，我国的研究生教育，尤其是女研究生教育获得了长足的发展，到 2006 年，我国毕业的女硕士研究生人数已经达到了 98829 人，占总数 219655 人的 45%[②]。25 年间，女硕士研究生的毕业比例上升了 35.4 个百分点。

在女硕士研究生教育发展的基础上，我国的女博士教育发展迅速。根据《中国教育年鉴》和《中国教育统计年鉴》相关数据统计，1982 年，我国开始招收首批博士学位研究生，到 1984 年 5 月，授予博士学位 18 人，其中男博士 17 人，占总数的 94.4%，女博士 1 人，占总数的 5.6%[③]；至 1985 年 4 月，累计授予博士学位 157 人，其中男博士 149 人，占总数的 94.9%，女博士 8 人，仅占总数的 5.1%[④]。经过二十多年的发展与改革创新，截止到 2006 年，女博士研究生的毕业人数已经上升到 11890 人，占总数 36247 人的 32.8%[⑤]。与此同时，在职攻读博士和硕士学位的女研究生人数也在与日俱增，截止到 2006 年，在职攻读博士、硕士学位的女研究生人数达到了 29.57%[⑥]。

女研究生教育水平的提高是我国社会文明进步的重要标志，它不仅表明我国女性享有与男性同等的受教育权，而且意味着我国女性社会地位的提高，在社会生活中发挥着越来越大的作用。事实也证明，女研究生教育水平的提高，不仅推动了我国高等教育事业的快速发展，有利于我国妇女整体素质的提高，妇女权利的保障，而且有利于在社会主义现代化建设中更好地发挥妇女“半边天”作用，极大地推动了我国的社会现代化进程。

（二）女性研究生教育发展速度不断加快

中华人民共和国成立以来，中国女性研究生教育的发展速度是惊人的。20 世纪 80 年代初，我国女硕士研究生的毕业、招生、在学比例均在 10%左右，1980 年年末，这个数字就超过了 20%；1990 年年初，女硕士

① 中国教育年鉴（1949—1981）[M]. 北京：中国大百科全书出版社，1982：646.
② 分学科研究生数总计计 [M] //中国教育统计年鉴. 北京：人民教育出版社，2006.
③ 中国教育年鉴（1949—1981）[M]. 北京：中国大百科全书出版社，1984：646.
④ 中国教育年鉴（1982—1984）[M]. 长沙：湖南教育出版社，1986：293.
⑤ 分学科研究生数（总计）[M] //中国教育统计年鉴. 北京：人民教育出版社，2006.
⑥ 中国教育统计年鉴 [M]. 北京：人民教育出版社，2006.

比例达到了 25%，1990 年年末，也就是 1999 年，平衡在 30%；2000 年，女研究生的毕业、招生、在学比例均超过了 35%；截止到 2006 年，女硕士的毕业、在学、招生比例均超过了 45%[①]，其中女硕士毕业生 98829 人，占总毕业生数（219655 人）的 45.0%，招收女硕士生 157858 人，占总招生数（341970 人）的 46.2%，在学女硕士生 415668 人，占总在学数（896615 人）的 46.4%[②]。

女博士研究生由 1981 年毕业的 1 人，达到了 2006 年的 11890 人。20 世纪 80 年代初，女博士的毕业、在学、招生比例在 5%左右，20 世纪 80 年代末，上述各类比例就达到了 10%，到 90 年代末，这些数字恒定在 20%，截至 2006 年，女博士研究生的毕业、在学、招生比例均超过了 32%[③]，其中女博士毕业生 11890 人，占总毕业生数（36247 人）的 32.8%，招收女博士生 19981 人，占总招生数（55955 人）的 35.7%，在学女博士 70468 人，占总在学数（208038 人）的 33.9%[④]。

根据美国人口普查局的《教育统计摘要 2008》的相关数据统计，美国女性硕士研究生比例自 1985 年起，每五年的增长率分别为：3.7%、1.3%、3.0%、1.3%[⑤]，增长速度相对缓慢。相对美国而言，我国女性硕士研究生数量增长迅速。自 1986 年起，每五年的增长率分别为：6%、7.7%、6.6%、8.8%。在 1985 年至 2006 年期间，美国女性硕士研究生比例增长为 9.3%，而我国的增长达到了 29.1%，增长幅度是美国的 3.1 倍多。

美国女性博士研究生比例自 1985 年起，每五年的增长率分别为：4.2%、2.5%、4.4%、4.7%[⑥]。与美国相比，我国女性博士研究生比例增长略快。自 1986 年起，每五年的增长率分别为：5.1%、4.8%、7.5%、10.3%。在 1985 年至 2006 年间，美国女性博士研究生比例增长

① 女硕士生比例，根据《中国教育年鉴（1949—1981）》《中国教育年鉴（1982—1984）》《中国教育年鉴（1985—1986）》《中国教育年鉴 1989》《中国教育统计年鉴（1987、1989—2006）》计算。

② 分学科研究生数（总计）[M]//中国教育统计年鉴. 北京：人民教育出版社，2006. 女硕士生比例根据《中国教育年鉴（1949—1981）》《中国教育年鉴（1982—1984）》统计。

③ 女硕士生比例根据《中国教育年鉴（1949—1981）》《中国教育年鉴（1982—1984）》《中国教育年鉴（1985—1986）》《中国教育年鉴 1989》《中国教育统计年鉴（1987、1989—2006）》计算。

④ 分学科研究生数（总计）[M]//中国教育统计年鉴. 北京：人民教育出版社，2006.

⑤ U. S. Census Bureau. Statistical Abstract of the United States [M]. Education，2008：185.

⑥ U. S. Census Bureau. Statistical Abstract of the United States [M]. Education，2008：185.

为 15.8%，而我国的增长达到了 27.9%，增长幅度是美国的 1.8 倍多。

通过以上分析可见，我国的研究生教育虽然起步晚，但发展速度很快。1985 年，美国女硕士研究生毕业人数约是 143000 人，约为中国同期女硕士研究生毕业人数的 58.94 倍；中国 1986 年毕业的女研究生人数是 2426 人，尚不及美国的 0.02%，但到 2006 年，这个差距已经缩小到了 3.45 倍，截止到 2005 年，美国当年毕业的女研究生约是 341000 人，占研究生毕业总数（575000 人）的 59.3%；我国 2006 毕业的女研究生是 98829 人，约为美国的 28.98%，占研究生总毕业人数（219655 人）的 45%，美国比中国多 242171 余人，女研究生比例比中国高出 14.3 个百分点，我国女研究生的数量依然明显低于美国，但是如果按照上述增长速度，我国女研究生的数量将在不远的将来赶上美国。

在总结我国女性研究生教育取得辉煌成就的同时，我们也应该看到，由于受历史文化传统、已有教育基础等多种因素的影响，我国女性研究生教育仍然存在着需要解决的问题。比如，女性在接受研究生教育的机会上还存在着一定程度的不平等。我国女性参与研究生教育的程度仍低于男性；在研究生教育的层次上，男女两性之间的性别差异显著。受博士研究生教育的女性比例明显低于男性，“这一方面与义务阶段的性别差距相关，另一方面也与高校在招生中的政策和做法有关”①。例如，在女性比较多的学校和专业，同等条件下，通常录取男生，甚至低分录取。而在一些以男性为主的学校和专业，却没有这类优惠女生的政策和做法。目前研究生招生中仍然一定程度地存在着“同优不同取”的现象。特别是有些理工院校录取学生时，同一分数段的学生，最先被录取的往往是男性而不是女性。可以说，传统的社会性别分工意识和个别院校新生录取中存在的不正当操作现象，为女性进入科技和理工领域学习设置了障碍。

另外，女研究生在教育过程中的发展期待和发展结果略低于男性。教育的层次越高，女性所占的比例就越低。截止到 2006 年，女硕士研究生占招生总数的 46.2%；女博士生占招生总数的 35.7%。女性进入博士研究生教育的比例明显低于男性。虽然近年来这一差距正在缩小，但男女在受教育程度上的差异毕竟影响女性在高收入阶层和较高社会地位的职业中的竞争和参与。我国女研究生的学科选择也受到了限制，目前，女研究生学文科的居多，学师范、医学等与女性家庭社会角色相关的专业比较多；

① 郑新蓉. 性别与教育 [M]. 北京：教育科学出版社，2005：136.

而男生多半是学理工科，且主要分布在计算机、工程、法律、建筑等发展前景好、经济收入颇丰的专业领域中。在研究生教育专业方面的性别隔离是妇女平等参与及发展的重大障碍。这些问题必须引起社会的重视，也需要在发展的过程中逐步加以解决。

二、女性研究生教育的发展前景

“提高妇女地位和男女平等，是人权问题和社会正义的条件”，妇女教育的问题“不应孤立视为是妇女问题。它们是建设一个可持续、公正和发达的社会的唯一途径”。[①]“男女同为开地之菁英，同有无量之盛德大业。”[②]《世界人权宣言》强调人人都有受教育的权利。最大限度地发展女性的能力，充分发挥女性在社会发展中的作用，必然以增加女性的受教育机会、提高女性的受教育水平为基础和前提。女子强则国强，没有占人口总数将近一半的女性的文明和进步，任何社会的公平、正义、民主、法治都将难以实现。女性教育关系着国家的发展和社会的文明进步，女性教育的发展水平影响着国家综合国力的增强。正如梁启超先生所言：“欲强国必由女学”，“是故女学最盛者，其国最强”。“女学愈盛，国家愈强”成为当今世界的公理。女子受到良好的教育，于个人，“可各执一业以自养”以达自立、自强之目的；于国家，则可以“保国保种”使国富民强[③]。

在知识经济时代，在计算机逐步取代人脑、智力逐渐取代体力的时代，发展经济必须依靠科技，依靠人才，依靠教育。女性占人口的一半，发掘人力资源和培养人才，不能缺少占人口总数将近一半的女性资源的开发和女性人才的培养；提高劳动者素质，提高民族创新能力，不能忽视女性劳动者素质的提高和女性创造能力的发展。

（一）女性研究生教育将持续高速发展

随着社会进步和人们观念的更新，整个社会的女性观将发生深刻的变化，人们对性别角色将有更新的认识，这将大大排除女性参与高等教育，尤其是研究生教育的各种障碍。虽然社会上还会有轻视和歧视女性、侵犯女性合法权益的现象存在，但是社会进步的历史潮流不可阻挡，社会的进步、科技的发展为女性教育水平的提高创造了良好的社会环境，尊重女

① 联合国. 联合国第四次妇女问题世界会议的报告［R］. 1996.

② 谭嗣同，方行. 谭嗣同全集：下册［M］. 北京：中华书局，1981：304.

③ 梁启超. 论女学［M］//饮冰室合集. 北京：中华书局，1989.

性、保护女性、推动女性研究生教育的发展将成为更广泛的社会共识和更积极有效的教育举措。

国家人口计生委主任张维庆在全国农村人口和计划生育工作会议上指出，“我国出生人口性别比长期居高不下，男女出生比接近120∶100，我国现已成为全世界出生人口性别比最高、持续时间最长的国家。预计到2020年，20岁至45岁的男性将比女性多出3000万人”①。20岁至45岁是人生的黄金年龄，也是学习的关键时期，接受研究生教育的女性绝大多数处于这个年龄段，我们按照男女的出生比例推算，到2020年我国男、女研究生处于同学龄的合理比例应为54.5%和45.5%②。

据统计，目前女研究生的比例大约为40%，距离45.5%的比例相差不远，我们相信，实现我国研究生教育的合理比例将指日可待。随着社会对女性参与研究生教育的广泛关注，女性在社会生活中地位的不断提高，家庭、社会和政府将对女性参与研究生教育提供更多的机会和条件，延续着改革开放后女性研究生教育高速发展的迅猛势头，我国的女性研究生教育将继续高速的发展，我们相信，在不久的将来，我国将成为世界上女性受教育程度最高的国家之一，并将很快赶上美国等发达国家。

女研究生除了在语言类、师范类院校占绝对优势外，在综合性大学和理工科大学的比例还将逐年提高。“据统计，2006年，在复旦大学录取的3871名新生中，男生1847名，占47.7%；女生2024名，占52.3%，这是该校历史上女生比例首次超过男生。”③ 根据南开大学招生办公室提供的数据，“2007年该校本科新生中，女生1525人，占总数的49.2%，这一比例比2006年上升了4个百分点；武汉大学录取的女生比例也从2005年的34.4%增加到了2007年的40%；中国人民大学在2007年的2707名新生中，女生约占55%”④，超过了男生。

根据上述数据，我们发现在大学新生中女多男少的现象正从语言类、师范类院校转向研究型综合性院校，比重的绝对优势奠定了女研究生在该

---

① 宋合营．我国男女出生比全球最高［EB/OL］．《京华时报》电子报，http//epaperjinghua.cn/html/2007－11/14/content_179865.htm．2007-11-14．

② 120/（120＋100）＝54.5%；100/（120＋100）＝45.5%，此数据系作者估算得出．

③ 大学女生比例出现反超女博士不再是灭绝师太［EB/OL］．http//www.itben.cn/tiaozao/2007/1031/article2hml．2007-10-31．

④ 大学女生比例出现反超女博士不再是灭绝师太［EB/OL］．http//www.itben.cn/tiaozao/2007/1031/article2hml．2007-10-31．

类院校或相关专业上的优势地位。而综合性大学和理工科大学女大学生比例的逐年攀升，则为女研究生的入学等提供了基础保证，这将为综合性大学和理工科大学中女研究生比例的提高奠定基础，有利于改变女研究生教育在专业选择上仅仅局限于语言类、师范类，局限在人文社会科学上的弊端，使得女研究生教育的学科分布更加科学、合理。

（二）女研究生的学业优势将日益明显

几年前高校里曾广泛传播这样一句话："本科生是黄蓉，女硕士是李莫愁，女博士是灭绝师太。"更有人将女博士从女性群体中"孤立"出来，将其称为"世界上第三类人"。现在，也许该是为女博士正名的时候了，随着我国高学历中女性人数的逐渐增加，这些"李莫愁""灭绝师太"们正在摆脱"异类"的名号。据《中国教育统计年鉴（2006）》数据显示，截至2006年，全国普通高等院校在校女生占在校生总数的48.06%，其中女硕士、女博士的比例分别达到46.36%和33.87%[①]。

女研究生数量的增加，比例的加大，彰显了女性的学业优势。女性学业优势的彰显有利于女性教育水平的提高，而女性教育水平的提高将进一步彰显女性的学业优势，有利于实现真正意义上的男女平等。

据学者们提供的资料，女生的学业优势实际上已经成为全球性话题，欧美一些国家甚至为此提出"拯救男孩计划"。以美国为例，也许美国依然是"男性主导"的社会，但在学校，男生已处于从属地位，比如在高等教育领域，现在在美国，全国大约58%的大学在校生是女性。据美国《商业周刊》报道，到2003年，在北卡罗来纳大学、波士顿大学和纽约大学，男女生比例已经是40∶60。为了维持男女比例平衡，很多常春藤联合会的知名大学和其他精英学校暗中采取了男生优先的措施。[②] 当然，我们不期望这样的现象在中国出现，但我们已经看到了中国女性研究生教育快速发展的条件和基础，看到了日益彰显的女性学业优势，我们在努力挖掘女性的学习潜力。彰显女性学业优势的同时，将深入挖掘男性的学习潜力，保护和促进男性的学业优势区域差异，将推动农村和西部研究生教育的大发展。

随着科教兴国战略的实施，国家经济实力的增强，教育投资的增加，

① 中国教育统计年鉴［M］. 北京：人民教育出版社，2006.

② 大学女生比例出现反超女博士不再是灭绝师太［EB/OL］. http//www. itben. cn/tiaozao/2007/1031/article2hml. 2007-10-31.

家庭经济状况的改善，越来越多出生于农村或西部的女性踏入高等学校，跻身研究生教育行列。推动男女真正享受平等教育的机会和权利将成为全社会的自觉行动，在女研究生教育上所存在的某种程度的城乡、区域上的不平等将逐渐消除。

随着我国社会文明与进步进程的加快，在机制变革与体制创新中，女性研究生将更多地获得参与社会平等竞争的机会，女性研究生将与男性一样成为高等教育改革与发展的重要力量，她们在社会生活中将发挥越来越重要的作用。

[原文刊载于《社会科学战线》2009 年 07 期（王凌皓　杨冰）]

现代远程教育在实现终身教育中的作用

21世纪，人类社会已经进入一个以知识为主导、以科技创新为动力的新时代，知识和学习在经济发展和社会进步中的重要性与日俱增。人们自我发展、自我提高、自我完善的希望变得越来越强烈，学习作为人们生存、发展的基本方式，已从儿童、青少年扩展到人的终身，因此终身教育受到人们的普遍关注。世界各国纷纷进行教育改革，寻找能够实现终身教育、学习化社会的有效途径。江泽民在全国教育工作会议上指出："要以远程教育网络为依托，形成覆盖全国城乡的开放教育系统，为各类社会成员提供多层次、多样化的教育服务。"现代信息技术支持下的现代远程教育以其不可比拟的优势将在构建终身教育体系中扮演十分重要的角色，对促进终身教育、形成学习化社会起到重要作用。

一、终身教育体系的建立需要现代远程教育

自从1965年法国教育家保罗·朗格朗在联合国教科文组织成人教育促进会上提出"终身教育"议案，终身教育思想已经被大多数国家作为构建教育体系的重要依据。终身教育成为各国教育发展和社会进步的共同要求，建立终身教育体系和建设终身学习社会成为世界教育改革和发展的共同趋势。

终身教育是一种完全意义上的教育，它是指与生命有共同外延并以扩展到社会各个方面的连续性教育，是个人及社会整个教育的统一结合，是人们在一生中所受到的各种培养的总和。终身教育作为一种大教育观，有着与传统校园封闭式教育完全不同的、开放、灵活的教育观念和模式。具体来讲，终身教育具有以下几个特点：

（一）教育对象的全民性

全体社会公民，不分男女老少、贫富贵贱，也不论种族性别，都包括在终身教育范围之内。

(二) 教育时间、空间的开放性

终身教育具有一种全新的教育时空观，既包括家庭教育、学校教育、社会教育，也包括学校之外的一切非正规教育。从时间上看，终身教育是包括学前教育、基础教育、高等教育、继续教育等各个阶段在内的、与人的生命共始终的教育。从空间上看，终身教育存在于全社会各阶层、各部门的各项活动之中，而不仅仅在传统的学校教育之中。

(三) 教育管理的灵活性

任何需要学习的人可以随时随地接受任何形式的教育。由上可见，终身教育与传统教育不同，其目标是构建一体化的新的教育体系，这个体系具有开放性（面向社会成员）、多元性（多种多样的教育形态和教学形式)、灵活性（受教育者有较大的学习选择自由度)。与传统教育相比，终身教育不仅是量的扩大，而且更重要的是质的变化。

终身教育思想的确立和终身教育制度的建立是现代教育的重要标志。而要把终身教育这种理论和原则加以实施，则是一个十分庞大的系统工程。远程教育以其现代化和不受时间、空间限制的优势在未来教育中发挥越来越重要的作用，推动着教育的深刻变革，成为构建终身教育体系的重要途径。

二、现代远程教育是终身教育的理想形式

现代远程教育是随着现代信息技术发展而产生的新型教育形式，是指在教与学时空分离状态下师生凭借现代教育技术，充分利用优秀教育资源，通过远程教育体系保持双向联系，并按一定模式进行交互教学的一种活动。它突破时空、地域及经济条件等的限制，以其现代教与学的开放性，教育内容的丰富性，为广大社会成员提供了学习机会。它用先进的网络信息交流技术，将课程等学习资源传送给校外的一处或几处学员，以多种交互方式，实现教与学在时间和空间上相互分离的一种新型教育方式。它以现代通讯、计算机技术为依托，融面授、网授、自学为一体，多种教育方式优化组合共享有限的教育资源。它通过建立一个虚拟教室，教师在一地上课，学生可以在异地、异时的教室、家中通过网络听课。

现代远程教育具有以下特征：第一，开放性。以开放共享为目标的现代远程教育，能实现教育对象、时间、空间、内容、形式上的开放，全社

会成员可以共享各种教育资源，实现教育的开放共享。第二，多样性。现代远程教育在管理上实行统一指导、分级管理、分层办学、国家办学、地方办学、集体办学和多种社会力量办学的多层次管理体制。第三，高效性。现代远程教育具有覆盖面大、学员多、教学手段先进、投入量少、产出量高等诸多优势。第四，灵活性。现代远程教育可以让任何人在任何时间、任何地点，从任何章节学习任何课程，学习者完全可以根据自己的水平和要求选择学习的时间和进度。第五，生动性。现代远程教育充分利用多媒体技术，教学内容以图、文、声、像并茂的多种媒体为载体，生动形象。总之，现代远程教育以其自身的优势和特点成为21世纪的新型教育方式。

现代社会中，存在着一套相当完善的从幼儿园、小学、初中、高中到大学的教育体系。因此，要实现终身教育、营造学习化社会，最关键的就是加强对曾经参加过基础教育的人们的“继续教育”。而这些人主要是成年人，成年人的学习大体上有如下几个特点：第一，成人学员参加学习，不管是为了在形式上提高自己的学历层次，还是要想掌握某项知识，解决某一项课题，一般来说目标都比较明确；也可以这样说，成人的自我概念较强，已经从儿童和青少年时期的“依赖型”转变成为“自我指导型”，在学习上具备了较大的自主性。第二，由于成年人在职学习的居多，学习时间往往以业余为主；即使有机会参加脱产学习，也可能因为在工作业务上所承担的责任较重，无法全身心地投入学习任务之中；再加上成年人不可避免地需要承担一定的家庭和社会责任，要集中精力参加学习，存在着不少困难。对于进入暮年的老人来说，虽然他们不再承担工作业务的重任，在参加学习时同样免不了遇到精力衰退的困难。第三，与接受普通教育的学生按部就班地参加学习的情况不同，对参加成人教育的成年人来说，他们在参加学习之前的工作经历中，一般已经具备了不少对于进一步学习很有帮助的经验，从文化知识基础的角度来比较，彼此的学习起点显然很不一样。因此，采用“传统”的教育方式开展教学，往往难以适应上述成年人的学习特点。相比之下，现代科学技术密切联系技术手段先进、方式灵活的现代远程教育，具有更符合成年学员特点的优势。

总而言之，现代远程教育已经成为终身教育的理想形式，随着技术的发展，经验的积累，必然能够为终身教育的实施发挥越来越大的作用。

三、现代远程教育在实现终身教育中的作用

现代远程教育是新生事物，所受到的约束较少，是最具备率先开拓教

育市场，对瞬息万变的现代社会有着比其他任何教育大得多的适应性，它在实践中显示出来的优势与特点，充分证明它是终身教育的最佳选择。

（一）远程教育的开放性是实现终身教育的民主性的关键

终身教育是一个开放、民主的教育体系，它要求尽可能地开放教育的形式、机构和内容，最终实现人人学有其校，人人学有所长的教育目标。在终身教育体系下，每个社会公民都有机会进行学习、进修和社会文化培训，从而提高自身的文化修养和精神追求。但是要建构终身教育体系，实现开放民主的教育，单单依靠传统的学校教育是无法完成的。

现代远程教育顺应了终身教育开放、民主、平等的潮流。他打破了传统的、封闭的教育形式，采用卫星通信、多媒体技术和计算机网络等先进媒体，使受教育者不受年龄、性别、种族、生理缺陷等外部条件的制约，真正实现了“有教无类”的教育理想；它突破了传统学校教育时空固定的局限性，使学生可以自由地选择在一生中或一天中的任何时间、地点（家庭、学校、单位等）接受教育；它在现代信息技术的支持下，可以使每一个学生任意选择他们喜欢的教育内容，真正实现资源共享。这样，现代远程教育就以其丰富灵活的教学方式、完全开放的办学模式，为不同年龄、不同性别、不同职业、不同身份、不同地区的人提供了平等参与学习的机会和条件，使他们能够跨越社会、家庭、经济、时间、空间、生理等方面的障碍，从而使教育机会均等，人人终身受教育成为可能。

（二）现代远程教育的自主性有利于终身学习的主体性的实现

终身教育思想的本质是建立各种不同形态的学习方式，以增进个体参与学习活动的愿望，激发个人向上、提升个体思想、行为方式与社会价值的热情，实现人的自我丰富和发展。终身教育的最高目标就是实现人类的终身学习，建立学习化社会，实现人是学习的主人这一千百年来的梦想。长期以来，人们虽然已经认识到了在教学活动中建立学生主体地位的重要性，且在教育理论中不断探索，提出了在教学中以学生为主体的观念，然而在传统教育的实践中，受其形式和方法的束缚，这一点却无法充分体现。

现代远程教育是一种灵活开放的、自主学习的个别化学习方式。在以计算机多媒体、计算机网络为基础的现代远程教育学习环境中，学习者是学习的中心，他可以通过网络数据库寻找自己需要的课程和感兴趣的信

息，并自由下载组合，然后在最适合自己的时空自由学习。个别化自主学习方式能最大限度地满足不同个体的不同需求，使自我规划、自我调整的独立学习变得更容易。这样，每个学习者都能根据自己的兴趣、爱好、要求和能力进行自由的学习，完善和发展自我。这种学习方式是终身教育体系下终身学习者的最佳选择。

（三）现代远程教育内容的丰富性为终身教育提供了广泛、多样性的教育服务

终身教育坚持以人的全面发展服务。因此它的范围不仅限于学校教育，还有家庭教育和社会教育，既有学历教育，也有非学历教育，满足人们在道德、社会、文化、健康和娱乐等方面的需求。比如，心理健康咨询、健身教育、休闲教育、就业升学指导、青少年业余时间的艺术教育等。这种教育要求具有多元化和分散性的特点，制度化的集中授课往往不能完全适应不同人群和个体的特殊需求。

现代远程教育可以通过教育网络针对各种人群和个性化需要，制作各种各样的教育内容来满足每个人的不同需求。从这一点上说，现代远程教育其实是一种服务性教育，它以教育资源的方便性、时效性、丰富性和服务性满足并发展着学习者的多样化需求，在大众教育领域发挥着巨大作用。

（四）现代远程教育的高效性使终身教育成为可能

远程教育是一项投资少、效益高的事业，它有较高的投资效益比。据统计，远程教育生均单位成本大大低于普通高校。巴基斯坦的阿拉马·伊春尔巴开放大学的生均培养费用比其他大学低 39%；英国开放大学学生占全国大学生总数的 1/5，而使用的费用只占教育总费用的 1/9；我国每个电大学员的年经费比普通高校节省 2/3。这些数字清楚地表明了远程教育办学的高效性，表明了现代远程教育对促进高等教育的大众化、实施终身教育有着极为重要的意义。在我国，现代远程教育更是“穷国办大教育”，提高全民素质的最好方式。

纵观远程教育的发展，分析现代远程教育的形式和特点，我们可以得出如下结论：现代远程教育提供教育的高效率、学习的高互动性，能提供一个灵活的、平等的、对人的需要迅速反应的学习环境，因而具有满足新的教与学要求的巨大的潜在能力和发展前景。正如国际著名远程教育专家

德斯蒙德·基更（Desmond Keegan）所说："远程教育是各国政府在21世纪为国民提供终身学习的第一选择，也是21世纪进行终身教育的首选方式。"很显然，一个没有远程教育的国家，是不可能建立起终身学习体系和学习化社会的。所以，世界上已有100多个国家开展了远程教育，现代远程教育已成为国际终身教育发展的共同趋势。

总之，以终身教育理论为基础，以现代信息技术为依托的现代远程教育正以其开放灵活、即时丰富、民主平等、自主高效等优势成为世界各国终身教育改革的理想形式，在终身教育中发挥越来越大的作用。

[原文刊载于《白城师范学院学报》2004年01期（王凌皓　王丽娟）]

综合性大学教育学专业发展路向探析

在20世纪末我国高等教育大发展之际，很多综合性大学在国家政策允许下，并综合考虑其他方面的因素，创办了教育学专业。历经了十年左右的发展，总体来说，状况不容乐观。综合性大学的教育学专业要获得继续生存与发展的空间，必须反思存在的问题，探寻新的发展路向。教育学专业在自成体系的高等师范教育中，具有独特的地位和作用：一方面，承担全校公共教育学课程的教学，另一方面，负责培养教育科学人才和开展教育科学研究，有时还承办在职教师的继续教育。可是，在20世纪末我国高等教育大发展之际，一些综合性大学也纷纷办起了教育学专业，其动因何在？几年之后，其发展状况如何，未来又将何去何从？现在已经到了我们必须认真思考这些问题的时候了。

一、综合性大学创办教育学专业的背景与原因

（一）政府的提倡与政策的支持

1999年6月，《中共中央国务院关于深化教育改革全面推进素质教育的决定》中，对综合性大学试办师范教育做了明确规定。此前，1995年颁布的《教师法》对教师资格做了如下规定："中国公民凡遵守宪法和法律，热爱教育事业，具有良好的思想品德，具备本法规定的学历或者经认定合格的，可以取得教师资格。"这给非师范院校的大学毕业生从事教育工作提供了机会。与此相关的还有，《教师法》第十五条："国家鼓励非师范高等学校毕业生到中小学或者职业学校任教"，第十八条第二款规定："非师范院校应承担培养和培训中小学教师的任务"，这些规定无疑为非师范性高等学校培养师资提供了可靠的法律支持。

（二）综合性大学对自身办学优势的充分考虑

在我国，教育学专业在师范类高等院校中的发展已经有上百年的历

史，虽然取得了很大的成绩，但发展中也存在问题，在观察与比较中，综合性大学发现了自身的优势，找到了新的发展空间。

知识经济时代的一个重要特征是：科学研究的完整性、研究对象的多学科性、学科的多对象性，科学研究的信息化推动科技发展在高度分化的基础上走向高度的综合；交叉学科不断涌现，科学与技术空前一体化，自然科学与社会科学也出现了理论层次上、经验层次上与方法论层次上的渗透与融合，从而使人类的科学知识形成一个具有新的质的规定性的统一知识整体。这对未来教师提出了新的要求：要有广博与深厚的学科专业素养。综合性大学不仅学科门类齐全，多学科之间可以互相影响和共融共生，而且普遍具有浓厚的学术氛围，学生的学科专业素养普遍较高。而在师范性高校中，虽然也有多学科并存，但总体上学科基础和实力不如综合性大学，教师的学术理论水平也有差异，同时，在校园文化方面，师范性高校积极营造的是为人师表、以身作则之类的学习和修养氛围，导致学生学术热情与学术责任感不高，进而导致学科专业素养不够深厚。

综合性大学对未来社会教师职业的发展看好。首先，自我国实施科教兴国战略以来，教师的经济地位与社会地位得到了明显提高，加之比较稳定的工作性质和自由的富有创造性的工作特点，教师职业受到越来越多的学生与家长的热衷。据 2000 年对高考生的调查发现，在“理想职业”行列中，教师职业在企业家和工程师之后，位居第三。其次，国家将未来发展的重心投向了教育水平相对落后的西部与农村，教育人才的需求量将继续呈上升趋势。

综合性大学建全学科门类的需要。综合性大学为体现其“综合性”的特征，普遍具有健全学科门类的愿望。而多年来，我国的师范教育一直是自成体系，形成了由师范教育培养师资的模式。综合性大学想增设教育学专业以健全学科门类，但一直受限于这种模式。在国家实行高等教育扩招、重视高等教育大发展的宏观背景下，在允许和鼓励综合性大学发展师范教育的政策支持下，综合性大学稳抓机遇，锐意进取，纷纷办起了教育学专业。

二、综合性大学教育学专业发展中的问题与反思

综合性大学创办教育学专业已经有十年左右的时间，总体而言，没有实现预设的目标，状况不容乐观，甚至有些综合性大学教育学专业的发展已经举步维艰。

（一）创办教育学专业，但未发展师范教育

国家允许和鼓励综合性大学创办教育学专业的初衷是发展师范教育。

从近十年左右综合性大学创办教育学专业的情况来看，只有极少数的综合性大学站在了发展师范教育的立足点上，如宁波大学，对四年制本科有志从教的学生实行分段培养，前三年修读通识课程和专业学科课程，后一年接受教育学科类课程的教学、训练和实践，使专业学科的知识能力体系与教育学科的知识能力体系得到有机整合，学生完成教育专业学位论文，经考核合格后获得教育学士学位，取得教师资格证书。这是成功的典范。

更多的综合性大学只将教育学专业作为一个独立专业，或者放在教育学院中，或者放在师范学院中，其教学任务是培养教育科学研究人才。从教育学学科专业本身考虑，这是正确的。但现实是，在已经有着多年教育学专业办学历史的师范类高校中，教育学专业的发展都已经遇到了瓶颈，学生毕业后既难以从事学科专业的教学，因为其知识体系是教育基本理论，而缺乏学科专业知识；又难以从事纯粹的教育科学研究（唯独研究生尚可得到认可而有一定的用武之地）。师范院校在教育学专业的招生上已经采取了大刀阔斧的改革，有的实行隔年招生，有的干脆停招本科生。在这样的社会环境下，综合性大学教育学专业的发展难以不陷入窘境。

（二）缺乏深入分析，培养重复性的和低层次的教育科学研究人才

从表面上看，教育科学研究人才基本已经饱和。但实际上，对于我国这样一个教育大国，而且是一个教育发展较为落后的教育大国来说，当前教育科学研究人才的现状还是不能满足需要的。

教育学专业下设 17 个二级学科，每个二级学科又可以有自己的学科特色，综合性大学在创办教育学专业时，如果能充分考虑未来社会发展需要，并结合在与师范类院校比较中找到的“你无我有，你有我强”的优势，培养出具有特色的教育科学研究人才，那么也不至于失败。有些综合性大学创办教育学专业是十分仓促的，甚至照搬了师范类院校的培养方案。

同时，既然是教育科学“研究人才”，那势必至少要发展研究生教育，而很多综合性大学创办教育学专业是从本科开始的。本科生至多可以称为“专业人才”，而今天我国高等本科教育的人才观念正由“专业型”转为

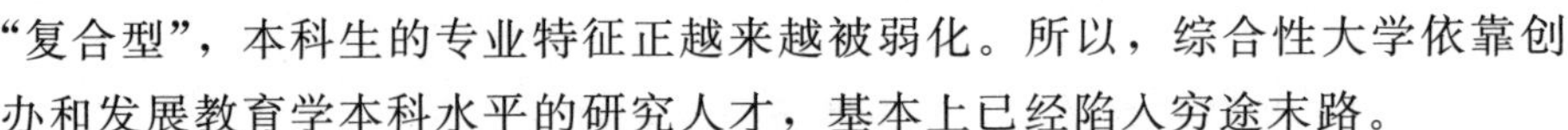

"复合型"，本科生的专业特征正越来越被弱化。所以，综合性大学依靠创办和发展教育学本科水平的研究人才，基本上已经陷入穷途末路。

（三）学分制环境下，教育学专业在综合性大学的生存空间很小

目前，我国高校普遍实行学分制，而学分制的深层机制是选修制。在综合性大学内，教育学专业的学生考虑到就业难题，专业学习热情锐减，在完成本专业必修学分后，将更多的精力投入到了其他学科专业课程的学习之中；对于其他专业有望从教的学生来说，教育学专业开设的课程过于偏重宏观理论，而教学实践指导性不强，也不被看好。教育学专业开设的选修课上，听课人数屈指可数，呈现出一片萧条。

三、综合性大学教育学专业发展路向建议

（一）找准特色，发展师范教育

国家允许和鼓励综合性大学发展师范教育，而不仅仅是创办单独的教育学专业。十几年已经过去了，教师职业的人才需求量明显缩水，师范类高校在发展师资方面也出台了很多新的政策，如师范生免费制度等等，这都给综合性大学发展师范教育带来了巨大的挑战。但这并不意味着综合性大学已没有发展师范教育的空间，事实上，综合性大学不但具备发展师范教育的广阔空间，还可以通过探寻多样化的人才培养模式，培养出更具竞争力的师资来。

人无我有。职业教育师资培养是师范教育中的盲点与弱点。职业教育特别是地方中高等职业教育发展迫切需要师资，而普通师范类教育主要是为基础教育培养师资，向培养职业教育师资方面扩展还不具备学科上的优势；职业师范教育多年来办学定位不准、办学水平不高等诸多原因导致其也无法应对就业市场对职业教育人才的需要。综合性大学学科门类齐全，尤其是一些应用技术类学科专业，如工学、应用经济学、农学等，在这些学科门类中增设高等职业师范教育专业，为各类中高等职业学校培养师资，既能够适应社会需要，又有利于形成我国多类型、多层次的师资培养体系。

人有我强。对于同一学科而言，同一级别的综合性大学与师范类高校相比，综合性大学具有明显的学科强势，不仅学术氛围浓、学术水平高，而且可以发挥多学科之间的共融共生优势，培养出复合型的高水平的学科

人才。在此基础上，加强教育基本理论教学。同时还应看到，近几年师范类院校普遍有向综合性、研究型过渡的趋势，在抢抓科研的过程中，忽视了对学生基本教学技能的培养和训练，其毕业生在应聘时常因缺乏实践教学能力而遭拒绝，综合性大学在办师范教育中如果能抓好实践教学，将相对优势充分挖掘出来，就一定会立于不败之地。

（二）积极为师范生就业搭建平台

综合性大学要尽快取得教师职业资格证书的授予权。我国教育系统已经开始实行职业资格准入制度，师范毕业生应聘时需出具教师职业资格证书，已经成为一项行规。师范类高校已经建立了健全的教师资格证书申请程序，并获得了证书授予权。综合性大学如果不能妥善处理这个问题，将使其师范教育的发展再一次陷入困境。

综合性大学要努力将“新产品”——师范生推介出去。用人单位已经形成了思维定式，认为招聘教师就应该到师范类高校中去。综合性大学必须试图打破人们的思维习惯，通过广告、为师范生举办招聘会并向用人单位发邀请函以及为师范生搜集和提供高师招聘会信息，等等，让自己的“新产品”顺利地打入市场。

（三）发挥优势，培养高水平的教育科学研究人才

教育学本身就是一门跨学科的专业，其划分的学科方向包括教育经济学、教育社会学、教育文化学、教育史学、教育法学、教育技术学、教育政治学等等，综合性大学可以充分利用已有的优势资源来确定教育学专业的发展方向。北京大学创办的教育经济与管理专业，之所以能得到很好的发展，正是因为北大有颇具实力的经济与管理专业，同时教育经济与管理的研究又是目前教育科学研究中的重点和薄弱环节。

对教育科学研究人才的培养，至少要以硕士生教育为起点。通过联合校内其他相关的且优势学科的资源，联合申请教育学硕士点，并进一步发展博士生教育，培养高层次的稀缺的教育科学研究人才。

（四）教育学专业为全校学生开设通识类课程

我国高等教育的发展经历了由古代的重视“人文”阶段，至近现代的重视“科学”阶段。反思高等教育发展历程，人们发现，科学合理的高等教育发展应走“人文·科学”之路。目前，各高校正在着力开发通识类必

修课以增强大学生人文素养。教育学是一门与每个人都息息相关的专业，每个人在社会上都时时地扮演着教育者与被教育者的角色，是否懂得教育的规律与技巧，在很大程度上制约着一个人发展的水平。同时，今天的大学生在若干年成家生子之后，便成为家庭中孩子的第一任老师，家庭教育在孩子的整个教育中起着基础性的有时甚至是决定性的作用。所以有人说，教育学是一门人人都应该学习的专业。教育学专业在为全校学生开发通识类课程方面大有发展空间。

（五）探寻多样化人才培养模式

联合培养模式。教育学专业与其他学科专业联合培养从教人才或教育科学研究人才，根据学习侧重点不同，实行 3＋1、2＋2 或 2. 5＋1. 5 等模式，或者划分课程模块，实行块块相加的模式，学生毕业后获得有两个专业证明的联合培养的学士学位证书。以教育学专业学习为主、学科专业学习为辅的 3＋1 培养模式为例，其具体操作流程是：用 3 年的时间学习教育学课程，用 1 年的时间学习某学科专业的主要课程，两课程在时间分配上不必截然划分，但仍需大致分段，毕业后可以报考研究生，如 3（教育学）＋1（法学）的毕业生可以报考教育法学专业的研究生。以学科专业学习为主、教育学专业学习为辅的 3＋1 培养模式为例，其具体操作流程是：用 3 年的时间学习某学科专业课程，用 1 年的时间学习教育学专业课程，毕业后可以从教，也可以继续深造，如 3（物理学）＋1（教育学）的毕业生可以从事物理教学，也可以报考物理教学论专业的研究生。英国的师资培养实行的就是 3＋X 模式，用 3 年的时间学习某学科的专业知识，再学习一定年限的教育基本理论知识和教育基本技能训练，就可取得教师资格证书。

双学位培养模式。其实这也属于联合培养模式的一种，即利用 4—5 年的时间，同时修满教育学专业和其他某学科专业规定的必修学分后，即可获得双学士学位。但是，这种培养模式超越了本科学制，所以在教育制度上要有相关配套的改革。

［原文刊载于《黑龙江高教研究》2009 年 01 期（李丽丽　王凌皓）］

高等教育成本补偿中的公平与效率问题研究

20 世纪 80 年代以来，由于高等教育需求的持续增长以及各国政府承担高等教育费用的愿望和能力的减弱，高等教育经费短缺成为世界性的问题，在全球范围内出现了高等教育的财政危机。在有限的公共资源下，如何实现高等教育公平与效率的问题成为各国关注的焦点。

一、高等教育成本补偿的必要性

1986 年，美国纽约大学校长、经济学家布鲁斯·约翰斯顿出版了《高等教育的成本分担：英国、联邦德国、法国、瑞典和美国的学生财政资助》一书，提出了著名的成本分担和补偿理论，即应由政府、企业、学生、学生家长、高校和社会共同分担高等教育的成本，并由高等教育受益各方，根据各自收益高低及支付能力大小对高等教育费用进行补偿。高等教育分担意味着政府不应该是高等教育经费的唯一供应者；而高等教育成本补偿则意味着高等教育不应该是免费的教育，高等教育自身能够实现一定的经济效益。高等教育成本补偿理论的提出为解决困扰全世界的高等教育财政危机提出了新的思路。各国政府都认识到，世界性经济的迟缓发展以及高等教育总体规模的急剧扩张，仅仅依赖财政资助的做法已难以为继，实行成本分担与补偿政策应该成为高等教育发展的一个长期策略。

（一）高等教育成本补偿符合高等教育准公共产品的属性

教育是一种公共产品，完全依靠市场不可能很好地实现教育供求关系的均衡，需要政府的参与和宏观调控。一方面，高等教育具有公共产品的特性，提供高等教育能够给社会带来较大的社会收益。高等教育的发展能够带来政治稳定、经济发展和文化繁荣等，整个社会都能够从中得到直接或间接的收益。另一方面，高等教育又是一种准公共产品，具有私人物品的特征。对高等教育的投资能够给受教育者本人及其家庭带来预期收益。这种收益表现为由于受到了更高更优秀的教育，能够为个人带来更多的就业机会，增加更多的收入。企业对高等教育投资一方面可以获得高素质的人力资源，另一方面可以利用高等教育丰富的科研资源获得创新成果，增强企业的核心竞争力，为企业创造更多的利润。高校自身也能通过提供教育与科研服务实现成本的回收并取得一定的收益。根据经济公平的要求，投入必须与收入相对称。因此，政府、企业、个人、高校和社会应依据各自的收益，共同承担高等教育的成本，实现高等教育的成本补偿。

（二）高等教育成本补偿能够缓解高等教育经费紧张问题

由于财力有限，政府对高等教育经费资助的增长已经不能满足高等教育急剧发展的需求，若没有其他渠道的资金支持，必然会阻碍高等教育的改革与进一步的发展。根据高等教育成本补偿理论，受教育者需要承担一部分教育成本，表现为缴纳一定的学费。世界银行研究表明，无论是在发达国家还是在发展中国家，多数财政稳定的公立院校目前可以从学生那里获得占总经常性支出 15％—25％的收入。企业对高校科研项目的直接或间接资助，也是高校经费的重要来源渠道之一。实践证明，通过动员私人对高等教育成本的分担和补偿，鼓励非财政性投资，实现高等教育经费筹措渠道多元化在一定程度上能够改善当前困扰全世界的高等教育经费紧张的状况。

高等教育成本补偿有利于扩大高等教育规模。在高等教育公共投资不变或递增的情况下，通过成本分担与补偿增加高等教育经费，可以增加高等教育资源的总量，扩大高等教育的规模。同时，成本补偿为私立高等教育的存在提供了可能性，为私立高等教育的发展提供了更广阔的空间，从而也可以为更多的人提供获得高等教育的机会。例如，日本政府历来主张将有限的资源集中于公立院校，以保证学术质量和满足国家的基本需求，而将数量上的扩张留给私立院校。这种做法既可以使有限的财政资源相对集中使用，又不会限制高等教育总体规模的发展。

高等教育成本补偿能够提高教育资源配置效率。高等教育是兼有公益性和生产性双重性质的部门。侧重于教育的公益性，过分依赖于财政性投资，必然会导致对高等教育经济效益的忽视，在某种程度上会造成高等教育经济效益低下和资源使用低效率的状况。实行成本分担与补偿，高等教育成本由学生家庭和个人承担份额的加大，将使社会公众和学生更加关注高等教育的质量，从而加强高校的成本意识、质量意识和竞争意识，促使高校不断地为社会提供更好的教育。同时，为了满足社会的需求，高等教

育需要进行不断调整，也有利于高等教育结构和高等教育资源的内部配置更趋于合理。

二、高等教育成本补偿中的公平与效率及我国存在的主要问题

近年来，无论是发达国家还是发展中国家都在高等教育成本分担和补偿等方面进行了积极的探索与尝试，对高等教育进行成本补偿成为推动高等教育发展的经济力量。在这一过程中，高等教育的公平与效率是一个值得关注的重要问题。

高等教育成本补偿中的公平，强调的是高等教育机会的均等，主要包括不同区域接受高等教育机会的均等及不同经济条件接受高等教育机会的均等两方面的内容。高等教育成本补偿中的效率主要表现为高等教育规模的发展、质量的提高，高等教育资源利用效率的提高，以及高等教育经济效益的实现等方面。效率的提高有利于机会的增加，从而促进公平的实现；而公平的实现也有助于提高效率，教育的公平能够给政府创造巨额的财政收入，给社会带来巨大的经济效益。因此，公平与效率也应该而且确实是高等教育成本补偿过程中所要实现的基本目标。

我国高等教育财政体制自 20 世纪 80 年代以来进行了一系列的改革，目前已经形成了财政分级拨款、多渠道筹措经费的多元化格局，初步建立了政府、企业、高校、社会及个人共同参与的高等教育成本分担和补偿机制，适应了高等教育大众化发展的需要，取得了一定的积极效果。但是我国高等教育的成本补偿机制的完善还面临着诸多挑战，如何在成本补偿中最大限度地实现公平与效率的目标是需要倾力研究的问题。我国高等教育成本补偿机制中存在的主要问题表现在：

（一）财政资金分级计划拨款造成高等教育发展区域失衡

1980 年，我国的财政体制进行了重大改革，由中央政府统一管理改为中央和地方分级管理。与之相适应，高等教育拨款体制也由中央统一拨款转变为分级计划拨款，即高等教育经费的拨款根据学校的行政隶属关系，分别由中央和地方分级负担。这一新的拨款体制把管理地方高校的责任和权力同时交给了地方政府，使他们可以根据本地区社会经济发展对人才的需求，适当调整本地区的高等教育机构和高等教育发展方向，有助于调动地方投资教育的积极性。但是，由于我国各地区经济发展不均衡，各地区投资高等教育的总量和增量差异很大，高等教育发展区域失衡。一方

面，经济欠发达地区由于地方政府财力有限，对高等教育投入不足，限制了高等教育的发展；另一方面，1998 年高校毕业生分配制度改革以后，大批大学毕业生流向经济发达地区就业，导致欠发达地区高等教育投入无法收回，反过来影响了欠发达地区高等教育投资的积极性和投资能力。不同地区对高等教育经济支持能力极不平衡是影响我国高等教育发展和公平的主要原因之一。

（二）财政预算管理体制不健全，高等教育资金运行效率低

我国财政性教育经费的预算管理长期处于财权和事权分离的状态，教育的事权由教育行政部门主管，而财权则分别由政府的财政部门和计划部门负责，这导致教育发展与政府对教育的拨款脱节，教育经费的需求和供给在总量和结构上不平衡。教育部门不能按照高等教育事业发展的实际需要行使有效的宏观管理权和调控权，客观上降低了经费使用的宏观效益。而且在国家预算级次上，教育事业费属于“类”级，而教育基本建设费设在“款”级科目中。在预算表格的汇总归类时教育经费的预算未能单独立项，教育经费数量相对弹性较大，缺乏透明度。政府预算既难以反映教育经费需求，也得不到社会各界的有效监督。

我国教育财政管理体制不健全还表现为拨款标准缺乏科学性和合理性。目前，我国实行的是“综合定额加专项补助”的拨款体制。综合定额依据在校学生数和生均成本确定，专项补助依据学校特殊需要，经学校报主管教育部门批准确立。其中，生均成本依据的是前一年的决算数而不是符合本年实际情况的合理成本额，而且根据注册学生数等统一的标准决定预算与研究经费，只会刺激高校盲目扩大规模，导致学科、专业重复设置，不能反映高校之间在资源利用效率和社会效益等方面的差别，导致教育资金低效率运行。

资助体系不完善，影响了不同经济收入家庭子女均等接受高等教育。1989 年我国开始实行高等教育收费制度，开始了由国家负担全部高等教育费用的旧体制向国家和个人分担高等教育费用的新体制的转变，并于 1992 年开始大范围推行。采用教育收费的方式实现高等教育成本补偿会增加居民的经济压力，特别是对低收入家庭产生的消极影响更为严重。由于财政资助政策不到位，资助体系不完善，一些低收入家庭的学生因为高等教育收费而丧失接受高等教育的机会，从而使高等教育机会均等问题更加尖锐。大量拖欠学费等问题的出现，更加剧了高等教育的经费紧张状

况，这种影响还会不可避免地波及低收入家庭的子女接受初等教育和中等教育的积极性。

我国目前教育收费标准的制定在某种程度上存在着不尽科学的问题。《高等教育法》虽然提出了应按国家规定缴纳学费，但对学费的确定原则、程序、基本依据等重要问题没有明确规定，这在某种程度上容易导致操作上的主观性和随意性。在收费政策上存在较大的非市场因素的影响，学费标准没能如实反映教育成本，价格机制不能反映高等教育的供求关系，也不能合理调节高等教育这一特殊产品的供求。

高等教育成本分担与补偿结构不合理，经费和规模增长动力不足。在我国形成的财政拨款、教育收费、校办产业收入、企业资助和社会资助等多种渠道筹措经费的多元化高等教育成本补偿格局中，政府财政投入和教育收费仍然是高等教育经费的主要来源，两者相加约占普通高校经费收入的90%左右。而根据美国联邦教育部教育统计中心1996年的统计，1995—1996年，美国公立高等学校经费来源中，政府拨款和学费收入只占69.8%，其他收入占30.2%；私立高等学校除政府拨款和学费以外，其他收入所占比例更高一些，占40.5%。这表明我国高等学校在吸纳社会投资、捐赠、为社会服务等方面还有较大的筹资空间。目前我国政府财政投入和教育收费进一步提高的空间已经十分有限，但是由于缺乏相应的政策优惠和政策扶持，缺乏明确的政府导向，对其他渠道的开发和利用程度不够，高等教育经费增长的动力不足，多元化筹措资金的效果并未完全显现。特别是民办高等教育事业的发展受到诸多限制，严重影响我国高等教育规模的扩张。高等教育规模发展不上去，无法实现高等教育的高效率发展，高等教育不公平问题也会更加严重。

三、完善兼顾公平与效率的高等教育成本补偿机制

高等教育成本分担与补偿是世界高等教育发展的潮流，也是我国高等教育发展的必由之路。针对高等教育成本分担与补偿过程中出现的问题，进一步完善我国高等教育成本补偿机制，我们应该把兼顾高等教育的公平与效率这一目标放在首要位置。

（一）改革教育财政拨款体制，提高教育资源利用效率

按照部门预算改革的规范要求，将相关教育经费全部纳入教育部门预算体系，将教育经费预算单列。教育经费由教育主管部门统一支配，实现

教育经费事权和财权的统一，同时要提高预算拨款程序中的公平性、透明性和效益性。这样既能够确保政府对教育的足量投入，克服教育发展与政府投入脱节的状况，提高教育投资的使用效益，也能减少教育经费核拨过程中的主观随意性，确保教育主管部门有效地行使财政的宏观管理权和调控权，根据教育发展的轻重缓急和自身规律来核拨经费，兼顾公平与效率，实现教育资源的优化配置。为实现财政拨款的最优化，我们应根据多重目标构建合理的财政拨款模式。考虑公平目标，基本运行经费按定员定额分配，并考虑各校、各专业生均成本的差异，以体现学校之间在占有财政资源上的公平性，保证学校工作的正常运行。考虑效率目标，应参考高校对人、财、物的利用效率进行拨款，以促进学校教育资源利用效率的提高。科研经费的投入则应该引入竞争机制和市场机制，以实现经费投入的效益最大化。此外，在核拨经费时，还应该根据长远目标进行拨款，以保证基础学科和部分有潜质的学科健康发展。

（二）完善高等教育财政转移支付制度，推动高等教育区域公平

我国地区之间、城乡之间在经济与教育发展水平上存在着巨大的差异。为缓解区域间高等教育投入和发展的不平衡，支持经济欠发达地区高等教育发展，中央和省级财政应加大财政转移支付力度，除一般性的转移支付，还应加大针对经济欠发达地区的高等教育专项转移支付和政策性转移支付。中央政府可以通过专项拨款或补贴，在转移支付中规定一定比例用于高等教育以及中央财政直接负担某项高等教育经费的部分或全部，补偿地方利益，促进高等教育资源的横向公平。财政转移支付的目的是为经济欠发达地区高等教育发展提供平等的机会，缩小不同地区因高等教育投入产生的高等教育发展差距。因此转移支付的重点应该是办学、教学条件的改善，教师教学和科研水平的提高，以及为经济欠发达地区高校提供更多的机会，促进他们与办学水平较高的学校进行校际交流、学习与合作。有条件的地方可以积极建设远程教育系统，通过互联网等信息技术手段实现不同区域在教学资源和信息资源等方面的共享，提高对优势教育资源的利用效率。

鼓励多渠道筹集教育经费，开辟新的教育经费来源。要真正形成高等经费来源多元化的局面，关键是要推动我国民办高等教育的大发展。国外高等教育发展的经验表明，私立高校对于减轻公立高校的压力、提高高等教育规模具有重要的意义。针对目前我国民办高等教育发展低迷的现状，

我国要建立和完善相关法律、制度与政策，加大政府对民办高等教育的扶持力度，大胆探索我国高等学校所有制的多种实现形式，形成以公立高校和非营利高校为主体的、公立高校和私立高校并举的多样化的所有制格局，将我国高等教育办学模式从过去的政府办学逐步过渡到政府与社会共同办学的格局。同时我们要积极拓展其他的经费来源渠道，包括：高等学校通过校办企业以及产学研结合获得充裕的资金；进一步改革和完善捐资助学的税收优惠政策，通过税前抵扣或税收减免，鼓励社会各界踊跃捐资办学，同时高校要制定相应的配套措施，维护捐赠者的合理权益，使社会捐资成为高等教育经费的一项重要、稳定的来源；对设立高等教育银行、发行高等教育债券和彩票的可行性进行分析论证，以开辟高等教育经费新的来源。

科学确定成本回收的水平，通过差别化收费发挥价格机制的市场调节作用。在确定高等教育回收水平和收费标准时，学生及其家庭的支付能力和高等教育的需求价格弹性是必须考虑的重要因素；同时应根据各地区和各收入阶层的差别情况，以及教育成本和教育质量的差异，将成本回收确定在一个较为合理的水平上。一个合理的大众化高等教育体系，除了追求规模的扩张，还要形成适应社会不同需求的、不同层次类型的高等教育体系。因此，不同地区、不同学科、不同类型、不同层次的高等教育收费比例应有所差别，既要体现收益与成本的配比，又要利用价格机制发挥市场调节作用，促进高等教育质量的提高，以形成能够满足社会不同教育需求的层次分明、类型多样、彼此之间分工协作、相互衔接的高等教育结构体系。

可以考虑在规范高等教育成本开支范围和成本核算方法的基础上，社会中介机构对高等教育成本进行审计，学校根据审计确认的教育成本、社会评价、社会需求情况和国家规定的教育成本分担比例确定收费标准，报教育和物价主管部门备案后，向社会公示。同时，加大对教育成本舞弊造假和乱收费等违法行为的监督、治理和惩处力度，这不仅有利于提高教育成本的真实性和教育收费的透明度，也符合市场经济规范。

进一步改革和完善贷款、奖学金等学生资助制度。成本补偿政策的实施必然会导致高等教育机会不公平矛盾的加剧。因此，成本补偿应与建立完善学生资助政策体系联系在一起。在学费补贴和困难学生的资助政策方面，应建立更加透明、灵活和积极的制度。学费补贴和资助政策的透明性可以增加低收入家庭潜在受教育者接受高等教育的意愿，保证接受高等教育机会的公平性。学费补贴和资助应与学生本人的学习成绩挂钩，但主要应该考虑学生家庭的收入水平，也应该根据学生家庭收入水平的变化适时调整。

目前我国已经实行了国家助学贷款和商业助学贷款制度，但是由于个人信用制度不完善，存在助学贷款偿还率低等问题，严重打击了银行提供贷款的积极性，助学贷款的作用和效果并不明显。据教育部统计，在申请贷款的学生中，只有大约20%的学生可以获得批准，仍有大量想贷款的学生不能如愿以偿。因此，一方面应改革现行的助学贷款制度，另一方面应建立个人信用制度，引入按毕业后工资收入比例归还贷款的方式，或者通过对提前还贷者一定比例的折扣优惠，以提高还贷者的还贷积极性，最大限度地降低国家助学贷款偿还风险，保证助学贷款制度形成良性循环。

高等教育成本分担与补偿应该成为我国高等教育发展的一个长期策略。成本分担，可以实现高等教育经费的多元化；成本补偿，可以在高等教育领域引入竞争机制和市场机制，可以在一定程度上扩大高等教育的规模，提高高等教育的质量，提高高等教育的效率。同时，为了在规模扩大的前提下，进一步推进高等教育在区域和不同经济条件下的均等与公平，完善的财政转移支付和学生资助制度，也是高等教育成本分担与补偿的必要组成内容。兼顾公平与效率的高等教育成本分担与补偿制度才是我国高等教育发展的一个长期、有效的策略。

［原文刊载于《社会科学战线》2005年06期（王凌皓　苗淼）］

国际化背景下高等教育中的民族精神培育

随着经济全球化的不断深入，高等教育国际化已经成为世界高等教育发展的必然趋势。作为第三世界的发展中国家，我们必须清醒地认识到目前高等教育国际化进程中的不均衡性，正如联合国教科文组织总干事马约尔教授于1998年在欧洲第二届社会科学大会上指出的那样：在全球化的进程中，少数人是全球化化人者，多数人则是被全球化者。为了遏制“文化殖民主义”的侵入，防止本土文化的衰减和文化多元性的消失，如何在国际化背景下丰富民族文化的丰富内涵，弘扬优秀民族文化，即高等教育的民族化问题日益引起了人们的重视和关注。在民族化所涵盖的内容中，民族精神作为其精髓和灵魂，则应该在新的历史时期得到大力的弘扬和培育，这对于有着五千余年悠久历史文化的中国来说，更有其深远的理论意义和实践意义。

一、高等教育国际化与民族化的辩证关系

（一）国际化是高等教育发展的主流与趋势

高等教育国际化是伴随着经济、知识、信息的国际化而在高等教育领域必然出现的国际教育交流的现象，是指世界各国在教育观念、教育内容、教育方法、教育评价手段等方面的相互吸收与借鉴，国与国之间师生的交流、技术的合作，以及高等教育国际参照体系的构建，从而达到在全球化视野下高等教育的通用性、交流性和开放性的目的。

与其他层次的教育相比，高等教育在历史上就具有更大的开放性，这可以从欧洲中世纪大学所开展的教育交流活动和我国古代书院对于日本、朝鲜以及其他东南亚国家的影响中体现出来。如今联合国教科文组织已经将高等教育国际化列为高等教育计划的重点领域之一。高等教育的国际化有助于各国各地区打破地域的界限，便于高等教育欠发达的国家或地区学习和借鉴先进国家在高等教育方面的法律、法规、政策措施以及教育改革

和发展的经验，从而为本国本地区高等教育的发展服务；有助于加强国际合作与研究，共同攻关，提高科学知识的普适性，开发人类文明的未知领域；有助于向世界介绍各国的民族特色，让世界了解、认同文化的多元性，实现开放性的文化交流。在国际竞争日益激烈的今天，高等教育的国际化，愈来愈为以知识为基础的世界经济竞争提供人才与科技优势，成为制胜源泉和长期保持国际竞争力的因素。

（二）民族化是高等教育发展的特色与个性

高等教育国际化的崛起给不发达国家带来了潜在的危机，“在一个划分为中心与边缘的世界，中心变得更加强大，边缘变得日益边际化……中心国家的准则、价值观、语言、科学革命和知识产品主宰、挤压着其他观念和实践”[①]。在该背景下，越来越多的国家，特别是不发达国家逐渐意识到必须提高高等教育的民族化程度。所谓高等教育民族化，主旨是强调保持、保护并发扬本民族的优良高等教育传统，即保持、保护并发扬本民族长期形成并延续下来的，构成现实高等教育成分的优秀的价值观念、思维方式和教育制度[②]。不同的民族，有着不同的文化传统，也就有着不同的高等教育模式。这是一民族，无论其大小、强弱、贫富，所共同具有的特质。每一个民族都有其民族之根，认识这个民族之根是民族存在、民族生存、民族进步的基础，也是这个民族的高等教育向世界开放，取得同世界其他国家平等对话权力和发展本国高等教育的前提。高等教育的民族化，既是历史的昭示，也是现实的要求。

（三）国际化与民族化相互支持，统一于高等教育的发展进程之中

高等教育的国际化与民族化并不矛盾，两者相互支持和补充。国际化是在本民族高等教育传统基础上的吸收与借鉴，只有将本民族的特色与个性内化于国际化的进程之中，才能以其本土的经验、思考方式和辨别能力丰富本国乃至世界的文化遗产，正所谓“愈是民族的，愈是世界的”。民族化是在国际高等教育参照体系下的开放与交流，民族的特色与个性只有通过国际化这一平台才能得以彰显与丰富，也正因为其具有民族性，才有国际交流的必要。

---

① 菲利普 G. 阿特巴赫. 全球化驱动下的高等教育与 WTO [J]. 高教文摘，2003 (1).

② 刘振天，杨雅文. 现代化视野中的高等教育国际化与民族化 [J]. 高教文摘，2003 (1).

我国作为现代化的"后发外生型"国家，为了实现高等教育的现代化，国际化的道路势在必行，但对于具有伟大中华精神作依托的中国高等教育，理应保持民族化的特色，将厚重的历史意识、足够的现实意识和强烈的未来意识融合于一体，建立既具有民族特色又具有国际意识的中国高等教育体系。

二、民族化的精髓：民族精神教育

一个民族的生存与发展，在某种意义上来说，取决于民族精神。

（一）民族精神是高等教育民族化的内在支持和根本动力

民族精神是指一个民族在长期的发展过程中熔铸并积淀下来的，内化于民族群体中的精神面貌、心理状态、价值取向以及行为方式等特征，它是民族自尊心、民族自信心和民族自豪感的精神支柱。

纵观人类社会发展的历史经验，我们不难看出，国际竞争就是民族素质的竞争，就是民族精神的竞争。任何一个民族的兴衰，都与其是否有一种高昂的民族精神直接关联。中华民族之所以能够历经磨难而不衰，凭借的是不屈不挠、自强不息、刚健有为、勤劳俭朴、万众一心、迎难而上、敢于胜利、兼收并蓄、和而不同的伟大民族精神。这种精神，不仅是历史上保持中华民族经久不衰的精神动力，也是中国进行现代化建设的永恒不竭的动力源泉。北美居民以其求实创新、富于进取、个人奋斗和追求成功的精神，于18世纪中叶在北美英属殖民地上形成了一个新兴的民族——美利坚民族，这种民族精神是美国向前奋进的灵魂，是使得美国在建国仅仅二百余年的今天成为一个超级大国的精神动力；号称"大和"民族的日本之所以能够在战后迅速崛起和复兴，与其强烈的忧患意识、勤劳节俭，强烈的国家主义观念、集体主义观念、善于借鉴、兼收并蓄的民族精神不无关系；德意志民族所具有的深沉内向、稳重静穆、严谨思辨的精神特质，使得德国在战后能够快速唤起民族的自觉，并取得具有理性和逻辑秩序的稳步发展……

实践表明，以上这些民族的民族精神既要通过基础的国民教育进行培养，更要通过高等教育来展示和弘扬。高等教育在民族精神的弘扬与培育中，有着不可推卸的责任。尤其在高等教育国际化的背景下，面对世界范围各种思想文化的渗透，要保持本民族的特色与个性，民族精神教育是其核心内容，只有不断弘扬和培育民族精神，才能提高学生抵御民族个性丢失的能力，始终保持昂扬向上的精神状态，高等教育的民族化也才能得以真正实现。“高等教育在国际化的大潮流中，能保持其民族化的特质，在很大程度上反映了一个民族的民族精神和民族信仰。”①

(二) 民族精神的缺失已经成为大学教育的通病

不可否认的是，高等教育的国际化对于民族精神的认同及其培育形成了巨大的冲击。发达国家企图霸权天下，以一元同化多元的念头和努力并没有改变，他们注定会充分利用国际化这一趋势，大肆宣扬和输出其文化意识形态。美国在 20 世纪 60 年代颁布的《国际教育法》中就声称：要确保这一代和未来几代的美国人在整个有关其他国家、人民和文化的知识领域，有充分机会并在最大可能的程度上发展其智力。其实质就是意图“以一元同化多元”，至少有这种倾向，有将世界纳入美国所希望的轨道与模式，或符合美国的价值评价标准之嫌。随着高等教育国际化程度的深入，西方社会所固有的价值取向、精神意欲将乘西方社会的科学和技术的优势涌入大学的校园。另外，发达国家以其高校的名牌效应、优厚的待遇“抢滩”着全世界的人才市场。在现今的大学校园里，出国留学成了觅寻职业、求得优厚待遇的捷径。改革开放以来，我国共有约 70 多万人前往 108 个国家和地区留学，然而只有 17 万名留学人员学成回国②。

这些直接感受欧风美雨的特殊知识分子群体，本应该成为西方先进文明的传播者，成为吸纳西方的精华进而推进我国社会主义事业不断发展的重要力量，但事实上他们所发挥的作用远远低于国家和人民的期望。据有关学者统计，在国外申请博士学位的中国留学生几乎没有人选择西方社会问题进行研究，而大多数人选择的是有关我们中国本土的课题。这使我们失去了了解别人优秀文化成果的机会，更谈不上借鉴和吸收，更糟糕的是，我们的优秀文化却以理性的阐释符合了他人的理解模式。

上述现象的原因，归根结底在于我们的高等教育缺失了一种精神，这就是民族精神。从国际的广阔视角，从文化深层的视角，从高教本体的视角来看，高等学校真正的问题何在呢？这就是高等教育培养目标极度功利化的倾向③。在急功近利目标的驱动下，民族精神的缺失现象日趋严重。这种缺失不仅表现在我们的高等教育所培养出来的具有较高文化素养的人

---

① 彭时代．中国高等教育需要怎样的民族化［J］．中国高教研究，2004（1）．

② 55 年，中国教育走向辉煌［N］．中国教育报，2004-10-01（1）．

③ 孙喜．弘扬与培育民族精神是大学教育的重要使命［J］．高等教育研究，2003，24（3）．

对中华民族生生不息的伟大精神，底蕴无穷的优良传统缺乏理解与掌握，而且对其他民族的优秀精神文化也缺乏体认与传播的意识与能力，他们远赴他乡的目的不是为了学习吸收外国先进的经验，更多的只是满足自己眼前的物质需求，他们不可能，也不具备兼收并蓄，通透中西，熔铸百家的意识、气魄和能力，这是中国教育的悲哀，更是中国高等教育在强势发展过程中应该进行深刻反思与检讨的地方。我们的高等教育何时能再多培养出几个詹天佑、蔡元培、胡适和陶行知来？能够培养出真正为“天地立心，为生民立命，为往圣继绝学，为万世开太平”的栋梁之材？

三、高等教育国际化背景下民族精神的弘扬与培育

在全球化的背景下，民族精神的形成过程也应该是开放的，尤其是在我国加入 WTO（世界贸易组织）以后，大学作为“民族优秀文化与世界先进文明成果交流借鉴的桥梁”，应该对此有充分的认识，我国的高等教育应该主动迎接全球化的挑战，真正成为弘扬与培育民族精神的重要基地。

（一）改变科学世界僭越精神世界、自然科学僭越人文科学的状况

受西方实证主义的影响，很多人在深层观念中，存在着科学世界教育永远僭越精神世界教育、自然科学教育永远僭越人文科学教育的现象。主要表现为，人们更重视或更信服通过求证而获得的结果，恰恰这些能够通过求证获得结果的问题，大多数归属于科学世界或自然科学领域，而对于那些无法通过直接求证又需要较长周期才能隐性体现成果的精神世界或人文科学领域的问题，却表现得相对冷漠和轻视。特别是在“科学技术是第一生产力”，高新技术切实改变生活质量和生活节奏的今天，这种反差则更明显。

高等教育固然包括让受教育者掌握科学知识与技能的任务，但其根本宗旨在于从整体上提高民族素质，在于弘扬和培育民族精神。如果高等教育所培养的人只是掌握或精通专业文化知识与技能，却既缺乏必要的素质与涵养，又没有民族的责任感和使命感，那么这样的高等教育，只能说是知识和技能的加工厂。此时，人的主体能动性，人的情感、道德、意志不见了，人不再是具有“精神”的人，那么高等教育的意义何在？因此，我们要把精神世界和人文科学的教育提高到重要位置上来。精神世界的教育内容是最能体现民族文化传统的重要载体，要保持本国高等教育的民族化

特色，就必须尊重本国的传统文化。正如张岱年教授所指出的："正确认识民族文化的优秀传统是提高民族自信心的主要依据……如果一个民族不具备文化优秀传统，或者虽有文化优秀传统而本民族的人民对之无所认识，那么这个民族的人民是不可能具备民族自信心的，而如果一个民族的人民缺乏民族自信心，也就不可能具有民族的自尊心、自豪感，那么这个民族的前途是没有希望的。"文学、历史、哲学等人文学科历来是塑造精神世界的重要手段。我们在尊重民族文化传统的同时，要把民族精神的教育内容贯穿到各学科的课堂教学之中，融会于教育实践活动之中，通过各种形式的教育，让学生了解、熟悉、认同民族精神，使优秀的民族精神成为其世界观、价值观、人生观的重要组成部分。

（二）在中西文化的激荡与融合中，培养具有中华民族精神的国际型人才

国际交流与合作是一个互动的过程，世界各种思想文化，外来的和本土的，进步的和落后的，积极的和颓废的，必然要在教育主体的内心产生影响，必然使他们的文化心态有所改变，如何培养既具有中华民族精神，又能以强者的心态吸收和改造外来文化的受教育者，是目前高等教育发展中值得探索的问题。

首先要加强爱国主义教育和人格教育。爱国主义是支撑中华民族五千年绵延发展、屡遭磨难而生生不息的生命之根，是中华民族精神的核心内容。应该注意的是，爱国主义教育不能变成空洞的说教，而是要在实践中锤炼学生的意志品格，强化学生的国家意识，升华其民族情怀。人格教育要讲求做人的风范，做人的气概，做人的原则，承继和发扬中华民族艰苦奋斗、锐意进取、舍生取义、自强不息的精神。其次要培养懂得国际规则和具备一定国际活动能力的人才。国际规则是参与国际竞争的必要条件，只有理解世界，才能真正地了解和认识自己。这就需要我们开设和重视世界文明、世界史、国际关系等通识教育课程，以加强国际理解教育和多元文化教育；国际活动能力是参与国际竞争的充分条件，这就需要我们加强外国语教学，取得沟通的便利，进而增强国际意识和国际情感。

（三）正确处理国际与本土、传统与现代的关系，实现民族精神的与时俱进

江泽民指出："保持和发展本民族文化的优良传统，大力弘扬民族精神，积极吸取世界其他民族的优秀文化成果，实现文化的与时俱进，是关系广大发展中国家前途和命运的重大问题。”民族精神的形成过程不是封闭的，而是开放、吸收和融合的过程，作为能够汇合东西方文化、最先接受各种文化影响、文化交流也最为频繁的高等学校来说，塑造和整合民族精神，兼容并包，贯通古今，通透中西是其应该承担的重要历史使命。

在漫长的历史进程中，中华文明吸纳了许多外来文明、外来民族的优秀文化，它并没有因此而停滞和倒退，反而更加繁荣富强。因此，在处理国际与本土的关系上，要以中华民族的传统文化为主，又要不保守，不拒绝人类文明的优秀成果。

民族精神又是历史和时代的范畴。伟大的中华民族精神是在漫长的历史进程中铸就而成的，也需要随时代的发展而不断丰富、完善。我们的古代文明之所以得以延续，究其原因，就是这些文明或者说民族精神适应了新的形势。因此，我们既要立足于历史深度阐述民族精神，对固有的文化进行梳理，弘扬其精华，又要站在时代的高度审视民族精神，剔除其糟粕，使历史的厚重感与鲜明的时代性统一于民族精神的弘扬与培育之中。

［原文刊载于《外国教育研究》2005 年 02 期（王凌皓　王晶）］

课程的校本化与学校文化传统

课程校本化是课程改革的主导趋势，目的是通过课程和学校深层次教育思想的更多对接以及教育诉求的多方满足促成学校教育成果。学校文化传统隐含着学校教育文化思想精神，对课程的校本化有引领意义，而学校文化传统也能通过课程校本化得到发展。在深入推进学校课程改革的背景下，课程校本化必然要充分发挥学校文化传统的思想引领作用，而这一引领作用的发挥关键在于课程的校本化和学校文化传统从理念、实践等层面的全面结合。

从表面来看，学校文化传统和课程校本化是两个没有交集的概念，而实质上两者在内在上有着深刻的关联，学校文化传统凝聚着学校的内在精神，课程校本化是基于学校精神的阐发，学校文化传统可以说是课程校本化的依据，而学校文化传统也需要通过课程校本化得到丰富和发展。可以说，没有学校文化传统，课程的校本化就无以依附，而如果没有课程的校本化，学校文化也会因此而缺失重要的发展路径。因此，课程校本化必须结合学校文化传统，通过各种路径，使学校文化精神浸润在课程校本化过程中，使学校文化发挥对课程校本化的引领作用。

一、课程校本化与学校文化传统的内在关系

首先，学校文化对课程校本化具有文化引领作用。学校文化是学校长期积累起来的为全体师生所认同的价值观、思维方式、行为方式，蕴含着学校的教育理念、教育哲学和价值追求。虽然不同的教学方式决定了教师工作的各自为政，但是学校会通过教研制度、在职教育、公开课等形式，把学校的教育理念和价值追求传递给教师，然后由教师贯彻到教学活动中，传递给学生，从而使学校价值观在师生中得到传播。在经过长时期的积累后，学校特有的文化传统得以形成，这是学校特有的文化精神，也是特定学校长期以来特色化、优势化发展的文化根基。如果说学校基础设施建设是学校发展的外在表征，那么学校文化传统就是统领学校发展的思想

和灵魂。

课程校本化是在统一课程基础上让学校借助本土环境资源及学校发展需要而进行的差异化课程建设，可以使学生的素质培养更加全面，同时使学校形成自己的教育特色。课程校本化主要包括国家课程校本化和学校校本课程建设两个方面，这从本质上来说是学校课程布局的深刻变革，必然有一定的理论取向，这种理论取向的本质就是学校在课程方面秉持的价值观以及如何发展与实施课程所拥有的思维方式。学校关于课程的价值观和学校自身的教育价值观一脉相承，主要来自学校文化。学校文化是课程建设的文化根基和理念引领，在课程的校本化过程中，学校必须把学校文化融入其中，形成课程的文化根基，只有这样，才能使课程建设得到整体观照，避免课程校本化的盲目和拼盘化。学校文化引领下的课程校本化不仅可以使课程更有思想，还能使课程改革和学校文化之间不会出现“精神分裂”，最终促成课程和学校精神的一致性。因此，在课程校本化的过程中，学校领导必须从学校文化蕴含的价值观出发，审视课程校本化的全过程，使得课程校本化和学校文化精神高度契合。

其次，课程校本化是学校文化传统培育的重要路径。学校文化对学校建设有精神导引意义，因此，很多学校都把学校文化建设作为学校建设的一项重要任务。学校已有的文化传统奠定了学校的文化底蕴，但是这种文化传统并不是静止不变的，在学校发展过程中，学校文化传统也在不断得到培育，即学校文化传统需要经历一个从无到有、从简单到复杂的建设过程。因此，在学校建设过程中，通过各种方式培育更多的文化传统是学校关注的重点问题。课程是学校教育的核心，自然也是学校文化建设的切入口和主要载体。无论是国家课程的校本化还是学校校本课程建设，都对学校文化传统的培育具有重要的路径或载体意义，这一意义的充分发挥自然也是课程校本化的一项重要任务。

再次，从学校文化出发进行课程校本化建设是课程改革深化的主要路径。目前，我国的课程改革已经进入全面深化阶段，要深刻把握课程改革深化的着力点，就必须清楚课程的本质。教育部《关于全面深化课程改革落实立德树人根本任务的意见》指出：“课程是教育思想、教育目标和教育内容的主要载体，集中体现国家意志和社会主义核心价值观，是学校教育教学活动的基本依据，直接影响人才培养质量。”由此可见，课程并不是简单的课程内容的集合，而是一定文化思想体系的具体呈现，文化的深处未必是课程，但课程的深处一定是文化。因此，课程改革不是仅仅对课程内容、形式等方面的改革，还必须从文化思想上促成课程的深层次变革。只有抓住文化这个把手，才能使课程改革从根本上落到实处。课程的校本化是课程改革的重要举措，自然要结合文化来推进，只有这样，才能使课程校本化真正取得成效。

学校文化传统是学校在教育方面的文化积累，是学校教育思想最核心、最真实的反映。国家课程在学校教育体系中的切入即国家课程的校本化，是学校和教师通过选择、改编、整合、补充和拓展等方式，对国家课程进行再加工、再创造，使之更符合学生、学校和社区的特点和需要。国家课程的校本化追求的是与学校实质精神的一体化发展，因此，只有通过学校文化的引渡，才能使国家课程真正和学校教育精神融为一体，从根本上促成国家课程的校本化。学校校本课程的建设是立足学校的实际，为了学校的发展而进行的校本课程的规划设计和开发实践，在一定意义上是学校文化精神的阐发或学校文化传统的创新表现，因此，学校的校本课程建设必须从学校文化传统出发，以学校文化传统精神为指引，使校本课程建设和学校文化精神高度一致。因此，在深化课程改革的过程中，从学校文化出发进行课程校本化建设是课程改革深化的主要路径。

二、立足学校文化传统的课程校本化实践思路

学校文化和学校课程定位的匹配性和一致性，有利于两者形成合力，产生共振，使师生在课程的规划下过一种完整而幸福的教育生活。因此，课程校本化必须和学校文化传统全面结合，使学校文化传统渗透于课程校本化的各个环节。

（一）基于学校文化传统内涵明确课程校本化理念

无论是国家课程的校本化还是学校校本课程的建设都是一个庞大工程，要使整个工程各要素和环节能够保持统一的节奏，指向同一个目标，必然要形成相应的课程校本化理念，作为课程校本化运作的基本指导思想，以同一个理念引导课程校本化的各个要素和环节[①]。因此，在进行课程校本化时，应结合学校文化传统明确课程校本化的理念。首先，明确学校文化传统。学校文化传统是学校在一定时期内积累下来的文化精神，其中隐含着学校关于教育的认知和理解，也反映了学校的教育价值追求，明

① 彭怡．学校课程校本化建设的走向［J］．江苏教育研究，2016（6B）：39-40．

确学校文化传统实际上就是基于实践把握学校的文化精神。因此，学校应先从自身发展的历史和教育实践中发掘出真正的文化传统，这是课程校本化和学校文化精神高度契合的前提。其次，提炼学校文化传统精神。文化传统精神是学校教育理念的精气神，是学校教育理念的精髓所在，也是课程校本化的根本出发点，因此，还应从学校文化传统中把握住其精神所在，进而在此基础上进行课程的校本化，只有这样，才能使课程校本化和学校文化传统在精神上保持一致。最后，依据提炼后的学校文化传统精神形成课程校本化理念。明确了学校文化传统精神，就相当于为课程校本化找到了最基本的落脚点，但是这个精神是抽象的，还需要回到课程校本化领域中进行具体表达，才能形成课程校本化的基本纲领。

（二）根据学校文化传统目标制订课程校本化目标

无论是什么样的学校文化传统，其最终的落脚点都是培养学生。每一种文化传统都对应着一定的文化培育目标，即对学生带来什么影响、使学生成为什么样的人，因此，学校文化传统的目标在一定程度上也是学校课程校本化的重要目标导向，学校需要结合自身文化传统的目标来制订课程校本化目标[①]。首先，要明确学校文化传统目标。学校的文化传统有很多种，不同的文化传统对应不同的教育目标，每种文化传统指向的目标并不完全一致，也就是说，学校的文化传统目标并不局限于某一个方面，如有的指向民主精神，有的指向自强自立，还有的指向务实精神，学校应对学校文化传统中的不同目标进行整理，并提炼出课程校本化的基本目标方向。其次，对学校文化传统目标的课程要求具体化。学校文化传统的目标是学校教育精神信念在文化传统方面的体现，这个信念在课程方面有不同的表达，因此，还需要把该目标放在课程层面进行表达，形成学校文化传统目标关于课程的基本要求，如关于民主的文化传统目标，在课程中主要包括民主的课程内容、课程实施的民主化、课程参与的民主化等。由于学校文化传统目标指向不同，不同的目标指向在课程领域的具体要求也各有差异。最后，按照学校文化传统目标在课程领域的内涵要求制订课程校本化目标。在学校文化传统目标基础上提出的具体课程要求是对学校课程校本化提出的具体的规范和要求，这些要求是课程校本化目标的阐发，但不是学校课程化的目标，还需要基于相关要求内涵提炼出学校课程校本化的

---

① 郭晓莹. 基于翻转课堂理念的课程校本化实践研究 [J]. 教育评论，2017（3）：138-141.

基本目标。在学校文化传统对课程民主的要求中，民主是要求，其中蕴含的是学生民主精神的培养，这才是该要求的基本目标指向。

（三）结合学校文化传统资源补充国家课程内容

课程校本化的一个重要方面即对国家课程的校本化，也即通过各种方式使国家课程和学校情况、学生需求更加贴合，这其中不仅包括国家课程实施方式的校本化，还包括国家课程内容的校本化。在长期的发展过程中，学校文化传统已经积累了大量的和文化传统相关的资源内容，这些资源不仅符合学校文化精神，且在实践中已经被证明是行之有效的资源，因此，可以把学校文化传统的内容资源适当补充到国家课程中，以学校文化传统资源的地方性过渡实现国家课程的校本化，也使得国家课程内容更加丰富，合乎学生培养需要。如有的学校长期办有民乐团，目的是陶冶学生情操，在国家课程的校本化过程中，就可以把民乐嵌入学校音乐课堂中，形成学校文化传统和国家课程内容的结合，以学校文化资源推动课程校本化进程①。国家课程内容是确定的，学校文化传统资源是丰富多样的，对于两者的结合，可以通过两条路径来进行。一是根据国家课程内容点在学校文化传统资源中寻找可以结合的内容，如国家课程中有体育课程，就可以在学校文化传统资源中寻求与健康相关的内容，无论是学校的足球赛、篮球赛，还是年度运动会，都可以整合到国家体育课程中。二是结合学习文化传统资源寻求国家课程中的结合点，如学校有剪纸、陶瓷等手工课程，学校可以将相关资源内容融入美术课程中。无论是哪种路径和方法，目的都是在国家课程和学校文化传统资源中找到共通点，形成国家课程和学校文化传统的有机结合，但这种结合并不是把学校文化传统资源直接与特定国家课程相加，而是基于两者共通点的融合，这种融合可以使国家课程更加符合学校的实际，也能使相关的国家课程更加接地气。

（四）基于学校文化传统优势开发特色校本课程

开发特色校本课程也是学校课程校本化的一个重要组成部分，学校自行开发的校本课程主要是根据学校的特色环境条件，开发出符合学生培养需求的课程，以弥补国家、地方课程的不足。相对于国家课程的校本化，学校在校本课程的开发上有更大的自主度，要开发什么样的课程，以怎样

---

① 刘金荣. 综合实践活动的校本化实践与研究［J］. 基础教育参考，2017（8）：56-57.

的方式开发，基本上都由学校来决定，这使得校本课程的开发在一定程度上就是学校意志的体现[①]。而从学校来说，各种文化传统都是学校思想精神的沉淀，这种精神应渗透到学校的各个领域，包括学校校本课程的开发。因此，学校的校本课程开发自然要秉承学校文化传统精神，以使学校的文化传统优势转变为学校的特色化校本课程，以文化传统助力校本课程开发，以校本课程开发强化学校的文化传统优势。例如，有的学校有推崇国学的文化传统，在日常实践中比较注重对学生国学底蕴的培养，那么在课程开发时就可以尽可能地开发国学课程，传统礼仪课程、儒学讲座或者是开展和传统相关的实践活动等，都能和学校已有的国学文化传统一脉相承。同时，由于学校的文化传统不会局限在某一个点上，在进行校本课程开发时，学校还应对学校文化传统优势进行界定，并找出其中的文化传统指向，或心理，或创新，或人文，或学习力，在明确了相关指向后，就形成了校本课程开发的基本方向，就可以在此基础上进行多个方向的课程开发。但这样的课程开发也不局限于某一方面，学校可以根据自身的资源条件来选择，有什么样的文化传统资源就进行什么样的课程开发，使得学校的文化传统资源优势得以充分发挥，或者是基于文化传统资源优势关联内容，进行相应的课程开发，在确定了课程方向和课程资源之后，再根据现有课程的安排情况进行合理取舍，最终使得校本化的课程既是对学校文化传统精神的秉承，也使得校本化的课程形成对国家地方课程的有效补充[②]。

（五）以学校文化传统精神引领课程校本化规划

学校文化传统隐含着学校的文化精神，是学校隐性的思想精神的集合，因此，学校应以文化传统为据，对众多资源进行合理规划，形成以学校文化传统精神为线索的课程校本化体系。首先，从各种各样的学校文化传统中提炼出学校文化传统精神，形成一个统一的主题思想，这个主题思想可谓是学校教育的初心，是学校教育实践“一以贯之”中的“一”，也是课程校本化规划必须遵循的基本精神，找到这个基本精神，就等于抓住了学校教育的“牛鼻子”。例如，有的学校有运动传统，也有音乐传统或美术传统等，在不同的文化传统背后隐含着滋养学生精神的内涵，在提炼出主题思想后，就可以形成课程校本化的统一指导思想。其次，根据学校

① 沈晓红．基于核心素养培育的校本化课程图谱设计与实施［J］．现代教学，2017（Z3）：69-70.

② 王伏才．校本化课程建设中的文化传承与创新［J］．基础教育参考，2012（8）：19-21.

文化传统的统一精神，发掘出精神的对应要求，形成学校课程校本化规划的基本框架，并根据文化传统精神对应的各种要求，进行课程校本化相应的框架线条勾勒。再次，在以上框架基础上，形成不同的校本课程内容划分。例如，立德树人课程下的德育理论课程、德育规范课程等。最后，按照课程方向相应设置国家课程校本化内容和校本课程内容，以众多课程的有序排列，最终形成学校课程校本化的基本课程图谱。在这个过程中，以学校文化精神为基点，形成了众多课程的有序排列，众多课程以不同的方式进行文化精神的实践时，实际上就形成了学校文化对课程校本化的统领。

（六）基于学校文化传统取向建构课程校本化评价

学校文化传统与课程校本化的结合是一种从内到外全方位的结合，最终使得课程校本化成为学校文化传统的实践，使课程呈现出和学校文化传统一致的精神气质。要做到这一点，不仅需要目标层面上的导引、实践层面上的实践，还需要建立相应的评价机制。课程评价是课程校本化的关键环节，也是课程校本化活动的效果保障，基于此，就需要在课程校本化的评价环节进行学校文化传统的对接，即以学校文化传统为基础来建构课程校本化评价体系[①]。首先，以学校文化传统形成课程评价的基本指导思想。学校课程校本化是基于学校实际的课程调整或开发，学校文化传统是学校教育精神的反映，学校课程校本化必须和学校文化传统的取向一致，即学校文化传统精神是什么，课程就需要秉承这个精神来进行评价。例如，学校文化传统精神是超越人生，那么对于课程校本化的评价就需要以超越人生来评价，使得评价指标内容倾向于超越人生方面的评价考核。其次，以学校文化传统精神选择课程评价方式。不同的评价方式隐含着学校不同的思想精神，要使课程校本化评价全面落实学校文化传统精神，还需要基于学校文化传统精神选择评价方式。再次，以学校文化传统指向作为课程校本化效果的评价标准，课程校本化效果如何是课程校本化的关键。对于学校而言，课程校本化的评价不仅要按照教育管理要求来选择标准，还要按照学校文化传统来衡量。只有这样，才能以标准设定引导课程校本化向学校文化传统靠拢。

课程校本化是学校课程内部化的教育实践，学校文化传统对应着学校

---

① 宋建申．基于乡土文化的学校德育特色实践策略［J］．教育理论与实践，2017（17）：29-31.

的文化精神，后者是前者的文化思想基础，前者是后者的发展路径，只有坚持后者的思想导引，课程校本化才能在深层次和学校教育思想实现对接，从而真正实现课程校本化的目的。当下，课程校本化存在的形式化、拼盘化等各种问题，在很大程度上就是由于缺乏学校文化引领造成的。因此，课程校本化必须结合学校文化传统来进行，以充分发挥学校文化传统对课程校本化的文化引领意义。

[原文刊载于《教育理论与实践》2018年19期（田茂　王凌皓）]

图书在版编目（CIP）数据

中国教育史前沿问题研究/王凌皓等著. —长春：东北师范大学出版社，2019.12
（元晖学者教育研究丛书）
ISBN 978-7-5681-6633-1

Ⅰ.①中… Ⅱ.①王… Ⅲ.①教育史—中国—文集
Ⅳ.①G529-53

中国版本图书馆 CIP 数据核字（2019）第 285451 号

ZHONGGUO JIAOYUSHI QIANYAN WENTI YANJIU

□策划编辑：张晓方
□责任编辑：张正吉　□封面设计：上尚印象
□责任校对：黄玉波　□责任印制：许　冰

东北师范大学出版社出版发行
长春净月经济开发区金宝街 118 号（邮政编码：130117）
电话：0431—84568046
传真：0431—85691969
网址：http：//www.nenup.com
东北师范大学音像出版社制版
辽宁新华印务有限公司印装
沈阳市张士经济技术开发区
中央大街六号路 14 甲—3 号（邮政编码：110021）
2019 年 12 月第 1 版　2019 年 12 月第 1 次印刷
幅面尺寸：169 mm×239 mm　印张：22　字数：401 千

定价：68.00 元